Pratique juridique de la paix et trêve de Dieu à partir du concile de Charroux (989–1250)

Rechtshistorische Reihe

Band 285

Peter Lang
Frankfurt am Main · Berlin · Bern · Bruxelles · New York · Oxford · Wien

Thomas Gergen

Pratique juridique de la paix et trêve de Dieu à partir du concile de Charroux (989 - 1250)

Juristische Praxis der Pax und Treuga Dei ausgehend vom Konzil von Charroux (989 - 1250)

Peter Lang
Europäischer Verlag der Wissenschaften

Information bibliographique de la Deutsche Bibliothek
La Deutsche Bibliothek a répertorié cette publication dans la Deutsche Nationalbibliographie ; les données bibliographiques détaillées peuvent être consultées sur Internet à l'adresse http://dnb.ddb.de.

Zugl.: Saarbrücken, Univ., Diss., 2003

Le livre a été recommandé pour la série par
Prof. Dr. Elmar Wadle.

Imprimé avec l'aide de
l'Akademie der Wissenschaften
und der Literatur Kurt-Ringger-Stiftung,
Mayence.

D 291
ISSN 0344-290X
ISBN 3-631-52265-7

www.peterlang.de

Avant-propos

Au moment d'introduire cette thèse j'ai l'agréable devoir de remercier ceux et celles qui ont favorisé sa préparation.

L'engagement scientifique ardent et la confiance profonde de mon maître Elmar WADLE a été décisive pour la direction de mes recherches. Sans lui et l'aide précieuse de Martin AURELL et Paul MANTRANT ainsi que Georges PON et Cécile TREFFORT (tous professeurs au Centre d'Etudes Supérieures de Civilisation Médiévale à Poitiers) qui ont relu le manuscrit avec le plus grand soin, ce travail n'aurait jamais été possible. Je tiens à remercier particulièrement Heike JUNG, professeur de droit pénal à l'Université de la Sarre de Sarrebruck, pour la rédaction du deuxième rapport de thèse.

Après de nombreuses d'années de collaboration étroite et sans nuages, il est difficile d'exprimer en quelques mots la dette de reconnaissance contractée à leur égard ; qu'ils trouvent ici la ferme expression de ma sincère gratitude.

Mes remerciements vont aux institutions suivantes : *Akademie der Wissenschaften und der Literatur* (Mayence), *Deutscher Akademischer Austauschdienst (DAAD)*, *Deutsche Forschungsgemeinschaft (DFG)*, *Deutsches Historisches Institut (DHI)* de Paris, *Conseil Régional de la Vienne* (Poitiers), *Deutscher Katalanistenverband (DKV)*, *Generalitat de Catalunya* ainsi que l'Université de la Sarre (Sarrebruck) et sa *Vereinigung der Freunde*. Leurs aides financières m'ont permis de mener à bien cette thèse.

Le *Centre d'Etudes de Civilisation Médiévale (C.E.S.C.M.)* de Poitiers m'a toujours facilité l'accès aux instruments de recherches pendant les dernières années. De plus, les rencontres enrichissantes faites sur place avec les collègues ont beaucoup compté.

Sarrebruck, au mois de novembre 2003 Thomas Gergen

Vienne la paix sur notre terre, la paix de Dieu pour les nations !
Vienne la paix entre les frères, la paix de Dieu dans nos maisons !

1-
Nos épées deviendront charrues de laboureurs,
nos lances deviendront des faux pour la moisson,
Vienne la paix de Dieu !
On ne s´armera plus pays contre pays,
les soldats cesseront de préparer la guerre,
Vienne la paix de Dieu !

2-
Le nouveau-né jouera sur le trou du cobra,
le jeune enfant mettra la main sur la vipère,
Vienne la paix de Dieu !
Les chevreaux et les lions reposeront ensemble,
les loups et les agneaux auront même pâture,
Vienne la paix de Dieu !

3-
Le souffle du Très-Haut se répandra sur nous,
et le désert fleurira comme un verger,
Vienne la paix de Dieu !
La tendresse de Dieu recouvrira le monde
mieux que l´eau ne remplit les abîmes de la mer.
Vienne la paix de Dieu !

(Chant contemporain de l'Eglise qui s'inspire des paroles du prophète Isaïe XI, 6-9)

Partie introductive
Aspects anthropologiques et juridiques de la paix de Dieu

« Justice et paix s'embrassent. » dit le psaume 85/84, verset 11 qui s'intitule « Prière pour la paix et la justice ». Telle est l'image que nous trouvons maintes fois reprise dans l'art médiéval ; cet art apparaît comme un moyen de communiquer ces valeurs, spirituelles et éthiques à la fois, aux gens qui, majoritairement illétrés (*illiteratae*), avaient besoin d'explications concrètes[1]. Ainsi paix et trêve de Dieu, à partir de leur transcription dans l'art, n'étaient pas sans influence sur la vie quotidienne de l'homme au Moyen Age.

La paix de Dieu naquit dans l'Eglise, institution qui se sentait au premier chef responsable de la mise en place de la paix du Seigneur sur terre. La Bible illustre souvent cette paix par de nombreux exemples[2]. Les Pères de l'Eglise, comme saint Augustin, insistaient sur la signification de cet état de paix qui devrait être l'état ordinaire alors que la guerre ne serait permise que d'une manière exceptionnelle[3]. L'utilisation médiévale du psaume 85/84, verset 11, exprimait enfin le désir que vienne s'instaurer le règne de Dieu sur la terre et dans le cœur des hommes. Justice et paix, personnifiées dans la représentation des figures à la façade de Notre-Dame-la-Grande de Poitiers[4], peuvent sans doute traduire le don de la paix par Dieu selon la parole de l'Ecriture. Dans ces conditions, la justice ouvre la voie, car elle est la condition de la paix et du bonheur.

---

1 Y. LABANDE-MAILFERT, « L'iconographie des laïcs dans la société religieuse aux XIe et XIIe siècles », *I laici nella « Societas christiana » dei secoli XI e XII, Atti della terza Settimana di studio Mendola, 21-27 agosto 1965,* p. 500, planche V, fig. 13-15 ; ID., « Pauvreté et paix dans l'iconographie romane (XIe – XIIe siècles) », M. MOLLAT (dir.), *Etudes sur l'histoire de la pauvreté (Moyen Age-XVIe siècle),* Poitiers, 1982, p. 319-343.

2 Matthieu XV, 13 (pour *eradicare noscia*) ; Ecclésiastique XXI, 5 ; Isaïe VII, 24 ; XLVIII, 17 ; Paul, Tite III, 8 (pour *plantare utilia*) ; Psaume XCII (XCI), 8.

3 « Cité de Dieu », *De Civitate Dei,* XIX, 11 ; voir aussi sur Saint Augustin : D. BARTHELEMY, *L'an mil et la paix de Dieu. La France chrétienne et féodale 980 - 1060,* Paris, 1999, p. 443.

4 Voir notre cliché ; K. SCHREINER, « Gerechtigkeit und Frieden haben sich geküßt (Ps. 84, 11). Friedensstiftung durch symbolisches Handeln », *Träger und Instrumentarien des Friedens im hohen und späten Mittelalter,* J. FRIED (éd.), 1996 (Vorträge und Forschungen 43), p. 37-86 ; W. SELLERT, « Friedensprogramme und Friedenswahrung im Mittelalter », G. KÖBLER (éd.), *Wege europäischer Rechtsgeschichte. Karl Kroeschell zum 60. Geburtstag,* Francfort-s.-M./Bern/New York/Paris, 1987, p. 453-454.

Comme la paix était particulièrement menacée à la fin du Xe siècle, les évêques qui se rassemblèrent dans l'abbaye de Charroux en 989, aspirèrent à rétablir cet ordre. Charroux, ville située au Sud-Est de Poitiers, était la capitale des comtes de la Marche. Avec l'avènement d'Hugues Capet en 987, le pouvoir central dans le duché d'Aquitaine s'est divisé entre les comtes de Poitiers, d'Angoulême et de Limoges. Le comté de la Marche, principauté nouvelle dès le milieu du Xe siècle, s'est interposé entre Poitou et Limousin et a gagné une place frontalière d'où déjà son nom. Dès le Xe siècle, les comtes de la Marche sont présents et prennent position en un certain nombre de lieux stratégiques, qui ont comme trait commun d'être placés sur des tracés routiers anciens demeurés importants. C'est la ville de Charroux, considérable carrefour d'une série d'axes de communication importants, où ils se sont dotés d'une forteresse à proximité de l'abbaye qui les a précédés.

La paix de Charroux s'est alors étendue en France, en Catalogne, en Allemagne et même en Italie, pour aboutir à la trêve de Dieu. Par la suite, lorsque les seigneurs furent eux-mêmes capables de faire régner la paix, celle-ci apparut tantôt comme paix du comte, tantôt comme paix du roi[5], la plus connue étant sans doute la paix de Louis VII en 1155[6].

Ces événements, qu'il convient de retracer avec plus de précision et dans le détail, nous permettront d'observer non seulement la variété des règles de la paix, mais également leur évolution sur le plan juridique. L'historien médiéviste ne manquera pas de s'intéresser à la manière de mettre en vigueur les canons de la paix ni de se poser de multiples questions : Qui était responsable de la mise en œuvre de ces canons ? Avec quelle autorité ? La paix de Dieu a-t-elle réellement atteint ses objectifs dans la pratique juridique ? La réponse à cette dernière question est d'autant plus intéressante que beaucoup d'historiens estiment qu'il s'agit d'une institution ayant eu peu ou même aucun succès[7].

---

5 Notre compte rendu (= C.R.) portant sur le livre de synthèse de Nicole GONTHIER, *Le châtiment du crime au Moyen Age*, Collection 'Histoire', Rennes, 1998, *Cahiers de Civilisation Médiévale* 42 (1999), p. 204-205.

6 A. GRABOIS, « De la trêve de Dieu à la paix du roi. Etude sur les transformations du mouvement de la paix au XIIe siècle », *Mélanges offertes à R. Crozet*, P. GALLAIS (éd.), Poitiers, 1966, p. 594-595 ; O. GUILLOT/A. RIGAUDIERE/Y. SASSIER, *Pouvoirs et institutions dans la France médiévale,* t. I : *Des origines à l'époque féodale*, Paris, 1997, p. 262 suiv. ; Y. SASSIER, *Louis VII,* Paris, 1992.

7 Voir dernièrement D. BARTHELEMY, *L'an mil et la paix de Dieu*, p. 569-573.

Poitiers, Notre-Dame-la-Grande, façade occidentale, La Réconciliation ; quand le Messie annoncé vient : Amour et vérité se rencontrent, *justice et paix* s´embrassent. (ps. 85/84), verset 11.

Comme le nombre des conciles qui se réfèrent à Charroux est considérable, on est donc amené à croire que les canons de Charroux ont été repris à peu près partout. On frappe d'anathème, à plusieurs reprises et dans le cadre géographique des diocèses, les auteurs de certaines actions qui perturbent la paix et la justice en ne considérant plus l'origine éthnique du délinquant pour trouver la loi selon laquelle celui-ci doit être puni, punition qui désormais se fonde plus sur le principe de la personnalité de la loi. Mais prenant en considération un territoire précis, la sanction appliquée au délinquant, quel qu'il soit, conduit à constater le glissement vers le principe de territorialité de la loi et permet d'envisager alors une « harmonisation » du droit pénal applicable à tout délinquant. Par la notion d'« harmonisation » nous entendons, dans le sens très large du terme, un ajustement, une consolidation du droit, puis un raffinement des normes. Le mouvement de la paix peut donc être étudié dans une première partie comme étant à la base de l'« harmonisation » du droit, qu'il s'agisse du droit de l'Eglise dans un premier temps ou de celui des pouvoirs laïcs en général, par la suite.

La même problématique peut être développée pour la trêve de Dieu, institution qui reprit la paix de Dieu à partir du concile catalan de Toulouges (en catalan : *Toluges*) de l'an 1027. Les historiens catalans tels que Gener Gonzalvo i Bou ont fait remarquer que les trêves se multiplièrent en Catalogne jusqu'aux *Usatges de Barcelona* (Usages de Barcelone) au XIIIe siècle, tout en prenant pour base les idées aquitaines de la paix de Dieu, qui se diffusaient progressivement[8]. Les Usages de Barcelone, compilation féodale du droit coutumier de la Catalogne médiévale, ont repris des règles qui sont parvenues en territoire catalan par l'extension de la paix de Dieu. A partir des textes latins des conciles de la paix va s'élaborer un droit coutumier, formulé en ancien catalan, qui ne manquera pas d'évoluer[9]. De plus, les notions essentielles contenues dans ce mouvement de paix ne cesseront de se diffuser. Par exemple, les Usages foisonnent de formules telles que « pau », « treva », les « trente pas » ou la « *sacraria* » pour définir les zones protégées autour des églises. Toutes ces répétitions témoignent du rôle important de la paix publique, à travers lesquelles

---

8 G. GONZALVO I BOU, *La Pau i Treva a Catalunya. Origen de les Corts Catalanes*, Barcelone, 1986, p. 12 et p. 98-110.

9 « Texttradition der *Usatges de Barcelona* am Beispiel von *pau e treva* und den *XXX passes (sagreres)* der katalanischen Friedenskonzilien », *Mélanges D. Briesemeister*, Berlin, 1999, p. 257 suiv. ; ainsi que notre C.R. sur le livre de Sabine PHILIPP-SATTEL, *Parlar bellament en vulgar : Die Anfänge der katalanischen Schriftkultur im Mittelalter*, ScriptOralia 92, Tübingen, 1996, *Zeitschrift für Katalanistik* 12 (1999), p. 163-166.

se manifeste l'affirmation de la puissance et du pouvoir du jeune comté de Barcelone au Haut Moyen Age. Lexique, politique et droit étaient ainsi inextricablement liés[10].

De plus, l'influence de la paix sur la vie juridique pratique s'avère de plus en plus forte. Des notions de ce mouvement sont utilisées maintes fois, soit de manière directe par le biais de citations du vocabulaire de la paix, soit de manières contextuelle et allusive ; dans ce cas, sans doute le plus complexe, l'analyse des circonstances permet de mettre en évidence les éléments constitutifs de la paix. Comme aucune étude à notre connaissance n'a porté sur ces aspects juridiques, nous tenterons, dans une seconde partie, d'analyser les cas pratiques contenus dans les textes pour discerner la réalité de ce mouvement de paix.

Mais auparavant nous nous attacherons, dans une étude comparée, à analyser les définitions et les courants différents de la paix et de la trêve de Dieu, sans omettre de porter attention à l'analyse précise des conciles traitant de la paix, en particulier en ce qui concerne leurs origines.

1. Les origines de la paix de Dieu

Le mouvement de la paix de Dieu va jouer un rôle important dans la civilisation médiévale européenne pendant plusieurs siècles et, dans cette optique, le concile de Charroux, qui eut lieu le 1er juin 989[11], est considéré, aujourd'hui

---

10 La bibliographie portant sur la *sacraria* est abondante, cf. principalement A . CATAFAU, *Les celleres et la naissance du village en Roussillon (Xe-XVe siècles)*, Perpignan, 1998 ; voir aussi notre étude : « *Pau e treva de nostre Senyor* in den *Usatges de Barcelona* : Frieden durch rhetorische Formeln ? », C. PUSCH (éd.), *Katalanisch in Geschichte und Gegenwart. Sprachwissenschaftliche Beiträge – Estudis de lingüística,* Tübingen, 2001, p. 65-76. Cela relevait d'une grande importance en considérant la Reconquête sur la péninsule Ibérique, voir C.R. du livre d'Alexander Pierre BRONISCH, *Reconquista und heiliger Krieg – Die Deutung des Krieges im christlichen Spanien von den Westgoten bis ins frühe 12. Jahrhundert*, Münster, 1998, *Revue Historique* 4 (1999), p. 891-893. De plus : J. FLORI, *Chevaliers et chevalerie au Moyen Age*, Paris, 1998 ; notre C.R. dans *Medievalia* 14 (1998), p. 66-69.

11 R. FAVREAU, « Le concile de Charroux de 989 », *BSAO*, 3e trimestre, 1989, 5e série, t. III, 1989, p. 213-219 ; ID., « Le concile de Charroux (989) et la paix de Dieu », *Les Cahiers du Centre Théologique de Poitiers* 10 (1989), p. 3-22 ; L. HUBERTI, *Studien zur Rechtsgeschichte der Gottesfrieden und Landfrieden*, Ansbach, 1892, p. 34 ; B. TÖPFER, *Volk und Kirche zur Zeit der beginnenden Gottesfriedensbewegung in Frankreich*, Berlin, 1959, p. 59 (Neuere Beiträge zur Geschichtswissenschaft 1) ; H. HOFFMANN, *Gottesfriede und Treuga Dei*, Stuttgart, 1964, rééd. 1986, p. 25-27, en particulier p. 26 (Schriften der MGH 20) ; C. LAURANSON-ROSAZ, *L'Auvergne et ses marges (Velay, Gévaudan) du VIIe au XIe siècle. La fin du monde antique ?*, Le-Puy-en-Velay, 1987, p. 424-427 (Les Cahiers de la Haute Loire).

unanimement, comme le premier concile de la paix de Dieu en France[12], voire en Europe. Sans doute Christian Lauranson-Rosaz[13] a-t-il raison de souligner que le « plaid de Laprade » (*placitum publicum*) de l'an 975, au terme duquel l'évêque Guy réussit à apaiser les *milites* et *rustici* récalcitrants qui ne voulaient pas prêter serment en faveur de la paix, n'a pas le caractère des mesures arrêtées lors d'un concile canonique comme celui de Charroux convoqué par l'archevêque de Bordeaux en 989, bien que cette mesure pacificatrice reste la première.

De nombreux conciles postérieurs ont suivi l'exemple de Charroux et ont adopté l'esprit et le contenu de ses canons, comme le révèlent les titres de la plupart des conciles de la paix de Dieu tenus en France après Charroux[14] : Le Puy (994) : *« Charta de treuga et pace », « salutem et pacem »,* Limoges (994) : *« pactumque pacis et iustitiae foederata est »*[15], Poitiers (1000-1014) : *« pacis et iustitiae restaurationem »*[16], Verdun (entre 1019 et 1021) : *« pro redintegranda*

---

12 R. BONNAUD-DELAMARE, « Les institutions de paix en Aquitaine au XIe siècle », *La Paix, Recueils de la Société Jean Bodin*, t. XIV, Bruxelles 1961, p. 415-487 ; ID., « La paix en Flandre pendant la première croisade », *Revue du Nord*, t. XXIX (1957), p. 147-152 ; E. MAGNOU-NORTIER, « La place du concile du Puy (994) dans l'évolution de l'idée de paix », *Mélanges offerts à J. Dauvillier*, Toulouse, 1979, p. 489-506 ; P. GODDING/J. PYCKE, *La paix de Valenciennes de 1114. Commentaire et édition critique*, Louvain-la-Neuve, 1981.

13 C. LAURANSON-ROSAZ, *L'Auvergne et ses marges (Velay, Gévaudan) du VIIe au XIe siècle : La fin du monde antique ?*, p. 410-411.

14 T. GERGEN, «'Pau e Treva de Nostre Senyor' in den Usatges de Barcelona : Frieden durch rhetorische Formeln ? », p. 65-76.

15 *« pactumque pacis et iustitia (a duce et principibus vicissim foederata est) »*, L. HUBERTI, *Gottesfrieden*, p. 134.

16 *Pacis et iustitiae restaurationem* (1000-1014), Concile de Poitiers, J.-D. MANSI (éd.) XIX, col. 265-268 ; *Praefatio. Speciosum quidem nomen est pacis, et pulchra est opinio unitatis, quam Christus ascendens in coelum reliquit suis discipulis. Igitur idibus ianuariis Guillelmo Pictavensi duce convocante concilium, Pictavis convenerunt episcopi numero quinque, archiepiscopus Burdegalensis Siguinus, Gislebertus Pictavensis, Hilduinus Lemovicensis, Grimoardus Engolismae civitatis, Isto Santonensis, et abbates duodecim, pro restauratione ecclesiae. Firmaverunt per obsides et excommunicationem dux et reliqui principes huiusmodi pacis et iustitiae restaurationem.*

Canon I

Constituerunt, ut a quinque annis praeteritis quaecumque res invasae fuerunt, et ab ipso praesenti concilio in reliquum tempus, unde altercatio in ipsis pagis habetur, quorum ibi erant principes, si ex contendentibus de ipsis rebus unus alium interpellaverit, veniant ante principem ipsius regionis, vel ante aliquem ipsius pagi iudicem, et stent in iustitia pro ipsis rebus, et qui sub districtione iustitiae stare noluerit, princeps vel iudex, ipsius rei aut iustitiam faciat, aut obsidem perdat ; et si iustitiam facere non potuerit, convocet principes et episcopos qui concilium instituerunt, et omnes unanimiter in destructionem et confusionem ipsius pergant; et tamdiu patiatur ipsam perse-

seu firmanda pace », Beauvais (1023) : *« sacramentum pacis »*[17], Ivois/Meuse (1023) : *« ibi certe pacis et iustitiae summa diffinitio mutuaeque amicitiae reconciliatio »,* Amiens (1033-36) : *« conveniunt pax et iustitia », « pacis inviolabile pactum »*, Bourges (1031) : *« reformandam pacem »* etc.

Le concile de Poitiers, qui a d'abord été daté de l'an mil[18], se réunit en fait dans les années 1000-1014, un 13 janvier, lors de la fête de Saint Hilaire[19]. Guillaume V le Grand, comte de Poitou et duc d'Aquitaine, convoqua le concile à Poitiers, et cinq évêques du Poitou s'assemblèrent (l'archevêque de Bordeaux Siguin, Gislebert de Poitiers, Hilduin de Limoges, Grimoald d'Angoulême, Islo de Saintes) ainsi que douze abbés pour évoquer les problèmes liés à la discipline au sein du clergé.

Le concile de Charroux n'a pas vu son influence limitée à la seule France[20] : la paix de Dieu s'est étendue aussi vers l'Allemagne (Liège, Cologne 1083)[21], vers l'Espagne, notamment la Catalogne (Toulouges 1027, Gérone et Barcelone 1064)[22] ainsi que vers l'Italie[23] et l'Angleterre[24]. Ceci a conduit de nombreux

---

cutionem et confusionem, quousque redeat ad iustitiae rectitudinem. Ergo dati sunt obsides, et excommunicatum est in concilio pro huiusmodi confirmatione, ut nullus ab ipso die in antea ecclesiam infringat, et cetera, sicut in concilio Karrofense constitutum est.

17 Le *Sacramentum pacis* de Beauvais contient aussi le règlement tripartite comme Charroux : la protection des églises et des clercs non-armés, la protection des pauvres et de leurs biens (animaux) ; cf. L. HUBERTI, *Gottesfrieden*, p. 165 suiv.

18 L. HUBERTI, *Gottesfrieden*, p. 134 ; B. TÖPFER, *Volk und Kirche*, p. 63 ; R. BONNAUD-DELAMARE, « Les institutions de paix en Aquitaine », p. 437 suiv. ; H. HOFFMANN, *Gottesfriede und Treuga Dei*, p. 31 suiv.

19 R . FAVREAU, « Le concile de Charroux », p. 11 et 15.

20 Recueil d'articles sur « Paix de Dieu et guerre sainte en Languedoc au XIIIe siècle », *Cahiers de Fanjeux*, Toulouse, 1969 ; A. DE BOÜARD, « Sur les origines de la trêve de Dieu en Normandie », *Annales de Normandie*, t. IX (1959), p. 186 suiv. ; R. BONNAUD-DELAMARE, « Les institutions de paix dans la province ecclésiastique de Reims au XIe siècle », *Bulletin philologique et historique*, 1957, p. 143-200.

21 H.W. GOETZ, « Protection of the Church, Defense of the Law, and Reform, On the Purposes and Caracter of the Peace of God, 989-1038 », *The Peace of God. Social Violence and Religious Response in France around the Year 1000*, T. HEAD/R. LANDES (éd.), Ithaca, 1992, p. 264-270 ; ID., « Der Kölner Gottesfriede von 1083, Beobachtungen über Anfänge, Tradition und Eigenart der deutschen Gottesfriedensbewegung », *Jahrbuch des Kölner Geschichtsvereins* 55 (1984), p. 39-76 ; D. WILLOWEIT, « Die Sanktionen für Friedensbruch und der Kölner Gottesfrieden von 1083 », *Recht und Kriminalität*, E. SCHLÜCHTER/K. LAUBENTHAL (éd.), Cologne, 1990, p. 37-52 ; S. HERZBERG-FRÄNKEL, *Die ältesten Land- und Gottesfrieden in Deutschland*, Göttingen, 1883 (nouvelle édition 1968).

22 T. GERGEN, « Texttradition in den Usatges de Barcelona am Beispiel von *pau e treva* und den *XXX passes* » , *Mélanges D. Briesemeister*, p. 257-277 ; ID., « '*Pau e treva de*

historiens à s'interroger sur la genèse et les problèmes généraux de la paix et de la trêve de Dieu en France[25], en Espagne et en particulier en Catalogne[26], ainsi qu'en Allemagne[27].

---

nostre Senyor' in den Usatges de Barcelona, Frieden durch rhetorische Formeln ? », p. 65 suiv. ; K. KENNELLY, « Catalan Peace and Truce Assemblies », *Studies in Medieval Culture* 5 (1975), p. 41-51 ; ID., *The Peace of God. Fact or Fiction ?,* thèse, Université de Californie, Berkeley, 1962.

23 H. HOFFMANN, *Gottesfriede und Treuga Dei,* p. 230 et p. 248.

24 ID., p. 254-256.

25 D. BARTHELEMY, *L'an mil et la paix de Dieu. La France chrétienne et féodale, 980-1060,* Paris, 1999 ; H.-W. GOETZ, « La paix de Dieu en France autour de l'an Mil : fondements et objectifs, diffusion et participants », *Le roi de France et son royaume autour de l'an Mil,* M. PARISSE/X. BARRAL I ALTET (dir.), Paris, 1992, p. 131-145 ; J.-P. POLY, *La Provence et la société féodale (879-1166),* Paris, 1976, p. 191 et suiv. ; H.E.J. COWDREY, « The Peace and the Truce of God in the eleventh century », *Past and Present* 46 (1970), p. 42-67 ; A. GRABOIS, « De la trêve de Dieu à la paix du roi. Etude sur les transformations du mouvement de la paix au XIIe siècle », *Mélanges R. Crozet,* Poitiers, 1966, t. I, p. 585-596 ; B. TÖPFER, *Volk und Kirche zur Zeit der beginnenden Gottesfriedensbewegung in Frankreich* ; R. BONNAUD-DELAMARE, « Fondements des institutions de paix au XIe siècle », *Mélanges L. Halphen,* Paris, 1951, p. 19-26 ; C. BRUNEL, « Les juges de la paix en Gevaudan au milieu du XIe siècle », *Bibliothèque de l'Ecole des Chartes* 109 (1951), p. 32-41 ; L. C. MACKINNEY, « The People and Public Opinion in the Eleventh Century Peace Movement », *Speculum* 5 (1930), p. 181-206 ; L. HUBERTI, *Studien zur Rechtsgeschichte der Gottesfrieden und Landfrieden. Die Entwicklung des Gottesfriedens in Frankreich,* Ansbach, 1892 ; E. SÉMICHON, *La paix et la trêve de Dieu,* Paris, 1857, rééd. 1869.

26 G. GONZALVO I BOU, *La Pau i Treva a Catalunya. Origen de les Corts Catalanes,* Barcelone, 1986 ; T. N. BISSON, « The organized peace in Southern France and Catalonia (ca. 1140-ca. 1233) », *American Historical Review* 82 (1977), p. 290-311 ; ID., *Power, Crisis and Humanity in Rural Catalonia, 1140-1200,* Cambridge, Massachusetts, Londres, 1998 ; P. BONNASSIE, *La Catalogne du milieu du Xe à la fin du XIe siècle : croissance et mutations d'une société,* Toulouse, 1976, t. II, p. 648 et suiv. ; E. WOHLHAUPTER, *Studien zur Geschichte der Gottes- und Landfrieden in Spanien,* Heidelberg, 1933 ; concernant les conciles, en l'espèce: G. GONZALVO I BOU, « Cànons del concili de Lleida de 1173 al·lusius a la pau i treva », *Medievalia* 9 (1990), p. 153-160 ; T. N. BISSON, « Une paix peu connue pour le Roussillon (A.D. 1173) », *Droit privé et institutions régionales. Etudes historiques offertes à J. Yver,* Paris, 1976, p. 69-76 ; E. MAGNOU-NORTIER, *La société laïque et l'Eglise dans la province ecclésiastique de Narbonne de la fin du VIIIe à la fin du XIe siècle,* Toulouse, 1974, p. 524 et suiv.

27 T. KÖRNER, *Iuramentum und frühe Friedensbewegung (10.-12. Jh.),* Berlin, 1977 ; H. HOFFMANN, *Gottesfriede und Treuga Dei* ; J. GERNHUBER, *Die Landfriedensbewegung in Deutschland bis zum Mainzer Reichslandfrieden,* Bonn, 1951 ; H. HATTENHAUER, *Die Bedeutung der Gottes- und Landfrieden für die Gesetzgebung in Deutschland,* thèse, Marbourg, 1958 ; A. KLUCKHOHN, *Geschichte des Gottesfriedens,* Leipzig, 1857, rééd. 1966 ; G.C.W. GÖRRIS, *De Denkbeelden over orloog*

En revanche, l'Angleterre ne semblait pas connaître la tradition des conciles de la paix de Dieu comme l'Europe continentale. Sous le régime d'Edouard le Confesseur (1042-1066) il existait l'expression générale de *treuva regis*, paix garantie par l'autorité du roi. Grâce aux *Leges Edwardi Confessoris,* le clergé ainsi que ses biens bénéficiaient, en outre, de la *pax Dei et sanctae Ecclesiae*[28]. Reste à ajouter que les différentes versions du *Domesday Book* contiendront plus tard des règles sur la paix du roi ou du comte[29].

Pour la France notamment, nous trouvons des études sur certaines paix de caractère plus régional portant sur l'Aquitaine[30], le Languedoc[31], le Nord de la France[32], la Flandre[33], la Normandie[34]. Certains conciles ont fait l'objet d'une

---

en de bemoeiingen vor vrede in de eelfde eeuw, Nimwegen, 1912 ; E. WADLE, « Frühe deutsche Landfrieden », *Überlieferung und Geltung normativer Texte des frühen und hohen Mittelalters,* H. MORDEK (éd.), Sigmaringen, 1986, p. 71-92 ; ID., « Die Konstanzer Pax und Bischof Gebhard III. », *Die Konstanzer Münsterweihe von 1089 in ihrem historischen Umfeld,* H. MAURER (éd.), Fribourg-en-Brisgau, 1989, p. 141-153 ; ID., « Die peinliche Strafe als Instrument des Friedens », *Träger und Instrumentarien des Friedens im Hohen und Späten Mittelalter,* J. FRIED (éd.), 1996.

28 Cf. les 8 premiers paragraphes des *Leges Edwardi Confessoris*, mises en vigueur sous Edouard le Confesseur (1042-1066) dans : B. R. O'BRIEN, *God's Peace and King's Peace, The Laws of Edward the Confessor*, Philadelphia, 1999, p. 158-165.
Voir le texte qui concerne la *Pax Dei* : *A sancta itaque ecclesia exordium sumentes, per quam rex et regnum solide subsistere haberent, pacem et libertatem illius concionati sunt dicentes : Omnis clerus etiam scolares et omnes eorum possessiones, ubicumque fuerint, pacem Dei et sancte ecclesie habeant [...] Ab Adventu Domini usque ad octauas Epiphanie pacem Dei et sancte ecclesie per omne regnum [...] Etiam si aliquis excommunicatus ad emendationem ad episcopum uenerit, absolutus eundo et redeundo pacem Dei et sancte ecclesie habeat. Quod si aliquis sibi forisfecerit, episcopus faciat suam iusticiam. Et si pro iusticia episcopi emendare noluerit, ostendat regi, et rex constringat forisfactorem ut emendet cui forisfecit et episcopo et sibi. Et sic iuste gladius gladium iuuabit [...].*

29 A titre d'exemple pour le Domesday du comté de Yorkshire voir *The Yorkshire Doomesday, Folios and Maps*, R. W. H. ERSKINE (éd.), Londres, 1988, folio 298v facsimile.

30 Dernièrement : T. HEAD, « The Development of the Peace of God in Aquitaine », *Speculum* 74 (1999), p. 656-686 ; R. BONNAUD-DELAMARE, « Les institutions de paix en Aquitaine au XIe siècle », *La Paix*, Recueils de la Société J. BODIN, t. XIV, Bruxelles, 1961, p. 415-487 ; sur la Touraine ID., « La paix de Touraine pendant la première croisade », *Revue d'histoire ecclésiastique* 1975, p. 749-757.

31 Recueil d'articles sur « Paix de Dieu et guerre sainte en Languedoc au XIIIe siècle », *Cahiers de Fanjeux*, Toulouse, 1969.

32 E. STRUBBE, « La Paix de Dieu dans le Nord de la France », *La Paix*, Recueils de la Société J. Bodin, t. XIV, Bruxelles, 1961, p. 489-501 ; B. TÖPFER, « Die Anfänge der Treuga Dei in Nordfrankreich », *Zeitschrift für Geschichtswissenschaft* IX (1961), p. 876-893 ; R. BONNAUD-DELAMARE, « La paix d'Amiens et de Corbie au XIe siècle », *Revue du Nord* XXXVIII (1956), p. 167-178.

étude particulière : le Puy[35], Reims[36], Montherond (Lausanne)[37] ou Valenciennes[38].

En étudiant le processus d'extension de ce mouvement, d'un côté, Charroux (989) - Liège (1082) – Cologne (1083) ; de l'autre côté, Charroux (989) – Toulouges (1027) – Barcelone (1064)[39], nous constatons une évolution vers une confirmation des règles juridiques, évolution d'un immense rayonnement qui n'a pas encore été étudiée parmi les multiples aspects de ce sujet[40]. A partir des nombreuses reprises des canons ces derniers nous apparaissent aujourd'hui admirés par les contemporains à cause de leur exemplarité. Doit-on croire que les initiateurs des conciles de paix avaient l'intention de reprendre les règles de la paix de Dieu pour « harmoniser » le droit à ce propos ?

Mais avant de nous occuper des différents éléments de cette « harmonisation » du droit, il convient de remonter aux sources originelles du mouvement de la paix, en essayant de comprendre les raisons qui ont pu motiver les évêques réunis à Charroux et d'apprécier l'influence de ce concile sur le développement de la paix. Si la paix de Charroux était un moyen pour lutter contre la violence dans la société, les conciles postérieurs sont allés dans la même voie par des ajustements apportés aux décisions initiales de ce concile,

---

33 R. BONNAUD-DELAMARE, « La paix en Flandre pendant la première croisade », *Revue du Nord* XXIX (1957), p. 147-152.

34 A. DE BOÜARD, « Sur les origines de la trêve de Dieu en Normandie », *Annales de Normandie* IX (1959), p. 186 et suiv.

35 E. MAGNOU-NORTIER, « La place du concile du Puy (994) dans l'évolution de l'idée de paix », *Mélanges offerts à J. Dauvillier*, Toulouse, 1979, p. 489-506 ; B.S. BACHRACH, « The northern origins of the peace movement at le Puy in 975 », *Historical Reflections* 14/3 (1987), p. 405-421.

36 R. BONNAUD-DELAMARE, « Les institutions de paix dans la province ecclésiastique de Reims au XIe siècle », *Bulletin philologique et historique*, 1957, p. 143-200.

37 R. BONNAUD-DELAMARE, « La pseudo-trêve de Dieu de Montherond », *Le Moyen Age* 53 (1947), p. 261-270.

38 P. GODDING/J. PYCKE, *La paix de Valenciennes de 1114, commentaire et édition critique*, Louvain-la-Neuve, 1981.

39 A. JORIS, « Observations sur la proclamation de la Trêve de Dieu à Liège à la fin du Xe siècle », *La Paix*, t. I, Recueils de la Société J. Bodin, t. XIV, Bruxelles, 1961, p. 503-545 ; T. GERGEN, « Texttradition der *Usatges de Barcelona* am Beispiel von *pau e treva* und den *XXX passes (sagreres)* der katalanischen Friedenskonzilien », *Mélanges D. Briesemeister*, p. 257-277.

40 Résumé chez M. FRASSETTO, « Violence, Knightly Piety and the Peace of God Movement in Aquitaine », *Final argument. The Imprint of Violence on Society in Medieval and Early Modern Europe*, D.J. KAGAY/L.J.A. VILLALON (éd.), Woodbridge, 1998, p. 13-26.

d'où un premier pas vers l'« harmonisation » du droit pénal. La question qui se pose est de savoir si, pour atteindre ce but, il fallait une circonscription ou un territoire bien déterminé, surtout les diocèses ou les châtellenies. Les réponses à toutes ces questions vont nous apporter de nouveaux éléments et nous mener à une définition plus précise de la paix de Dieu en général.

En effet, les historiens de la société et les historiens du droit n'ont pas encore trouvé une définition complète et satisfaisante de la paix et de la trêve de Dieu, bien que de nombreux auteurs aient fait des recherches sur les causes et les évolutions de ces notions. Les uns inscrivent ce mouvement dans la mutation dite féodale de l'an mil et le considèrent comme une arme contre les exactions nouvelles des seigneurs sur les paysans. La définition du *Dictionnaire du Catholicisme* va dans ce sens en affirmant que le mouvement de la paix et trêve de Dieu était un système d'obligations et de sanctions à l'encontre des féodaux les plus belliqueux[41]. D'autres mettent l'accent sur la volonté de l'Eglise de protéger ses biens contre la mainmise des laïcs[42]. Les craintes eschatologiques de l'an mil ont été aussi dégagées[43]. Dans un article remarquable, Dominique Barthélemy a critiqué cette vue trop millénariste[44]. D'autres auteurs estiment que la paix de Dieu tendait à circonscrire la guerre aux guerriers, à la réglementer et à trouver une éthique professionnelle pour les *milites* ; cette « ascèse » des armes, c'est-à-dire le non-recours aux armes, se note avant tout dans la trêve de Dieu[45].

L'historiographie des deux dernières siècles est abondante, beaucoup d'auteurs y ont déjà contribué. Selon l'époque et aussi selon l'idéologie des auteurs

---

41 R. DARRICAU, « Paix et Trêve de Dieu », *Catholicisme*, G. MATHON/G.H. BAUDRY/P. GUILLUY/E. THIERY (éd.), t. II, Paris, 1985, col. 449.

42 S. WEINBERGER, « Les conflits entre clercs et laïcs dans la Provence du XIe siècle », *Annales du Midi* XCII (1980), p. 274-279.

43 *Cf.* les articles de B. TÖPFER, « The Cult of Relics and Pilgrimage in Burgundy and Aquitaine at the Time of the Monastic Reform », p. 41-57 ; A. DEBORD, « The Castellan Revolution and the Peace of God in Aquitaine », p. 135-164 ; C. LAURANSON-ROSAZ, « Peace from the Mountains : The Auvergnat Origins of the Peace of God », p. 104-134 et H.-W. GOETZ, « Protection of the Church, Defense of the Law, and Reform », p. 259-279, *The Peace of God. Social Violence and Religious Response in France around the Year 1000*, T. HEAD/R. LANDES (éd.), Ithaca, 1992 ; D. CALLAHAN, « The Peace of God, Apocalypticism, and the Council of Limoges of 1031 », *Revue bénédictine* 101 (1991), p. 32-49.

44 D. BARTHÉLEMY, « La paix de Dieu dans son contexte (989-1041) », *Cahiers de civilisation médiévale* 40 (1997), p. 3-35 ; voir de même S. GOUGUENHEIM, *Les Fausses Terreurs de l'an Mil*, Paris, 1999.

45 J. FLORI, *Chevaliers et chevalerie au Moyen Age*, Paris, 1998, p. 183-184.

nous pouvons distinguer plusieurs écoles ou lignes de recherches ; distinguons-en trois.

2. Les trois lignes de recherches essentielles

- Pour certains chercheurs, la paix de Dieu résulte d'un manque d'autorité et d'Etat, c'est-à-dire de pouvoirs, en particulier du déclin du pouvoir royal, à la suite de grandes mutations de la société autour de l'an mil, qui engendreront des crises sociales, chaos et terreur.

- D'autres auteurs, et cela n'est pas en contradiction avec la pensée des premiers, mettent l'accent sur le « mouvement » populaire.

- Enfin un troisième groupe estime que la paix de Dieu n'apporte rien de nouveau sur le fond et qu'il ne s'agit que d'une intensification des moyens (des prescriptions, des outils) qu'on avait déjà utilisés avant.

Essayons d'apporter des précisions pour mieux définir ces axes de recherches.

(1) Manque d'autorité et crises sociales

Ecoutons d'abord ceux qui interprètent la paix de Dieu comme un remède contre les mutations qui avaient engendré des crises sociales, des violences, des terreurs autour de l'an mil. Cette image peinte par les historiens dès le XIXe siècle reflète avant tout le témoignage donné par Raoul Glaber dans son *Histoire* (985-1046). Les crises (guerres privées, vengeance, cannibalisme, meurtres, etc.) découlant du déclin des pouvoirs laïcs, auraient fait accepter par la population les canons de paix arrêtés par l'Eglise, conclusion que l'historien Jules Michelet tire avant tout de la lecture d'Adémar de Chabannes, dans son ouvrage *Le moyen âge*, paru en 1833[46]. Ernest Sémichon démontre d'ailleurs, dans son ouvrage sur la paix et la trêve de Dieu, paru en 1857, la réalité palpable et le succès de la paix de Dieu pour faire face aux crises sociales[47].

Mutation et féodalisation de l'an mil seraient apparues à cause de la révolution châtelaine, de l'émergence des fortifications et des châtellenies, et donc de

---

46 *Le moyen âge, Histoire de France*, livres I à XVII, Paris, 1981, p. 229-235.

47 *La Paix et la trêve de Dieu. Histoire des développements du Tiers-Etat par l'Eglise et les associations de la fin du Xe siècle à la fin du XIIIe siècle*, 1857, 2e éd., Paris, 1869.

nouveaux pouvoirs, qui à partir du Xe siècle ont bouleversé l'ordre social et ont engendré une crise. C'est contre cette crise que l'Eglise (en l'occurrence les évêques) essaye de lutter, d'abord sans les princes, puis avec eux. L'historien « régionaliste » Louis Guibert, dans son article « Les évêques de Limoges et la paix sociale », publié en 1899 dans le *Bulletin de la Société archéologique et historique du Limousin*[48], attire l'attention sur les activités sociales des évêques de Limoges qui ont fait un grand effort pour dominer cette violence et cette crise sociale. Il écrit littéralement[49] : « Ajoutons que nos évêques n'ont pas été seulement les champions infatigables de la justice et de la paix. Le sentiment national s'est éveillé chez eux de bonne heure, et est demeuré constant, vif, généreux, à travers les vicissitudes de l'histoire si tourmentée de notre province... ». Cette citation rapporte aussi la preuve que l'historiographie du XIXe siècle mélange souvent des sentiments nationaux avec la lutte contre la violence.

De surcroît, le « mythe des terreurs » décrit par Edmond Pognon[50] et par Ferdinand Lot[51] est un mythe de tous les temps qui demande une solution afin d'extirper la terreur au sein de la société, sujet que Henri Platelle a repris encore dans les années 70 du XXe siècle avec l'intitulé de son article « La violence et ses remèdes »[52]. Le contexte de l'an mil pour ces auteurs, ce sont donc les crises, la violence ; et la paix de Dieu comme solution. L'on peut également ajouter un autre élément, le manque d'un pouvoir fort qui est à même de donner une sorte de règlement intérieur, bref un ordre public qui est capable d'utiliser à son profit les liens féodo-vassaliques. La paix de Dieu est interprétée, par de nombreux historiens, comme remplaçante d'un pouvoir et d'une législation non-existants.

En 1911 Achille Luchaire décrit l'image bien connue de la société sans Etat[53] de la manière suivante : « Remplaçant l'Etat qui n'existait plus, elle <l'Eglise> devait travailler sans relâche à réprimer les instincts violents de la classe noble dont la guerre était l'occupation, le plaisir et le fléau. Pour remplir cette grande

48 Dans le tome XLVII, 1899, p. 36-50.

49 L. GUIBERT, « Les évêques de Limoges et la paix sociale », p. 49.

50 *L'An mille*, Paris, 1947.

51 « Le mythe des terreurs de l'an mille », *Recueil des travaux historiques de Ferdinand Lot*, t. I, Genève-Paris, 1968, p. 398-414 ; D. BARTHELEMY, *L'an mil et la paix de Dieu*, p. 28, 213, 233.

52 « La violence et ses remèdes en Flandre au XIe siècle », *Sacris Erudiri* 15 (1971), p. 101-173 ; D. BARTHELEMY, *L'an mil et la paix de Dieu*, p. 22, 538.

53 A. LUCHAIRE, *Les Premiers Capétiens (987-1137)*, E. LAVISSE (dir.), *Histoire de France illustrée, depuis les origines jusqu'à la Révolution*, Paris, 1911, p. 133 ; cette impression a été prolongée dans l'historiographie de nos jours par Patrick GEARY, « Vivre en conflit dans une France sans Etat : typologie des mécanismes de règlement des conflits (1050-1200) », *Annales E.S.C.* 41 (1986), p. 1107-1133.

mission sociale, le clergé oublia ses propres dissensions. Uni devant les laïques, toujours prêt à se dévouer et à lutter contre le désordre, il créa les institutions de paix. »

Outre Achille Luchaire l'on trouve Ludwig Huberti, qui a publié sa thèse en 1892 sur la paix et la trêve de Dieu (notamment en France)[54], et qui décrit bel et bien ces institutions de la paix. Selon lui la paix de Dieu était une convention d'origine aquitaine qui se fondait sur l'initiative de l'Eglise, avant d'être promue par les pouvoirs publics et de se transformer, après un certain temps de coopération entre l'Eglise et les princes, en une législation publique. Le motif principal était de qualifier certains délits contre les personnes et les biens selon un système d'ordre pénal et procédural qui d'abord compléta, puis remplaça le système des guerres privées du Haut Moyen Age. L'ouvrage de Ludwig Huberti a été retravaillé et interprété, dans les années 60, par Hartmut Hoffmann (*Gottesfriede und Treuga Dei*), qui restait dans cette logique du manque d'un pouvoir public et de la « lutte pour le droit » (*Kampf ums Recht*) que l'Eglise a promue.

Dans la même optique, Aryeh Graboïs porte l'attention ensuite sur l'évolution du mouvement : « De la paix de Dieu à la paix du roi », écrit-il en 1966. Roger Bonnaud-Delamare voit aussi un manque d'institutions dans la société féodale ; la paix de Dieu les crée provisoirement, jusqu'à l'essor de la principauté[55] et de l'Etat, ce dernier étant une organisation politique qui dirige la vie de la communauté des individus constituant une nation ou une fédération de nation et qui dispose d'un système de normes[56] ; nous reviendrons plus bas sur ce point. Georges Duby dit notamment que l'ordre dans la « Maison de Dieu » était bouleversé (cf. le titre de son ouvrage intitulé « Les trois ordres ou l'imaginaire du féodalisme ») ; la paix de Dieu devait rétablir cet ordre pour trouver un équilibre entre les *bellatores*, les clercs et les laboureurs, et faire cesser les crises sociales provoquées par les plus belliqueux. L'idée de la société sans Etat a été reprise, d'une manière plus nuancée, par des historiens tout au long du XXe siècle,

---

54 L. HUBERTI, *Studien zur Rechtsgeschichte der Gottesfrieden und Landfrieden, I. Die Friedensordnungen in Frankreich*, Ansbach, 1892.

55 Selon la définition de J. DHONDT, *Etudes sur la naissance des principautés territoriales en France (IXe – Xe siècles)*, Bruges, 1948 (Rijksuniversiteit te Gent, werken uitgegeven door de Faculteit van de wigsbegeerte en Letteren, no. 102).

56 Les définitions de l'Etat sont innombrables. Voir : *Grand Larousse de la langue française*, t. III, « Etat », IV. ; *Encyclopedia Universalis*, vol. 6, « Etat », 1968, p. 582 ; J. EHLERS, « Die deutsche Nation des Mittelalters als Gegenstand der Forschung », J. EHLERS (éd.), *Ansätze und Diskontinuität deutscher Nationsbildung im Mittelalter,* Sigmaringen, 1989, p. 11-58 (en particulier pour les critères de former une nation, p. 23-24).

dont Patrick Geary, qui l'a développée sur le plan anthropologique, dans les années 1980 : « Vivre dans une France sans Etat, typologie des mécanismes de règlement des conflits (1050-1200) »[57]. L'article de Michael Frassetto[58] met en relation la violence et la piété chevaleresque, d'où un programme féodo-vassaliques conduisant à la domination de la chevalerie.

A juste titre, Reinhold Kaiser arrive pour sa part à la conclusion que la paix et la justice de paix (les tribunaux de la paix) ont permis aux évêques de renforcer les pouvoirs de leur *civitas* et du territoire. Hans Werner Goetz démontre l'impact de la paix et sa diffusion selon le principe de la territorialité sur le plan de la législation ; il part aussi de l'idée du « mouvement » de la paix. Dans son article « Die französische Gottesfriedensbewegung im Lichte neuerer Forschungen » (traduction : « Le mouvement de la paix de Dieu en France dans l'optique des recherches récentes »), ce dernier tient à mettre en relief que l'époque ne connaissait pas de désordre (« Unordnung ») mais seulement un changement de l'ordre (« Umordnung »)[59].

Cette nuance dans la déscription de la société autour de l'an mil est la seule percutante car elle est à même d'exprimer les modifications qu'a connu la société aux Xe et XIe siècles.

---

57 Dans *Annales E.S.C.* 41 (1986), p. 1107-1133.

58 « Violence, Knightly Piety and the Peace of God Movement in Aquitaine », *Final argument. The Imprint of Violence on Society in Medieval and Early Modern Europe*, D. KAGAY/L. VILLALON (éd.), Woodbridge, 1998, p. 13-26.

59 H.-W. GOETZ, « Die Gottesfriedensbewegung im Licht neuerer Forschungen », *Landfrieden. Anspruch und Wirklichkeit,* A. BUSCHMANN/E. WADLE (éd.), Paderborn/Munich/Vienne/Zurich, 2001, p. 31-54 (Rechts- und Staatswissenschaftliche Veröffentlichungen der Görres-Gesellschaft, Neue Folge, vol. 98).

(2) La paix de Dieu en tant que grand mouvement populaire

Quelques historiens - dont Georges Duby - soulignent le mouvement religieux de masse où l'initiative vient des laïcs, en se fondant sur Raoul Glaber qui écrit[60] : « L'an mil après la Passion fut celui qui suivit ce désastre. Par la bonté et la miséricorde divines, les nuées et les tempêtes s'apaisèrent ... Alors en Aquitaine, les évêques, les abbés et les autres hommes de religion rassemblèrent tout le peuple en des conciles. On y porta beaucoup de corps saints, et d'innombrables châsses contenant de saintes reliques... ».

Dans les articles du recueil édité par Thomas Head et Richard Landes dans les années 90 (1992) : *The Peace of God. Social Violence and Religious Response in France around the year 1000*[61], nous trouvons la variété des aspects déjà évoqués : terreurs, mutation et mouvement populaire vont bien ensemble. Cette thèse historique met aussi l'accent sur le droit naturel, la voix du peuple, idées exprimées encore par Bernard Töpfer en 1957 dès l'intitulé de son livre, paru en R.D.A. : *Peuple et Eglise à l'époque du début du mouvement de la paix de Dieu en France*[62]. Töpfer propose une interprétation marxiste car l'initiative serait venue du peuple, dont l'attente religieuse résultait d'un rapport de classes très tendu[63].

Richard Landes nuance finalement la théorie du grand mouvement et la levée des foules, reconnaissant cependant qu'il y avait au moins une aile marchante, populaire, un « mouvement » (cf. son article « La vie apostolique en Aquitaine en l'an mil. Paix de Dieu, culte de reliques et communautés hérétiques »[64]).

---

60 Raoul Glaber, *Histoires*, M. ARNOUX (éd.), Turnhout, Brépols, 1996, IV, 14, p. 248.

61 Ithaca, 1992.

62 *Volk und Kirche zur Zeit der beginnenden Gottesfriedensbewegung in Frankreich*, Berlin (Est), 1957.

63 K. ARNOLD, *Mittelalterliche Volksbewegungen für den Frieden*, Barsbüttel, 1996 (Beiträge zur Friedensethik 23) ; J. FRIED, « Endzeiterwartung um die Jahrtausendwende », *Deutsches Archiv für Erforschung des Mittelalters* 45/2 (1989), p. 385-473.

64 Paru dans *Annales E.S.C.* 46 (1991), p. 573-593 ; cité même par D. BARTHELEMY, *L'an mil et la paix de Dieu*, p. 139.

(3) Intensification des moyens déjà appliqués

Il y a d'autres auteurs, notamment Dominique Barthélemy[65], qui ne voient pas de vraies nouveautés dans la paix de Dieu[66], mais seulement une intensification des moyens et des prescriptions déjà connus depuis des siècles :

« Les conciles de paix des évêques n'y sont pas une nouveauté radicale, ni leurs décrets, ni leur usage social des reliques, ni le mythe de l'apaisement de Dieu après ses avertissements terribles. Tout cela plonge mille racines dans l'Antiquité tardive et le haut Moyen Age. L'épiscopat des Gaules a déjà orchestré, avant la paix de Dieu, beaucoup de fêtes, de dramaturgies et de cérémonials de la paix, tous deux sous la menace d'un véhément anathème et par l'attrait d'une grande amnistie, font une vraie nouveauté. »

Certes, les capitulaires carolingiens, tout en héritant de la législation ecclésiastique antérieure des mérovingiens, prescrivent déjà la protection des biens ecclésiastiques, des clercs et de ceux qui ne portent pas d'armes et qui pour cela ne peuvent pas se défendre. Cette conception du pouvoir royal faisait partie du droit carolingien et de la pensée des grands personnages de l'époque tels que Alcuin, conseiller de Charlemagne à partir de 795, ou bien Jonas évêque

65 Dominique Barthélemy adresse son avertissement d'une historiographie arbitraire, subjective, mythologique, nationale, trop ecclésiastique, trop anticléricale, alors fausse ? Bien sûr, il a dû évoquer cette historiographie « mal tempérée » pour en faire une autre et de justifier sa propre oeuvre. Ses reproches aux « romantiques », de MICHELET jusqu'à DUBY, « avec leurs intuitions fulgurantes » (p. 37) sont compréhensibles. Il critique, à juste titre, la vue trop millénariste de certains historiens. Son hommage aux ouvrages allemands de Ludwig HUBERTI et spécialement à Hartmut HOFFMANN sont certainement honorables, mais il n'a pas travaillé des publications après la parution de « Gottesfriede und Treuga Dei » de Hartmut HOFFMANN en 1964. Ces recherches se trouvent dans un article sur les recherches à partir de 1950 d'Elmar WADLE, « Gottesfrieden und Landfrieden als Gegenstand der Forschung nach 1950 », K. KROESCHELL/A. CORDES (éd.), *Funktion und Form. Quellen- und Methodenprobleme der mittelalterlichen Rechtsgeschichte,* Berlin, 1996, p. 63-91 (Schriften zur Europäischen Rechts- und Verfassungsgeschichte 18) ; Voir dernièrement H.-W. GOETZ, « Die Gottesfriedensbewegung im Licht neuerer Forschungen », p. 31-54.

66 p. 40 ; p. 46 : étendre les moments de répit ; juridiction de l'Eglise seule sur la paix publique de certains jours (Trêves). Contre la vision dite anti-mutationniste cf. l'article de Christian LAURANSON-ROSAZ, récemment paru : « Guerre ou Paix dans le Midi de l'Auvergne au temps d'Odilon de Mercoeur ? (v. 980-1050) », M. PACAUT (éd.), *Odilon de Mercoeur, l'Auvergne et Cluny : La Paix de Dieu et l'Europe de l'an mil,* Actes du colloque de Lavoûte-Chilhac des 10, 11 et 12 mai 2000, p. 11-32.

d'Orléans[67]. Faire régner équité et justice, garantir la paix et la concorde dans tout le royaume, telle demeure également la finalité de la fonction royale au temps d'Abbon de Fleury qui rédige sa collection canonique vers 992-993. Abbon emprunte massivement de l'oeuvre *De institutione regia* de Jonas, le plus représentatif des *miroirs du prince* de l'époque carolingienne. La définition qu'Abbon donne du contenu de la mission impartie au roi révèle bien l'esprit carolingien en faveur de la protection des non-armés[68].

Lors de la mutation dite féodale, la paix de Dieu venant combler la lacune qu'a laissé le pouvoir royal en voie de disparition, n'apporte, sur le fond, rien de nouveau par rapport à la législation carolingienne antérieure. Mais justement le fait que les évêques prennent l'initiative afin de protéger les faibles est une nouveauté car ce n'est plus le pouvoir royal qui garantit leur protection. Une fois que les seigneurs participent, il s'agit d'un pouvoir régional, non pas royal ni central. Il ne faut pas nier non plus une certaine mutation des pouvoirs publics qui implique une nouvelle répartition des pouvoirs ; ceci résulte, en particulier, de la construction des fortifications, nouveaux centres de pouvoir aussi bien administratif que judiciaire. Cela s'exprime au travers de la *regio*, du *pagus*, de la viguerie (*vicaria*) ou du *vicus*. Bref, c'est toute la structure et la hiérarchie administrative qui se trouvent changée.

L'étude de l'historiographie prouve qu'on trouve plusieurs éléments dans cette évolution, les uns plus ou moins forts et accentués que les autres.

Mais la politique de la répartition des pouvoirs, entre l'Eglise et les princes, se faisait aussi, progressivement, par le biais de la négociation. Dominique Barthélemy aborde aussi ce sujet, en faisant remarquer que la trêve de Dieu représente une source de droit modifiable et négociable[69]. Cette idée de la négociation a été avancée, à juste titre, principalement par des historiens comme Barbara Rosenwein (*Negociating Space*) et Thomas Bisson (*Tormented Voices*, 1998).

---

67 O. GUILLOT/A. RIGAUDIERE/Y. SASSIER, *Pouvoirs et institutions dans la France médiévale,* t. I : *Des origines à l'époque féodale*, p. 114-116 (Alcuin) ainsi que p. 136 et 235 (Jonas).

68 Abbon écrit en se référant à Jonas : « La justice du roi, écrit-il, est de n'opprimer personne par abus de puissance, (...) d'être le défenseur des étrangers, des veuves et des orphelins, de réprimer les vols, châtier les adultères, (...) défendre les églises, nourrir les pauvres par des aumônes, (...) défendre la partie avec courage et justice contre les ennemis. », citation empruntée chez O. GUILLOT/A. RIGAUDIERE/Y. SASSIER, *Pouvoirs et institutions dans la France médiévale,* t. I : *Des origines à l'époque féodale*, p. 235.

69 *La paix de Dieu*, p. 571.

C'est également à la négociation qu'il faut songer à propos du *conventum*, une procédure bien connue par des médiévistes du Midi et de la Catalogne[70] (*convenentiae*), étudiée tout particulièrement pour l'histoire aquitaine : Même si les conciles de la paix de Dieu ne sont pas explicitement mentionnés, le *Conventum*[71] est un exemple très parlant pour la négociation des droits féodaux et le maintien de la paix dans l'Aquitaine vers 1030.

Ce que nous estimons important, c'est la nouvelle définition des rapports entre l'Eglise et les princes aux XIe et XIIe siècles[72] ; on doit constater qu'ensemble ils organisent quelque chose de nouveau, par le biais de la paix de Dieu qui essaie, bien sûr, d'éviter la violence, de surmonter les crises sociales et les conséquences de la mutation sociale. Ils négocient de nouveau l'attribution du pouvoir et essayent de trouver un mécanisme pour régler les conflits, aussi bien existants qu'en germe. Il convient de noter que dans la plupart des cas nous trouvons la prestation d'un serment pour renforcer ce qui a été négocié.

Outre cette négociation de la paix, il ne faut pas oublier un aspect qui figure dans les textes des conciles d'Aquitaine, mais que la majorité des historiens évoqués ignore, à savoir le programme politique réformateur des conciles de la paix. Nous allons nous intéresser au quatrième canon du concile de Charroux ainsi qu'au texte de celui de Poitiers de 1000-14. Dans ces conditions, il s'agit de réformer l'ordre interne de l'Eglise par la tentative de supprimer les abus de pouvoir. La paix venait donc régir non seulement la relation entre laïcs et l'Eglise (monde externe de l'Eglise), mais également la discipline des clergés qui s'étaient éloignés des règles qui régissaient la vie des clercs (monde interne de l'Eglise).

Après l'analyse de la classification de la paix de Dieu il faut aussi vérifier si les historiens sont arrivés à définir cette institution. Quelques auteurs ont livré des définitions susceptibles de caractériser l'évolution et de résumer son sens et son but.

---

70 P. BONNASSIE, *La Catalogne du milieu du Xe à la fin du XIe siècle : croissance et mutations d'une société*, t. II, p. 566-569.

71 *Le Conventum (vers 1030) – Un précurseur aquitain des premières épopées,* G. BEECH/Y. CHAUVIN/G. PON (éd. et trad.), Genève, 1995 (Publications romanes et françaises CCXII).

72 C. TREFFORT, « Le comte de Poitiers, duc d'Aquitaine, et l'Eglise aux alentours de l'an mil (970-1030) », *Cahiers de Civilisation Médiévale* 43 (2000), p. 395-445 ; D. CALLAHAN, « William the Great and the Monasteries of Aquitaine », *Studia monastica* 19 (1977), p. 321-342.

Pierre Bonnassie[73] définit la paix de Dieu « par un double objectif : mettre un frein aux violences exercées par l'aristocratie guerrière, protéger les victimes de ces violences ». Dans l'alliance du clergé et de la paysannerie, qui souffraient tous les deux dans leurs biens, il voit une double tonalité : l'une cléricale, l'autre populaire. De plus, il distingue deux phases : la première, brève et dynamique (à Charroux depuis 989 mais pas au-delà de 1040), qui est aussi la plus authentiquement populaire ; la deuxième, longue (jusque dans le cours du XIIIe siècle), marquée par une institutionnalisation du mouvement qui, désormais coupé de ses bases paysannes, passe sous le contrôle des princes et de l'épiscopat.

Roger Bonnaud-Delamare et Ludwig Huberti ont mis en relief les éléments caractéristiques de la paix de Dieu. Le dernier[74], comme nous l'avons déjà dit auparavant, a donné une définition générale : selon lui, la paix de Dieu était une convention[75] d'origine aquitaine ou poitevine qui se fondait d'abord sur l'initiative de l'Eglise, mais qui fut promue par les pouvoirs publics et se transforma, après un temps de coopération entre l'Eglise et les princes, en une législation publique. L'objectif principal était de définir ou de qualifier certains délits contre les personnes et les biens selon un système d'ordre pénal et procédural qui d'abord compléta, puis ensuite remplaça le système des guerres privées du Haut Moyen Age. La paix de Dieu se compose en « paix objectives » et « paix subjectives »[76] : une paix objective se réfère à un objet (église, bâtiment), une paix subjective comprend certains groupes de personnes, tels que les clercs non armés, les veuves, les orphelins ou les commerçants[77].

---

73 P. BONNASSIE, *50 mots clefs de l'histoire médiévale*, no. 37, « paix (de Dieu) », Toulouse, 1981.

74 L. HUBERTI, *Gottesfrieden*, p. 20 et suiv.

75 *« Einung ».*

76 Classification faite par L. HUBERTI, *Gottesfrieden*, p. 228 : « objektiver Sonderfrieden » et « subjektiver Sonderfrieden ».

77 François-Olivier Touati dans son V*ocabulaire historique du Moyen Age* (Paris, 1997, p. 207) donne la définition suivante : « La paix de Dieu était une institution établie par l'Eglise, dans le but de restreindre les vengeances et les guerres privées. C'est le concile de Charroux en 989 qui la décréta pour la première fois ; elle protégeait les femmes, les enfants, les marchands, les pèlerins et les clercs des guerres privées ». Concernant la trêve de Dieu, il écrit[77] : « suspension provisoire de toute activité guerrière. Volet complémentaire de la paix de Dieu dans la foulée de la réforme clunisienne inspirée par l'abbé Odilon contre la violence anarchique. Promulguée initialement en 1041 par l'assemblée d'Arles, il s'agit de 'christianiser le temps' en interdisant la guerre pendant certaines périodes liturgiques : du samedi, puis de mercredi soir au lundi matin, pendant l'Avent, le temps de Noël, le Carême et le temps pascal, puis lors des fêtes de la Vierge et de certains saints ».

La *Treuga Dei* concernait une période, c'est à dire certains jours importants dans l'année liturgique, pendant laquelle personne ne pouvait porter d'armes ou régler ses conflits avec l'aide d'une arme. *Treuwa,* un vieux mot d'origine germanique, mais tout aussi répandu dans le Midi que dans le Nord, était à l'origine un serment (équivalent latin : *fidelitas*) qui suspendait pour un certain temps entre les parentèles les hostilités de la *faida,* c'est-à-dire de la vengeance. Dès l'époque carolingienne, le dimanche était considéré comme un jour de trêve obligatoire, dans le prolongement des interdits dominicaux traditionnels[78].

Roger Bonnaud-Delamare a critiqué[79] cette définition en soulignant que la paix au XIe siècle avait en premier lieu un fondement théologique. Les chercheurs comme Ludwig Huberti auraient trop insisté sur les aspects juridiques des conciles de paix. Fondée en Dieu pour le salut des hommes, la paix manifestait l'ordre de la Providence sur la Terre et dans le Ciel. Il est vrai que Ludwig Huberti place avant toute chose le rôle juridique de la paix de Dieu. Cependant il mentionne, hors de sa définition, l'origine divine de cette institution qui est pour lui un « contrat de paix » entre Dieu et l'homme[80]. Reinhold Kaiser[81], en revanche, a essayé de trouver une définition qui contienne les éléments donnés par L. Huberti et R. Bonnaud-Delamare : la paix de Dieu serait une institution qui est l'oeuvre de l'Eglise et qui, en même temps, essaye de régler la vie sociale. Il faut donc intégrer les deux éléments dans notre définition.

Or, en lisant les textes des conciles, il semble que les initiateurs des paix voulaient rendre universelles les obligations dans la société chrétienne durant la crise dite féodale car les évêques et les archevêques faisaient un effort pour trouver une structure réglementaire qui devait faciliter la paix sociale dans leurs diocèses et archidiocèses, d'où le rayonnement normatif de ces textes. En outre, Dominique Barthélemy a dernièrement mis l'accent sur le développement de la législation déclenché par la paix de Dieu[82].

En comparant les canons des conciles, nous trouvons certaines règles qui se répètent et qui surgissent à plusieurs reprises même si leur formulation change. Cet aspect répétitif et l'introduction de canons similaires dans plusieurs diocèses révèle un mouvement d'« harmonisation » des règles juridiques sur lequel on n'a pas suffisamment attiré l'attention dans les travaux qu'on vient d'examiner. Les

---

78 J.-P. POLY/E. BOURNAZEL, *La mutation féodale (Xe-XIIe siècle)*, Paris, 1991, p. 242.

79 « Fondement des institutions de paix au XIe siècle », p. 26.

80 L. HUBERTI, *Gottesfrieden*, p. 210.

81 *Handwörterbuch zur Deutschen Rechtsgeschichte (HRG)*, Berlin, 1971, t. I, « Gottesfrieden », no. 1587 et suiv.

82 D. BARTHELEMY, *L'an mil et la paix de Dieu,* p. 33.

historiens du droit ont, à juste titre, fait remarquer que les capitulaires carolingiens ont été répétés et republiés pour leur accorder un rôle plus important dans la vie juridique de l'époque[83].

Cependant Hans-Werner Goetz et Dietmar Willoweit ont déjà été sensibles à ce mouvement ; le dernier parle d'un « befriedeter Binnenraum » (ce qu'on pourrait traduire par « espace pacifié ») et fait référence à une géographie de la mise en vigueur de règles de la paix de Dieu[84]. Le premier a illustré par des cartes l'extension géographique de la paix grâce aux diocèses en se fondant sur leurs ressorts territoriaux[85]. Récemment, Cécile Treffort a souligné justement l'aspect d'une « géographie sacrée » fondée sur l'implantation des grands monastères et des sièges épiscopaux importants, sur lesquels les ducs d'Aquitaine s'appuyaient aux alentours de l'an mil[86]. Et c'est cette « géographie sacrée » qui semble être une condition nécessaire pour atteindre une diffusion et une uniformisation des règles de la paix de Dieu, thématique qui sera au coeur de notre première partie.

Mais avant de vérifier si une « harmonisation » des normes eut lieu, nous nous intéresserons d'abord aux critères à appliquer pour mettre en exergue cette évolution à partir de Charroux durant le période entre 989-1250.

---

83 P. CAMPBELL, « Die Kapitularien. Entstehung und Bedeutung. », *Funktion und Form. Quellen- und Methodenprobleme der mittelalterlichen Rechtsgeschichte*, K. KROESCHELL/A. CORDES (éd.), Berlin, 1996, p. 37 (Schriften zur Europäischen Rechts- und Verfassungsgeschichte 18) ; H. MORDEK, „Karolingische Kapitularien", H. MORDEK (éd.), *Überlieferung und Geltung normativer Texte des frühen und hohen Mittelalters*, Sigmaringen, 1986.

84 D. WILLOWEIT, « Die Sanktionen für Friedensbruch und der Kölner Gottesfrieden von 1083. Ein Beitrag zum Sinn der Strafe in der Frühzeit der deutschen Friedensbewegung », p. 44.

85 H.-W. GOETZ, « La paix de Dieu en France autour de l'an Mil : fondements et objectifs, diffusion et participants », cartes à la fin de l'article, p. 142-145.

86 C. TREFFORT, « Le comte de Poitiers, duc d'Aquitaine, et l'Eglise aux alentours de l'an mil (970-1030) », *Cahiers de Civilisation Médiévale* 43 (2000), p. 395-445.

Première partie
La notion d'« harmonisation » du droit et le concile de Charroux

La volonté d'unifier le droit est souvent saisissable dans l'histoire, en dehors de tout Etat moderne[87]. Songeons au *Codex Civilis Justiniani* du VIe siècle qui représente un exemple historique pour l'harmonisation, voire l'unification du droit sur le plan international, ou, en droit interne, aux recueils de coutumes françaises de la deuxième moitié du XVIe siècle[88]. Une réformation des coutumes pourrait donc également se produire dans le cadre des principautés, comtés, châtellenies ou diocèses qui constituaient depuis la désagrégation de l'empire carolingien des unités territoriales vivantes dans la France du XIe siècle[89].

Le point décisif de notre enquête est de savoir s'il existe des unités géographiquement et politiquement imaginables et vivantes dans la pensée des hommes médiévaux du XIe et XIIe siècle[90], à savoir des unités organisatrices telles que les circonscriptions administratives et, en l'occurrence, les diocèses ayant un prince ou un évêque à leur tête.

Le besoin d'« harmonisation » des normes s'était déjà révélé avant le XIe siècle ce que nous allons démontrer (1) avant de nous intéresser ensuite aux critères scientifiques de cette évolution (2).

---

87 Certes, l'idée de l'harmonisation du droit est, dans nos jours, d'une grande importance pratique. Depuis la Seconde Guerre mondiale les Etats font un grand effort pour rapprocher leurs législations, soit par des traités internationaux, soit dans le cadre d'une organisation internationale comme par exemple la Communauté européenne : B. AUDIT, *Droit international privé*, 6e éd., Paris, 1992, p. 52 et suiv. ; H. BATIFFOL/P. LAGARDE, *Droit international privé*, 7e éd., Paris, 1981, p. 20 et suiv. ; G. KEGEL, *Internationales Privatrecht*, Munich, 1997, § 1, IX 2.

88 A partir du XIIIe siècle le droit commun s'est diffusé en Europe Occidentale et a préparé le terrain pour la réformation des coutumes, voir X. NEUMEYER, « Die geographische Ausbreitung der gemeinrechtlichen Lehren vom Internationalen Privatrecht (1250-1357) », *Tijdschrift voor Rechtsgeschiedenis* 33 (1965), p. 212-229.

89 H. THIEME, « Rechtsvereinheitlichung », *Handwörterbuch zur Deutschen Rechtsgeschichte (HRG) IV*, no. 401.

90 M. GARAUD, « Les circonscriptions administratives du comté de Poitou et les auxiliaires du comte au Xe siècle », *Le Moyen Age* 59 (1953), p. 11-61 ; ID., « L'organisation administrative du comté de Poitou au Xe siècle et l'avènement des châtelains et des châtellenies », *BSAO*, 4e série, t. II, 1952-1954, p. 411-454.

1. Le besoin d'« harmonisation » du droit

La fameuse plainte de l'évêque Agobard de Lyon (mort en 840), dans sa lettre contre la *Lex Burgundionum*, témoigne de la volonté de trouver des solutions juridiques claires et précises pour tout le monde, dès la première moitié du IXe siècle : « ...il y a tant de lois différentes, non seulement dans différentes régions ou cités, mais également dans beaucoup de maisons. Il arrive ordinairement que lorsque cinq personnes s'assemblent, aucune d'elles n'a de droit commun avec une autre... »[91]. Pour faciliter le règlement des affaires pénales, l'évêque réclama à Louis le Pieux une unification de son droit. Le principe de la personnalité de la loi voulait, en effet, que l'individu fût jugé selon le droit de son peuple, principe qui figurait déjà dans le *Capitulare Aquitanicum* de Pépin de 768[92] ou la *Lex Ribuaria*[93]. Pour les clercs le droit romain était applicable[94], comme il l'était encore dans les pays du droit écrit. Les *formulae Marculfi* (I, 8) ordonnaient aux comtes, ducs et *missi* d'appliquer le principe de la personnalité de la loi ou de la patrimonialité de la loi, en tenant compte de la provenance éthnique de chacune des parties en cause[95]. Le principe de la personnalité de la loi était d'application délicate et les juges avaient souvent beaucoup de mal à déterminer quel droit il convenait d'appliquer.

---

91 *...tanta diversitas legum, quanta non solum in singulis regionibus aut civitatibus, sed etiam in multis domibus habetur. Nam plerumque contingit ut simul eant aut sedeant quinque homines, et nullus eorum communem legem cum altero habeat... Adversus Gundobadi legem*, cap. IV med., *Monumenta Germaniae Historica = MGH Leges* III, 504.

92 A. BORETIUS (éd.), *Capitularia regum Francorum I = MGH Leges* II/1, no. 18, 10. *Ut omnes homines eorum legis habeant, tam Romani quam et Salici, et si de alia provincia advenerit, secundum legem ipsius patriae vivat.*

93 *Lex Ribuaria* 35,3 = *MGH Leges* I/3,2 : *...ut infra pago Ribvario tam Franci, Burgundiones, Alamanni seu de quacumque natione commoratus fuerit, in iudicio interpellatus sicut lex loci contenet, ubi natus fuerit, sic respondeat...*

94 *Lex Ribuaria* 61,1, *...secundum legem Romanam, quam ecclesia vivit...; Lex Ribuaria* 64,2, *Quod si (libertus Romanus) aliquid criminis amiserit, secundum legem Romanam iudicetur.*

95 *...et omnis populus ibidem commanentes, tam Franci, Romani, Burgundionis vel reliquas nationis sub tuo regimine et gubernatione degant et moderentur, et eos recto tramite secundum lege et consuetudine eorum regas... cf.* F. STURM, « Personalitätsprinzip », *Handwörterbuch zur Deutschen Rechtsgeschichte (HRG) III*, no. 1587 et suiv.

2. Les critères appliqués

Le processus d'harmonisation du droit peut se développer dans des circonscriptions laïques ou ecclésiastiques[96], mais ce processus suppose un acte de publicité par lequel des normes sont définies comme droit retenu, confirmé et déjà pratiqué dans au moins deux unités juridiques ou circonscriptions administratives, par exemple deux ou plusieurs diocèses. Toute cette évolution se caractérise en plus par une méthode scientifique et systématique[97].

L'acte de publicité dans une société d'oralité peut prendre d'abord la forme d'un ordre oral, d'un geste symbolique, d'une proclamation solennelle ou un serment[98] ; nous y reviendrons plus bas sur ce point.

Dans un second temps vient la mise par écrit, le procès de codification ce que les historiens du droit allemands appellent *Verschriftlichung*. L'acte de publication des normes ne dit rien de vraiment nouveau : il constate et confirme une législation antérieure de caractère coutumier – par exemple les capitulaires[99] ou les canons de conciles du haut Moyen Age – qui sera à son tour reprise et appliquée par d'autres assemblées dans différents diocèses ou comtés.

Il y a donc trois critères,
1° l'acte de publicité des normes,
2° la confirmation des normes et
3° l'applicabilité dans différentes circonscriptions.

Ce sont ces trois critères que nous allons tenter d'utiliser pour l'étude des canons de Charroux et de ceux des conciles postérieurs.

---

96 « Rechtsvereinheitlichung », *HRG IV*, no. 399 et suiv.

97 F. WIEACKER parla d'une « scientification », cf. H. THIEME, *HRG IV*, no. 402.

98 T. BÜHLER, « Wenn das Recht ohne Schrift auskommen muss », *Forschungen zur Rechtsarchäologie und rechtlichen Volkskunde*, L. CARLEN (éd.), IV (1982), p. 79-97.

99 H. KRAUSE, « Dauer und Vergänglichkeit im mittelalterlichen Recht », *ZRG (GA) 75 (1958)*, p.213.

Chapitre premier

L'acte de publicité des normes

La réunion de Charroux où les canons de la paix de Dieu furent proclamés (II), a son contexte historique (I), des causes générales et particulières, à savoir la décadence de l'organisation du royaume à la fin de l'époque carolingienne, l'extension des guerres privées entre les seigneurs féodaux, mais aussi l'importance de l'abbaye de Charroux.

I. Le contexte historique du concile de Charroux de 989

C'est tout d'abord la déliquescence de l'organisation du royaume qui est caractéristique pour la fin de l'époque carolingienne.

A l'empereur chrétien, depuis le couronnement de Charlemagne le 25 décembre 800 à Rome, incombait de faire régner la paix sur un empire chrétien. Cette paix n'était ni paix de Dieu, ni paix d'évêque, mais la paix du souverain. Le violateur encourait une amende[100]. En ce sens, Louis le Pieux régla sa succession en 817 par l'*Ordinatio imperii*, « pour l'utilité de l'empire, pour conserver une paix perpétuelle entre ses fils et pour la protection de l'Eglise ». Au lendemain du traité de Verdun de 843 les trois fils de Louis le Pieux s'engagèrent à garder la paix entre eux[101]. Cette paix carolingienne prévoyait le respect des immunités de l'Eglise et ordonnait la protection des moniales, des veuves, des orphelins, des *pauperes* et de leurs biens. Bientôt le souverain se trouva incapable de maintenir cette paix[102]. Ce n'est pas ici le lieu d'examiner les raisons de la désagrégation de l'empire carolingien et il nous suffira d'indiquer comment la puissance publique est passée du roi au prince. En 989, en Aquitaine, elle se trouvait dans les mains de Guillaume Fier-à-Bras, un prince affaibli par l'âge et par les révoltes seigneuriales[103].

---

100 G. DUBY, « Les laïcs et la paix de Dieu », *I Laici nella « societas christiana » dei secoli XI e XII,* Atti della terza settimana internazionale di studio, Mendola, 21-27 agosto 1965, Milan, 1968, p. 451.

101 F. GANSHOF, « La paix au très haut Moyen Age », *La paix*, Recueils de la Société J. BODIN, t. XIV, Bruxelles, 1961, p. 406-407, 411.

102 R. FAVREAU, « Le concile de Charroux (989) et la paix de Dieu », *Les Cahiers du Centre théologique de Poitiers* 10 (1989), p. 3-4 ; T. RENNA, « The Idea of Peace in the West, 500 - 1150 », *Journal of Medieval History* 2/6 (1980), p. 143-167.

103 R. FAVREAU/M. T. CAMUS, *Charroux*, Poitiers, 1989, p. 5-6 et 9 ; A. RICHARD, *Histoire des comtes de Poitou 778-1204,* t. I, 778-1226, Paris, 1903, p. 114-124.

Dès le milieu du Xe siècle existait une principauté nouvelle, le comté de la Marche, une entité seigneuriale qui ne devait rien au découpage administratif mérovingien et carolingien en comtés, ni aux regroupements de comtés dont Charles le Chauve prit ensuite l'initiative. Le comté de la Marche s'est révélé sur les confins des comtés de Poitiers, de Bourges et de Limoges. Confié à Boson le Vieux, un vassal du Poitou, il appartient aux comtes de la maison de Charroux depuis la seconde moitié du Xe siècle jusqu'à la fin du XIIe siècle.

Au cours d'une des guerres privées alors si fréquentes, Elie, fils de Boson, comte de la Marche, s'empara de la personne de Benoît, chorévêque de Limoges, et lui fit crever les yeux. En représailles, Jaubert, autre fils de Boson, prisonnier dans un combat, fut livré au duc d'Aquitaine Guillaume et eut les yeux crevés[104]. Pourtant on trouve le comte de la Marche Audebert, présent à la cour du duc d'Aquitaine en 990, 991, 992, avant que la situation ne se tende à nouveau[105]. A peine remis de la profonde désorganisation due aux meurtrières et dévastatrices incursions des Normands qu'évoque encore une chronique angevine[106], le pays était ainsi troublé par de nombreuses guerres privées, ce dont souffrent particulièrement les biens d'Eglise et les *inermes*, à savoir les non armés. Songeons, par exemple, qu'il n'est pas fait mention d'évêques dans le diocèse de Saintes entre 862 et 989. A Limoges, l'abbaye de Saint-Martial est privée d'abbé régulier pendant plus de trente ans et ses biens abandonnés à des parents ou à des seigneurs laïcs par l'abbé laïc[107].

C'est dans ces circonstances que se réunit, le 1er juin de l'année 989[108] le premier concile connu de paix, à Charroux, même s'il y eut avant 989 des manifestations de paix, qui n'avaient pas de caractère de concile[109]. D'autres conciles ont suivi Charroux et ont adopté l'esprit et le contenu de ses canons, tels

---

104 R. FAVREAU, « Le concile de Charroux », p. 5-6.

105 G. THOMAS, *Les comtes de la Marche de la maison de Charroux (Xe siècle-1177)*, Paris, 1928, p. 12-13 et 18.

106 *Historia comitum Andegavensium auctore Thoma Pactio, Lochensi priore*, P. MARCHEGAY/A. SALMON (éd.), *Chroniques d'Anjou*, t. I, Paris, 1866, p. 323.

107 H. DUPLES-AGIER, « *Commemoratio abbatum Lemovicensium basilica S. Martialis apostoli* », dans *Chroniques de Saint-Martial de Limoges*, Paris, 1874, p. 4.

108 R. FAVREAU, « Le Concile de Charroux de 989 », *BSAO*, 5e série, 1989, p. 213-219 ; ID., « Le concile de Charroux », p. 3-22 ; C. LAURANSON-ROSAZ, *L'Auvergne et ses marges (Velay, Gévaudan) du VIIe au XIe siècle. La fin du monde antique ?*, p. 424-427 ; L. HUBERTI, *Gottesfrieden*, p. 34 ; B. TÖPFER, *Volk und Kirche zur Zeit der beginnenden Gottesfriedensbewegung in Frankreich*, p. 59 ; R. BONNAUD-DELAMARE, « Les institutions de paix en Aquitaine au XIe siècle », p. 419 ; H. HOFFMANN, *Gottesfriede*, p. 26.

109 C. LAURANSON-ROSAZ, *L'Auvergne et ses marges (Velay, Gévaudan) du VIIe au XIe siècle. La fin du monde antique ?*, p. 424-427.

que ceux du Puy et de Limoges (994), Poitiers (1000-1014), Beauvais (1023) etc. Les raisons du rôle pionnier de Charroux, en l'occurence comme lieu de manifestation et de confirmation du droit, se trouvent expliquées par l'importance de son abbaye et par les conflits auxquels la région fut confrontée.

Le choix de Charroux (*Karrofus, Charofus*)[110] se justifie par la situation entre le Poitou et le Limousin et l'importance de cette grande abbaye bénédictine (aujourd'hui situé dans le département de la Vienne)[111]. Fondée à la fin du VIIIe siècle[112], au début du gouvernement de Charlemagne par le comte Roger de Limoges et par son épouse Eufrasia, fille du souverain d' Auvergne, l'abbaye avait reçu des biens importants[113]. Roger fit bâtir la partie est de l'église en pierre, la partie ouest en bois et édifia le monastère « au nom de Dieu » et l'église « au nom du Sauveur », de « la Sainte Vierge et des Saints Martyrs ». Roger en personne nomma le premier abbé, Dominique qui dépendait de lui, ainsi que douze moines « pour la célébration des sacrements ». Il leur donna la règle de saint Benoît, fit don de biens et de reliques et demanda de plus la lettre royale de protection à la cour de Charlemagne, et celui-ci accorda ensuite au monastère le privilège d'immunité. Le diplôme d'immunité mentionne également la bibliothèque du monastère et la qualifie de *volumina librorum*.

L'abbaye était en outre largement dotée de reliques, mentionnées dans le *Liber de constitutione, institutione, consecratione, reliquiis, ornamentis et privile-*

---

110 Le mot vient peut-être d'un mot gaulois et a la même racine comme le mot français « carrefour » ; R. H. BAUTIER, « Charroux », *Handwörterbuch zur Deutschen Rechtsgeschichte (HRG) I*, no. 1734 et suiv.

111 La publication la plus complète et mise à jour vient de Luc BOURGEOIS, « Charroux (Vienne) », *Les petites villes du Haut-Poitou de l'Antiquité au Moyen Age : formes et monuments"*, t. 2, L. BOURGEOIS (dir.), Chauvigny, 2003 ; G. SCHWERING-ILLERT, *L'ancienne église abbatiale Saint-Sauveur de Charroux (Vienne) - Sa reconstruction et son importance dans l'histoire de l'art*, Cologne, 1991, p. 5 et suiv. ; Y. M. FROIDEVAUX, « Eglise abbatiale de Charroux, contribution à l'étude du monument », *Congrès archéologique de France*, Poitiers, 1951, p. 356-368 ; G. CHAPEAU, « Fondation de l'Abbaye de Charroux. Etude sur les textes », *BSAO*, 3e série, t. VII, 1926, p. 471-508 ; ID., « L'Eglise abbatiale de Charroux », *BSAO,* 3e série, t. VIII, 1929, p. 505-533 ; F. EYGUN, « L'abbaye de Charroux, les grandes lignes de son histoire et de ses constructions », *BSAO,* 4e série, t. X, 1969, p. 11-23.

112 J. SEMMLER, « Karl der Große und das fränkische Mönchtum », *Karl der Große*, t. 2, Düsseldorf, 1965, p. 260, « um 780 » ; R. VAN DOREN, « Charroux », *Dictionnaire d'histoire et de géographie ecclésiastique*, t. 12, 1953, col. 540, « vers 785 ».

113 F. EYGUN, « L'abbaye de Charroux, les grandes lignes et son histoire et de ses constructions », p. 4 ; S. HAINAULT, *Les origines de l'abbaye de Saint-Sauveur de Charroux,* Mémoire D.E.S., Poitiers, 1955.

giis Karroffensis cenobii, le cartulaire de Charroux[114] ainsi que dans le testament de Roger et de sa femme. Les deux époux déclaraient accorder à l'abbaye leur châsse personnelle dans laquelle ils avaient fait déposer un bon nombre de reliques[115]. L'importance de ces reliques est encore soulignée par un texte qui met en évidence les relations entretenues par Louis le Pieux avec le monastère de Charroux[116]. La présence de ces reliques fut sans doute le motif déterminant du choix de Charroux comme lieu de réunion d'un concile. Les moines y détenaient, en effet, la relique de saint bois de la vraie Croix, cadeau du patriarche de Jérusalem et offerte par Charlemagne à Saint-Sauveur de Charroux.

Au cours de la deuxième invasion des Normands, les moines se réfugièrent à Angoulême en 903, pour échapper à Rollon[117] qui venait de brûler Saint-Martin de Tours. Ils s'étaient réfugiés à Angoulême avec le Saint Bois de la vraie Croix qu'ils détenaient et de divers ornements de leur église. Ils y restèrent cinq ans et revinrent à Charroux pour rebâtir leur église. Adémar de Chabannes[118] rapporte qu'Audoin, comte d'Angoulême, refusa de leur rendre cette relique et qu'il avait même commençé à construire une chapelle au chevet de l'église de Saint-Cybard pour l'acceuillir. Mais atteint d'une grave maladie, tandis que le peuple souffrait de la famine, le comte fut contraint de rendre la vraie Croix aux moines de Charroux qui la placèrent dans une châsse d'or ornée de perles. Pour différents et contradictoires que soient les témoignages sur l'origine de la vraie Croix[119], leur insistance et le nombre de détails que nous ne pouvons pas tous évoquer ici, illustrent bien l'importance que devaient présenter les reliques. La gloire quasi mythique qui continuait d'entourer la mémoire de Charlemagne faisait de l'empereur le meilleur garant de la revendication d'indépendance à l'égard de l'évêque de Poitiers et de ses successeurs. Charroux étant en concurrence avec d'autres abbayes à l'époque carolingienne avait tenté de conquérir une réelle immunité. Mais il faut en plus évoquer la valorisation d'une relique de la vraie

114 P. DE MONSABERT, *Chartes et documents pour servir à l'histoire de l'abbaye de Charroux*, Poitiers, 1910, p. XI-XV et p. 53-62 (Archives historiques du Poitou XXXIX) ; G. CHAPEAU, « Fondation de l'abbaye de Charroux. Etudes sur les textes », p. 471-508.

115 R. de LASTEYRIE, *Etudes sur les comtes et vicomtes de Limoges, antérieurs à l'an 1000*, Paris, 1874, p. 95.

116 P. DE MONSABERT, *Chartes et documents pour servir à l'histoire de l'abbaye de Charroux*, p. 11 et p. IX.

117 G. CHAPEAU, « Les grandes reliques de l'abbaye de Charroux. Etudes d'histoire et d'archéologie », *BSAO*, 3e série, t. VIII, 1928, p. 105-106.

118 J. CABANOT, « Le trésor des reliques de Saint-Sauveur de Charroux, centre et reflet de la vie spirituelle de l'abbaye », *BSAO*, 4e série, t. XVI, 1981, p. 104-123.

119 ID., p. 105-109.

Croix devant les yeux des laïcs qui avaient connaissance des histoires miraculeuses autour de l'origine de la Croix. Sa vénération bénéficiait aussi d'un approfondissement de la réflexion théologique[120] dont témoignent trois exemples fameux relevés par Jean Cabanot[121] : *Candidi opusculum de passione Domini*[122], *De laudibus sanctae crucis libri duo*[123], ainsi que le *Manuel* de Dhuoda (*Dodanae sive Duodenae liber manualis*) qui montre que la dévotion personnelle à la Croix a dépassé le cercle des moines et des clercs pour atteindre les laïcs[124]. Sous l'influence de l'idéologie impériale, la méditation sur le mystère de la rédemption par la Croix a pris un caractère triomphal qui s'affirmait jusque dans la liturgie de la semaine sainte, alors en cours d'élaboration[125]. Ces formes de piété se sont largement répandues dans tout l'empire d'Occident, mais elles semblent avoir connu une faveur particulière en Poitou. Dès la fin du VIe siècle, l'évêque de Poitiers Venance Fortunat avait chanté dans des hymnes célèbres la gloire de la Croix. Sainte Radegonde[126] accueillit le bois de la vraie Croix offert par l'empereur Justin II de Byzance[127] et les fidèles du diocèse de Poitiers accordèrent une faveur précoce à la représentation et à la vénération de la Crucifixion[128].

Concernant la Sainte Croix le récit de nombre de prodiges a rendu le peuple enthousiaste. Un prodige qui fut raconté au Xe siècle, avant le concile de Charroux, est identique à celui qu'Adémar de Chabannes ne manquant jamais de dire

---

120 E. DELARUELLE, « Le crucifix dans la piété populaire et dans l'art, du VIe au XIe siècle », *Etudes ligériennes d'histoire et d'archéologie médiévales*, Saint-Benoît-sur-Loire, 3-10 juillet 1969, Auxerre, 1975, p. 133-144.

121 J. CABANOT, « Le trésor des reliques de Saint-Sauveur de Charroux, centre et reflet de la vie spirituelle de l'abbaye », p. 110.

122 *P.L. = Patrologiae cursus completus*, t. CVI, col. 57-104.

123 P.L., t. CVII, col. 132-294, « Rabanus Maurus ».

124 P. RICHÉ, *Dhuoda - Manuel pour mon fils*, Paris, 1975.

125 C. VOGEL, « La réforme liturgique sous Charlemagne », *Karl der Große, Das geistige Leben*, t. II, p. 217-232.

126 E. PATZELT, *Die karolingische Renaissance*, Graz, 1965, p. 61.

127 N. HERRMANN-MASCARD, *Les reliques des saints - Formation coutumière d'un droit*, Paris, 1975, p. 39 et 195.

128 C. HEITZ, « *Adoratio Crucis.* Remarques sur quelques crucifixions pré-romanes en Poitou », *Mélanges E.-R. Labande, Etudes de civilisation médiévale (IXe-XIIe siècles)*, Poitiers, 1974, p. 395-405 ; ID., *Recherches sur les rapports entre architecture et liturgie à l'époque carolingienne*, Paris, 1963, p. 145-150. Les hymnes de Fortunat avaient même influencé le culte de la sainte Croix en Grande-Bretagne : M.-M. DUBOIS, « Le culte de la sainte Croix en Grande-Bretagne aux VIIe et VIII siècles et l'influence des hymnes de Fortunat sur quelques poèmes anglo-saxons », *Etudes mérovingiennes*, Poitiers, 1-3 mai 1952, Paris, 1953, p. 75-83.

« Saint Charroux », avait mis au compte de la vraie Croix lors de son premier transfert à Angoulême. Un moine de Charroux pris pour témoin[129] mit en valeur[130] le cas suivant : en présence de plusieurs évêques la relique fut retrouvée à l'endroit où le comte Audebert III de la Marche, patron laïc du monastère, avait cru devoir la cacher. En ouvrant le reliquaire qui la protégeait, on en avait découvert à l'intérieur un second qui était humecté d'un liquide dans lequel on reconnut du sang frais. Le miracle avait été aussitôt proclamé au peuple enthousiaste. La découverte de nouvelles reliques et des évènements prodigieux qui l'entouraient s'explique par la nécessité dans laquelle se trouvaient les moines de susciter de nouveau l'intérêt des pèlerins qui se détournaient des reliques anciennes de l'abbaye[131].

Charroux bénéficiait aussi du prestige d'abbaye impériale. On croyait qu'elle avait été fondée par Charlemagne et on savait que les souverains carolingiens, notamment Louis le Pieux (820-830), lui avaient concédé de larges privilèges et immunités. Ce dernier résida probablement à *Cassanolio palatio* (Chasseneuil près de Poitiers) et le troisième abbé de Charroux, Justus (815), fut précepteur à la cour de Louis. Le 12 février 815 Justus obtint un précepte de Louis le Pieux accordant la liberté des élections abbatiales[132]. Son successeur Gombaud Ier (vers 826-830) entretint également un contact étroit, même amical avec la cour impériale. Il mit fin à la querelle qui opposait Louis le Pieux (814-840) à ses fils Lothaire, Pépin I et Louis II. L'empereur et ses successeurs assuraient par ces dons le salut de leur âme, alors même que ces abbayes, avant-postes religieux constituaient aussi une protection pour l'empire. Charles le Chauve a dû envoyer des *missi dominici* à Charroux pour intervenir dans des querelles et protéger l'abbaye des attaques des comtes, donc pour faire restaurer la paix carolingienne[133].

Le prestige de l'abbaye s'explique de même par l'importance numérique des moines. Le *Liber memoralis* de l'Ile de Reichenau rapporte que Charroux comptait à l'époque de Gombaud Ier, à savoir un demi-siècle après sa fondation,

---

129 P. DE MONSABERT, *Chartes et documents pour servir à l'histoire de l'abbaye de Charroux*, p. 38 : *« Illud tandem novi miraculi refferre aggrediamur, quod nostris oculis perspeximus »*.

130 ID., p. 39-41.

131 J. CABANOT, « Le trésor des reliques de Saint-Sauveur de Charroux, centre et reflet de la vie spirituelle de l'abbaye », p. 113 et 118.

132 P. DE MONSABERT, *Chartes et documents pour servir à l'histoire de l'abbaye de Charroux*, p. 11 et suiv.

133 R. H. BAUTIER, « Charroux », *Handwörterbuch zur Deutschen Rechtsgeschichte (HRG) I*, no. 1734.

quatre vingt quatre moines, ce qui fut le premier essor du monastère au IXe siècle[134]. Le *Liber memorialis* constitue une source de première valeur qui révèle les relations étroites qu'entretenait une grande abbaye d'Aquitaine au temps de Louis le Pieux non seulement avec la cour mais aussi avec les régions lointaines de l'est du royaume. Une autre preuve de son importance, c'est le long séjour qu'y fit Hugues[135], fils illégitime de Charlemagne. Il appartint à la communauté conventuelle de Charroux et figure dans la liste des moines comme diacre. O. G. Oexle[136] en déduit que la liste des 84 moines parmi lesquels figure le fils de Charlemagne et qui fut trouvée à Reichenau, témoigne avec éloquence des rapports de confraternité spirituelle qu'entretenaient les monastères à l'époque carolingienne.

Située dans un lieu isolé, mais au carrefour de routes[137], l'abbaye de Charroux pouvait accueillir une foule nombreuse dans la crypte et la vaste abbatiale, reconstituées par G. Schwering-Illert[138]. La situation devenait plus favorable, puisqu'Audebert de la Marche, qui avait épousé la fille du vicomte de Limoges, s'était provisoirement réconcilié avec le duc d'Aquitaine et qu'on le rencontre dans l'entourage des comtes de Poitiers en 990, 991 et 992[139].

Reste à remarquer la commodité d'accès de Charroux pour tous les prélats[140]. Charroux était donc un lieu idéal pour proclamer et publier les canons de la paix de Dieu.

---

134 U. BERLIÈRE, « Le nombre des moines dans les anciens monastères », *Revue Bénédictine* 41 (1929), p. 231 et suiv. et no. 42, 1930, p. 19 et suiv.

135 H. GRIERSON, « Hugues de Saint-Bertin, était-il archichapelain de Charles le Chauve ? » , *Le Moyen Age* 44 (1934), p. 241 et suiv.

136 O. G. OEXLE, « Le monastère de Charroux au IXe siècle », *Le Moyen Age* LXXVI/2 (1970), p. 193-204.

137 R. FAVREAU/M. T. CAMUS, *Charroux*, p. 12.

138 G. SCHWERING-ILLERT, *L'ancienne église-abbatiale Saint-Sauveur de Charroux*, chap. « crypte » ; ID., *Die ehemalige französische Abteikirche Saint-Sauveur in Charroux (Vienne) im 11. und 12. Jahrhundert. Ein Vorschlag zur Rekonstruktion und Deutung der romanischen Bauteile*, thèse, Bonn, 1963 ; de même : R.-H. BAUTIER, « Comment dater l'octogone de Charroux », *BSAO* 9 (1931/1933), p. 468-482.

139 J.-H. PRELL, *Graf, Vizegrafen und Adel in Nordaquitanien (10. und 11. Jahrhundert). Prosopographisch-verfassungsgeschichtliche Untersuchungen zu Poitou, Aunis und Saintonge*, thèse, Mannheim, 1991, multigraphié.

140 R. FAVREAU, « Le concile de Charroux », p. 8.

II. Les canons de la paix de Dieu

Pour que la publicité des normes soit valide, il faut des auteurs, des « législateurs » compétents (1) qui mettent en vigueur les canons. Après la présentation (2) et l'interprétation des sources (3) ainsi que l'étude du problème du quatrième canon qui a été découvert plus tard que le préambule et les trois premiers canons (4), nous nous interrogerons sur le système pénal de ces canons (5).

1. Les auteurs des canons du concile de Charroux de 989

Déjà des voix s'étaient élevées en faveur de la paix, et parmi elles, de façon particulière, celle de Guy, évêque du Puy[141]. L'archevêque de Bordeaux et quatre de ses cinq évêques suffragants ainsi que l'évêque de Limoges, relevant de la métropole de Bourges, se réunirent dans l'abbaye afin de prendre plusieurs décisions. Leurs signatures rendirent les canons valides et leur accordèrent autorité (*Nos ergo in Dei nomine specialiter congregati decrevimus*). Il n'y avait aucune trace d'un pouvoir royal ni comtal. Les six personnages directeurs qui ont promulgué les canons étaient les suivants :

Gombaud, archevêque de Bordeaux (et évêque d'Agen),
Gislebert, évêque de Poitiers,
Hildegaire, évêque de Limoges,
Frotier, évêque de Périgueux,
Abbon, évêque de Saintes,
Hugues, évêque d'Angoulême.

141 C. LAURANSON-ROSAZ, *L'Auvergne et ses marges*, p. 414.

La participation des évêques au concile de Charroux (989) et la dimension de la paix

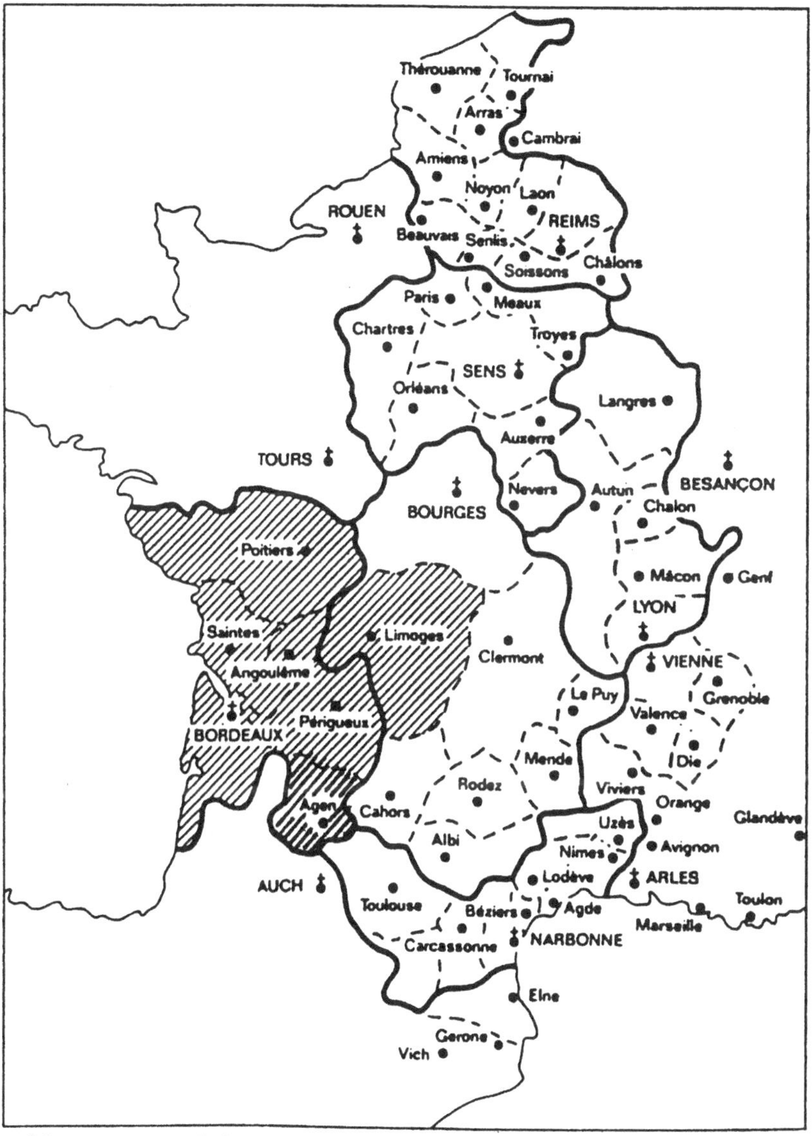

Nous avons corrigé la carte donnée par H.W. GOETZ dans son article « La paix de Dieu en France autour de l'an mil », p. 142. Il faut, en effet, aussi prendre en compte les évêchés de Périgueux et d'Agen.

Sans revenir longuement sur les biographies de ces évêques, nous devons souligner leur origine noble et les liens qui existaient entre le comte de Poitiers, duc d'Aquitaine, et les évêques de Poitiers et de Limoges, Gislebert et Hildegaire[142]. Charroux, la capitale du comté de la Marche, était situé entre Poitou et Limousin. L'archevêque de Bordeaux ne joua pas un rôle majeur dans l'organisation du mouvement de paix qui relève plutôt des sièges de Poitiers et de Limoges dont les titulaires se retrouvent ensemble dans cinq des huit conciles de paix entre 989 et 1031[143].

L'archevêque Gombaud qui a été généralement identifié au fils du comte Sanche Garsias (Garcia) et frère de Guillaume Sanche, duc de toute la Gascogne, fut archevêque de Bordeaux probablement entre 977 et 998[144], et également évêque d'Agen[145]. Dans la charte de fondation du monastère de La Réole de 977, il est déjà qualifié d'*episcopus Wasconie* et signe comme évêque et duc de toute la province : *S. Gumboldi episcopi et totius provinciae ducis*[146]. Gombaud réunit en un seul évêché, dit de Gascogne, les diocèses de Bazas, Agen, Aire, Bayonne, Dax et Lescar. Pour être complet il convient de signaler qu'Agen passa à son fils Hugues, mais les autres sièges revinrent à Arsius Raca (vers 1012 - vers 1025)[147].

La participation de Gombaud au concile de Charroux était nécessaire pour la diffusion et la mise en oeuvre des canons de la paix, puisqu'il se trouvait à la tête de nombreux diocèses et tenait l'autorité de l'archevêque et donc une fonction primordial devant les autres évêques de son archidiocèse.

Gislebert (Gilbert) était le fondateur de la dynastie épiscopale poitevine des Isembert, dont les membres se succédèrent d'oncle à neveu jusqu'en 1086 : Gislebert entre 975-1020, Isembert Ier entre 1020-1047 et Isembert II entre

---

142 R. FAVREAU, « Le concile de Charroux », p. 7 ; K.-F.WERNER, « Observations sur le rôle des évêques dans le mouvement de paix au Xe et XIe siècles », *Mediaevalia Christiana,* Tournai, 1989, p. 155-195.

143 A. RICHARD, *Histoire des comtes de Poitou 778-1024, t. 1, 778-1226*, Paris, 1903, p. 114-124.

144 B. GUILLEMAIN, *Le diocèse de Bordeaux*, Paris, 1974, p. 37 et 271.

145 Selon P. DELALANDE, *Conciliorum antiquorum Galliae...Supplementa...*, Paris, 1666, p. 328, la souscription était libellée comme suivant : *Ego Gumbaldus, archiepiscopus Burdegalensis, subscripsi, qui et Aginnensis episcopus.*

146 R. KAISER, *Bischofsherrschaft zwischen Königtum und Fürstenmacht, Studien zur bischöflichen Stadtherrschaft im westfränkisch-französischen Reich im frühen und hohen Mittelalter,* p. 234-235.

147 B. GUILLEMAIN, *Le diocèse de Bordeaux*, p. 37 ainsi que 271 et 274.

1047-1087[148]. Depuis 975, Gislebert était évêque de Poitiers, après avoir été archidiacre en 969. Sur le plan politique, il jouait un rôle important parce qu'il servait, de même que ses frères Gaucelme, Isembert et Manassé, le duc d'Aquitaine comme conseiller[149]. Entre 987-999 on le trouve en compagnie du duc dans cinq actes dont deux datés avec précision de janvier 989[150].

Hildegaire était fils du vicomte de Limoges, Géraud, et frère du vicomte Guy. Il fut présent à la cour du duc d'Aquitaine en janvier 989 avec son frère. Jusqu'à sa mort le 10 ou 11 juin 990, il maintint des relations très étroites avec le duc d'Aquitaine et l'évéché de Poitiers[151]. Au concile de Charroux, l'évêque de Limoges[152] était le seul représentant de la province de Bourges.

Frotier, pourvu du siège de Périgeux de 976 à 991 par Hugues Capet, participait régulièrement aux réunions des évêques de la province dans les années 989-991.

Evêque de Saintes, Abbon est seulement connu par deux mentions en 989 et 990.

Hugues était évêque d'Angoulême depuis 973 ou 974. D'origine noble, il appartenait à la famille des seigneurs de Jarnac. Abbon mena un long conflit avec le comte d'Angoulême pour la suprématie sur le comté avant de se réconcilier à la fin de sa vie avec le nouveau comte d'Angoulême, Guillaume. Adémar de Chabannes et l'*Historia pontificum et comitum Engolismensium* en font aussi un prélat de grande culture doté d'une forte éloquence[153].

Issus des grandes familles nobles qui exerçaient le pouvoir dans la grande Aquitaine et même au-delà, ces évêques avaient en commun la volonté de rétablir l'ordre au sein de la société ce qui était possible grâce à leur autorité du droit. Car pour élaborer des canons valides il faut une autorité, celle des princes de la terre en tant que législateurs ayant l'autorité d'assurer la paix. Les « princes

---

148 J. DUGUET, « La famille des Isembert, évêques de Poitiers et ses relations (Xe-XIe siècles) », *BSAO*, 4e série, t. 11, 1971, p. 163.

149 ID., p. 168-169.

150 P. DE MONTSABERT (éd.), *Chartes de l'Abbaye de Nouaillé de 678 à 1200*, Poitiers, 1936, no. 74, p. 124 ; L. REDET (éd.), *Documents pour l'histoire de l'église de Saint-Hilaire de Poitiers*, Poitiers, 1848, p. 56.

151 R. FAVREAU, « Le concile de Charroux », p. 7.

152 J. BECQUET, « Les évêques de Limoges aux Xe, XIe, XIIe siècle », *Bulletin de la Société archéologique et historique du Limousin* 104 (1977), p. 63-104 et t. 105, 1978, p. 79-104.

153 R. FAVREAU, « Le concile de Charroux », p. 7 ; P. G. TRICOIRE, *Les évêques d'Angoulême. Recherches historiques depuis les origines jusqu'à nos jours*, Angoulême, 1912.

de la terre » carolingiens avaient en main le pouvoir de juger puisqu'ils étaient responsable de l'état de paix, ce qui remonte à l'idée de la *pax super pacem* de saint Augustin. Charlemagne porta le titre d'*imperator pacificus* et de *defensor pacis*[154]. Il était responsable du maintien de la *concordia*, concept venant de l'augustinisme politique. Saint Augustin avait placé les valeurs métaphysiques et spirituelles au-dessus des valeurs politiques. La paix pour lui était d'abord la paix de l'esprit, qui engendre la justice et la paix puis la joie[155]. La guerre, en revanche, était pour l'évêque de Carthage l'*ultima ratio* pour une société : « il faut subir la guerre, mais vouloir la paix » et « celui qui peut penser à la guerre et la peut supporter sans douleur, celui-là a vraiment perdu le sens humain »[156]. Charles le Chauve, influencé par ces idées, faisait toujours allusion dans ses capitulaires à cette condition de paix pour assurer l'observation des lois, la justice et la raison juste : *salvamentum et pacem et leges ac iustitiae rationis conservationem*[157]. Pour garantir l'ordre social, l'Eglise devait protéger les *miserabiles personae*, notamment les veuves et les orphelins[158].

Pour rassembler, diriger un concile de paix et promulguer les canons et restaurer ainsi la paix voulue par Dieu, il faut une certaine autorité reconnue par tous les membres ou les fidèles. Cette autorité appartient principalement aux clercs qui utilisaient leur supériorité culturelle pour éduquer les laïcs[159]. La justice ecclésiastique *pro foro externo* s'est développée depuis l'époque carolingienne. Elle est encore plus indispensable au Xe siècle, en raison du déclin du pouvoir royal qui s'exprime dans la formule *Deo regnante, rege expectante* déjà relevée par L. Huberti dans de nombreuses chartes[160].

Il est intéressant d'approfondir la question de savoir pourquoi la paix de Charroux a été décrétée par un synode provincial bien que chaque évêque tienne

---

154 P. OURLIAC/J. L. GAZZANIGA, *Histoire du droit privé français de l'an mil au Code Civil*, Paris, 1985, p. 24 et suiv.

155 B. PARADISI, « L'organisation de la paix au IVe et Ve siècle », *La Paix*, Recueils de la société J. BODIN, t. XIV, Bruxelles, 1961, p. 337-338.

156 Cf. P. R. GAUSSIN, « La paix de Dieu », *La Paix de Dieu, Xe-XIe siècles*, Actes du colloque organisé au Puy en septembre 1987 par le Conseil général du département de la Haute-Loire, Le Puy, 1988, p. 40.

157 A. BORETIUS/V. KRAUSE, *Capitularia regnum francorum,* Hannovre, 1881-1937, t. II, 154, 20 ; cf. la carte concernant «The Kingdom of Aquitaine» à la fin de notre partie introductive.

158 P. OURLIAC/J. L. GAZZANIGA, *Histoire du droit privé français de l'an mil au Code Civil*, p. 26.

159 T. BÜHLER, « Wenn das Recht ohne Schrift auskommen muß », p. 79 et suiv. (88-90).

160 L. HUBERTI, *Gottesfrieden*, p. 44 et suiv.

la *iurisdictio* dans les frontières de son diocèse, à savoir le pouvoir gouvernemental (« Regierungsgewalt ») ainsi que le pouvoir pénal et disciplinaire (« Straf- und Disziplinargewalt ») sur les laïcs et les clercs.

Or, quelques textes de l'époque carolingienne prévoient qu'un seul évêque n'est pas autorisé à prononcer l'anathème, p. ex. le concile de Meaux (845) qui présuppose que le métropolite en ait pris connaissance ainsi que le jugement du synode épiscopal pour que quelqu'un puisse être puni avec l'anathème : *nec absque metropolitani cognitione et provincialium episcoporum iuditio quemlibet anathematizandum esse permittimus*[161]. Au concile synodal de Charroux les évêques ont prononcé l'anathème, mais l'archevêque de Bordeaux n'était pourtant pas métropolite. De plus, cette règle n'était ni en vigueur ni en pratique tout le temps dans l'intégralité du royaume carolingien de sorte que son application était peu probable. Nous considérons que l'importance du dossier à régler, à savoir la restauration de la paix, était la raison principale pour la convocation spéciale de ce concile : *Nos ergo in Dei nomine specialiter concregati decrevimus.*

L'archevêque est non seulement instance d'appel pour les jugements des évêques, mais également chef de la province ecclésiastique de la Seconde Aquitaine qui était une des dix-sept provinces de la Gaule (la première ayant Bourges comme capitale, la seconde Bordeaux)[162]. En outre, il y avait la règle souvent pratiquée dans le droit ecclésiastique médiéval que l'instance supérieure peut toujours prendre la place et décider au lieu de l'instance inférieure. Sur le plan de la hiérarchie ecclésiastique, le synode provincial est supérieur à un seul évêché. Reste à ajouter qu'incombe à chaque évêque de prononcer, pour le cas concret, l'anathème contre les briseurs de la paix[163].

Les évêques n'ont-ils pas l'obligation pastorale de rétablir la paix, conformément à l'enseignement des prophètes de l'Ancien Testament et aux préceptes de l'Evangile et des épîtres[164] ? Les prescriptions issues de la Bible ont été rap-

---

161 C. 56, voir MANSI XIV, 832 ; voir également P. HINSCHIUS, *System des katholischen Kirchenrechts mit besonderer Rücksicht auf Deutschland,* vol. V, Berlin, 1893, rééd. Graz, 1959, p. 8.

162 O. GUILLOT/A. RIGAUDIERE/Y. SASSIER, *Pouvoirs et institutions dans la France médiévale*, p. 19.

163 P. HINSCHIUS, *System des katholischen Kirchenrechts mit besonderer Rücksicht auf Deutschland*, vol. II, Berlin, 1878, réédit. Graz, 1959, p. 8 et 38-39 ; vol. IV, Berlin, 1888, réédit. Graz, 1959, p. 757 et 789 ; vol. V, Berlin, 1893, réédit. Graz, 1959, p. 8 et 278-280.

164 La paix en effet est mentionnée à maintes reprises dans l'Ecriture ; nous nous bornons à citer quelques exemples. Jean écrit, « je vous donne ma paix, je vous laisse ma paix ». Donc c'est Dieu même qui est l'origine de la paix. Chez Luc nous trouvons,

pelées à plusieurs reprises au cours des conciles de la période franque dans les capitulaires de l'époque carolingienne ; à son tour le concile de Charroux, comme d'autres conciles et assemblées postérieurs, les ont reprises[165].

« heureux les artisans de paix car ils seront appelés fils de Dieu » et « gloire à Dieu au plus haut des cieux et paix sur la terre aux hommes qu'il aime. » De son côté Paul rappelle que Dieu n'est pas un Dieu de désordre, mais de paix et que nous devons nous appliquer à conserver l'unité de l'esprit par ce lien qu'est la paix, et bien sûr, « Heureux les artisans de paix, ils possèderont la terre ». Cf. P. R. GAUSSIN, « La Paix de Dieu », p. 40-41.

165 Obligation du roi qui résulte de la *pax romana*, cf. R. BONNAUD-DELAMARE, *L'idée de la paix à l'époque carolingienne*, p. 268-271, 274.

2. La présentation des sources

2.1 Le préambule de la paix de Charroux

Le préambule fonde le pouvoir des évêques sur l'autorité suprême du « Seigneur et Sauveur Jésus-Christ », sur la tradition conciliaire antérieure et sur la nécessité urgente de la lutte contre les désordres de la société qui avaient trop longtemps duré (*longa tarditatem concilii*).

Le 1er juin, les six prélats formulèrent le préambule suivant :

« Au nom de notre Seigneur et Sauveur Jésus-Christ, forts des décrets synodaux de nos prédécesseurs, moi, Gombaud archevêque de la seconde Aquitaine, et tous les évêques de la province, nous nous sommes réunis, aux calendes de juin[166], en l'église qui depuis longtemps est appelée Charroux. Tant les évêques que les religieux, les clercs et aussi les fidèles de l'un et l'autre sexe, nous avons imploré le secours de la divine bonté, afin que nous qui savons combien le long ajournement de ce concile a fait longtemps chez nous de funestes moeurs, nous nous attachions, avec le concours de la grâce céleste, à arracher ce qui est nuisible et à planter ce qui est utile. Nous donc, spécialement assemblés au nom de Dieu, nous avons décrété ce qui est exprimé ci-dessous... »[167]

---

166 c'est-à-dire le 1er juin.

167 *Praedecessorum nostrorum auctoritatibus synodalicis roborati, in nomine Domini, et Salvatoris Nostri Iesu Christi, kalendis iunii, ego Gunbaldus, archiepiscopus secundae Aquitaniae, cum omnibus episcopis comprovincialibus, convenimus aulam quae olim Karrof vocitatur, tam episcopi, quam et religiosi, clerici, necnon etiam et omnis uterque sexus, auxilium divinae pietatis implorantes : ut qui quaedam in nostris domiciliis, moribus pestiferis, per longam tarditatem concilii diu pullulare cognovimus, respectu caelestis gratiae, et eradicentur noxia, et plantentur utilia. Nos ergo in Dei nomine specialiter congregati decrevimus, sicut in sequentibus manifestata clarescunt, ita, ...* ; J.-P. BRUNTERC'H, Le Moyen Age (Ve-XIe siècle), J. FAVIER (éd.), *Archives de la France*, t. I, Paris, 1994, p. 381.

2.2 Les canons

Les trois premiers canons sont les suivants :

(1) « Anathème contre les violateurs d'églises

Si quelqu'un a violé une église sainte, ou en a arraché quelque chose par la force, à moins qu'il ne soit venu à satisfaction, qu'il soit anathème »[168].

(2) « Anathème contre les pilleurs des pauvres

Si quelqu'un a dérobé à des paysans ou à d'autres pauvres, brebis ou boeuf ou âne ou vache ou chèvre ou bouc ou porc, sauf faute de leur part, et s'il a négligé de faire complète réparation, qu'il soit anathème »[169].

(3) « Anathème contre ceux qui brutalisent les clercs

Si quelqu'un a attaqué, ou capturé ou frappé un prêtre, ou un diacre, ou quelque autre clerc, qui ne portait pas d'armes telles que bouclier, épée, cuirasse, casque mais qui se déplacait simplement ou demeurait chez lui, sauf si une enquête de son propre évêque a montré que la victime avait commis quelque faute, que ce sacrilège soit tenu, s'il n'est pas venu à satisfaction, pour étranger à l'écart du seuil de la sainte église de Dieu »[170].

Passons maintenant à l'interprétation des canons.

3. L'interprétation

Nos ergo in Dei nomine specialiter concregati decrevimus décrit le cas exceptionnel de l'assemblée des évêques qui publient les décisions, prises avec tous les fidèles présents, hommes et femmes, comme décret[171]. Il est intéressant

---

[168] *(1) Anathema infractoribus ecclesiarum. Si quis ecclesiam sanctam infregerit, aut aliquid exinde per vim abstraxerit, nisi ad satis confugerit factum, anathema sit.* BRUNTERC'H, *Le Moyen Age (Ve-XIe siècle)*, p. 381.

[169] *(2) Anathema res pauperum diripientibus. Si quis agricolarum, caeterorumve pauperum, praedaverit ovem, aut bovem, aut asinum, aut vaccam, aut capram, aut hircum, aut porcos, nisi per propriam culpam, si emendare per omnia neglexerit anathema sit.* BRUNTERC'H, *Le Moyen Age (Ve-XIe siècle)*, p. 381.

[170] (3) *Anathema clericorum percussoribus. Si quis sacerdotem, aut diaconum, vel ullum quemlibet ex clero, arma non ferentem, quod est scutum, gladium, loricam, galeam, sed impliciter ambulantem, aut in domo manentem, invaserit, vel ceperit, vel percusserit, nisi post examinationem proprii episcopi sui, si in aliquo delicto lapsus fuerit, sacrilegus ille, si ad satisfactionem non venerit, a liminibus sanctae Dei ecclesiae habeatur extraneus.* BRUNTERC'H, *Le Moyen Age (Ve-XIe siècle)*, p. 381-382.

[171] V. ACHTER, *Über den Ursprung der Gottesfrieden*, Krefeld, 1957, p. 7 ; ID., *Geburt der Strafe*, Francfort-sur-Main, 1951.

de voir les fidèles aussi comme ceux qui décrètent car le préambule utilise la première personne au pluriel en incluant tout le monde présent (dans le sens de *nous tous*). Même si l'on peut interpréter comme participation de tous les fidèles à la décision il ne faudrait pas surestimer la partie de la foule présente. Les évêques qui avaient certainement formulé le texte ont voulu fermement que les fidèles acceptent les canons et les mettent en vigueur dans la vie quotidienne.

Dans le préambule le « Seigneur et Sauveur Jésus Christ » est la référence principale pour les décisions prises par les évêques. Il convient de souligner le rôle primordial de Gombaud qui, en tant qu'archevêque, invita les autres évêques de son archidiocèse. Le préambule se réfère à d'autres décrets synodaux antérieurs et se base sur la tradition des conciles carolingiens qui avaient déjà insisté sur le rôle prépondérant de l'*archiepiscopus* comme personnage supérieur par rapport à ses évêques[172]. Les évêques soulignèrent l'urgence de la prise des décisions au nom de Dieu. L'expression de *longa tarditatem concilii* est une preuve de ce que les évêques déplorèrent le caractère tardif de leur réunion qui eut fait longtemps pulluler dans la région des moeurs funestes.

L'image utilisée par les évêques qui fait allusion à arracher le nuisible et à planter l'utile se retrouve directement dans la Bible. Lorsque les disciples demandent à Jésus-Christ s'il savait que les Pharisiens s'étaient choqués de l'entendre parler ainsi, il répondit : « Tout plant que n'a point planté mon Père céleste sera arraché » (Matthieu XV, 13). L'apôtre Paul, en donnant des conseils à Tite, écrit : « Elle est sûre cette parole et je tiens à ce que, sur ce point, tu sois catégorique, afin que ceux qui ont placé leur foi en Dieu aient à coeur d'exceller dans les belles oeuvres. Voilà qui est bon et utile aux hommes » (Tite III, 8).

Les adversaires de la paix de Dieu paraissent par là comme hérétiques qui ne font que nuire à la société de sorte qu'ils doivent être détruits comme des mauvaises herbes et qu'ils ne se diffusent plus. Au lieu d'eux doivent se mettre les oeuvres utiles.

Probablement que l'incendie du monastère de Charroux en 988[173] a été un des motifs clés pour la prise des décisions de juin 989. La chronique de Saint-Maixent rapporte que l'abbaye de Charroux fut détruite par le feu en 988. On peut se demander s'il s'agit du même incendie qu'évoque Adémar de Chabannes

---

172 U.-R. BLUMENTHAL, « Charroux, Konzil von », *Handwörterbuch zur Deutschen Rechtsgeschichte (HRG) I*, no. 1736 ; P. HINSCHIUS, *System des katholischen Kirchenrechts mit besonderer Rücksicht auf Deutschland,* Bd. II., Berlin, 1878, rééd. Graz, 1959, p. 8-9.

173 P. DE MONTSABERT, *Chartes et documents pour servir à l'histoire de l'abbaye de Charroux*, p. XX.

(III, 56) : *Sanctum Carrofum casu flamma combustum,* théorie avancée par dom Pierre de Monsabert[174]. François Eygun part de l'idée que deux catastrophes distinctes se sont produites[175]. Il n'est donc pas exclu, plutôt probable qu'un des incendies se soit passé immédiatement avant la tenue du concile de 989.

3.1 Le premier canon : contre les usurpateurs des biens de l'Eglise

Contre quiconque violerait une église, ou en enlèverait quelques biens par la force, le premier canon prononce l'anathème en prenant la suite de ces imprécations qui ont été nombreuses dès le IXe siècle contre les usurpateurs des biens de l'Eglise. La peine de l'anathème ne sera exécutée que si l'agresseur n'apporte pas satisfaction.

La tradition des conciles précédents visant à protéger les biens ecclésiastiques a nettement survécu dans ce premier canon, dirigé contre les *pervasores rerum ecclesiasticarum.*

Depuis les conciles mérovingiens les évêques ont la tâche de s'occuper de la gestion du patrimoine ecclésiastique (concile d'Orléans de l'an 511, canon 15), même si ce patrimoine n'appartient pas à l'Eglise dans son ensemble, mais aux divers établissements ecclésiastiques, à savoir diocèses et abbayes. La préoccupation matérielle de la défense de ce patrimoine tient une grande place dans les conciles. L'évêque ayant la gestion du patrimoine du diocèse a aussi le droit de regard sur celui des abbayes (concile d'Orléans de 538, can. 26). Tous les décrets tendent à rendre ce patrimoine inaliénable (Orléans 538, can. 13 ; Orléans 549, can. 13) et les donations irrévocables (Orléans 541, can. 14 et 19 ; Orléans 549, can. 16)[176].

Afin de protéger ce patrimoine, les conciles portent l'accent sur l'interdiction des pillages par les princes et les puissants. Le canon 14 du concile de Mâcon (585), reprenant le canon 14 de Clermont (535), essaie de limiter la violence des laïcs en interdisant le pillage sous peine d'anathème[177]. L'excommunication est lancée contre tous ceux qui retiennent ou envahissent les propriétés ecclésiastiques, conciles de Tours de 567 (can. 25 et 26), de Paris (562, can. 1), Orléans 549 (can. 16)[178].

---

174 ID., p. I, n. 3.

175 F. EYGUN, « L'abbaye de Charroux, les grandes lignes de son histoire et de ses constructions », *BSAO* 1969/70, p. 18.

176 O. PONTAL, *Histoire des conciles mérovingiens*, Paris, 1989, p. 277-278.

177 ID., p. 190.

178 ID., p. 279.

L'aliénation des biens ecclésiastiques est aussi à l'ordre du jour des conciles carolingiens[179]. Les biens usurpés par des laïcs doivent être rendus à l'Eglise (can. 1 du *Concilium Germanicum* de 742, tenu en Germanie). Le canon 6 du concile de Châlon en 813 commence par définir les biens ecclésiastiques afin de les placer sous protection, en disant que les biens ecclésiastiques sont les promesses des fidèles, le prix de leurs péchés et les patrimoines des *pauperes* : *Res ecclesiae vota esse fidelium, pretia peccatorum et patrimonia pauperum*[180]. A partir du concile de Meaux-Paris on trouve des punitions sévères contre les pilleurs de biens ecclésiastiques, désignés dorénavant comme *sacrilegi*[181]. Le synode de Quierzy (857) exigeait que les évêques, les comtes et les missi aient dû rassembler la population dans leurs circonscriptions pour les informer des lois contre les voleurs des biens ecclésiastiques. On annonçait une peine de soixante sous (*solidi*)[182]. Le concile de Trosly, tenu en 909, se préoccupait également de la protection des biens de l'Eglise (can. 4, 6 et 14).

Force est de noter que, dans la plupart de ces conciles, un rapport est établi entre la protection des biens ecclésiastiques et l'obligation de l'Eglise d'entretien

---

[179] W. HARTMANN, *Konziliengeschichte - Die Synoden der Karolingerzeit im Frankenreich und in Italien,* Paderborn/Munich/Viennes/Zurich, 1989, p. 458-462.

[180] Il s'agit d'une reprise d'une phrase de Julien Pomère, cf. J. DEVISSE, « L'influence de Julien Pomère sur les clercs carolingiens », *Revue d'histoire de l'Eglise de France* 56 (1972), p. 286 et p. 294-295.

[181] Canon 60 : *Ut hi, qui monasteria atque sacrata loca vel ecclesias infringunt et deposita vel alia quaelibet exinde abstrahunt et sacerdotes ac viros ecclesiasticos non solum dehonorant, verum et diverso atque adverso modo affligunt, velut sacrilegi canonicae sententiae, quae ex his decreta esse dinoscitur, subigantur.*

Canon 61 : *Ut pervasores rerum ecclesiasticarum, qui easdem res vel contra auctoritatem non solum retinere, verum et crudeliter depopulari noscuntur, quidam etiam et facultates ecclesiae in diversa conlaboratione et reditibus eas expoliant, sed et pauperes atque vicinos et circummanentes inmisericorditer expoliant, devastant et opprimunt, ut rapaces, qui secundum apostolum a regno Die excluduntur, ex criminali et publico peccato publica penitentia satisfaciant. Quodsi hoc agere noluerint et potestate regia ad hoc exortati vel coacti non fuerint, proferatur contra eos apostolica terribilis sententia, qua dicitur : 'Si quis frater nominatur et est rapax, cum huiusmodi nec cibum quisquam praesumat sumere, quia iniquum et sacrilegium est, ut Symachus papa et post eum beatus Gregorius Sabino subdiacono scribit, et contra leges est, si quis, quod venerabilibus locis relinquitur, pravae voluntatis studiis suis temptaverit compendiis retinere'. Quapropter secundum statuta canonum ab omni ecclesiastica communione ut sacrilegus debet arceri, donec studeat digna satisfactione quod admisit corrigere.* A. BORETIUS/V. KRAUSE, *Capitularia regnum Francorum,* t. II, Hannovre, 1897, p. 412.

[182] W. HARTMANN, *Konziliengeschichte - Die Synoden der Karolingerzeit im Frankenreich und in Italien*, p. 460-461.

de *pauperes*[183] ; comme dans les conciles précédents ce rapport est aussi évident dans le deuxième canon de Charroux concernant les pilleurs des biens des « pauvres ».

3.2 Le deuxième canon : contre les pilleurs des biens des *pauperes*

Dès le premier concile d'Orléans de 511, les conciles manifestent un souci pour les malheureux dont le vivre et le vêtement sont à la charge de l'évêque, et qui doivent recevoir en aumônes une part du revenu ecclésiastique. Les conciles se préoccupent, en outre, de les soustraire à l'oppression des juges et des grands (concile de Tours de 567, can. 5)[184].

Concernant le programme punitif du deuxième canon, nous pouvons nous référer tout d'abord au canon 27 du concile d'Orléans de 511 où il est question de la protection des *pauperes*. Ce terme qu'emploie le canon 27 du concile de Tours en 567 s'applique à des personnes de conditions très diverses, c'est-a-dire veuves, orphelins, dont la tutelle appartient aux évêques, esclaves, etc. L'Eglise les représente, les défend devant les tribunaux (concile de Paris de 614, can. 7), ce qui est admis par le roi (édit de Clotaire de 614, can. 7)[185]. Dans les capitulaires des Carolingiens, veuves, orphelins, etc. et leurs biens bénéficient de la protection de la paix carolingienne. Finalement, pouvoir laïc et ecclésiastique s'associent pour remplir la tâche : le capitulaire du roi Carloman II édicté à Ver-sur-Launette en mars 884 chargeait les évêques de réfréner les violences, brigandages ou désordres par l'excommunication et de sauvegarder la paix publique[186].

Le deuxième canon s'adresse aux pilleurs des biens des paysans qui sont ici compris dans la catégorie des pauvres. Il ne faut pas interpréter *pauper* dans le sens économique ou financier qu'il a pris de nos jours, mais dans l'acception de dépendance sociale qu'il avait au IXe siècle, où le pauvre est opposé au puissant (*pauper et potens*)[187].

---

183 Déjà le pape Gélase Ier, au Ve siècle, préconisait une division des biens de chaque église en quatre parts égales, la première destinée à l'évêque, la seconde au clergé, la troisième à l'entretien de l'église et la quatrième aux *pauperes*. Au IXe siècle, plusieurs conciles adoptent cette solution, en l'occurrence ceux de Paris de 829 (can. 31) et de Mayence de 846 (can. 10). Voir R. NAZ, « pauvres », *Dictionnaire de droit canonique,* t. VI, Paris, 1957, col. 1277-1278.

184 O. PONTAL, *Histoire des conciles mérovingiens*, p. 292.

185 ID., p. 285.

186 J.-P. BRUNTERC'H, *Le Moyen Age (Ve-XIe siècle)*, p. 379.

187 K. BOSL, « 'Potens' und 'pauper'. Begriffsgeschichtliche Studien zur gesellschaftlichen Differenzierung im frühen Mittelalter und zum 'pauperismus' des Hochmittelal-

Les *pauperes* étaient livrés aux puissants et en dépendance d'eux, car ils n'étaient pas capables de se protéger eux-mêmes. Ils avaient donc besoin du roi ou d'un autre protecteur[188]. Bien que les *pauperes* ne soient pas autrement énumérés, on y comptait aussi les faibles, les femmes, les clercs, les veuves et les orphelins comme l'indiquent les capitulaires de Charles le Chauve. Les biens des *pauperes* comprennent d'abord leur bétail ; on notera pour le concile de Charroux l'énumération très concrète des animaux, tels que mouton, boeuf, âne, chèvre, bouc, porc, ce qui prouve l'importance du bétail dans une société qui vit de l'agriculture. Le verbe *praedare* (« faire butin ») qui qualifie les agressions, devait évoquer les troupes d'hommes d'armes enlevant à leur gré le bétail des gens sans défense dans les campagnes. Le vol du bétail était un moyen typique de la noblesse pour se faire la guerre, moyen que la paix de Dieu voulait encadrer pour mettre hors danger les victimes. Dans sa collection canonique dédiée aux rois Hugues et Robert vers 992-993, l'abbé Abbon de Fleury considère que ce n'est pas combattre qui est un délit, mais « combattre pour le butin » (*propter praedam militare*)[189] ; ce passage contemporain peut servir comme aide d'interpretation de l'emploi de *praedare* dans le deuxième canon.

3.3 Le troisième canon : contre les agresseurs du clergé

Le troisième canon est lancé contre ceux qui captureraient ou frapperaient un diacre, ou tout autre membre du clergé, dès l'instant qu'il ne porte aucune arme, telle que le bouclier, l'épée, la cuirasse et le casque ; qu'il soit simplement en déplacement ou demeure en sa maison. Néanmoins, il est prévu que l'évêque du lieu enquêtera pour savoir si la victime ne s'était pas, préalablement, rendue coupable de quelque délit. Sauf en ce cas, l'agresseur qui ne serait pas venu à résipiscence, serait frappé d'anathème. Soulignons que le canon ne vise pas les attaques contre les clercs armés, de sorte qu'il ne traite que les rencontres des hommes d'armes et des clercs *inermes*.

Ce canon révèle bien la responsabilité de l'évêque en face de son clergé car l'évêque est juge disciplinaire, fonction déjà développée depuis les conciles

---

ters », *Mélanges O. Brunner, Alteuropa und die moderne Gesellschaft,* Göttingen, 1963, p. 60-87.

188 M. MOLLAT, *Les pauvres au Moyen Age. Etude sociale,* Paris, 1978, p. 69-72 ; K. MILITZER, « pauperes », *Lexikon des Mittelalters,* vol. VI, Munich, 1993, col. 1829-1830.

189 R. BONNAUD-DELAMARE, « Les institutions de paix en Aquitaine au XIe siècle », p. 425 ; R. FAVREAU, « Le concile de Charroux », p. 9 ; T. HEAD, « Andrew of Fleury and the Peace League of Bourges », *Historical Reflections* 14/3 (1987), p. 513-529.

d'Orléans au VIe siècle[190]. Mais l'évêque doit, en outre, s'occuper de la sécurité des prêtres et des diacres, victimes des agressions. Le capitulaire de Quierzy de 857 insiste pour que les prêtres ne soient pas agressés, crimes évoqués plus tard par les conciles de Metz (893, can. 10) et Mayence (888, can. 10)[191].

4. Le quatrième canon : Une anticipation de la Réforme grégorienne ?

Pour le concile de Charroux, on ne cite en général que les trois canons que nous venons d'étudier[192]. R. Favreau[193] a redécouvert l'édition de 1666 de Pierre Delalande[194], continuateur de J. Sirmond.

L'édition de Delalande, l'éditeur des conciles de la Gaule avant l'an mil, est la seule qui comporte le quatrième canon. P. Delalande indique que son texte est tiré « des archives de l'abbaye de Charroux ». Son texte se distingue de la version de Labbé/Cossart et de celle de J.-D. Mansi, les seules citées par les historiens dans la paix de Dieu.

Sans doute le quatrième canon est-il fort différent des trois premiers. Mais il s'inscrit dans un programme réformateur puisqu'il condamne les prêtres et les diacres vivant en concubinage ou qui ont en cachette des rapports sexuels avec des femmes[195] :

« De l'introduction de femmes chez les clercs. Qu'aucun prêtre ni diacre ne garde chez lui une femme ni ne l'introduise dans une chambre ni dans un endroit à l'écart pour forniquer ; car, s'il tente de le faire, qu'il sache qu'il perdra tout ordre et ne célèbrera pas le sacré mystère avec d'autres hommes. »

---

190 O. PONTAL, *Histoire des conciles mérovingiens*, p. 276.

191 *MGH, Concilia III*, p. 397 suiv. ; W. HARTMANN, *Konziliengeschichte - Die Synoden der Karolingerzeit im Frankenreich und in Italien*, p. 252.

192 cf. U.-R. BLUMENTHAL, « Charroux, Konzil von », *Handwörterbuch zur Deutschen Rechtsgeschichte (HRG) I*, no. 1736; qui se fonde au rapport dans J.-D. MANSI XIX, p. 89.

193 R. FAVREAU, « Le Concile de Charroux », p. 16.

194 P. DELALANDE (éd.), *Conciliorum antiquorum Galliae a Jac. Sirmondo, S.J., editorum supplementa nunc prodeunt, opera et studio Petri Delalande*, Paris 1666, p. 328 (vol. IV de la collection de J. SIRMOND). De même : P. LABBE/G. COSSART, *Sacrosancta concilia*, vol. IX, Paris 1671, col. 733 ; J.-D. MANSI, *Sacrorum conciliorum nova et amplissima collectio*, Florence et Venise, 1784, vol. XIX, col. 89-90.

195 *De mulierum intromissione ad clericos. Nullus presbyter neque diaconus foeminam in sua domo teneat, neque in cellario neque in secreto loco intromittat propter fornicationem; nam si facere tentaverit, sciat se omnem gradum perditurum, et cum aliis hominibus sacrum mysterium non celebraturum.* BRUNTERC'H, Le Moyen Age, Ve – XIe siècle, p. 383.

Ce canon, comme le deuxième et le troisième canon du concile de Poitiers tenus quelques années plus tard[196], se réfère aux efforts pour lutter contre le nicolaïsme. Ce dernier, d'après le diacre Nicolas au Ier siècle après J.-C., désigne le relâchement des moeurs chez les clercs, particulièrement dénoncé par la Réforme grégorienne qui a imposé en Occident le célibat des prêtres. Le concile de Poitiers (1000-1014) traite aussi du nicolaïsme et sanctionne la fornication du clergé, un comportement qui connaissait une certaine tradition déjà avant ce concile depuis les pénitentiels (*libri penitentiales*) et les conciles francs du VIe siècle[197]. Les évêques, préposés des clercs, devaient veiller aux bonnes moeurs du clergé en ne tolérant pas, sous peine de suspension de quelques mois, qu'un clerc après son ordination, vive en état de mariage avec une femme[198]. Ceux qui se rendent coupable de cette faute grave perdront donc leur rang et ne pourront pas célébrer l'office eucharistique. Le canon ouvre une perspective de réforme non seulement de la société chrétienne laïque mais aussi des religieux, pour la province ecclésiastique de la seconde Aquitaine[199]. Cette réforme s'imposa tout au long du XIe siècle et trouva sa place dans les textes des conciles de paix.

La tradition juridique portant sur le célibat et la chasteté des clercs est également évidente puisque les pères du concile de Poitiers construisent leur canon sur saint Grégoire (« Parce que qui mange et boit indignement mange son propre jugement ... Aucune oeuvre n'est bonne sans chasteté, et aucune chasteté n'est grande sans bonne oeuvre. »[200]). La citation de saint Grégoire fait appel à un des péchés mortels déjà condamné par ses oeuvres *Moralia* ainsi que *Regula Pastoralis*, repris par d'autres auteurs plus tard. La fornication était considérée comme péché principal (*De viciis principalibus*). Le catalogue des vices remonte au pape Grégoire I (+ 604) et Jean Cassien (Cassianus, abbé, + 430, Lérins). Les

---

196 J.G. MANSI, XIX, col. 268.

197 O. PONTAL, *Histoire des conciles mérovingiens*, p. 112 et 119.

198 C'est ce que le concile d'Orléans avait déjà prescrit en 538 (c. 22).

199 A. BECKER, *Papst Urban II. (1088-1099)*, Stuttgart, 1988 (Schriften der MGH 19/2), p. 276 ; R. GROSSE, « Der Friede in Frankreich bis zur Mitte des 12. Jahrhunderts », F.-R. ERKENS/H. WOLFF (éd.), *Von Sacerdotium und Regnum. Geistliche und weltliche Gewalt im frühen und hohen Mittelalter – Festschrift für Egon Boshof zum 65. Geburtstag*, Cologne/Weimar/Vienne, 2002, S. 86.

200 *Ut presbyter et diaconus, si foeminas domi habent, gradum amittant. Ut nullus presbyter, neque diaconus, foeminam in sua domo teneat, neque in cellario, neque in secreto loco intromittat, propter fornicationem. Nam si facere tentaverit, sciat se omnem gradum perditurum, et cum aliis hominibus sacrum mysterium non celebraturum : quia qui manducat, et bibit indigne, judicium sibi manducat, et B. Gregorius : Nec opus bonum est aliquid sine castitate, nec castitas vero magna est sine bono opere.* J.-D. MANSI, *Sacrorum conciliorum*, XIX, col. 265-268.

évêques devaient veiller sur la conduite des clercs après leur ordination. Les synodes de Vienne (892) et de Metz (893) interdisaient également que les prêtres vivent avec des femmes[201].

Outre le nicolaïsme il est question de la simonie, comportements pernicieux étant au coeur de la lutte pour la *libertas ecclesiae* qui va être le sujet principal de la réforme de Grégoire VII[202]. Le deuxième canon de Poitiers traite brièvement de l'évêque qui demande de l'argent pour la pénitence ou la confirmation. A Charroux il n'était pas encore question de simonie. A Poitiers, en revanche, on interdit qu'un prêtre ne reçoive ou ne réclame d'argent pour la pénitence ou pour le don du Saint Esprit, sauf si quelqu'un l'a donné de bon coeur[203]. Selon Simon le magicien qui en Samarie avait proposé à Pierre et Jean de leur acheter le pouvoir de conférer le Saint Esprit, la simonie qualifie le marché, la vente des biens spirituels (bénédiction, sacrements) ou l'achat de charges ou bénéfices ecclésiastiques[204] ; l'Eglise a toujours considéré la simonie comme péché contre le Saint Esprit[205]. Une autre mention de la simonie se trouve également dans le concile du Puy de 994, dont un canon dit[206] : « Nous interdisons aussi qu'un laïc ne s'arroge les droits de sépulture ou les offrandes d'une église. Qu'aucun prêtre n'accepte de l'argent pour un baptême, car il s'agit du don de l'Esprit Saint. »

Il fallait donc éviter qu'un marché des sacrements se mette en place et qu'il mette en danger la foi en les sacrements puisque les prêtres étaient en quelque sorte les administrateurs des sacrements ils devaient être contrôlés.

Comme la mise sous peine du nicolaïsme, la sanction de la simonie s'intègre bien aussi dans une tradition normative. Les mesures contre elle concernent non seulement les évêques (Clermont, 535, can. 2 ; Orléans, 549, can. 10), mais tous les clercs du haut en bas de l'échelle : prêtres (Orléans, 533, can. 4), abbés ou

---

201 O. PONTAL, *Histoire des conciles mérovingiens*, p. 265-266 ; W. HARTMANN, *Konziliengeschichte - Die Synoden der Karolingerzeit im Frankenreich und in Italien*, p. 379 et 365.

202 G. TELLENBACH, *Libertas. Kirche und Weltordnung im Zeitalter des Investiturstreites*, Stuttgart, 1936 (réédition en 1996), p. 151 suiv.

203 *Ut episcopus pro poenitentia, vel confirmatione, munera non requirat. Ut nullus sacerdos propter poenitentiam, neque propter sancti Spiritus donum, munera accipiat, neque requirat, nisi tantum si quis libenti animo donaverit.* J.-D. MANSI, *Sacrorum conciliorum*, XIX, col. 265-268.

204 G. TELLENBACH, *Libertas*, p. 153.

205 U.-R. BLUMENTHAL, *Der Investiturstreit*, Stuttgart, 1982, p. 59-60.

206 *Interdicimus etiam, ut nullus laicorum se immittat de sepulturis ecclesiae vel offerendis ; et nullus presbyterorum pretium de baptisterio accipiat, quia donum spiritus sancti est.* L. HUBERTI, *Gottesfrieden*, p. 124.

archiprêtres, mais aussi simples clercs qui achètent leur ordination (Orléans, 533, can. 3 ; Tours, 567, can. 28 ; puis Châlon, 647, can. 10)[207].

5. Les différentes sanctions dans les canons

Tout d'abord, la prise en considération d'éléments de culpabilité est essentielle. Les canons laissent à l'évêque une certaine liberté d'appréciation dans le jugement du contrevenant qui tient compte de la gravité de la faute et même de la responsabilité de la victime ; le canon 3 de Charroux exprimant « que la victime avait commis quelque faute ». Ils prévoient un système de compensation et de réparation des dommages (« à moins qu'il ne soit venu à satisfaction »).

Il existe des peines ecclésiastiques différentes, pour les laïcs et pour les clercs.

Concernant les laïcs nous trouvons deux peines différentes : l'anathème et l'excommunication. L'anathème sera prononcé contre les laïcs qui violent une église, volent des paysans et des « pauvres » ou attaquent les prêtres et les *inermes*. Dans chacun des cas il est prévu la possibilité d'une réparation (des dommages) par le coupable[208]. L'anathème ne frappe que celui qui se serait dérobé à cette compensation et il implique que le coupable soit rejeté de la société chrétienne.

On trouve déjà cette sanction dans l'épître aux Galates I, 8-9 : « qu'il soit anathème ». Le verset, intitulé « admonition », dit « Si nous-même, si un ange venu du ciel vous annonçait un évangile différent de celui que nous vous avons prêché, qu'il soit anathème ! Nous l'avons déjà dit, et aujourd'hui je le répète : si quelqu'un vous annonce un évangile différent de celui que vous avez reçu, qu'il soit anathème ! »

Quand il est question des images sculptés de Yahvé (Dt VII,26) la Bible prescrit également le lancement d'un anathème : « Tu n'introduiras pas dans ta maison une chose abominable, de peur de devenir anathème comme elle. Tu les tiendras pour immondes et abominables, car elles sont anathèmes. »

Dans l'histoire de l'Eglise, les notions d'anathème et d'excommunication n'ont pas toujours le même sens et connaissent même une évolution très difficile à retracer.

Dès le concile d'Elvire (52e canon) vers 300 et par suite dans tous les conciles, l'anathème était prévu en tant que sanction. Il est difficile de savoir si ce concile faisait une différence entre l'anathème et l'excommunication car il

---

207 O. PONTAL, *Histoire des conciles mérovingiens*, p. 266-267.
208 L. HUBERTI, *Gottesfrieden*, p. 36.

n'emploie pas le terme d'excommunication, mais il n'est pas prouvé que toutes les exclusions de communion qu'il porte dans plusieurs canons ne visent que la communion eucharistique ou même l'exclusion de toute la communauté des fidèles. Le sens d'exclusion de la seule communion du canon 67 est fort douteux, dans d'autres canons les termes le prescrivent (can. 34, 37).

Par contre, les conciles de Laodicée (vers 400) et de Chalcédoine (451) séparent l'anathème et l'excommunication. Il semble qu'en ces cinq premiers siècles, l'anathème englobe l'excommunication qui désigne déjà l'exclusion de la société chrétienne, mais y ajoute une malédiction qui l'aggrave et la rend à la fois plus décisive et plus solennelle, ce qui serait l'anathème. C'était le cas lorsque le concile de Nicée, en l'an 325, lance, en terminant son symbole, l'anathème de l'Eglise catholique contre les Ariens[209].

Les synodes mérovingiens prévoyaient aussi l'anathème en cas de pillage des biens de l'Eglise[210]. C'était une forme de condamnation plus solennelle que l'excommunication dont elle se distingue clairement à compter de la fin du IXe siècle.

Pour que l'excommunication puisse être fulminée, le canon 56 du concile de Meaux tenu en 845[211], a pour hypothèse l'apport des preuves sérieuses de culpabilité. Le canon décrète que l'anathème ne sera prononcé que du consentement du métropolite (en l'occurrence l'archevêque de Bordeaux Gombaud) ou des évêques comprovinciaux, sauf dans les cas où des canons précis l'avaient expressément prévu. On ne le publiait pas sans monition préalable au coupable. Etant donné que le canon entraînait la damnation éternelle, on devait en punir les crimes mortels seulement, et dans l'unique cas où le coupable ne pouvait être amené à la résipiscence par d'autres moyens[212].

En 855, le concile de Saint-Laurent-lès-Mâcon distinguait l'excommunication de l'anathème (can. 1), en punissant les coupables des grands crimes, homicide, adultère, brigandages, incendie, sacrilège et effraction des églises, mutilations, d'une première peine qui est l'excommunication. S'ils se montraient persévérants dans leurs fautes, ils devaient être éloignés non seulement *« a mensa*

---

209 A. AMANIEU, *Dictionnaire de droit canonique,* t. I, Paris, 1935, col. 512.

210 W. HARTMANN, *Konziliengeschichte - Die Synoden der Karolingerzeit im Frankenreich und in Italien,*p. 458 et suiv.

211 *Ut nemo episcoporum quemlibet sine certa et manifesta peccati causa communione privet ecclesiastica. Anathema autem sine consensu archiepiscopi aut coepiscoporum, praelata etiam evangelica admonitione, nulli imponat, nisi unde canonica docet auctoritas ; quia anathema aeternae est mortis dampnatio et nonnisi pro mortali debet imponi crimine et illi, qui aliter non potuerit corrigi.* A. BORETIUS/V. KRAUSE, *Capitularia regum Francorum,* t. II, Hannovre, 1897, p. 411.

212 A. AMANIEU, *Dictionnaire de droit canonique,* t. I, Paris, 1935, col. 512-513.

Domini et altari ejus..., sed etiam convivio et conlocutione et oratione fidelium omnium », et frappés de l'anathème (can. 2). En 859, le concile de Savonnières, près Toul, menace d'un *anathemate terribili* les grands de Bretagne déjà excommuniés, s'ils ne s'amendent pas (can. 9).

Le pape Jean VIII, à la quatrième session du concile de Troyes de 878, punit les ravisseurs des biens des églises, d'abord de l'excommunication, puis de l'anathème, s'ils n'offrent pas satisfaction pour les vols commis. Le même pape écrit la même année : *« Engeltrudam uxorem Bosonis noveris non solum excommunicatione, quae a fraterna societate separat, sed etiam anathemate, quod ab ipso corpore Christi, (quod est Ecclesia), recidit, crebro percussam. »*

Ces termes marquaient bien une différence réelle entre l'excommunication et l'anathème. Alors que l'anathème exclut le coupable de la société chrétienne, l'excommunication l'écarte seulement de la communion et d'autres droits tout en restant membre de la communauté chrétienne. L'anathème chassait de l'Eglise, l'anathématisé était mis au ban de l'Eglise[213]. C'est la peine prévue au troisième canon de Charroux : *a liminibus sanctae Dei ecclesie habeatur extraneus*, c'est-à-dire : « qu'il soit tenu pour étranger à l'écart du seuil de la sainte Eglise de Dieu », condamnation qu'on rencontrait déjà en 589 au concile de Tolède : *a sancta communione et a liminibus ecclesiae habeatur extraneus*, et qui fut reprise dans une inscription de Mérida au VIIe siècle[214]. Par ailleurs, le même système des peines fut utilisé lors du concile du Puy de 994[215]. Le contrevenant est excommunié et, de plus, s'il ne profite pas de la chance de venir à résipiscence l'anathème sera lancé contre lui, ce qui résulte des paroles du concile :

« Si quelqu'un devenait usurpateur ou maudit pour avoir enfreint cette règlementation et ne pas avoir voulu la respecter, qu'il soit excommunié, frappé de l'anathème et repoussé du seuil de la sainte Eglise de Dieu jusqu'à ce qu'il vienne à résipiscence. »

---

213 P. GEARY, « Malédictions », *Dictionnaire encyclopédique du Moyen Age,* A. VAUCHEZ/C. VINCENT (éd.), t. II, Paris, 1997, p. 944 ; A. AMANIEU, col. 513 ; L. LITTLE, *Benedictine Maledictions : Liturgical Cursing in Romanesque France,* New York, 1993.

214 *« a leminibus ecclesie separetur et a communionem sanctam seclusus eternis suppliciis puniatur » ;* P. LABBE/G. COSSART, *Sacrosancta concilia*, Paris, vol. V, col. 1011 ; J. VIVES, *Inscripciones cristianas de la España romana y visigoda*, Barcelona, 1969, no. 47, p. 23 (Biblioteca historica de la Biblioteca Balmes, série II, vol. XVIII).

215 *« Si vero aliquis raptor fuerit, aut maledictus, qui hanc institutionem infregerit, et tenere noluerit, sit ipse excommunicatus et anathematizatus, et a liminibus sanctae matris ecclesiae segregatus, usquequo ad satisfactionem veniat. »* L. HUBERTI, *Gottesfrieden,* p. 124 ; traduction : *Sources d'histoire médiévale, IXe-milieu du XIVe siècle,* G. BRUNEL/E. LALOU (éd.), Paris, 1997, p. 131.

En effet, pose un problème d'interprétation le passage suivant lequel l'usurpateur est frappé d'anathème et repoussé du seuil de la sainte Eglise de Dieu jusqu'à ce qu'il vienne à résipiscence. Cela nous guide vers la distinction entre la sanction du péché (*peccatum*) et du délit (*crimen*)[216].

Aux origines de la Chrétienté les deux notions sont confondues en une seule pratique. Pour les communautés des premiers siècles, le pécheur est un excommunié. Par sa faute il est retranché de l'Eglise ; et par l'Eglise on entend tout à la fois la communauté locale et le Corps mystique que forment dans le Christ tous les chrétiens. Repentant, le pécheur-excommunié sera de nouveau admis dans la communauté par des rites publics qui seront en même temps une absolution sacramentelle et une levée d'excommunication.

Au Haut Moyen Age cependant, une différenciation s'amorce qui va tendre à distinguer le pécheur de l'excommunié. Tout pécheur n'est pas excommunié au sens fort du terme. N'est vraiment excommunié que celui qui refuse de se soumettre aux injonctions de l'Eglise l'invitant à réparer sa faute. La distinction est déjà très nette à l'époque carolingienne[217]. Tout d'abord, Jonas d'Orléans insiste sur l'effet « ontologique » de l'excommunication en disant : *Qui utique poenitentia publica debet mulctari... a liminibus Ecclesiae coetuque fidelium arcetur et a Christi Corpore separatur*[218]. L'effet de la pénitence est que le pénitent doit rester hors de l'église et qu'il est séparé de la communauté des Chrétiens qui représente le corps du Christ.

Dans une série de textes datant de l'époque carolingienne et qui ont été repris dans toutes les grandes collections canoniques, la séparation profonde de l'excommunié avec l'Eglise est très vigoureusement affirmée : *A liminibus sanctae Matris Ecclesiae in coelo et in terra excludimus*[219]. Il est intéressant de voir définir les auteurs les conséquences exactes de l'excommunication prononcée en excluant l'excommunié de toute communauté chrétienne pour le présent et le futur : *A liminibus sanctae Matris Ecclesiae excludimus et ab omni*

---

216 D. MÜLLER, « Schuld-Geständnis-Buße. Zur theologischen Wurzel von Grundbegriffen des mittelalterlichen Strafprozeßrechts », *Herrschaftliches Strafen seit dem Hochmittelalter. Formen und Entwicklungsstufen*, H. SCHLOSSER/R. SPRANDEL/D. WILLOWEIT (éd.), Cologne/Weimar/Vienne, 2002, p. 416-420.

217 F. RUSSO, « Pénitence et excommunication - Etude historique sur les rapports entre la théologie et le droit canon dans le domaine pénitentiel du IXe au XIIIe siècle », *Recherches de science religieuse* XXXIII (1946), p. 265-266 ; R. MERLE, *La pénitence et la peine, théologie, droit canonique, droit pénal*, Paris, 1985.

218 P.L. 106, 138.

219 Burchard P.L. 140, 858 ; Réginon de Prüm P.L. 132, 356.

societate et communione christiana separamus, separatum esse in aeternum decernimus, id est in praesenti saeculo et in futuro[220]. Les notions d'anathème et de malediction perpétuelle sont de plus utilisées : *A sanctae Matris Ecclesiae gremio segregamus ac perpetuae maledictionis anathemate condemnamus*[221]. L'excommunié est finalement éliminé par le consortium de toute la chrétienté ce qui s'exprime de manière suivante : *A gremio sanctae Matris Ecclesiae et consortio totius christianitatis eleminamus*[222].

On voit par les textes de Charroux et du Puy quelle force ils donnaient à l'excommunication, et combien peu l'on s'y souciait de faire une distinction entre la séparation d'avec le Corps du Christ qui résulte essentiellement du péché, et la séparation plus extérieure d'avec l'assemblée des fidèles qu'entraîne l'excommunication. La gradation choisie par les pères des conciles donne la possibilité de se réconcilier avec l'Eglise, c'est-à-dire de faire pénitence et d'éviter l'excommunication.

Reste à évoquer le système du droit pénal ecclésiastique pour le clergé : D'après le quatrième canon de Charroux les clercs pouvaient craindre de perdre leur rang (ordre) et de ne plus pouvoir célébrer le sacré mystère, à savoir l'office eucharistique, avec d'autres fidèles. L'ordre est un sacrement qui est conféré par l'évêque. Il donne le pouvoir d'exercer les fonctions ecclésiastiques. C'est également chacun des dégrés de la hiérarchie dans l'Eglise auxquels élève ce sacrement, à savoir le diaconat et la prêtrise[223].

---

220 Burchard P.L. 140, 859 ; Réginon de Prüm P.L. 132, 360.

221 Burchard P.L. 140, 869 ; Réginon de Prüm P.L. 132, 361.

222 Burchard P.L. 140, 860 ; Réginon de Prüm P.L. 132, 362.

223 BRUNTERC'H, *Le Moyen Age (Ve–XIe siècle)*, p. 383.

En somme, le concile de Charroux a permis d'élaborer un droit nouveau de nature pénale aussi bien pour les laïcs frappés d'anathème (canons 1-3) que pour les clercs qui perdent leur place dans la hiérarchie ecclésiastique et le droit de célébrer les offices (canon 4). L'anathème était l'exclusion de toute la communauté des fidèles, bref une excommunication solennelle, souvent accompagnée par une malédiction. Mais avant de prononcer l'anathème l'Eglise offrait toujours la possibilité de venir à résipiscence.

Le lieu choisi pour élaborer les normes de la paix, une abbaye riche en reliques insignes et fréquentée par de nombreux pèlerins, rendait la réunion plus efficace. Le serment prêté[224] permettait de mettre en vigueur les canons dans la vie quotidienne.

Reste à savoir si la deuxième condition pour une « harmonisation » du droit, celle de la confirmation des normes de Charroux, était remplie.

---

224 Méticuleusement étudié par T. KÖRNER, *Iuramentum und frühe Friedensbewegung (10.-12. Jh.),* Berlin, 1977 (Münchener Universitätsschriften, Abhandlungen zur rechtswissenschaftlichen Grundlagenforschung, no. 26).

Chapitre 2
La confirmation des normes

Après la proclamation des canons de Charroux le mouvement de la paix s'est progressivement étendu dans l'Europe occidentale. D'autres conciles de paix furent organisés qui s'inspiraient de Charroux, qui lui aussi porte des éléments des conciles antérieurs. Car Charroux n'est pas une innovation complète ; il a des antécédents si bien qu'il ne sera pas sans influencer d'autres conciles de paix du XIe siècle (I). Ensuite nous nous tournerons vers les méthodes susceptibles de mettre en oeuvre cette confirmation du droit (II).

I. La confirmation du droit à partir de Charroux

De même que Charroux en reprenant dans ses canons les décisions antérieurs, allait conduire à la confirmation du droit existant, de même que les conciles postérieurs, en réflétant pour une part les dispositions de Charroux, allaient aboutir à la confirmation du droit édicté dans les canons de Charroux. Pour retracer cette évolution nous étudierons successivement : Charroux, confirmation du droit antérieur (1) et les conciles postérieurs, confirmation de Charroux (2).

1. Charroux, confirmation du droit antérieur

Pour le droit antérieur nous mettrons en lumière les sources de droit pénal - importantes pour l'Eglise - dont notamment les pénitentiels[225], les capitulaires ainsi que les mesures particulières et les tentatives de paix mentionnées dans le préambule du concile de Charroux.

1.1 Les pénitentiels

Sous l'influence des moines irlandais[226] se sont formés sur le continent des « livres de pénitences » contenant des listes de châtiment et des propositions de peine contre un péché. Les tarifs pénitentiels sont conservés dans des recueils

225 J. GAUDEMET, « Les collections canoniques du Xe siècle », *Xe siècle - Recherches nouvelles,* P. RICHÉ/C. HEITZ/F. HEBER-SUFFRIN (éd.), Centre de recherches sur l'antiquité tardive et le Haut Moyen Age, Paris, 1987, p. 43-45.

226 Les plus anciens datent du milieu du VIe siècle. Recherches de L. GOUGAUD, *Les chrétientés celtiques*, Paris, 1911, en particulier p. 376-382 ; ID., *Gaelic Pioneers of Christianity. The work and Influence of Irish Monks and Saints in Continental Europe*, Dublin, 1923 ; C. VOGEL, *Les 'libri paenitentiales'*, Louvain, 1978, p. 47-49.

dits « Livres pénitentiels », qui se sont multipliés, amalgamés et diversifiés à l'extrême dans les églises mérovingiennes et carolingiennes. Les pénitentiels sont des catalogues d'étendue et de qualité très diverses[227]. C'est en vain qu'on chercherait dans ces documents une classification systématique des fautes, puisque celle-ci n'interviendra qu'avec la scolastique. La pénitence tarifée apparaît au VIIe siècle et se caractérise par une taxation minutieuse des fautes[228]. Les tarifs varient avec les livrets, de sorte que la même faute n'est pas taxée partout avec la même sévérité.

La taxe pénitentielle consiste en mortifications, plus ou moins dures et plus ou moins longues : mortifications corporelles, veilles prolongées, récitation de prières, principalement de psaumes. Mais surtout en jeûnes et de nature et durées variées : privation de vin et de bière, de viande, de graisses, jeûne au pain et à l'eau, xérophagie (usage des aliments secs). Dans la terminologie des pénitentiels « faire pénitence » signifie « jeûner » pendant une période plus ou moins longue : à partir de quarante jours de jeûne jusqu'à quinze ans ou même plus. Les fautes relatives au comportement sexuel des laïcs et des clercs occupent une place de choix, à côté des violences (meurtres, homicides, blessures) et des vols, surtout des vols et des détournements des biens de l'Eglise.

Outre les jeûnes, il existe parmi les pénitences imposées, des amendes pécuniaires à verser à une église ou à un monastère, par imitation avec la composition légale du droit germanique (« wergeld »). Il s'y ajoute l'interdiction dans certaines périodes de l'année des rapports conjugaux, l'obligation de partir en pèlerinages et, dans les cas les plus graves, l'exil temporaire ou définitif[229]. Encore faut-il dire qu'il ne s'agissait pas encore à cette époque de droit pénal public, à proprement parler, car les pénitentiels s'appliquaient généralement dans un cadre ecclésiastique notamment pour les pénitences privées sacramentelles qui correspondaient aux péchés occultes. En revanche, un péché public provoquait, selon le degré de sa gravité, une pénitence publique solennelle[230] qui prit, de plus en plus, le caractère d'une peine coercitive, prononcée selon des rites spéciaux et spectaculaires[231]. Les rites de la pénitence publique furent définiti-

227 C. VOGEL, *Les 'libri paenitentiales'*, p. 104-105.

228 C. VOGEL, *Le pécheur et la pénitence au Moyen Age*, Paris, 1982, p. 17-19.

229 ID., p. 19-20.

230 Distinction faite par C. VOGEL, p. 34-36.

231 C. VOGEL, « Les rites de la pénitence publique aux Xe et XIe siècle », *Mélanges offerts à R. Crozet*, Poitiers, 1966, p. 137-144 ; L. KÖRNTGEN, *Studien zu den Quellen der frühmittelalterlichen Bußbücher*, Sigmaringen, 1993, p. 167.

vement fixés dans le Pontifical romano-germanique du Xe siècle (vers 960)[232] et cette liturgie se diffusa avec une rapidité surprenante dans tout l'Occident, notamment par les règlements de Réginon de Prum (avant 915) [233], diffusion qui contribua à l'« harmonisation » du droit pénal élaboré et appliqué par l'Eglise.

Notons enfin qu'au cours du XIe siècle, l'absolution générale s'inscrit dans les pénitentiels comme dans la paix de Dieu[234]. Dans la présence et l'application desdits pénitentiels, alors précurseurs des canons de Charroux, nous pouvons percevoir une unification des châtiments et des peines, évolution qui démontre bien l'histoire de la pénitence[235] et des pénitentiels[236].

1.2 Les capitulaires

Les synodes mérovingiens et carolingiens proclamaient souvent l'anathème contre les voleurs et pilleurs des biens de l'Eglise[237]. Les capitulaires étaient un instrument de pouvoir très flexible et hétérogène dans le monde législateur carolingien[238]. On peut ici relever l'expression du désir de paix et de concorde dans

---

232 C. VOGEL/R. ELZE, *Le Pontifical romano-germanique du dixième siècle*, Città del Vaticano, 1972.

233 C. VOGEL, *La réforme cultuelle sous Pépin le Bref et sous Charlemagne*, Graz, 1965, p. 176 ; sur la réforme cultuelle et liturgique romano-franque : p. 173, 241-242.

234 P. ANCIAUX, *La théologie du Sacrement de Pénitence au XIIe siècle*, thèse Louvain, 1949, p. 50.

235 P. ROUILLARD, *Histoire de la pénitence des origines à nos jours*, Paris 1996 ; R. MERLE, *La pénitence et la peine, théologie, droit canonique, droit pénal*, Paris 1985 ; G. LE BRAS, « Pénitentiels », *Dictionnaire de théologie catholique*, XII, 1933, p. 1160-1179 ; A. BOUDINHON, « Sur l'histoire de la pénitence », *Revue d'histoire et de la littérature religieuse*, II, 1897, p. 306-344 et 496-524 ; P. GALTIER, *De paenitentia tractatus dogmatico-historicus*, 2e éd., Rome, 1950 ; ID., « A propos de la pénitence primitive. Méthode et conclusions », *Revue Hist. Eccl.*, t. XXX (1934), p. 517-577 et 797-846 ; C. VOGEL, « Le péché et la pénitence. Aperçu sur l'évolution historique de la discipline pénitentielle dans l'Eglise latine », *Pastorale du péché*, Paris, 1961, p. 147-234 ; ID., « Pratiques superstitieuses au début du XIe siècle d'après le *Corrector sive medicus* de Burchard, évêque de Worms (965-1025) », *Mélanges E.-R. Labande, Etudes de civilisation médiévale (IXe-XIIe siècles)*, Poitiers, 1974, p. 751-761 ; O. D. WATKINS, *A History of Penance*, 2 vol., Londres, 1920.

236 L. KÖRNTGEN, *Studien zu den Quellen der frühmittelalterlichen Bußbücher*, Sigmaringen, 1993 ; R. KOTTJE, *Die Bußbücher Halitgars von Cambrai und des Hrabanus Maurus, ihre Überlieferung und Quellen*, Berlin, 1980.

237 On a vu plus haut que de telles peines ecclésiastiques étaient apparues aussi en Espagne, voir le concile de Tolède de 589, voir de même : W. HARTMANN, *Konziliengeschichte - Die Synoden der Karolingerzeit im Frankenreich und in Italien*, p. 138, 458 et suiv.

238 P. CAMPBELL, « Die Kapitularien. Entstehung und Bedeutung. », *Funktion und Form. Quellen- und Methodenprobleme der mittelalterlichen Rechtsgeschichte*, K.

le *Capitulare missorum Italicum*[239]. La concorde et l'unanimité doivent exister entre le peuple, les évêques et les comtes, car sans la paix rien ne plaît à Dieu[240]. Une protection spéciale sera accordée aux églises, aux veuves et aux orphelins ainsi qu'à tous les faibles[241]. Contre celui qui perturbe la paix de ces personnes, sera prononcée une peine de soixante *solidi*. Le concept de la *pax romana*, connu à l'époque carolingienne et repris ensuite dans les conciles de paix, développe l'idée que la paix, assurée par l'empereur, tisse à travers la société des liens *(vincula)* qui contribuent à maintenir sa cohérence[242]. Signalons que le synode bourguignon tenu à Vienne en 892 contient des canons qui ressemblent bien à ceux de Charroux. A Vienne nous trouvons l'excommunication en cas de vol des biens de l'Eglise et en cas de l'attaque des clercs. Les prêtres ne doivent pas vivre avec des femmes[243].

Les conciles de paix se sont inspirés donc, à leur tour, de la tradition de cette paix carolingienne.

1.3 Quelques mesures particulières

Quelques mesures particulières prises avant le premier concile de Charroux démontrent que les délits et les peines mentionnés et prononcés par Charroux existaient déjà avant 989. Charroux les reprit et les mit à un niveau juridique plus abstrait[244].

En 878, lors du concile de Troyes II, le pape Jean VIII excommunia les *pervasores rerum ecclesiasticarum*, ceux qui s'attaquent aux biens d'Eglise[245].

KROESCHELL/A. CORDES (éd.), Berlin, 1996, p. 38 (Schriften zur Europäischen Rechts- und Verfassungsgeschichte 18).

239 BORETIUS I, 206, 24 : « *Ut pacem et concordiam habeant ad invicem fideles nostri.* » (781-810)

240 « *Ut inter episcopos, abbates, comites, judices et omnes ubique seu majores seu minores personas pax sit et concordia et unanimitas, quia nihil Deo sine pace placet.* » *Capitulare missorum Italicum 31*, BORETIUS I, 103, 28.

241 « *Ut ecclesia, viduae, orfani vel minus potentes pacem rectam habeant; et ubicumque fuerit infractum, sexaginta solidis componatur.* », *Capitulare ad legem Baiwarior. addita I*, BORETIUS I, 157, 34.

242 R. BONNAUD-DELAMARE, *L'idée de la paix à l'époque carolingienne*, thèse de droit, Montpellier, 1939, p. 10-11.

243 W. HARTMANN, *Konziliengeschichte - Die Synoden der Karolingerzeit im Frankenreich und in Italien*, p. 331-342, 373-387.

244 L. HUBERTI a cité huit cas d'excommunication dans *Gottesfrieden*, p. 46 et suiv.

245 *De pervasoribus quippe rerum ecclesiasticarum... Si autem, quod Deus avertat, nec sic emendaverit et in ea obierit obstinationis nequitia, corpus illius cum psalmis et ymnis non deducatur ad sepulturam nec nomen eius inter fideles mortuos ad sacrum altare recitetur, quoniam Iohannes apostolus et evangelista dicit : « Est peccatum ad*

Comme la papauté était très faible à cette époque c'étaient les évêques qui prenaient les initiatives les plus marquantes aux IXe et Xe siècles. Cela démontre que la politique de paix était une politique de proximité et attachée à l'engagement personnel surtout des évêques et à peine du pape.

Au synode de Saint-Macre que présida Hincmar en 881, l'archevêque de Reims affirma que ceux qui détenaient le pouvoir devaient être les défenseurs des orphelins, des veuves et de tous les *pauperes*. En plus, ils devaient punir les usurpateurs et fauteurs de trouble qui avaient nuit « à la commune paix du peuple »[246]. Le successeur d'Hincmar, l'archevêque Adalbéron, prononça l'excommunication et l'anathème contre les laïcs qui avaient troublé l'abbaye de Mouzon (*Mosomensis, Mosminsis)*[247] par lui réformée[248].

L'archevêque Arnoul de Reims lança vers 989 un véhément anathème contre ces brigands qui à Reims n'avaient respecté ni les vierges, ni les veuves, ni les orphelins, et qui n'avaient même pas craint de violer et de dépouiller l'église de la Mère de Dieu[249]. Après son accession sur le siège archiépiscopal de Reims, Gerbert[250], le futur Silvestre II et pape de l'an mil, réunit un concile de tous les évêques de sa province en 991 afin d'interpeler les « envahisseurs, bouchers et tyrans » et tous ceux qui s'attaquent aux clercs, aux moines et aux « pauvres »[251]. L'évêque de Clermont, Etienne II, tint des réunions en 958 et 972 pour ramener la paix troublée par les seigneurs auvergnats. C'était lui apparemment qui se substituait au pouvoir comtal défaillant pour assurer la paix publique[252].

Pour trouver le premier exemple d'une vraie paix « jurée », il convient de se reporter à la chronique du diocèse du Puy en Auvergne, texte écrit après l'an 975. Guy, évêque du Puy (975-996), membre de la noblesse d'Auvergne et fameux pour son engagement pour la paix[253], prit l'initiative d'introduire une pre-

---

mortem. Non pro illo ut oret quis. » (I Jn 5, 16) ; P. LABBE/G. COSSART, *Sacrosancta concilia*, IX, col. 709-710.

246 E. MAGNOU-NORTIER, « La place du concile du Puy dans l'évolution de l'idée de paix », *Mélanges offerts à J. Dauvillier*, Toulouse, 1979, 491 et suiv.

247 Département Ardennes, arrondissement Sedan.

248 P. LABBE/G. COSSART, *Sacrosancta concilia*, IX, col. 709-710.

249 IBID., IX, col. 735.

250 P. RICHÉ, *Gerbert d'Aurillac - Le pape de l'an mil*, Paris, 1987.

251 A. OLLERIS, *Oeuvres de Gerbert pape sous le nom de Sylvestre II*, Clermont-Ferrand et Paris, 1867, p. 101-102.

252 C. LAURANSON-ROSAZ, *L'Auvergne et ses marges (Velay, Gévaudan)*, p. 412-413.

253 DOM C. DEVIC/DOM J. VAISSETTE (éd.), « Chronique de Saint-Pierre du Puy », *Histoire générale du Languedoc*, Toulouse, t. 5, no. 15 et suiv. ; H. HOFFMANN, *Gottesfrieden und Treuga Dei*, p. 16 et suiv. ; L. HUBERTI, *Gottesfrieden*, p. 124 et suiv. ; B. TÖPFER, *Volk und Kirche*, p. 60 et suiv.

mière « paix de Dieu » dans l'assemblée de Saint-Germain-Laprade[254], à une dizaine de kilomètres du chef-lieu du diocèse[255]. Il ressort du texte de la chronique de Saint Pierre du Puy[256] que Guy obligea tous ses diocesains, chevaliers et paysans (*milites et rustici*), à respecter la paix, à ne pas opprimer les églises, ni voler les biens des pauvres et à verser une compensation à ceux qui avaient subi des dommages. Ils refusèrent d'abord, mais, dans la nuit, l'évêque fit venir des troupes qu'il avait secrétement concentrées et au matin, il fit jurer les ennemis de la paix devant Dieu. Il s'agissait essentiellement d'endiguer les violences perpétrées par des hommes armés. Aussi certains historiens estiment-ils que l'assemblée du Puy est à l'origine du mouvement de paix[257].

On remarquera cependant que la *Chronique de Saint-Pierre du Puy* n'emploie nulle part le terme de synode ou de concile, et que l'évêque intervient très concrètement pour se substituer au pouvoir public défaillant[258], puisque ce dernier n'est plus capable d'assurer la justice et la paix[259], alors qu'à Charroux on

254 C. LAURANSON-ROSAZ, « Le Velay de l'an mil - Le diocèse du Puy à la fin du Xe siècle », *La Paix de Dieu*, p. 11 ; M. ROUX, « Le plaid de Saint-Germain-Laprade. Le concile de Saint-Paulien et la Paix de Dieu en Velay », *La Paix de Dieu*, p. 75-85.

255 P. VIAL, « Le Chevalier, le Clerc et la Paix », *La Paix de Dieu, Xe-XIe siècles*, Actes du colloque organisé au Puy en septembre 1987 par le Conseil général du département de la Haute-Loire, Le Puy, 1988, p. 64-65.

256 *Pontificali igitur cathedra sublimatus, cogitans assidue de tenenda pace, de rebus ecclesiae, quas vi abstulerant raptores huius terrae, iussit ut omnes militis ac rustici de episcopatu suo convenirent in unum, auditurus ab eis quale sibi de regenda pace darent consilium. Ipse vero apud Brivatensem vicum nepotibus suis mandans congregare exercitum, omnibus de pontificatu suo coadunatis in unum in prata sancti Germani, quae sunt prope Podium, quaesivit ab eis, ut pacem firmarent, res pauperum et ecclesiarum non opprimerent, ablata redderent; sicut decet fideles christianos, ita se haberent. Quod illi dedignantes iussit exercitum suum a Brivate tota nocte venire mane volens eos constringere, ut pacem iurarent, et pro ipsa tenenda obsides darent, rura et castella beatae Mariae et res ecclesiarum quas rapuerant dimitterent, quod factum fuit deo auxiliante.*

Cf. aussi : *Histoire littéraire de la France*, VI., p. 507-510 ; H.-W. GOETZ, « Kirchenschutz, Rechtswahrung und Reform. Zu den Zielen und zum Wesen der frühen Gottesfriedensbewegung in Frankreich », *Francia* 11 (1983), p. 196 ; R. GUEPRATTE, *La Paix de Dieu et la Trêve de Dieu*, Mém. Académie impériale de Metz, 1856, p. 300.

257 M. PACAUT, « Odilon de Cluny et la violence », *La Paix de Dieu*, p. 49-61 (49).

258 C. LAURANSON-ROSAZ, « Le Velay de l'an mil - Le diocèse du Puy à la fin du Xe siècle », p. 20.

259 W. HARTMANN, *Der Frieden im frühen Mittelalter - Zwei Studien*, Beiträge zur Friedensethik, no. 12 (1992), p. 24.

a affaire à un concile régional qui élabore un catalogue succinct de mesures juridiques, c'est-à-dire des différents canons formulés sur le plan abstrait.

2. Les conciles postérieurs, confirmation de Charroux

Non seulement le concile de Charroux peut être considéré comme confirmation du droit antérieur. La réception des canons de Charroux par les conciles du XIe siècle peut être qualifiée également de confirmation du droit ; cela s'est fait souvent par un *pactum pacis*.

2.1 La référence aux canons de Charroux

Les conciles du Puy et de Limoges (tenus en 994) et de Beauvais (tenu en 1023) s'insèrent bien dans la continuité historique de la poursuite du mouvement de la paix de Dieu. Comme Charroux, ils s'inscrivent dans la tradition ecclésiastique des conciles régionaux[260] et sont oeuvre d'Eglise[261]. De plus, tous ne prévoyent que des peines ecclésiastiques et acceptent la légitime défense.

La *Charta de treuga et pace* du Puy de 994 contient dans ses trois premiers canons la protection des biens de l'Eglise, celle du bétail et de l'interdiction d'attaquer les clercs non armés[262] : « ...Et parce que nous savons que sans la paix personne ne verra Dieu, nous demandons, à cause du nom de Dieu et pour qu'ils soient les fils de la paix, que dans les évêchés gouvernés par ces évêques, comme dans ces comtés, personne, à partir de cette heure et dorénavant, n'envahisse une église. Aussi bien dans l'aître qu'en dehors de l'église ou dans

---

260 L. HUBERTI, *Gottesfrieden*, p. 42.

261 P.-R. GAUSSIN, « La Paix de Dieu », *La Paix de Dieu*, p. 42.

262 *Et quia scimus quia sine pace nemo videbit Dominum, ammonemus quapropter nomen Domini, et ut sint filii pacis, ut in istis episcopatibus quos isti episcopi regunt neque in istis comitatibus de ista hora et in antea aecclesiam homo non infringat Extra aecclesiam quam in firmamento castellie se sciente nisi episcopi propter eorum censum predam in istis comitatibus neque in istis episcopatibus homo non faciat de equis publicis, de bovibus, de vaccis, de asinis vel de asinas, vel de fascibus quos ipsi portant, neque de ovibus, vel de capris, neque de porcis, neque occidat, nec per conductum suum vel suorum in itinere positus accipiat victum, nec ut ad suam domu mnichil portet, vel ad castellum bastire aut obsidere, nisi unusquisque de sua terra, aut de suo alode, vel de suo beneficio, ... clerici non portent secularia arma ; monachis injuriam nullus homo aliquam non faciat, neque his cum eo perexerint, qui arma non portaverint, nisi episcopi aut archidiaconi propter eorum censum...de ista hora et in antea negociatores etiam nullus apprehendere vel rebus suis spoliare presumat se sciente...Si vero aliquis raptor fuerit aut maledictus qui hanc institutionem infregerit et tenere noluerit, sit ipse excommunnicatus et anathematizatus, et a liminibus sancte ecclesie segregatur usque ad satisfactionem veniat...* LAURANSON-ROSAZ, *L'Auvergne et ses marges*, p. 421.

son enceinte fortifiée, que personne, si ce n'est les évêques pour lever leur cens, ne fasse sciemment, dans ces comtés et évêchés, *de saisie de chevaux publics, de boeufs, de vaches, d'ânes et d'ânesses, ou des fardeaux qu'ils portent, ou de moutons, de chèvres, de porcs, ou ne les tue,* si ce n'est lorsqu'on reçoit en chemin des vivres en raison de son sauf-conduit ou de celui des siens ; de même que personne n'emporte dans sa maison de quoi bâtir un château ou en assiéger un, à moins qu'il ne s'agisse de sa propre terre, de son aleu, de son bénéfice… *Que les clercs ne portent pas les armes séculières. Que personne ne cause de tort aux moines ni à ceux qui les accompagnent s'ils ne portent pas d'armes, à l'exception des évêques et des archidiacres en raison de leur cens...* A partir de cette heure et dorénavant, que personne n'ose non plus, sciemment, s'emparer de marchands ou les dépouiller de leurs biens... Si quelqu'un devenait usurpateur ou maudit pour avoir enfreint cette réglementation et ne pas avoir voulu la respecter, qu'il soit excommunié, frappé de l'anathème et repoussé du seuil de la sainte Eglise de Dieu jusqu'à ce qu'il vienne à résipiscence… »[263]

La paix de Dieu d'Anse contient des canons similaires à ceux de Charroux. Dans le *Sacramentum pacis* de Beauvais (1023)[264] figure également le règlement tripartite du concile de Charroux : la protection des églises et des clercs non-armés, la protection des pauvres et de leurs biens (animaux). Le concile de Poitiers en 1000-1014[265], où nous retrouvons les mêmes évêques qu'à Charroux, fait explicitement référence aux canons de 989, comme nous le rappelle le préambule : *sicut in concilio Karrofense constitutum est*[266]. Le concile de Bourges, tenu en 1031, se réfère explicitement à la tradition des conciles de paix, en renvoyant cinquante ans en arrière : *a quinto decimo anno et supra, hac lege constringit*[267].

Nous constatons de même une reprise des canons de 989 presque cent ans après Charroux. Le concile de Cologne en 1083 donne plus d'envergure à la paix par la promulgation des canons plus précis et détaillés et la stipulation d'un système de peines plus fin que dans les premiers synodes de paix. Le concile de

---

263 *Sources d'histoire médiévale, IXe-milieu du XIVe siècle,* G. BRUNEL/E. LALOU (éd.), Paris, 1997, p. 130-131.

264 L. HUBERTI, *Gottesfrieden*, p. 165 et suiv.

265 R. FAVREAU, « Le concile de Charroux », p. 11 et 15.

266 J.-D. MANSI (éd.) XIX, col. 265 et suiv. ; L. HUBERTI, *Gottesfrieden*, p. 135 et suiv. ; B. TÖPFER, *Volk und Kirche*, p. 63 ; R. BONNAUD-DELAMARE, « Les institutions de paix en Aquitaine », p. 437 et suiv. ; H. HOFFMANN, *Gottesfrieden und Treuga Dei*, p. 31 et suiv.

267 HUBERTI, *Gottesfrieden*, p. 217.

Charroux peut être ainsi considéré comme un modèle pour les autres conciles même s'ils ont rajouté de nombreux canons et qu'ils ont varié et élargi le champ de règlement. Mais ceux-ci ont néanmoins dû adapter le règlement de Charroux à l'évolution des besoins[268].

2.2 Les pactes de paix et de justice

Limoges en l'an 994 est le premier exemple de pacte de paix et de justice, un *pactumque pacis et iustitia (a duce et principibus vicissim foederata est)*[269] que tout le monde s'engage à respecter et qui va servir lui aussi de modèle pour les conciles suivants[270] :

« En ces jours-là, le mal des ardents consuma les gens du Limousin. Un grand nombre d'hommes et de femmes eurent le corps brûlé par ce feu invisible. Le deuil remplissait la terre. Alors l'abbé Geoffroi de Saint-Martial, successeur de Guigon, et l'évêque Audoin prirent conseil du duc Guillaume et ils prescrivirent au Limousin un jeûne de trois jours. Tous les évêques d'Aquitaine se réunirent à Limoges. De toutes parts, on amena solennellement les corps et les reliques des saints. Le corps de saint Martial, patron de la Gaule, fut tiré de son sépulcre, à la grande liesse de tous. Ainsi, la maladie cessa partout, et le duc et les princes conclurent entre eux un pacte de paix et de justice. »

La source démontre que le pacte avait la force de mettre fin à la misère en Limousin. L'intercession des reliques et, en l'occurrence, le corps de saint Martial étaient nécessaires pour retrouver la paix avec le ciel.

---

268 H.W. GOETZ, « Protection of the Church, Defense of the Law, and Reform, On the Purposes and Character of the Peace of God, 989-1038 », *The Peace of God*, T. HEAD/R. LANDES (éd.), p. 264-270.

269 Voir le témoignage d'Adémar de Chabannes : P. BOURGAIN/R. LANDES/G. PON (éd.), *Ademari Cabanensis Chronicon*, Turnhout, 1999 (*Corpus Christianorum. Continuatio Mediaevalis* CXXIX), III, 35, p. 157 : *His temporibus pestilentia ignis super Lemovicino exarsit. Corpora enim virorum et mulierum supra numerum invisibili igne depascebantur, et ubique planctus terram numerum invisibili igne depascebantur, et ubique planctus terram replebat. Josfridus ergo abbas Sancti Marcialis, qui successerat Wigoni, et Alduinus episcopus, habito consilio cum duce Willelmo, triduanum jejunium Lemovicino indicunt. Tunc omnes Aquitaniae episcopi in unum Lemovice congregati sunt, corpora quoque et reliquiae sanctorum undecumque sollempniter advectae sunt ibi, et corpus sancti Marcialis, patroni Galliae, de sepulchro sublatum est, unde leticia immensa omnes repleti sunt et omnis infirmitas ubique cessavit, pactumque pacis et justicia a duce et principibus vicissim foederata est.*

270 Traduction empruntée à D. BARTHELEMY, *L'an mil et la paix de Dieu*, p. 294-295 ; L. HUBERTI, *Gottesfrieden*, p. 134 ; A. KLUCKHOHN, *Geschichte des Gottesfriedens*, p. 23 et suiv.

2.3 *Pacis et iustitiae restaurationem*

Le concile de Poitiers[271], jadis daté de l'an mil[272], eut lieu un 13 janvier, fête de saint Hilaire entre 1000-1014[273]. Guillaume le Grand, comte de Poitou et duc d'Aquitaine, convoqua ce concile dans la capitale de son comté. Cinq évêques assistèrent au concile « pour le rétablissement de la paix et de la justice » (l'archevêque de Bordeaux Seguin, Gislebert de Poitiers, Hilduin de Limoges, Grimoald d'Angoulême, Islo de Saintes) ainsi que douze abbés. Pour leurs diocèses et le comté, les participants au concile confirmèrent, par des gages et par l'excommunication, la restauration de la paix et de la justice[274] : *pacis et iustitiae restaurationem*. Le premier des trois canons du *Concilium Pictavense*, qui porte le titre significatif *Ut de rebus controversis omnes stent ad iustitiam coram principe vel iudice*[275] s'efforce d'instaurer une réforme par la rénovation des idées de la paix et de la justice[276] et l'instauration d'un tribunal de paix[277]. Les personnes présentes au concile de Poitiers décidèrent que si quelque usurpation avait eu lieu dans les cinq années précédentes ou se commettait à l'avenir et, qu'à cette occasion, une querelle s'élevait dans les diocèses dont les membres du concile étaient les chefs, et que l'un des adversaires attaquait celui dont il avait à se

---

271 J.-D. MANSI (éd.) XIX, col. 265 et suiv.

272 L. HUBERTI, *Gottesfrieden*, p. 135 et suiv. ; B. TÖPFER, *Volk und Kirche*, p. 63 ; R. BONNAUD-DELAMARE, « Les institutions de paix en Aquitaine », p. 437 et suiv. ; H. HOFFMANN, *Gottesfrieden und Treuga Dei*, p. 31 et suiv.

273 R. FAVREAU, « Le concile de Charroux », p. 11 et 15 ; Thomas Head estime que le concile de Poitiers eut déjà lieu au tournant de l'an 1000 à cause de la référence textuelle des biens usurpés depuis cinq ans où il fait le rapport avec les conciles du Puy et de Limoges de 994, « *ut a quinque annis praeteritis* », voir son article « The Development of the Peace of God in Aquitaine (970-1005) », *Speculum* 74 (1999), p. 656 et suiv.

274 *(Praefatio)*

Speciosum quidem nomen est pacis, et pulchra est opinio unitatis, quam Christus ascendens in coelum reliquit suis discipulis. Igitur idibus ianuariis Guillelmo Pictavensi duce convocante concilium, Pictavis convenerunt episcopi numero quinque, archiepiscopus Burdegalensis Siguinus, Gislebertus Pictavensis, Hilduinus Lemovicensis, Grimoardus Engolismae civitatis, Islo Santonensis, et abbates duodecim, pro restauratione ecclesiae. Firmaverunt per obsides et excommunicationem dux et reliqui principes huiusmodi pacis et iustitiae restaurationem.

275 J.-D. MANSI XIX, col. 265 et suiv. ; L. HUBERTI, *Gottesfrieden*, p. 136-137.

276 L. HUBERTI, *Gottesfrieden*, p. 136 et suiv.

277 Après Poitiers beaucoup de tribunaux de paix furent instaurés, tels que le tribunal de paix de Liège qui fut une des institutions les plus caractéristiques de la principauté de Liège : H. VANDER LINDEN, « Le tribunal de la paix de Henri de Verdun (1082) et la formation de la principauté de Liège », *Mélanges d'Histoire offerts à Henri Pirenne*, t. I, Bruxelles, 1926, p. 589-596.

plaindre, tous deux devaient venir devant le seigneur ou un autre juge du *pagus* et agir en justice pour régler leur différend. Si l'une des deux parties se dérobait, le prince ou le juge était tenu de faire justice et de saisir ses *obsides* (gages ou otages) ; s'il n'avait pas le pouvoir de faire justice, il lui fallait convoquer les *principes* (à savoir les principaux seigneurs de la région) et les évêques présents au concile, et tous, à l'unanimité, devraient alors s'unir pour attaquer et punir le contrevenant, le frapper et le punir jusqu'à ce qu'il fût soumis à la justice. C'est pourquoi des gages sont donnés et que le concile a confirmé l'excommunication de celui qui enfreint désormais ou qui, dans le passé, a enfreint l'Eglise, et tout le reste, ainsi qu'il a été institué dans le concile de Charroux[278]. Il est intéressant de noter que le concile prévoit également des actes de violence physique si les briseurs de la paix ne viennent pas à résipiscence.

Le préambule du concile de Poitiers est digne d'être analysé car l'on peut retracer une référence à saint Hilaire[279]: « Beau est le nom de la paix, et belle l'idée de l'unité qu'en montant au ciel, le Christ a laissée à ses disciples. C'est pourquoi, aux ides de janvier, Guillaume, duc de Poitiers, a convoqué un concile où se sont rassemblés cinq évêques ... et douze abbés, pour la restauration de l'Eglise. Le duc et les autres princes confirmèrent par des gages (*obsides*) et l'excommunication la restauration d'une telle paix et d'une telle justice. »

Tout d'abord, l'expression « les ides de janvier » fait penser à la fête de Saint Hilaire, le 14 janvier. Les pères du concile se référèrent à l'évêque de Poitiers dont ils connaissaient bien l'engagement contre les Ariens. Les Ariens étaient les hérétiques principaux pour les Gallo-francs. Quant à l'arianisme il faut préciser qu'il s'agit d'une doctrine théologique qui refusait catégoriquement l'égalité du Fils au Père dans la Sainte Trinité. Elle avait été condamnée aux conciles de

---

278 Canon I.
Constituerunt, ut a quinque annis praeteritis quaecumque res invasae fuerunt, et ab ipso praesenti concilio in reliquum tempus, unde altercatio in ipsis pagis habetur, quorum ibi erant principes, si ex contendentibus de ipsis rebus unus alium interpellaverit, veniant ante principem ipsius regionis, vel ante aliquem ipsius pagi iudicem, et stent in iustitia pro ipsis rebus, et qui sub districtione iustitiae stare noluerit, princeps vel iudex, ipsius rei aut iustitiam faciat, aut obsidem perdat ; et si iustitiam facere non potuerit, convocet principes et episcopos qui concilium instituerunt, et omnes unanimiter in destructionem et confusionem ipsius pergant; et tamdiu patiatur ipsam persecutionem et confusionem, quousque redeat ad iustitiae rectitudinem. Ergo dati sunt obsides, et excommunicatum est in concilio pro huiusmodi confirmatione, ut nullus ab ipso die in antea ecclesiam infringat, et cetera, sicut in concilio Karrofense constitutum est.

279 J.D. MANSI XIX, col. 265.

Nicée (325), Constantinople (381) et Tolède (589)[280]. Les Ariens s'opposaient donc à l'unité de l'Eglise et des Evangiles qui représentent la paix qui est le Christ et donc la racine de toute la Chrétienté[281]: « Mais qui doute cette unité de l'Eglise et des Evangiles étant la paix, qui est le Christ ? Comme il parla, après la gloire de sa passion (résurrection), aux apôtres, comme vous avez le devoir du gage de l'éternel mandat, ... »

Saint Hilaire avait repris lui-même une phrase de l'évangéliste Jean qui avait écrit [282] : « Le soir, ce même jour, le premier de la semaine, et les portes étant closes, là où se trouvaient les disciples assemblées, par peur des Juifs, Jésus vint et se tint au milieu et il leur dit : paix à vous. Ayant dit cela, il leur montra ses mains et son côté. Les disciples furent remplis de joie à la vue du Seigneur. Il leur dit alors, de nouveau : Paix à vous ! Comme le père m'a envoyé, moi aussi je vous envoie. » En 364, saint Hilaire avait écrit une lettre contre les Ariens de Milan : *Contra Arianos, vel Auxentium Mediolanensem*[283]. La phrase introductive reflète ce recours important : *Speciosum quidem nomen est pacis, et pulchra est opinio unitatis* – la phrase utilisée plus que 600 ans plus tard pour introduire le texte d'un concile dirigé aussi contre des hérétiques, à savoir les briseurs de la paix, qualifiés aussi hostiles à l'unité de l'Eglise comme c'était le cas des Ariens.

Ensuite, le concile d'Ivois (Meuse) en 1023 prononça la *pacis et iustitiae summa diffinitio mutuaeque amicitiae reconciliatio :* Robert, le roi de France, et l'empereur allemand Henri II placèrent « la réconciliation de leur amitié mutuelle » sous l'égide de l'idée de la « paix de la sainte Eglise de Dieu »[284]. Le concile de Verdun-sur-le-Doubs, en 1019-1021, poursuit l'objectif de refaire et de confirmer la paix (*pro reintegranda seu firmanda pace).* Le rôle classique du roi de maintenir la paix, de protéger l'Eglise et d'intervenir dans les conflits

---

280 F.-O. TOUATI (dir.), *Vocabulaire historique du Moyen Age,* Paris, 1997, p. 28.

281 *...Sed quis ambigat eam solam Ecclesiae atque Evangeliorum unitatem pacem esse, quae Christi est ? Quam ad Apostolos post passionis suae gloriam est locutus, quam ad aeterni mandati sui pignus commendavit abiturus (habituris), hanc nos, et amissam quaerere, et turbatam componere, et repertam tenere curavimus...* P.L. X, col. 609.

282 Jean XX, 19-21.

283 P.L. X, col. 609.

284 *« Ibi certa pacis et iustitiae summa diffinitio mutuaeque amicitiae reconciliatio; ibi quoque diligentissime de pace sanctae dei ecclesiae tractatum est, et quomodo christianiti, quae tot lapsibus patet, melius subvenire deberent. »* Rapport chez Fulbert de Chartres, *Recueil des historiens de France*, vol. X, p. 472 ; cf. L. HUBERTI, *Gottesfrieden*, p. 155.

n'avait pas changé après qu'Henri II avait succédé Otton III[285] ; la politique restait conservatrice.

A Bourges en 1031, il est question d'une rénovation de paix : *reformandam pacem* ; même confirmation dans la convention conclue entre les villes de Corbie et Amiens dans les années 30 du XIe siècle : *pacis inviolabile pactum confirmatur.*

Le mouvement se poursuit jusqu'à la naissance de la trêve de Dieu[286]. Dès 1024, dans une réunion à Cambrai on a rappelé que le dimanche doit être un jour de trêve générale. Cette disposition fut reprise en 1027 avec quelque solennité à Toulouges en Roussillon, sous l'influence d'Oliba, qui avait réformé plusieurs monastères catalans, surtout Cuxà et Ripoll, avant de devenir évêque de Vich. Sur la trêve de Dieu Oliba dit : « afin que tout homme puisse rendre ce qu'il doit à Dieu pendant la journée dominicale, dans tout le comté ou évêché d'Elne, il est interdit à tout habitant d'assaillir son ennemi de la neuvième heure du samedi jusqu'à la première heure du lundi »[287]. L'assemblée de Nice en 1041 témoigne de la poussée de la trêve de Dieu vers l'Italie. A Nice en 1041, l'archevêque Raimbaud, ancien moine de Saint-Victor de Marseille, les évêques d'Avignon et de Nice, l'abbé Odilon de Cluny, représentant l'Eglise de France, adressèrent au clergé italien une demande pressante d'appuyer « la paix et trêve de Dieu », depuis le mercredi soir jusqu'au lundi matin : le jeudi était le jour de l'ascension du Christ, le vendredi celui de sa passion, le samedi celui de l'adoration au tombeau et le dimanche enfin celui de sa résurrection. L'assemblée de Nice eut une influence particulièrement importante sur l'extension du mouvement, appuyé par Odilon de Cluny et par l'archevêque Raimbaud, qui était lui même soutenu par Léger, archevêque de Vienne.

Le concile de Montherond, près de Lausanne, confirma en 1041 la trêve hebdomadaire de quatre jours et l'interdiction des combats pendant plusieurs périodes de l'année : toute la période de l'Avent (dernier dimanche de novembre), jusqu'à l'octave de l'Epiphanie (deuxième dimanche de janvier), soit six semaines, et depuis la Septuagésime (dix semaines avant Pâques) jusqu'à l'octave de Pâques, soit onze semaines.

Le concile de Narbonne en 1054 étendit la trêve à la semaine de Pentecôte, à toutes les fêtes de la Vierge, à quelques grandes fêtes (la Saint-Jean-Baptiste, la

---

285 S. WEINFURTER, « Otto III. und Heinrich II. im Vergleich. Ein Resumé. », B. SCHNEIDMÜLLER/S. WEINFURTER (éd.), *Otto III. – Heinrich II. Eine Wende ?,* Sigmaringen, 1997, p. 403.

286 R. FAVREAU, « Le concile de Charroux », p. 15.

287 P. R. GAUSSIN, « La Paix de Dieu », p. 44 ; P. PONSICH, « Oliba et la Trêve de Dieu », *Cahiers de Saint-Michel de Cuxà* 3 (1972), p. 31-42.

Saint-Pierre, la Saint-Laurent, la Saint-Michel et la Saint-Martin) et aux Quatre-Temps (trois jours au printemps, à l'été, à l'automne et à l'hiver), sans que la protection initiale des personnes et des biens eût été abandonnée.

D'autres conciles de la paix de Dieu ont suivi, en l'occurrence la paix de Saint-Gilles en 1042 en présence de dix-sept évêques de Provence et de Narbonnaise, dont les archevêques Raimbaud et Léger.

En 1096, un concile réuni à Rouen rappella l'obligation de la trêve de Dieu et fixa les jours de la semaine et les époques de l'année liturgique où elle devait être respectée. Il spécifia très clairement qu'en chacune de ces périodes, personne ne pourrait attaquer, ni blesser, ni tuer, ni violer. Ensuite il plaça sous un régime de paix perpétuelle les monastères et ceux qui y habitent, les voyageurs, les marchands, les laboureurs, qu'on ne pourra saisir à aucun moment. Il astreignit tous les hommes à partir de l'âge de 12 ans, à jurer un serment de paix et frappa d'anathème tous ceux qui refuseraient de le prêter ainsi que les clercs qui leur donneraient la communion et que les marchands qui leur venderaient quelque chose. Le concile de Saint-Omer (1099)[288], sous la présidence de l'archevêque de Reims, Manassès II, renouvella, la législation sur la paix. Cette fois, c'est le comte de Flandre, Robert, qui demanda le concile. Celui-ci défend de s'emparer des biens des églises et des personnes qui habitent sur les terres des clercs et des moines (can. 2), prescrit de respecter les ecclésiastiques, les moines et les femmes (can. 3) en même temps que d'observer la trêve de Dieu (can. 4), impose enfin le serment à tous les seigneurs, qui doivent jurer la paix entre les mains de l'évêque, faute de quoi ils seront excommuniés et leurs domaines frappés d'interdit (can. 5).

La « paix de Dieu » devint en Normandie la « paix du duc » (Caen, 1047), la « paix du comte » en Catalogne (Barcelone, 1064)[289], pour aboutir à la « paix du roi » de Louis VII, proclamée à Soissons en 1155[290] :

« Louis, par la grâce de Dieu, roi des Francs. Afin de réprimer la ferveur des malignités et de restreindre la violence des brigands, nous instituons, donnant suite à la prière du clergé et avec le consentement des barons, la paix de tout le royaume. En raison de quoi, nous avons assemblé un concile, en l'année de l'Incarnation 1155, le 10 juin, à Soissons. Y ont été présents les archevêques de

---

288 J.-D. MANSI XX, col. 977.

289 T. GERGEN, « Texttradition der *Usatges de Barcelona* am Beispiel von *pau e treva* und den *XXX passes (sagreres)* der katalanischen Friedenskonzilien », p. 257-277.

290 P. R. GAUSSIN, « La Paix de Dieu » , p. 44-46.

Reims et de Sens et leurs suffragants, ainsi que les barons, les comtes de Flandre, de Troyes et de Nevers, beaucoup d'autres et le duc de Bourgogne. Avec leur consentement, nous avons ordonné que, à partir de Pâques prochaine et pour une période de dix ans, toutes les églises du royaume avec toutes leurs possessions, ainsi que tous les paysans, avec leurs bétail et troupeaux et, pour ce qui est de la sécurité des chemins, tous les marchands, en tout lieu, et tous les hommes quels qu'ils soient, lorsqu'ils iront chercher justice chez leurs seigneurs,... aient toujours la paix et la pleine sécurité.

Nous avons promis en plein concile et devant tous, par la parole royale, que nous maintenions inviolablement cette paix ; et que, s'il y avait des contrevenants à la paix ainsi décrétée, nous ferions justice à leur égard, selon nos possibilités. Le duc de Bourgogne, le comte de Flandre, le comte Henri, le comte de Nevers et le comte de Soissons, ainsi que les autres barons ici présents, ont juré de faire observer cette paix.

Et pareillement, les membres du clergé, ..., ont promis, devant les saintes reliques et en vue de toute l'assemblée, de maintenir de leur côté cette paix »[291].

Georges Duby a souvent dit que la paix de Dieu s'était substituée à la paix du roi, mais, à son tour, celle-ci a fait renaître la paix du roi[292]. La paix de Dieu et dorénavant la trêve de Dieu furent introduites dans d'autres territoires qui se sont ajustées progressivement à l'idée de paix, voire dans un royaume entier comme la France ce qui prouve le roi Louis VII qui donne sa parole royale pour la garantie de la paix. Dans ces conditions, l'extension de la paix s'est servie toujours de plusieurs moyens de confirmation.

291 A. GRABOIS, « De la trêve de Dieu à la paix du roi. Etude sur les transformations du mouvement de la paix au XIIe siècle », p. 594-595.

292 G. DUBY, *La société aux XI et XIIe siècles dans la région mâconnaise*, 2e éd., 1971, p. 174 ; ID., *Les trois ordres ou l'imaginaire du féodalisme*, p. 169 ; ID., « Les laïcs et la paix de Dieu », *I laici*, p. 451.

II. Les outils de confirmation

Les plus importants outils pour confirmer la paix sont l'utilisation de certains *topoi* rhétoriques (1) et la prestation d'un serment en présence de reliques (2).

1. Les *topoi* rhétoriques

En même temps qu'on proclamait les canons du concile, les laïcs devaient prêter serment de les respecter selon les rites, leur répétition lors des pactes de paix (et de justice) contribuant à ancrer la diffusion et l'extension de l'idée de paix dans la société chrétienne. C'est ce qu'on a déjà fait remarquer pour la répétition des capitulaires sous Charlemagne[293]. Dans une monde caractérisé par l'oralité, la répétition des paroles jouait ici le même rôle que dans la vie liturgique[294].

Dans la pratique, les représentants de l'Eglise répétaient, à plusieurs reprises, le contenu et l'esprit de ces canons de paix à l'occasion des offices et des sermons ainsi que le baiser de la paix[295]. Lors des conciles, les évêques prononçaient aussi des peines ecclésiastiques ou promettaient des récompenses pour la paix tenue, notamment le moyen de l'absolution ; c'est ce qu'on voit à Limoges en 1031. L'évêque Jourdain accorde l'absolution à ceux qui observent ces clauses en tant que fils de la paix, c'est-à-dire en tant que fils de Dieu. Quant à ceux qui n'accepteraient pas cette paix, qu'ils soient soumis à la damnation puisqu'ils ne sont pas les disciples de Dieu, mais du diable[296].

---

293 P. CAMPBELL, « Die Kapitularien. Entstehung und Bedeutung. », *Funktion und Form. Quellen- und Methodenprobleme der mittelalterlichen Rechtsgeschichte*, K. KROESCHELL/A. CORDES (éd.), Berlin, 1996, p. 37-38 (Schriften zur Europäischen Rechts- und Verfassungsgeschichte 18).

294 P.-M. GY, « La liturgie au Xe siècle en Occident », *Xe siècle - Recherches nouvelles*, P. RICHÉ/C. HEITZ/F. HEBER-SUFFRIN (éd.), p. 47-48.

295 G. SICARD, « Paix et guerre dans le droit canon », *Cahiers de Fanjeaux*, no. 4 (Paix de Dieu et guerre sainte en Languedoc au XIIIe siècle), Toulouse, 1969, p. 74-75 ; K. SCHREINER, « Gerechtigkeit und Frieden haben sich geküßt (Ps. 84, 11). Friedensstiftung durch symbolisches Handeln », *Träger und Instrumentarien des Friedens im hohen und späten Mittelalter*, J. FRIED (éd.), 1996 (Vorträge und Forschungen 43), p. 57-58.

296 *Haec qui observaverit, tamquam filio pacis, immo Dei, a domino nostro Jesu Christo, et sanctis apostolis ejus, absolutionem conferimus peccatorum, et benedictionem aeternam : ut sicut dominus B. Petro, et huic B. Martiali, ad cujus sacratissimum corpus assistimus, ceterisque apostolis virtutem atque potestatem ligandi atque solvendi tribuere dignatus est ; ita a peccatorum nexibus absolvere dignetur eos, qui de pace et justitia Deo et nobis, qui ejus vice licet indigni fungimur, obedire festinaverint. Qui*

L'excommunication est maintes fois lancée contre tous ennemis de la paix : « nous évêques rassemblés au nom de Dieu, nous excommunions les chevaliers du diocèse de Limoges qui refusent ou qui ont refusé de jurer paix et justice. Maudits soient-ils, eux et ceux qui les aident à faire le mal, maudits soient leurs armes et leurs chevaux »[297]. Ainsi bon nombre de fidèles reçevaient-ils le message de paix et prenaient-ils connaissance des peines prévues pour infraction à la paix.

2. La prestation du serment en présence des reliques

Les reliques jouaient un rôle considérable dans la reconnaissance et l'acceptation des canons de la paix dans la vie quotidienne. Le texte qui mentionne le concile de Charroux illustre l'importance du transfert des reliques de Nouaillé à Charroux, particulièrement des reliques de saint Junien (*Junianus*)[298]. Les moines de Nouaillé transférèrent les reliques de saint Junien de Nouaillé à Charroux pour qu'elles fussent présentes le 1er juin 989, jour de la fête dudit saint. Cette translation a été racontée par un contemporain, le moine Letaldus de Micy[299] dans la *Delatio corporis S. Juniani ad synodem Karroffensem.* Il décrit

---

autem pacem nostram non susceperint : tanquam non Deum, sed diabolum sequentes, huic damnationi, quam modo coram recitare jubebimus, subjacebunt. Pax autem nostra ad nos revertetur, sicut dominus in evangelio ait : 'Si fuerit filius pacis, requiescet super illum pax vestra ; sin autem, ad vos revertetur.' Tunc jubentibus episcopis, idem qui evangelium pronunciaverat diaconus, sic in tomo chartae excelsa voce maledictionem coram populo in tribunali ante altare legere coepit, dicens ... ; cf. J.-D. MANSI, XIX, col. 530.

297 *Nos episcopi, in nomine Dei, specialiter congregati, ..., excommunicamus illos milites de isto episcopatu Lemovicensi, qui pacem et justitiam episcopo suo firmare, sicut ipse exigit, nolunt, aut noluerunt. Maledicti ipsi et adjutores eorum in malum : maledicta arma eorum, et caballi illorum ...* ; cf. J.-D. MANSI, XIX, col. 530 ; R. BONNAUD-DELAMARE, « Les institutions de paix en Aquitaine au XIe siècle », p. 463 ; P. R. GAUSSIN, « La Paix de Dieu », p. 43.

298 *« Hoc igitur concilium in coenobio Karrofensi cogi fuit destinatum, factusque est ibi grandis ex pago Pictavo et Lemovicino, et adjacentibus regionibus multorum concursus populorum. Nam et multa corpora sanctorum ibi allata sunt, quorum praesentia et religiositas roboraretur, et malignorum procacitas retunderetur »* (P.L. 137, col. 825) ; R. VAN DOREN, « Giuniano », *Bibliotheca Sanctorum,* Istituto Giovanni XXIII (éd.), Rome, 1965, p. 1240-1241 ; R.F. RONDIER, *Vie de Saint Junien,* Niort, 1861.

299 Letaldus, chancelier de l'abbaye de Micy en 976, était contemporain des faits qu'il rapporte; LETALDUS DE MICY, « *Delatio corporis S. Juniani ad synodem Karoffensem* », *Acta sanctorum Ordinis S. Benedictini (AASS OSB),* L. D'ACHERY/J. MABILLON, t. IV/1, Paris, 1678, p. 434-435 (manuscrit du monastère de Saint-Cyprien de Poitiers) ; P.L. 137, col. 823-826 ; N. HERRMANN-MASCARD, *Les reliques des*

les différentes stations des moines[300] et les miracles de guérison qui se produisent afin de mettre en valeur son rôle et de décrire une gradation jusqu'à sa présence au concile de Charroux[301]. Par la translation des reliques à Charroux[302], les moines ont conféré plus de solennité et de réputation au concile qui s'était déroulé en un lieu déjà riche en reliques. En outre, la présence des reliques est indispensable à la validité du serment.

Les reliques possédaient une vertu par elles-mêmes. Bien que leur vol fût un délit pénal, nous avons connaissance de nombreux cas de *furta sacra*, souvent légalisés après coup[303]. Mais les peines prévues pour le vol des reliques témoignent de l'importance qu'elles avaient au Moyen Age et de la vénération qu'on leur portait[304]. Elles prenaient la suite du souverain dans les fonctions pacificatrice et judiciaire et représentaient la conscience publique et une base de légitimation pour la prestation des serments nécessaires pour élaborer et proclamer le rétablissement de la paix, car le saint, en tant que patron et protecteur, peut intercéder pour le respect des normes de la paix, en faveur des biens et personnes à protéger[305].

---

saints, p. 224 ; Socii Bollandiani (éd.), *Bibliotheca Hagiographica Latina,* T. 1, A-I, Bruxelles, 1898-1899, p. 677.

300 T. HEAD, « Letaldus of Micy and the hagiographic traditions of the abbey of Nouaillé - The Context of the Delatio corporis S. Juniani », *Analecta Bollandiana* 115 (1997), p. 258-261.

301 *« Sane illud concilium divina, ut creditur, voluntate coactum per sanctorum praesentiam frequentia illustravere miracula » (Delatio corporis sancti Iuniani*, col. 825) ; P.-A. SIGAL, *L'homme et le miracle dans la France médiévale (XIe-XIIe siècle)*, Paris, 1985, p. 57.

302 H. E. J. COWDREY, « The Peace and the Truce of God in the Eleventh Century », *Past and Present* 46 (1970), p. 44-53 ; S. SARGENT, « Religious Responses to Social Violence in the Eleventh-Century Aquitaine », *Historical Reflections/Réflexions Historiques* 12 (1985), p. 220-228 ; D. H. CALLAHAN, « The Peace of God and the Cult of Saints in Aquitaine in the Tenth and Eleventh Centuries », *The Peace of God*, T. HEAD/R. LANDES (éd.), p. 165-183 ; R. LANDES, « Between Aristocracy and Heresy, Popular Participation in the Limousin Peace of God, 994-1033 », *The Peace of God*, p. 184-218 ; P. GEARY, « L'humiliation des saints », *Annales E.S.C.* 34 (1979), p. 27-42.

303 H. SILVESTRE, « Commerce et vol de reliques », *Revue Belge de Philologie et d'Histoire* XXX (1952), p. 721-739 (734 et 739) ; P. GEARY, *Furta Sacra - Thefts of Relics in the Central Middle Ages*, Princeton, 1978, p. 158-163.

304 N. HERRMANN-MASCARD, *Les reliques des saints*, p. 364 et suiv. et 386 et suiv.

305 E. BOZOKY, « Voyage de reliques et démonstration du pouvoir aux temps féodaux », *Voyages et voyageurs au Moyen Age*, XXVIe Congrès de la Société des Historiens Médiévistes de l'Enseignement Supérieur Public, Paris, 1996, p. 269.

La présentation des reliques lors de la prestation du serment de paix servait d'acte de publicité vers l'extérieur[306]. La pluralité des reliques et une concentration du pouvoir sacré pouvaient protéger contre les angoisses eschatologiques autour de l'an mil[307]. Mais c'est la fonction judiciaire des reliques qui doit retenir notre attention, car elles étaient nécessaires à l'approbation des décrets conciliaires ; ce sont elles qui rendaient obligatoires les engagements.

A Reims, le corps de saint Rémi fut placé sur le maître-autel, afin que, pendant les séances du concile (en 1049) convoqué par Léon IX, « tous puissent voir les reliques et être exhortés à bien faire »[308]. Selon le *Liber miraculorum s. Fidis*[309] la coutume dans le Rouergue était d'apporter les corps des saints lors des conciles.

A l'époque féodale, les ecclésiastiques et les *milites* étaient souvent opposés dans les affaires judiciaires. Les moines portaient leurs reliques devant le roi ou le comte pour réclamer justice. Celles-ci servaient aussi à intimider les méchants[310]. C'est avec l'aide des reliques que les moines de Nouaillé réussirent à se libérer de l'emprise du duc d'Aquitaine Guillaume Fier-à-Bras, en portant le conflit en public[311].

En raison de la déliquescence de la justice publique, l'Eglise au Xe siècle se sert des reliques pour appuyer des malédictions ou lancer des excommunications[312].

Plus important encore, l'usage des reliques pour la prise de décisions abstraites dans l'action de légiférer. Les participants aux conciles de paix s'engageaient par serment sur les reliques à respecter dorénavant une série de règles juridiques. L'engagement ne concernait pas un cas précis porté à l'appréciation d'un tribunal mais des règles de jeu aplicables à l'avenir en matière de droit pénal.

Se substituant à l'autorité publique défaillante, les reliques, transportées aux conciles de paix, rattachaient la puissance supérieure d'origine divine au pouvoir

---

306 T. HEAD, « Letaldus of Micy and the hagiographic traditions of the abbey of Nouaillé - The Context of the Delatio corporis S. Juniani », p. 259.

307 E. BOZOKY, « Voyage de reliques et démonstration du pouvoir aux temps féodaux », p. 271.

308 J.-D. MANSI, t. XIX, col. 730, *Itinerarium Léonis*.

309 N. HERRMANN-MASCARD, *Les reliques des saints*, p. 225.

310 ID., p. 228-230.

311 T. HEAD, « Letaldus of Micy and the hagiographic traditions of the abbey of Nouaillé - The Context of the Delatio corporis S. Juniani », p. 255, 261 et 266.

312 E. BOZOKY, « Voyage de reliques et démonstration du pouvoir aux temps féodaux », p. 275.

temporel et ecclésiastique[313]. Gérard de Brogne[314], un témoin de l'époque en question, considère les reliques comme des protectrices (*praesides*) des monastères qui sont « ses avocats auprès du Juge éternel ». Gage de la communion avec la divinité, la relique « immaculée » avait une puissance « d'épuration » ou plutôt de « purification »[315], une « clean-power » pour reprendre un terme de Peter Brown[316].

L'évêque de Limoges, au concile de 1031, fondait son pouvoir exceptionnel sur sa proximité à Dieu par l'intermédiaire de saint Martial[317], apôtre du Christ [318]. De même le Poitou pouvait prétendre à une intimité toute particulière avec la Croix[319] qui donne tout son sens à la construction de l'immense rotonde, construite à Charroux sur la relique de la vraie Croix à l'imitation de l'Anastasis de Jérusalem.

Au-delà de Charroux nous avons des témoignages de transferts de reliques pour bon nombre des conciles de paix : Anse (990), Limoges (994) ou Aire (près d'Autun) entre 1020-1024 ou Caen en 1041. De précieuses châsses de reliques furent aussi réunies aux assemblées de Nice et de Montherond en 1041[320] ainsi qu'à Rouen en 1061. Au concile de Langres en 1116 auquel assistait Guy de Bourgogne, l'archevêque de Vienne, les reliques de saint Prudent et diverses autres châsses furent apportées du monastère bénédictin de Fontaine de Bèze.

Dans tous les cas, les conventions de paix furent élaborées par la prestation du serment[321]. Alors que pour le concile de Poitiers nous ne connaissons pas la formule précise, le texte du serment prêté en 1016 au concile de Verdun-sur-le-

---

313 ID. p. 269-270.

314 D. MISSONNE, « Gérard de Brogne et sa dévotion aux reliques », *Sacris Erudiri* 25 (1982), p. 1-26.

315 ID., p. 22.

316 *Le Culte des Saints – Son essor et sa fonction dans la chrétienté latine,* Paris, 1984.

317 Etude du sermon d'Adémar de Chabannes lors de la translation de Saint-Martial le 10 octobre, cf. M.-M. GAUTHIER, « Sépulcre de Saint-Martial de Limoges », *Bulletin de la société des Arch. et Hist. du Limousin* LXXXVIII (1961), p. 72 et suiv.

318 R. LANDES, « La vie apostolique en Aquitaine en l'an mil - Paix de Dieu, culte des reliques et communautés hérétiques », *Annales E.S.C.* 46 (1991), p. 573-593 ; E. MAGNOU-NORTIER, « The Enemies of Peace : Reflections on a Vocabulary », T. HEAD/R. LANDES (éd.), *The Peace of God,* p. 58-80.

319 C. HEITZ, « *Adoratio Crucis.* Remarques sur quelques crucifixions préromanes en Poitou », *Mélanges E.-R. Labande, Etudes de civilisation médiévale (IXe-XIIe siècles),* Poitiers, 1974, p. 405.

320 *Cf.* N. HERRMANN-MASCARD, *Les reliques des saints*, p. 224.

321 ID., 254 et suiv.

Doubs par un des adhérents de la paix est très clair : l'engagement est pris devant Dieu et les saintes reliques[322].

Le culte des reliques n'était pas accepté par tous, même à l'intérieur de l'Eglise[323]. L'opposition, cependant, venait principalement des hérétiques. Aussi représentaient-ils un danger pour le mouvement de paix, danger qui ne manqua pas d'inquiéter les acteurs du mouvement[324]. Le concile de Charroux en l'an 1028 se fixait pour but d'éteindre les hérésies en Aquitaine qui perturbaient la paix de l'Eglise[325] : *« pacem firmare », « propter extinguendas haereses »*. Le duc d'Aquitaine Guillaume V (993-1029) convoqua ce concile afin de confirmer la paix, le respect des biens de l'Eglise et d'exterminer l'hérésie qui se répandait dans son duché et son peuple[326]. La paix de Dieu était maintenant l'instrument pour lutter contre les adversaires de l'Eglise, responsable traditionnelle de la paix à côté du seigneur laïc[327].

La lutte contre les hérésies populaires du début du XIe siècle[328] était particulièrement dirigée contre le manichéisme, ennemi de la paix de Dieu et de l'organisation des *ordines* comme structure arrêtée de la société médiévale[329]. Adémar

---

322 C.-J. HEFELE/H. LECLERCQ, *Histoire des conciles*, t. IV, p. 1408-1410.

323 K. GUTH, « Guibert von Nogent und die hochmittelalterliche Kritik an der Reliquienverehrung », *Studien und Mitteilungen zur Geschichte des Benediktiner-Ordens und seiner Zweige*, Ottobeuren, 1970.

324 E. BOZOKY, « Voyage de reliques et démonstration du pouvoir aux temps féodaux », p. 270.

325 *« His diebus concilium adgregavit episcoporum et abbatum dux Willelmus apud sanctum Carrofum, propter extinguendas haereses. Ibi adfuerunt Aquitaniae principes, quibus praecepit pacem firmare et ecclesiam dei catholicam venerari. »* ; J.-D. MANSI, XIX, col. 485-488.

326 J. B. RUSSEL, *Dissent and Reform in the Early Middle Ages*, Berkeley, 1965, p. 27-35, 197.

327 R. LANDES, « La vie apostolique en Aquitaine en l'an mil - Paix de Dieu, culte des reliques et communautés hérétiques », p. 573.

328 P. BONNASSIE/R. LANDES, « Une nouvelle hérésie est née dans le monde », *Les sociétés méridionales autour de l'an mil. Répertoire des sources et documents commentés*, M. ZIMMERMANN (éd.), Paris, CNRS, 1992, p. 435-459 ; J. MUSY, « Mouvements populaires et hérésies au XIe siècle en France », *Revue historique* 253 (1975), p. 74 suiv.

329 M.-D. CHENU, « Moines, clercs, laïcs au carrefour de la vie évangélique (XIIe siècle) », *Revue d'histoire ecclésiastique* 49 (1954), p. 59-89 ; ID., *La Théologie au XIIe siècle*, Paris, 1957, p. 225-251 ; Y. CONGAR, « Les laïcs et l'ecclésiologie des « ordines » chez les théologiens des XIe et XIIe siècles », *I laici nella « societas christiana » dei secoli XI e XII*. Atti della terza Settimana internazionale di studio, Milan, 1966, p. 115-116.

de Chabannes[330], qui désigne les hérétiques du concile d'Orléans de l'an 1022[331] sous le nom de manichéens[332], écrit sur eux qu'ils persuadaient les fidèles de nier le baptême, le signe de la croix, et le Rédempteur de ce siècle, l'honneur des saints de Dieu, le mariage légitime, la consommation de la viande, et qu'ainsi ils détournaient de la foi beaucoup de gens simples.

Les hérétiques rejetaient le culte des images et de la Croix. Ils craignaient d'adorer un objet et refusaient de le voir s'interposer entre Dieu et eux. Quant à la Croix, ils la repoussaient car elle n'évoquait que souffrances et tortures. Comme les manichéens rejetaient les chants liturgiques comme élément central dans la religion et la liturgie entre le peuple et les clercs ainsi que les reliques, ils constituaient un danger pour la paix de Dieu puisque les reliques en faisait les médiatrices entre Dieu et les laïcs[333]. Elles étaient à la base du serment prêté par les fidèles présents aux conciles de la paix. Il fallait donc éliminer les manichéens, décision prise au concile de la paix de Charroux en 1028.

Retenons jusqu'ici que les conciles qui suivent Charroux sont la confirmation du droit pénal introduit en 989. Le concile de Charroux avait lui aussi confirmé le droit antérieur.

La paix de Dieu, avec sa soeur la trêve de Dieu, s'est transformée en paix du comte et en paix du roi et du royaume (1155, Louis VII[334]).

Les instruments essentiels de confirmation juridiques furent, on l'a vu, le *topos* rhétorique de la répétition et son exercice dans la pratique liturgique et juridique ainsi que la prestation de serment en présence des reliques. Celles-ci assuraient la médiation entre Dieu et les laïcs, entre la loi divine et la terre. Pour gar-

---

330 « Historia III, 49; Chronique », *L'An Mille*, E. POGNON (trad.), 1947, p. 199-200 ; D.F. CALLAHAN, « Ademar of Chabannes, millenial fears », *Journal of Ecclesiastical History* 1995, p. 19-35.

331 C.-J. HEFELE/H. LECLERQ, *Histoire des conciles*, t. VI, Paris, 1871, p. 253-254.

332 Sur les hérétiques et notamment les racines des bogomiles cf., E. BOZOKY, *Le livre secret des cathares, Interrogatio Iohannis - Apocryphe d'origine bogomile*, Paris, 1980, p. 120.

333 R. LANDES, « La vie apostolique en Aquitaine en l'an mil - Paix de Dieu, culte des reliques et communautés hérétiques », p. 573-593 ; B. ROSENWEIN, « Feudal war and monastic peace. Cluniac liturgy as ritual aggression », *Viator* 2 (1971), p. 129-157.

334 C. LAURANSON-ROSAZ, « Paix de Dieu », C. GAUVARD/A. DELIBERA/M. ZINK (dir.), *Dictionnaire du Moyen Age*, Paris, 2002, 2e éd., p. 1037 ; O. GUILLOT/A. RIGAUDIÈRE/Y. SASSIER, *Pouvoirs et institutions dans la France médiévale*, t. I, Paris, 1997, p. 262 et suiv. ; C. GAUVARD, *La France au Moyen Age du Ve au XVe siècle*, Paris, 1996, p. 203-204 ; voir carte à la page suivante.

der la paix, l'Eglise devait lutter contre les hérétiques qui niaient le rôle d'intercession des reliques.

De surcroît, la paix étendait son influence sur des espaces de plus en plus grands ce qui pose le problème de l'applicabilité des canons des conciles de la paix.

Chapitre 3
L'applicabilité dans différentes circonscriptions

Au XIe siècle, les diocèses jouaient un rôle important sur le plan législatif, judiciaire et administratif. Le programme politique de la paix introduit dans les diocèses pouvait se baser sur l'engagement des évêques et des archevêques, compétents dans le territoire de leurs diocèses. Ce sera le premier point étudié. Dans un second temps, il restera à comprendre comment la paix put s'étendre sur plusieurs diocèses et territoires.

I. La dimension de l'applicabilité

Un diocèse[335] est une circonscription[336] territoriale soumise à la surveillance et la juridiction d'un évêque[337]. L'évêque est l'inspecteur, le surintendant du peuple qu'il est chargé de gouverner et de défendre : *Ubi est episcopus, ibi est ecclesia*[338]. Depuis saint Augustin le diocèse (*dioikein* = administrer) comprend tout le territoire d'un évêque (une Eglise particulière) qui en est le chef unique, ayant comme attribution essentielle le pouvoir d'ordre et comme fonction primordiale le gouvernement d'un diocèse. L'episcopat est d'origine apostolique[339], c'est-à-dire l'autorité de l'évêque remonte jusqu'aux apôtres qui occupaient une position exceptionnelle car ils avaient reçu leur mission directement du Christ. Comme une assistance spéciale du Saint-Esprit leur était promise, leur autorité était absolue et leur enseignement irréformable. De leur vivant, ils gardaient toujours le droit d'intervenir au besoin dans les affaires des communautés chrétiennes. C'est à la disparition des apôtres que les évêques devinrent autonomes[340]. Les évêques sont institués par droit divin : leur juridiction se rattache immédiatement à celle du vicaire du Christ auquel à été confiée la plénitude du

335 P. FOURNERET, « Diocèse », *Dictionnaire de théologie catholique*, t. IV, Paris 1911, no. 1362 et suiv. ; R. KLEIN, « Diözese », *Lexikon des Mittelalters* III, col. 1097-1098.

336 Y. LE ROY, « La circonscription des diocèses en France », *Nouvelles circonscriptions des diocèses - nouveaux évêchés*, publié par L. CARLEN, Fribourg/Suisse, 1992, p. 43-44.

337 Etymologie : *epi* = sur, *skopeo* = je surveille; *episkopein* = regarder en surveillant ou en protégeant. Selon 1 Pet. II, 25 *episkopos* signifie gardien des âmes : « Vous êtes convertis au pasteur et gardien de vos âmes. »

338 F. MERZBACHER, « Bischof », HRG I, Berlin, 1971, col. 440.

339 *Dictionnaire de théologie catholique*, t. V, no. 1700.

340 ID., t. V, no. 1656.

pouvoir ecclésiastique[341]. L'évêque exerce le pouvoir de juridiction sur une portion déterminée de fidèles. Le pouvoir suprême du pape peut déterminer la portée, la suspendre et la limiter[342]. A l'évêque incombe aussi un pouvoir de juridiction et il a le droit d'édicter des lois, en synode diocésain, de sa propre autorité. Déjà en 601, le pâpe Grégoire Ier (590-604) décréta que celui qui n'óbéit pas aux décrets de l'évêque sera exclu de l'Eglise : *Si quis venerit contra decretum episcopi, ab ecclesia abiiciatur* (c. 2 X *de maioritate et obed.* I, 33)[343].

Sans doute l'évêque est-il obligé de recueillir l'avis de son clergé mais il n'est pas tenu de le suivre. En dehors du synode il peut introduire avec réserve et prudence des changements dans la législation existante à condition de s'inspirer de la nécessité ou de l'utilité publique. A ces lois, l'évêque peut annexer une sanction pénale.

La convocation par l'archevêque marque son autorité envers les évêques de sa province, la seconde Aquitaine, qui était une des dix-sept provinces de la Gaule (la première ayant Bourges comme capitale, la seconde Bordeaux)[344].

En participant aux conciles, les évêques manifestent leur volonté d'unir leurs efforts pour répandre la paix dans les diocèses dont ils ont la responsabilité. Premiers témoins des règles de la paix de Dieu, ils doivent les faire comprendre et accepter par les fidèles de plusieurs diocèses voisins. La paix de Dieu dépassait ainsi les limites d'un seul diocèse[345]. Cette extension s'inscrit assez bien dans le mouvement qui porte l'Eglise au XIe siècle vers plus d'unité, objectif d'ailleurs de la réforme grégorienne[346].

---

341 ID., t. V, no. 1702.

342 *Dictionnaire de droit canonique*, t. V, no. 571-572.

343 F. MERZBACHER, « Bischof », *HRG I*, Berlin, 1971, col. 441.

344 O. GUILLOT/A. RIGAUDIERE/Y. SASSIER, *Pouvoirs et institutions dans la France médiévale*, p. 19.

345 P. FREEDMAN, « Le pouvoir épiscopal en Catalogne au Xe siècle », *Catalunya i França meridional a l'entorn de l'any mil*, Generalitat de Catalunya (éd.), 1991, p. 174-180 ; E. MAGNOU-NORTIER, « Les évêques et la paix dans l'espace franc », *L'évêque dans l'histoire de l'Eglise,* Angers, 1984, p. 33-50 ; B. GUILLEMAIN, « Les moines sur les sièges épiscopaux du sud-ouest de la France aux XIe et XIIe siècles », *Mélanges E.-R. Labande, Etudes de civilisation médiévale (IXe-XIIe siècles)*, Poitiers, 1974, p. 377-384 ; F. DE FONTETTE, « Evêques de Limoges et Comtes de Poitou au XIe siècle », *Etudes d'histoire du droit canonique*, dédiées à G. Le Bras, t. 1, Paris, 1965, p. 553-558.

346 A. FLICHE, *La Réforme grégorienne et la Reconquête chrétienne (1057-1123)*, Paris, 1950, p. 471 ; H. SPROEMBERG, « Urban II. und das kanonische Recht », *Zeitschrift der Savigny-Stiftung für Rechtsgeschichte, Germanistische Abteilung (ZRG KA)*, 1965, p. 254-263.

Les chrétiens étaient liés par une « conscience commune »[347] qui demandait la paix pour toute la société[348]. La paix universelle part aussi du principe de l'universalité des chrétiens qui rentrait, à son tour, dans l'esprit de la réforme grégorienne. Pour cette raison il paraît opportun d'analyser le contenu de l'universalité des chrétiens, telle qu'il ressort des études d'ecclésiologie. L'universalité de l'Eglise dans le temps était souvent, chez les Pères, un des éléments décisifs de la catholicité[349] : *catholos*, qui veut dire universel. L'*Ecclesia* désigne la communauté ou l'assemblée des fidèles ou, dans la liturgie, une assemblée concrète de fidèles[350]. Mais l'*Ecclesia* au sens général signifie la communauté de tous les chrétiens, la cité de Dieu, au sens du corps du Christ que saint Augustin donnait à cette expression[351]. Comme le disait le cardinal Congar[352] : « A Dieu ne plaise que n'appartiennent pas à la cité de Dieu ceux dont le Christ est le chef ». Il s'agit d'un corps unique formé par les membres du Christ dans le monde universel. Cette idée de l'universalité était à même d'unir tous les chrétiens dans la lutte contre tous les personnes hors de l'*Ecclesia*, surtout contre les ennemis de la paix[353].

II. Les bases de l'extension de l'applicabilité

Pour prouver l'esprit de l'époque de rendre applicable la paix universelle, nous étudierons le rôle de quelques personnages importants qui ont préconisé et défendu cette paix (1). Nous verrons ensuite comment le message de la paix de Dieu a été répandu par les images (2). Après avoir rappelé comment le passage du principe de la personnalité de la loi à un droit territorial (3) a aidé l'Eglise à créer les instruments juridiques capables de régler les conflits, de canaliser les

347 De la communauté de tous les fidèles.

348 L. C. MACKINNEY, « The People and Public Opinion in the Eleventh-Century Peace Mouvement », *Speculum* V/1 (1930), p. 205-206, explique ce fait sur le plan psychologique. Il voit une opinion publique active et une nouvelle conscience publique dans la population qui réclamait la paix.

349 Y. CONGAR, « Ecclesia ab Abel », *Abhandlungen über Theologie und Kirche, Mélanges K. ADAM,* Düsseldorf, 1952, p. 82.

350 Y. CONGAR, « L'ecclésiologie de Saint Bernard », *Analecta Sacri Ordinis Cisterciensis* IX (1953), p. 176-177.

351 « *Membra Christi et corpus sumus omnes simul ; non qui hoc loco tantum sumus, sed et per universam terram...* », cf. Y. CONGAR, « Ecclesia ab Abel », p. 82.

352 ID., p. 83.

353 Y. CONGAR, « Les laïcs et l'ecclésiologie des « ordines » chez les théologiens des XIe et XIIe siècles », *I laici nella « societas christiana » dei secoli XI e XII*, Milan, 1966, p. 115-117.

violences et d'équilibrer les pouvoirs dans une société tripartite (4), nous insisterons sur l'évolution, très importante au XIe siècle, du système pénitentiel tant au point de vue théologique que canonique : les évêques ont instauré une absolution générale permettant aux pécheurs de se trouver entièrement « purifiés » devant Dieu. La paix de Dieu ne fait-t-elle pas partie au fond d'une *catharsis* ? (5)

1. Les initiatives pour la paix universelle

La paix universelle tenait à coeur à l'élite intellectuelle du Xe et du XIe siècles. Nous étudierons donc, successivement, les initiatives des personnages importants, tels qu'Hincmar de Reims, Odilon de Cluny, Adémar de Chabannes et Yves de Chartres.

1.1 Hincmar de Reims : la paix est le Christ

L'idée de la prééminence de l'Eglise, seule véritable maîtresse de la paix, se rencontre déjà chez Hincmar (vers 806-882), archevêque de Reims, à la fin du IXe siècle, sous le règne de Charles le Chauve.

Pour Hincmar, la paix est le Christ lui-même[354]. C'est donc à Dieu qu'il faut la demander. Les hommes favorisent sa venue en luttant contre le vice et en se retranchant solidement dans la foi. La paix pour Hincmar est le gage du salut, le but de la vie. Les élus jouissent de cette paix pour ne s'être jamais séparés de l'unité et de la société de l'Eglise, par l'hérésie, par le schisme, par le péché mortel[355]. Pour Hincmar la paix ne se limite pas à la possession individuelle d'un état bienheureux, elle peut s'étendre à la société par l'intermédiaire du roi. Car en contact direct avec le Dieu de paix et dirigé par la volonté divine, le roi a pour mission de créer la paix sociale[356].

---

354 *« Quis enim cum Christo est pax nostra et soluto medio pariete fecit utraque unum* (Ephes. I)... », P.L. CXXVI, 308 D.

355 *« Dormiunt ergo ut catholici doctores dicunt in somno pacis, qui ab unitate et societate Christi Ecclesiae nec per haereses, nec per schismata, nec mortalia crimina separati sunt. »*, P.L., CXXVI, 93 A.

356 R. BONNAUD-DELAMARE, *L'idée de la paix à l'époque carolingienne*, p. 268-269.

1.2 Odilon de Cluny : oraison pour la paix

Odilon (962-1048) a joué un rôle important qui a contribué à l'expansion clunisienne, et il s'est beaucoup engagé dans l'élaboration de la paix et de la trêve de Dieu.

Il était le fils d'un très riche membre de l'aristocratie provençale, Fouquier de Valensole, fortement possessionné dans les campagnes sises entre Arles et Fréjus ainsi que sur les plateaux subalpins. Il s'est opposé, dès le début du siècle, à la mainmise d'Hugues d'Arles sur le royaume de Provence et, plus encore, aux entreprises, du roi de Bourgogne Rodolphe II qui annexa pratiquement la Provence en 993. Fouquier, vaincu par les Bourguignons, dépouillé de ses biens, avait trouvé refuge vers 918 auprès de son parent Aubry, comte de Mâcon, et c'est dans cette ville que le futur abbé de Cluny, né vers 910, avait commencé sa carrière comme chanoine de la cathédrale Saint-Vincent.

Si Odilon compte beaucoup sur le pouvoir capétien ; il est encore plus lié à l'empereur Henri II, en qui il ne cesse de mettre tous ses espoirs de rétablissement de l'ordre. Mais étant plus sensible que son prédécesseur aux calamités engendrées par les violences, il redoute qu'elles ne se développent de façon irrémédiable si les pouvoirs publics ne réussissent pas à faire face. Car si, dans le Mâconnais et dans les deux Bourgognes, il estime et espère, en ces dernières années du Xe siècle, que ces pouvoirs ont sans doute encore des moyens d'action, il est beaucoup moins convaincu de leur efficacité dans les années 1020, ce qui le pousse à chercher d'autres méthodes. C'est dans ces circonstances qu'il a composé son oraison pour la paix[357] :

« Nous venons à toi, Seigneur Jésus, parce que des hommes injustes et orgueilleux, confiants en leur seule force, se dressent contre nous, envahissent, ravagent et dévastent les terres de ce sanctuaire qui est tien et des églises qui lui sont sujettes. Ils contraignent les pauvres qui sont tiens et qui les cultivent à vivre dans la douleur, la faim et le dénuement. Ils les accablent de souffrances et les tuent de leurs glaives. Ils nous arrachent par la violence et emportent les biens, grâce auxquels nous vivons dans ton service et que des âmes généreuses ont donnés à ce couvent pour leur salut. Lève-toi Seigneur Jésus, pour notre secours, conforte-nous et aide-nous, combats ceux qui nous combattent, détruits la superbe de ceux qui nous affligent. Tu sais, Seigneur, qui ils sont et quels sont leurs noms, et toi seul as su, avant qu'ils naissent, ce que sont leurs corps et leurs

---

357 Nous avons emprunté cette traduction à Marcel PACAUT, « Odilon de Cluny et la violence », *La Paix de Dieu*, p. 53-56 et 59.

coeurs. C'est pourquoi, Seigneur, donne-leur de pouvoir se justifier dans ta vertu. Fais qu'ils reconnaissent leurs méfaits et libère nous en ta miséricorde. »

Odilon invoque le Ciel, son oraison est comparable aux préambules des conciles de paix de la même époque. Il prie indépendamment des frontières des diocèses pour demander contre les ennemis l'aide de Dieu, le Dieu universel dont le royaume comprend le monde entier. Pour être efficace en dernier recours, Odilon fit même appel aux armes des laïcs : il équipa ses hommes et mobilisa des troupes[358].

1.3 Adémar de Chabannes : historiographie pour la paix

Adémar de Chabannes (989-1034) s'est beaucoup occupé de la paix de Dieu[359]. Dans son *Chronicon* et dans beaucoup de ses écrits, il relate les évènements survenus à l'occasion des réunions pour la paix dont il avait connaissance. Les récits les plus détaillés concernent les assemblées de paix qui furent convoquées à Limoges. La première réunion mentionnée par le chroniqueur eut lieu au cours des dernières années du Xe siècle (vers 994), et fut suivie d'un synode du clergé de la région, réuni pour prier Dieu de mettre fin à une très grave épidemie qu'on appelait mal des ardents[360]. Les habitants de la région souffraient, apparemment d'ergotisme, une maladie causée par la digestion de seigle ergoté ou infecté de mycète, qui produit chez les malades une sensation de chaleur intense, des hallucinations bizarres et une sueur excessive. Après que l'évêque de Limoges Hilduin (990-1014) et l'abbé Geoffroi de Saint-Martial eurent consulté le duc Guillaume, ils demandèrent trois jours de jeûne pour la ville de Limoges. Les évêques d'Aquitaine se réunirent devant les saintes reliques de la région. Après l'élévation du corps de saint Martial, la peste cessa et les nobles présents à l'assemblée jurèrent un pacte de paix. Adémar souligne le rôle des reliques de saint Martial, premier évêque de Limoges et considéré par lui comme un apôtre qui a porté l'évangile de la paix en Aquitaine et a livré le

---

358 ID., p. 57 ; R. REYNOLDS, « Odilo and the Treuga Dei in Southern Italy. A Beneventan Manuscript Fragment », *Medieval Studies* 46 (1984), p. 450-462.

359 D. H. CALLAHAN, « Adémar de Chabannes et la paix de Dieu », *Annales du Midi* 89 (1977), p. 21-43 (27) ; H. HOFFMANN, *Gottesfriede und Treuga Dei*, p. 39-40.

360 P. BOURGAIN/R. LANDES/G. PON (éd.), *Ademari Cabanensis Chronicon,* Turnhout, 1999, 35, p. 157.

duché au Christ. Il a fait fonction de messager de la paix éternelle, paix apostolique, paix du Seigneur s'étendant sur Limoges et l'Aquitaine[361].

L'évêque Jourdain de Limoges (1024-1051) se considérait aussi comme le successeur de l'apôtre. C'est grâce à l'apostolicité de saint Martial[362] et à son autorité, qu'il pouvait, lors du concile tenu à Limoges en 1031, menacer vivement quiconque n'observerait pas la paix, désobéirait à Dieu et suivrait le diable le long de la route qui mène à la damnation[363].

Ainsi, disposant d'une autorité fondée sur saint Martial dont il est le successeur, l'évêque de Limoges pouvait espérer promouvoir la paix.

1.4 Yves de Chartres : plaidoyer pour la trêve de Dieu

Yves de Chartres (vers 1040-1116), partisan convaincu de la paix, reprochait à ses confrères leur inertie et n'hésitait pas en particulier à reprendre son métropolitain, Daimbert de Sens, qui avait osé dire que la trêve de Dieu n'était pas sanctionnée par la loi[364]. Il cherchait surtout à répandre l'esprit de paix parmi ses diocésains auxquels il voulait inculquer que la trêve de Dieu était une institution divine qui ne pouvait avoir d'autre résultat que le bien de l'humanité. Yves de Chartres justifiait la trêve de Dieu par des arguments tirés de la plus grande autorité, à savoir de la vie même du Christ. Il définit la conception chrétienne de la paix comme suit[365] :

« Sachez bien, mes très chers frères, vous qui croyez parvenir à la Jérusalem céleste, que, si vous voulez obtenir du roi suprême la grâce d'y entrer, vous devez observer la paix en repoussant loin de vous le fléau de la discorde. Le Christ a révélé au monde, lorsqu'il y est entré, le précepte de la paix aux applaudissements des anges par ces mots : *gloire à Dieu au plus haut des cieux et paix sur la terre aux hommes de bonne volonté* (Luc, II, 14). Lorsqu'il fut près de quitter ce monde pour retourner au ciel, il prêcha encore la paix à ses disciples : *je vous donne ma paix, je vous laisse ma paix* , leur dit-il (Jean, XIV, 27). Cette paix l'apôtre ordonne de la garder : conservez, écrit-il, la sainteté de la paix sans la-

---

361 Sur Adémar voir les commentaires de D. CALLAHAN, « Adémar de Chabannes et la paix de Dieu », p. 27 ; R. LANDES, « La vie apostolique en Aquitaine en l'an mil - Paix de Dieu, culte des reliques et communautés hérétiques », p. 573-593.

362 Dom J. BECQUET, « Les saints dans le culte en Limousin au Moyen Age », *Bulletin de la Société archéologique et historique du Limousin* CXIX (1991), p. 26 et suiv.

363 D. H. CALLAHAN, « Adémar de Chabannes et la paix de Dieu », p. 30.

364 *Correspondance d'Yves de Chartres, Epistolae*, XC (J. LECLERCQ (éd. et trad.), Paris, 1949).

365 ID., XLIV.

quelle personne ne verra le Seigneur. La venue du Christ a donc eu pour but non seulement de réconcilier le Ciel avec la terre, mais d'établir la paix sur la terre... Vous avez, mes frères, professé cette paix, lorsque, revenant à Dieu, auteur et ami de la paix, vous avez, lors de votre baptême, renoncé au démon, auteur et ami de la discorde, et à toutes ses oeuvres. Si vous voulez ne pas violer vos engagements, il vous est imposé une stricte obligation d'observer la paix à laquelle vous lient vos serments envers le roi des cieux et qui vous méritera les récompenses éternelles. Il faut que vous sachiez, frères, qu'il n'y a, dans le royaume de Dieu, aucune place pour la discorde. »

Cet engagement « pacifiste » des élites contemporaines, tels qu'Hincmar de Reims, Odilon de Cluny, Adémar de Chabannes et Yves de Chartres, a sûrement influencé les évêques dans leur désir de convoquer les conciles[366]. Le développement de ce pacifisme apparaît également à travers les images et les diverses représentations iconographiques.

2. Les représentations de la paix de Dieu dans l'art

Plus s'affirmera le pouvoir temporel, plus l'Eglise insistera sur le fondement de la paix et de la trêve et fixera son discours à travers les images.

Sur un chapiteau roman (placé au rond-point du choeur, côté sud, de l'église) de Volvic en Auvergne nous pouvons deviner l'esprit de la paix et de la trêve de Dieu, à savoir la tentative de supprimer la violence contre les *inermes* et la luxure. Les quatre vertus inscrites au haut de la corbeille sont : *temperantia, fortitudo, omilit (humilitas) et iustitia.* Sur la face qui représente la tempérance, un prêtre maintient immobile la lance du guerrier. Sur la face qui illustre la force (*fortidudo*), un second prêtre dresse le livre de vie au-dessus de l'écu du combattant, parce que la parole de Dieu est plus efficace que tous les boucliers[367].

Un chapiteau du transept de l'abbatiale de Saint-Benoît-sur-Loire, de la fin du XIe siècle, représente un miracle qui traduit la joie immense d'un paysan qui

---

366 Néanmoins, chez un autre penseur du début du XIe siècle, Adalbéron de Laon, l'engagement en faveur du mouvement de paix est beaucoup plus réservé. Comme son cousin Gérard de Cambrai, il fait avant tout confiance au roi. Voir C. CAROZZI (éd.), *Adalbéron de Laon - Poème au roi Robert*, Paris, 1979, p. CXV (introduction), « Les Belles Lettres ».

367 Y. LABANDE-MAILFERT, « Pauvreté et paix dans l'iconographie romane (XIe-XIIe siècles) », *Etudes sur l'histoire de la pauvreté (Moyen Age-XVIe siècle),* t. I, M. MOLLAT (dir.), Paris, 1974, p. 319-343.

a retrouvé sa liberté, et dont les liens se sont rompus grâce à un seul regard de saint Benoît. Saint Grégoire avait raconté l'histoire d'un guerrier « goth », nommé « Tzalla », hérétique arien, qui avait torturé un paysan par soif de rapines et qui vient se prosterner aux pieds du saint, en signe de repentance. Sur le chapiteau, le *miles* est enveloppé de sa cotte de mailles, l'épée est au fourreau, sous la cotte, et le cheval, détourné, est déjà prêt au retour. Cette représentation d'un miracle est dirigée contre les *milites* dont les moines craignent les violences. Ils ont vu souvent les paysans victimes de leurs brigandages venir frapper à la porte du monastère[368].

Etant donné que la traduction du terme de *miles* est difficile, les médiévistes ont donc souvent préféré ne pas le traduire et le conserver dans le texte. En revanche, il convient de tirer de ce fait les conclusions qui s'imposent comme l'a fait justement Jean Flori[369]. Cet auteur a fait remarquer que la notion de *miles* s'applique à un personnage de rang élevé et désigne principalement la fonction guerrière que ce personnage exerce en personne, avec ses propres guerriers, pour son compte personnel ou au service d'un autre auquel il doit ce service armé, pour quelque raison que ce soit : vassalité, patronage, déférence, amitié, parenté. Lorsqu'il s'applique à un personnage de rang plus modeste, *miles* n'en continue pas moins à désigner le guerrier, et principalement le combattant à cheval. Il n'en reste pas moins vrai que, dans les chartes, l'usage du mot *miles* appliqué à des personnages impliqués dans les réseaux de la féodalité à des rangs généralement élevés (dans le cas contraire, on ne les mentionnerait guère) confère à ce terme une coloration sociale que le mot chevalier prendra à son tour un peu plus tard. A partir du XIIe siècle, le mot « chevalier » dans les langues vernaculaires désigne avant tout le guerrier, et ne suggère aucunement un rang social élevé. Le mot allemand « Ritter » illustre bien ce propos ; il est à l'origine du français « reître », et ne donne pas des premiers chevaliers une image très reluisante. Il en va de même en Angleterre, où le mot « knight » actuel, à résonnance aristocratique, dérive de l'anglo-saxon « cniht », qui désignait un serviteur, armé parfois, mais pas toujours, plus proche en tout cas du garçon d'écurie que du noble. En provençal, en castillan et en ancien français, c'est le cheval qui est pris comme référent sémantique : « chevalier » s'applique au guerrier, mais seulement au combattant d'élite à cheval, pourvu d'un ensemble d'armes caractéristiques, telles qu'on les trouve dans les textes de la paix de Dieu. Les

---

368 Y. LABANDE-MAILFERT, « L'iconographie des laïcs dans la société religieuse aux XIe et XIIe siècles », *I laici nella « societas christiana » dei secoli XI e XII*, p. 500 et planche V. (figure 13).

369 J. FLORI, *La chevalerie*, Paris, 1998, p. 13-14.

canons de Charroux évoquent les armes suivantes : le bouclier, l'épée, la cuirasse et le casque.

Le mot « chevalier » ne comporte aucune autre connotation, sinon celle du service armé. Un seigneur parle de « ses chevaliers » comme de dépendants lui devant obéissance et service. Au fil du XIIe siècle, le mot se charge cependant de colorations nouvelles à caractère honorifique, quelquefois éthique, particulièrement vers la fin du siècle[370].

La même intention, à savoir la ferme opposition contre la violence des *milites* se retrouve dans un document postérieur, la représentation de l'enfer dans le manuscrit de l'*Hortus deliciarum* de Herrade de Landsberg (après 1150)[371]. Deux chaudières sont en fonction pour punir l'usure et la violence : une pour les juifs (*judei*) et l'autre pour les *milites armati*. Sous le nom de juifs, sous les chapeaux pointus, ce sont évidemment tous les usuriers qui sont visés, qu'ils soient juifs ou chrétiens. En ce qui concerne les *milites* on fait des distinctions. L'on ne reproche pas aux soldats d'exercer la *militia* en général, mais c'est surtout d'exercer la violence contre le paysan désarmé et pauvre, ce que dit déjà le chapiteau de Saint-Benoît.

Une des grandes préoccupations de l'Eglise est la protection des pauvres, ce qui s'exprime entre autres dans le discours d'Alain de Montpellier. A la question « La plus grande des vilenies, qu'est-ce ? », il répondit aux *milites* de Montpellier : « C'est d'enlever au pauvre ce qu'il a et de vivre de rapines ; c'est là qu'en sont venus les *milites* de notre temps ! »[372]

Ainsi, la paix de Dieu voulait-elle mettre un frein aux violences des *milites*, et légaliser l'ordre social qui sépare les guerriers, les prêtres et les travailleurs[373]. L'Eglise (*Ecclesia*) était aussi sujet de représentation dans l'art du XIe siècle. Nous avons déjà évoqué les discussions sur les termes *Ecclesia* et le *Status Ecclesiae*[374]. Sur les représentations de l'Eglise universelle et les interférences de l'iconographie avec la réforme grégorienne, nous pouvons consulter l'ouvrage de

---

370 ID., p. 14 et p. 88.

371 Y. LABANDE-MAILFERT, « L'iconographie des laïcs dans la société religieuse aux XIe et XIIe siècles », p. 500-501 et planche V (figure 14).

372 M.-T. D'ALVERNY, *Alain de Lille*, Paris, 1965, p. 16-17.

373 C. LAURANSON-ROSAZ, « Le Velay de l'an mil – Le diocèse du Puy à la fin du Xe siècle », *La Paix de Dieu*, p. 24.

374 Y. CONGAR, « Status Ecclesiae », *Essais on Medieval Law and the Emergence of the European State in Honor of Gaines POST*, J.R. STRAYER/D.E. QUELLER (éd.), 1972, p. 1-31.

H. Toubert qui traite le sujet sous l'intitulé « Un art dirigé »[375]. Le mouvement de la paix et la politique du pape Grégoire vont ensemble, ce que démontre bien l'iconographie. Au XIIe siècle quelques programmes iconographiques virent le jour dans les églises qui voulaient manifester la paix entre le roi et l'évêque. Dans l'église Saint-Aignan de Brinay (Cher)[376] l'art poursuivait une stratégie idéologique : Louis VII apparaît à côté de l'évêque. Ce programme narratif nécessitérait une analyse à propos du pacte de paix entre l'Eglise et la royauté[377], en ce qui concerne la paix du roi (paix du royaume) de Louis VII en 1155[378].

On trouverait encore d'autres exemples de la paix de Dieu aux XIe et XIIe siècles, mais leur présentation nous éloignerait trop du caractère principalement juridique de cette étude.

---

375 H. TOUBERT, *Un art dirigé*, Paris, 1990.

376 J. R. GABORIT, « Observations sur l'ensemble peint de l'église Saint-Aignan à Brinay (Cher), la mise en place des peintures murales », *Art et archéologie de l'Aquitaine septentrionale*, 111e Congrès national des Sociétés savantes, Poitiers 1986, Paris, 1987, p. 125-146.

377 M. A. KUPFER, *Romanesque Wall Painting in Central France.* Yale University Press, 1993 ; ID., « L'Eglise peinte comme auto-représentation institutionnelle au XIIe siècle, le cas du Centre de la France », *L'Emplacement et la fonction des images dans la peinture murale du Moyen Age,* Actes du 5e séminaire international d'art mural 16-18 septembre 1992, Abbaye de Saint-Savin, p. 71-87.

378 M. A. KUPFER, *Romanesque Wall Painting in Central France*, p. 22-24, 26, 35, 96, 118-119 ; A. GRABOIS, « De la trêve de Dieu à la paix du roi. Etude sur les transformations du mouvement de la paix au XIIe siècle », p. 594-595.

Un chapiteau du transept de l'abbatiale de Saint-Benoît-sur-Loire (XIe s.)

3. De la personnalité de la loi à la territorialité des coutumes

L'universalisme de la paix de Dieu s'exprime non seulement dans l'art mais aussi dans le monde du droit même où l'on peut dégager une diffusion par l'évolution de la pluralité de la loi vers la territorialité des coutumes. Cette évolution va de pair avec la lutte contre la « dislocation du pagus », évolution connue grâce à J.-F. Lemarignier et résultant de l'émiettement des pouvoirs ; nous y revenons dans ce chapitre.

L'empire carolingien connaissait en général le principe de la personnalité du droit. Une transition vers la territorialité des lois commença avec l'*Edictum Pistense* au IXe siècle[379]. Ensuite, à cause du déclin du pouvoir central on voit se créér une multitude de coutumes valant dans un certain territoire, une pluralité des coutumes. C'est dans ces conditions-là que le mouvement de la paix de Dieu voit le jour à partir de la fin du Xe siècle. Les canons de la paix de Dieu semblent avoir connu le principe de la territorialité car ils soumettent tous les briseurs de la paix au même règlement, indépendemment de leur nation ou éthnie. La paix de Dieu promue d'abord par l'Eglise lors de nombreux conciles s'est diffusée dans des diocèses et comtés pour aboutir à la paix de Louis VII qui fit publier sa paix de Soissons pour toute la France ; cette loi de 1155 voulait garantir dorénavant la paix sur un territoire vaste avec l'aide des vassaux du roi.

Mais avant de nous intéresser au passage d'un principe à l'autre[380], nous souhaitons définir les deux principes au regard de l'histoire du droit.

3.1 Personnalité et territorialité du droit

Le système de la personnalité de la loi est un système juridique selon lequel plusieurs lois sont sucsceptibles d'être appliquées sur un même territoire ou dans une circonscription (diocèse, comté) en raison de la cohabitation de populations différentes. Chaque individu est régi par le droit de la population à laquelle il appartient. L'on peut dire schématiquement que chacun porte son droit avec lui et que chaque éthnie obéit à ses propres lois[381]. Si l'éthnie ou le peuple émigrent,

---

379 S. L. GUTERMAN, *The Principle of the Personality of Law in the Germanic Kingdoms of Western Europe from the Fifth to the Eleventh Century,* American University Studies, vol. 44, p. 268 ; ID., « The first age of European law : The origin and caracter of the conflict of laws in the early middle ages », *Law Forum* 7 (1961), New York, p. 131-166.

380 S. L. GUTERMAN, « The Transition from Personality to Territoriality of Law in Feudalism », *Album J. Balon*, Namur, Belgique, 1968, p. 159-167.

381 A. ESMEIN, *Cours élémentaire d'histoire du droit français*, 4e éd., Paris, 1901, p. 53-55, 708-710.

la loi les suit[382]. La territorialité des lois implique qu'une norme est applicable dans un territoire nettement défini, idée qui dérive de la conception romaine de l'Etat. Par contre, les peuples germaniques connaissaient en général le principe de la personnalité, c'est à dire que le droit s'attachait toujours à un peuple et non au territoire où ce peuple vivait. Le système de la personnalité de la loi fut pratiqué dans presque tous les Etats qui se sont fondés après la chute de l'empire romain en Occident[383]. Ledit système avait surtout pour conséquence qu'on trouve plusieurs lois applicables sur un même territoire ce qu'on appelle la pluralité des lois. Celle-ci apparaît déjà peu avant la mort de Clovis au sein de son royaume, par deux „lois“ : Le Bréviaire d'Alaric ou la loi romaine des Wisigoths, qui a été adoptée telle quelle dans le monde franc après 507, et valait pour les Gallo-Romains, ainsi que pour les églises dans les cas non régis par le droit canon ; et la loi salique, valant pour les Francs Saliens. Progressivement, le pluralisme s'est amplifié : vers 535, avec la suppression du royaume burgonde et l'inclusion de la Bourgogne dans le royaume franc, la loi burgonde édictée précédemment par Gondebaud (dite „loi Gombette“) a été admise dans le royaume franc ; à partir du VIIe siècle, vers l'est du monde franc, ont commencé à être rédigées d'abord la loi des Francs Ripuaires (la loi ripuaire) au temps du roi Dagobert (629-639) puis, au début du VIIIe siècle, la loi des Alamans et celle des Bavarois[384].

Pour mettre en valeur ses droits dans ces conditions-là, il fallait une déclaration d'origine ou de nationalité[385]. Le nombre de ces déclarations ou *professiones* a cru au cours des IXe et Xe siècles[386]. Mais il était difficile et presque impossible d'exiger régulièrement de chacun la preuve de ses lointaines origines[387].

---

382 S. STOUFF, « Etude sur le principe de la personnalité des lois depuis les invasions barbares jusqu'au XIIe siècle », *Revue bourguignonne de l'enseignement supérieur* IV/1 (1894), Paris, p. 2 ; S. L. GUTERMAN, *The Principle of the Personality of Law in the Germanic Kingdoms of Western Europe from the Fifth to the Eleventh Century*, p. 108 et suiv. et 164-165.

383 « Dans la conception romaine de l'Etat, la loi s'appliquait à un territoire. Les peuples germaniques demeuraient, au contraire, au stade tribal, ils ne connaissaient que la loi de leur race. » Voir P. OURLIAC/J.-L. GAZZANIGA, *Histoire du droit privé français*, Paris, 1985, p. 38.

384 O. GUILLOT/A. RIGAUDIERE/Y. SASSIER, *Pouvoirs et institutions dans la France médiévale*, t. I : *Des origines à l'époque féodale*, Paris, 1999, p. 81-82.

385 S. STOUFF, « Etude sur le principe de la personnalité des lois depuis les invasions barbares jusqu'au XIIe siècle », p. 7 et 288.

386 S. GUTERMAN, *The Principle of the Personality of Law in the Germanic Kingdoms of Western Europe from the Fifth to the Eleventh Century*, p. 7.

387 A. ESMEIN, *Cours élementaire d'histoire du droit français*, p. 679 ; S. L. GUTERMAN, *The Principle of the Personality of Law in the Germanic Kingdoms of Western*

Pour pallier cet inconvénient, on avait pris l'habitude aux IXe et Xe siècles de composer les tribunaux de rachimbourgs ou de scabins[388] de plusieurs nationalités, lorsque les plaideurs appartenaient à des lois différentes afin de rendre possible que les juges appliquent la bonne loi d'une façon correcte[389]. Les « rachimbourgs » (germ. « rath » qui signifie « conseil », « bürge » est un garant) étaient des hommes libres qui énonçaient les lois et le mode de preuve. Charlemagne les remplaça par les échevins (*scabini*), des juges libres choisis par le *missus* et désignés à vie, donc impartiaux, et à l'abri de toute pression venant du comte[390].

Comme nous avons déjà évoqué, on aperçoit une évolution progressive vers la territorialité suite au mélange des peuples. C'est souvent la loi de la majeure partie de la population qui est devenue la loi même de tout le territoire. Aux lois personelles succédèrent des coutumes territoriales dans un processus qui s'étend jusqu'à la fin du XIe siècle. Les anciennes lois prennent racine et deviennent finalement des lois territoriales[391].

3.2 Droit criminel : l'ordre public en jeu

Le principe de la personnalité de la loi s'applique au droit criminel. Chacun doit être jugé suivant la loi du groupe auquel il se rattache[392]. Dans la réalité, les problèmes d'application ne manquaient pas de surgir. Les juges devaient encore maîtriser plusieurs législations lointaines et vérifier le contenu de lois qu'ils connaissaient à peine. Aussi avaient-ils tendance à recourir à leur propre loi personnelle[393] et de cette manière, une certaine « harmonisation » du droit vit le jour puisque les tribunaux essayaient d'appliquer une seule loi, à savoir la leur qu'ils connaissaient le mieux normalement.

Europe from the Fifth to the Eleventh Century, p. 263 ; S. STOUFF, « Etude sur le principe de la personnalité des lois depuis les invasions barbares jusqu'au XIIe siècle », p. 25.

388 F.-O. TOUATI (dir.), *Vocabulaire historique du Moyen Age*, Paris, 1997, p. 235.

389 S. GUTERMAN, *The Principle of the Personality of Law in the Germanic Kingdoms of Western Europe from the Fifth to the Eleventh Century*, p. 32.

390 F.-O. TOUATI (dir.), *Vocabulaire historique du Moyen Age*, Paris, 1997, p. 235.

391 S. L. GUTERMAN, *The Principle of the Personality of Law in the Germanic Kingdoms of Western Europe from the Fifth to the Eleventh Century*, p. 273 et 276 ; A. ESMEIN, *Cours élémentaire d'histoire du droit français*, p. 709.

392 S. STOUFF, « Etude sur le principe de la personnalité des lois depuis les invasions barbares jusqu'au XIIe siècle », p. 34.

393 S. GUTERMAN, *The Principle of the Personality of Law in the Germanic Kingdoms of Western Europe from the Fifth to the Eleventh Century*, p. 304-305.

Sur quelques points déjà le droit pénal avait été uniformisé. Dans l'Etat franc, dès l'époque mérovingienne, il existait certains délits qu'on qualifiait de *crimen majestatis*. Selon l'*Historia Francorum* (V 25, 27[394] ; IX 13[395] ; X 19[396]) de Grégoire de Tours, l'outrage au roi constituait un crime de lèse-majesté, et le délinquant était puni selon la législation impériale, quelle que fût sa loi nationale. Dans le royaume de Bourgogne, Romains et Burgondes étaient punis de peines identiques, au moins pour certains crimes : vol, violences, meurtre d'esclaves, rixes, adultères. La *Lex Burgundionum* ne faisait donc pas de distinction selon l'origine du coupable[397]. La composition, c'est-à-dire la peine pécuniaire infligée au coupable pour éteindre les réclamations familiales et ramener l'ordre, était admise dans la plupart des Etats germaniques au profit des hommes de toute éthnie.

La composition de l'époque franque, une institution germanique par son origine et par ses principes, n'avait que des rapports éloignés avec les transactions usitées dans le dernier état de la pratique romaine pour échapper à certaines accusations. Quand elle s'appliquait au crime de meurtre, elle portait le nom de *wergeld*, de sorte que l'assassin devait verser personnellement le prix du sang, c'est-à-dire l'indemnité en dédommagement à la victime et à son entourage[398] ; le *wergeld* se trouve aussi dans la loi salique et la loi ripuaire[399].

Le droit criminel prenait dans ces cas-là une dimension publique qui commandait l'« harmonisation » de la loi et du travail des tribunaux contemporains. L'ordre public était vraiment en jeu[400]. Le droit criminel devint dès lors le même *pour tous* sans distinction d'origine. Les usages du lieu l'emportèrent sur la pluralité des lois individuelles. En faveur de la paix publique le législateur se décida

---

394 GREGOIRE DE TOURS, *Histoire des Francs*, R. Latouche (trad.), Paris, 1963, t. I, p. 288-289.

395 GREGOIRE DE TOURS, *Histoire des Francs*, R. Latouche (trad.), Paris, 1965, t. II, p. 198-199.

396 ID., t. II, p. 295-299.

397 S. GUTERMAN, *The Principle of the Personality of Law in the Germanic Kingdoms of Western Europe from the Fifth to the Eleventh Century*, p. 34.

398 H. MAISONNEUVE, *La morale chrétienne d'après les conciles des Xe et XIe siècles*, Louvain, p. 17.

399 S. GUTERMAN, *The Principle of the Personality of Law in the Germanic Kingdoms of Western Europe from the Fifth to the Eleventh Century*, p. 35.

400 S. GUTERMAN, *The Principle of the Personality of Law in the Germanic Kingdoms of Western Europe from the Fifth to the Eleventh Century*, p. 289.

pour un droit commun et unifié, valide pour tout le monde sur un certain territoire[401]. Ce processus s'accélérera durant la période dite féodale.

3.3 La période dite féodale (XIe siècle)

Les conciles tenus dans la période dite féodale se fixaient pour but de moraliser la société, de dénoncer les injustices, brigandages et autres violences des contemporains. Ils rappelaient la discipline traditionnelle et fulminaient des anathèmes. Etant donné que les seigneurs n'étaient guère disposés à seconder les efforts pacifiques de l'Eglise, celle-ci devait agir selon ses propres moyens[402]. Avec la diffusion du mouvement réformateur et de la paix de Dieu dans beaucoup de diocèses au XIe siècle, le principe de la territorialité fut appliqué de plus en plus couramment, en liaison avec le rôle croissant des diocèses comme circonscription juridique et administrative. La responsabilité de l'évêque et, de surcroît, les intérêts du diocèse exigeaient qu'un seul droit s'établît. Les dangers du siècle provoquaient donc un besoin d'unifier les directives pour tout le monde. Certains diocèses cependant ne connaissaient qu'un ajustement partiel ou progressif de leur droit pénal.

Qui plus est, avec E. Meijers[403] nous pouvons dire que le régime foncier spécial brise toujours le principe de la personnalité et que le droit féodal n'est autre chose qu'un régime foncier spécial. Par conséquent, le système féodal entraîna également la territorialisation du droit.

L'« harmonisation » du droit dans une circonscription donnée (diocèse, châtellenie, principauté, comté[404]) était possible parce que les divergences juridiques entre les différents peuples avaient disparu de telle manière qu'on ne distinguait plus Francs, Romains, Alamans, Burgondes, Normands, etc.[405] La fusion des peuples mena à une seule communauté juridique qui favorisait un droit unique sur un certain territoire dont les habitants se considéraient comme chrétiens. Et en tant que chrétiens, dans la necessité d'agir pour le salut de la so-

---

401 H. MAISONNEUVE, *La morale chrétienne d'après les conciles des Xe et XIe siècles*, p. 21.

402 ID., p. 33.

403 E. MEIJERS, « L'histoire des principes fondamentaux de droit international privé à partir du Moyen Age », *Académie de Droit International, Recueil des cours*, III, vol. 49, p. 565-566.

404 Pour suivre le cours de cette évolution, *cf.* A. DEBORD, « The Castellan Revolution and the Peace of God in Aquitaine », p. 155, notes 32 et 58, ainsi que la partie « Le temps des châtellenies indépendantes », G. DUBY, *La société aux XIe et XIIe siècles dans la région mâconnaise*, Paris, 1963, p. 153 et suiv.

405 S. L. GUTERMAN, *The Principle of the Personality of Law in the Germanic Kingdoms of Western Europe from the Fifth to the Eleventh Century*, p. 289.

ciété chrétienne, ils pouvaient prêter serment devant Dieu et se jurer mutuellement la paix et la volonté d'accepter la même loi. Dans ce sens, la solidarité de la chrétienté pouvait jouer un rôle unificateur important.

La communauté de tous les chrétiens se réalisait pleinement dans l'Eglise romaine qui unissait tous les chrétiens[406]. Quelles que soient leur éthnie ou leur nation, ils étaient liés par le fait d'être chrétiens dans la communauté des fidèles. Ils avaient en commun la langue latine, le rite cultuel latin et la plupart des institutions de l'Occident : l'autorité de la papauté et des monarques, les ordres et les cités. Cette solidarité s'affirmera encore un peu plus tard avec le développement des croisades à l'extrême fin du XIe siècle[407]. Les croisés (*milites Christi*) luttaient en Orient, dans la péninsule Ibérique (*Reconquista*), mais aussi contre les hérétiques vivant dans leur sein[408].

La guerre sainte contre les Sarrasins ou les autres peuples non-chrétiens était justifieé par son caractère de guerre juste (*bellum iustum).* La lutte contre les briseurs de la paix et les hérétiques qui se mettaient les uns et les autres hors de l'Eglise et qui ne pouvaient y rentrer que par les rites de la réconciliation, faisait aussi partie de la guerre juste, ce que le pape Urbain II exprima clairement au concile de Clermont (1095)[409].

On retrouve le même processus d'« harmonisation » au niveau plus modeste de la châtellenie et du fief ; ce dernier se composant d'éléments personnels et territoriaux[410]. La féodalité avait créé une pluralité de justices, quasiment souveraines, dont chacune avait ses coutumes particulières[411]. Jean-François Lemarignier a fait le rapport entre les *consuetudines* (coutumes) représentant des

---

406 R. WALLACH, *Das abendländische Gemeinschaftsbewußtsein im Mittelalter*, Leipzig, 1928, p. 12 suiv. ; W. G. GREWE, *Epochen der Völkerrechtsgeschichte*, 1984, p. 72.

407 J. FLORI, *Chevaliers et chevalerie au Moyen Age*, IIIe partie.

408 ID., p. 192. ; voir en général : C. ERDMANN, *Die Entstehung des Kreuzzugsgedankens,* Stuttgart, 1935 (ND Darmstadt 1980).

409 W.G. GREWE, *Epochen der Völkerrechtsgeschichte*, p. 136 ; J. FLORI, *Chevaliers et chevalerie au Moyen Age*, p. 195. Au terme d'une longue évolution vient alors la confirmation par le juriste Hostiensis. Ce dernier (Henri de Segosia, professeur à Bologne et à Paris (1262), cardinal, archevêque d'Ostie, mort en 1271), dans un chapitre *De treuga et pace* de sa *Summa Aurea* fit la théorie de la guerre juste : *bellum Romanum,* car les chrétiens sont les successeurs de l'Empire romain, *faida* juste, sacralisée, qui implique toute une série de règles protégeant les biens des ennemis, leurs femmes et leurs enfants : *Bellum quod est inter fideles et infideles potest dici bellum romanum et hoc est iustum. Hoc enim romanum voco quia Roma est caput fidei nostrae et mater.* Cf. A. RIVERA DAMAS, *Pensamiento político de Hostiensis,* Zurich, 1964.

410 S. L. GUTERMAN, *The Principle of the Personality of Law in the Germanic Kingdoms of Western Europe from the Fifth to the Eleventh Century*, p. 290.

411 A. ESMEIN, *Cours élémentaire d'histoire du droit français*, p. 709.

droits de justice criminelle avant tout, et le développement de la paix et trêve de Dieu. Des études plus récentes confirment que le mot *consuetudines* est rarement employé avant 987 et qu'on ne le trouve presque jamais, entre 900 et 987, dans le sens d'exactions ou de droits seigneuriaux ; surtout, elle confirment que l'apparition du mot dans ce nouveau sens se produit dans les années qui suivent le changement dynastique : en 991 en Ile-de-France, 993-994 en Orléanais, 994 en Anjou et en Velay, autour de l'an mil en Mâconnais, Poitou, Champagne, 1003 en Saintonge. Il est difficile de dire quelle région tient la palme de la dissociation, tant le phénomène, là où il se produit, introduit tôt ou tard une dynamique d'affrontement entre pouvoirs traditionnels et nouveaux pouvoirs et châtelains qui donne du prime abord une impression globale de chaos politique. Certains pouvoirs comtaux ou princiers parviennent cependant mieux et plus rapidement que d'autres à surmonter la crise châtelaine : le comte de Barcelone s'attache ainsi, dès la seconde moitié du XIe siècle, à prendre en main l'application de la paix de Dieu et à rétablir une certaine cohésion au sein de ses comtés catalans[412]. Les règles de la paix de Dieu ont essayé d'atteindre ce but, bref pour arracher les *malae consuetudines*, les mauvaises coutumes[413].

Le rapt, le vol, le crime de l'incendiaire, l'homicide étaient le plus souvent mentionnées et constituaient la *vicaria*, elle-même réputée coutume et droit de la puissance publique[414]. L'émiettement de la puissance publique et de l'autorité royale étaient la conséquence de la dislocation du *pagus* conduisant à l'apparition des châtellenies[415]. L'essor de ces nouveaux pouvoirs avec usurpation des prérogatives de puissance publique au profit des châtelains menaçait largement les biens et le pouvoir de l'Eglise. Les Carolingiens avaient encore fondé leur système politico-administratif sur la cohésion du *pagus* et du diocèse

---

412 O. GUILLOT/A. RIGAUDIERE/Y. SASSIER, *Pouvoirs et institutions dans la France médiévale*, t. I : *Des origines à l'époque féodale*, Paris, 1999, p. 190-192.

413 C. LAURANSON-ROSAZ, « Des 'mauvaises coutumes' aux 'bonnes coutumes'. Essai de synthèse pour le Midi (Ve-XIIe siècles) », *La coutume au village dans l'Europe médiévale et moderne,* M. MOUSNIER/J. POUMAREDE (éd.), Toulouse, 2001 (Actes des XXes Journées Internationales d'Histoire de l'Abbaye de Flaran, septembre 1998), p. 44-51.

414 J.-F. LEMARIGNIER, « La dislocation du 'pagus' et le problème des 'consuetudines' (Xe – XIe siècles) », *Mélanges d'histoire du Moyen Age dédiés à la mémoire de Louis Halphen,* Paris, 1951, p. 406-408.

415 Par rapport à la « Gauverfassung » voir : E. WADLE, « Heinrich IV. und die deutsche Friedensbewegung », *Investiturstreit und Reichsverfassung,* J. FLECKENSTEIN (éd.), Sigmaringen, 1973, p. 141-173.

et, par dessus tout, l'étroite relation entre les deux[416]. Dès que cet ordre ne fonctionnait plus, on voulait réorganiser les différents *consuetudines* comme à l'époque carolingienne.

3.4 La participation des évêques

Suite à la signature des actes conciliaires par l'archevêque Gombaud et les autres évêques, la paix de Charroux était valide dans l'archevêché de Bordeaux qui englobait les circonscriptions judiciaires et administratives des diocèses tels que Bordeaux, Poitiers, Angoulême, Saintes, Périgueux, Limoges appartenant à celui de Bourges. Il en va de même pour d'autres conciles. Aussi convient-il de repérer avec précision les évêques présents dans chaque assemblée.

Au concile du Puy en l'an 994 ont participé, outre l'évêque Guy du Puy, les évêques suivants : Pierre de Viviers, Gui de Valence, Bégon d'Auvergne, Raimond de Toulouse, Déodat de Rodez, Frédelon d'Elne, Fulcran de Lodève, Gui de Glandèves et de très nombreux autres évêques. Il faut indiquer que la paix du Puy fut confirmée par la suite de la part de Dagbert (987-1013), archevêque de Bourges et Thibaud, archevêque de Vienne (970-1000). A Anse (près de Lyon) en 994 se réunirent les archevêques Burchard de Lyon et de Thibaud de Vienne, les évêques Guillaume d'Autun, Lambert de Châlon, Leutbald de Mâcon, Wigo de Valence, Erbold d'Uzès, Evrard de Maurienne, Humbert de Grenoble, Anselm d'Aosta et Amiso de Tarantaise[417].

Le concile de Poitiers de 1000-1014, dirigé par le duc Guillaume le Grand, comte de Poitou et duc d'Aquitaine, réunit les participants suivants : l'archevêque de Bordeaux, les évêques de Poitiers, Limoges, Angoulême, Saintes et une douzaine d'abbés. Le concile de Verdun-sur-le-Doubs (1019-1021), une convention de la paix, conclue aux confins des royaumes de France et de Bourgogne, réunit des prélats et des seigneurs des deux royaumes : les deux archevêques Burchard (Lyon) et Gautier (Besançon), les évêques Elmuin d'Autun, Hugues d'Auxerre, Geoffroy de Châlon, Lambert de Langres, Josselin de Mâcon, Béraud de Soissons, ainsi que des clercs et des laïcs « nobles et plébéiens ».

Sous la présidence de l'évêque Jourdain de Limoges, le concile réunit le 14 décembre 1031, pour traiter de l'apostolicité de saint Martial et de l'hérésie, de la paix et de la cessation des guerres privées, de nombreux participants : l'arche-

---

416 J.-F. LEMARIGNIER, « La dislocation du 'pagus' et le problème des 'consuetudines'(Xe – XIe siècles) », p. 409-410.

417 L. HUBERTI, *Gottesfrieden*, p. 40.

vêque de Bourges Aimon (qui présida le concile de Bourges la même année) ainsi que les évêques Etienne du Puy, Rencon d'Auvergne (Clermont), Raimond de Mende, Ameil d'Albi, Dieudonné de Cahors, Isembert Ier de Poitiers, Rohon d'Angoulême, Arnaud de Périgueux et quelques autres.

A Narbonne en 1054, furent présents dix évêques dont l'archevêque Guifred. Etaient représentés les diocèses de Béziers, d'Agde, de Lodève, de Maguelonne, de Nîmes, de Carcassonne, de Gérone, de Barcelone et d'Albi[418].

La paix de Cologne de 1083 s'étendait aux diocèses de Liège, Utrecht, Munster, Osnabruck et Minden qui appartenaient tous à l'archevêché de Cologne. Il y a, de plus, un second argument qui joue en faveur d'une grande probabilité de l'application des règles de la paix dans la pratique. L'archevêque de Cologne disposait depuis le Xe siècle aussi du pouvoir judiciaire public qu'il faisait exercer régulièrement par le burgrave (*burgrafio*) et un bailli[419]. Comme l'archevêque ne devait partager le pouvoir judiciaire public avec personne, il pouvait l'exercer selon les règles de sa propre Paix de 1083.

C'est en effet en fonction de la présence de leurs évêques, que la paix pouvait s'étendre sur les diocèses qu'ils représentaient, selon le principe de la territorialité du droit.

Reste à conclure que la paix de Dieu a favorisé le principe de la territorialité ce qui permettait de lutter contre l'emiettement des pouvoirs et la mainmise des nouveaux pouvoirs sur les biens de l'Eglise. L'Eglise aspirait à rétablir l'ancienne cohésion territoriale carolingienne et l'ordre dans la « Maison de Dieu » qui avait tendance à bousculer, fait que maints auteurs contemporains avaient fait remarquer par rapport à l'état de la société du XIe siècle. Dans ce sens, la vue des choses décrite par les évêques Adalbéron de Laon et Gérard de Cambrai sera encore de grand intérêt pour notre analyse[420].

---

418 G. BRUNEL/E. LALOU (éd.), *Sources d'histoire médiévale*, p. 140.

419 D. WILLOWEIT, « Die Sanktionen für Friedensbruch und der Kölner Gottesfrieden von 1083 », *Recht und Kriminalität*, E. SCHLÜCHTER/K. LAUBENTHAL (éd.), Cologne, 1990, p. 46 ; H.-W. GOETZ, « Kirchenschutz, Rechtswahrung und Reform. Zu den Zielen und zum Wesen der frühen Gottesfriedensbewegung in Frankreich », *Francia* 11 (1983), p. 239.

420 O. GUILLOT/A. RIGAUDIERE/Y. SASSIER, *Pouvoirs et institutions dans la France médiévale*, t. I : *Des origines à l'époque féodale*, Paris, 1997, p. 217.

La participation des évêques aux conciles de la paix de Dieu à travers la liste des participants

Concile et année/ Evêché ou **Arche-vêché** représentés	Charroux 989	Le Puy 994	Limoges 994	Anse 994	Poitiers 1000-14	Verdun/ Doubs 1023	Beau-vais 1023	Limoges 1031
Besançon						Gautier		
Bordeaux	Gombaud		Gombaud		Séguin			
Agen	Gombaud		Gombaud		?			
Angoulême	Hugue de Jarnac		Grimoard		Grimoard			Rohon
Périgueux	Frotier		Frotier					Arnald
Poitiers	Gilbert		Gilbert		Gilbert			Isembert I
Saintes	Abbon		Abbon		Islon			
Bourges		Dagbert[421]	Aimon					Aimon
Albi								Amelius
Cahors								Deusdedit
Clermont		Bégon	?					Rancon
Le Puy		Guy	Etienne de Gevaudan					Etienne
Limoges	Hildegaire		Hilduin		Hilduin			Jourdain
Mende								Raymond
Rodez		Déodat						
Lyon				Burchard		Burchard		
Autun				Guillaume		Elmuin		
Châlon				Lambert		Geoffroy		
Langres						Lambert		
Mâcon				Leutbald		Josselin		
Narbonne								
Elne		Frédelon						

421 Les archevêques Dagbert (Bourges) et Thibaud (Vienne) ont confirmé la paix du Puy par la suite sans être présents à l'assemblée.

Lodève		Fulcran						
Toulouse		Raimond						
Uzès				Erbold				
Reims							?[422]	
Soissons						Béraud	?	
Beauvais							Warinus	
Sens								
Auxerre						Hugues		
Vienne		Thibaud		Thibaud				
Grenoble				Humbert				
Valence		Gui		Wigon				
Viviers		Pierre						
D'autres								
Aosta				Anselm				
Glandève		Gui						
Maurienne				Evrard				
Tarantaise				Amiso				

Il s'agit des conciles les plus importants et dont nous connaissons les noms des évêques et archevêques. H.-W. GOETZ offre une liste plus ample que la nôtre en indiquant seulement les évêchés et archevêchés représentés sans donner les noms des prélats[423].

Besançon, Bordeaux, Bourges, Lyon, Narbonne, Reims, Sens et Vienne sont des archevêchés avec plusieurs évêchés et sont marqués **en gras**.

422 Les *Gesta episcoporum Cameracensium* (L. C. BETHMANN (éd.), *MGH SS*, 7, p. 474) confirment la participation des *coepiscopi* du Nord de la France ; cf. L. HUBERTI, *Gottesfrieden*, p. 165-167.

423 Nos représentations reprennent les cartes déjà données par H.-W. GOETZ, « La paix de Dieu en France autour de l'an Mil : fondements et objectifs, diffusion et participants », *Le roi de France et son royaume autour de l'an Mil*, M. PARISSE/X. BARRAL I ALTET (dir.), Paris, 1992, p. 144-145.

4. Le maintien de la société tripartite

En raison des changements économiques et sociaux, le XIe siècle a connu ce qu'il est convenu d'appeler la « mutation féodale »[424], d'où des désordres, des conflits, des violences que la paix devait canaliser[425]. C'était justement le contemporain Adalbéron de Laon qui présente « le monde à l'envers » et qui propose un retour à la balance égale entre les ordres de la société tripartite[426]. La société traditionnelle était en jeu d'où l'intérêt de remonter dans le passé carolingien.

4.1 La restauration « du bon ordre »

Le but, en effet, était de restaurer « le bon ordre » et non de condamner la guerre en soi, l'ordre social, la féodalité ou l'autorité publique[427]. Les pouvoirs ecclésiastiques ne cherchaient ni à remplacer totalement l'autorité défaillante de l'Etat, ni à remettre en cause la situation dominante des seigneurs. Bien au contraire, la paix de Dieu visait à conforter l'ordre social, puisqu'il représentait l'ordre voulu par la Providence divine. Il s'agissait, en christianisant la société, de combattre les désordres qui entraînaient de graves dommages pour les groupes sans défense, à savoir clercs, paysans, marchands, pauvres, veuves, orphelins, pèlerins, etc.[428] Au concile de Verdun-sur-le-Doubs (1019-1021) les participants, avant tout les laïcs, s'engagèrent par serment sur les reliques à ne plus user de violence contre les *inermes* et à respecter les biens des églises et des monastères[429]. Voici les passages en question de ce concile[430] :

---

424 G. DUBY, *Les trois ordres ou l'imaginaire du féodalisme*, p. 166-167 ; J.-P. POLY/E. BOURNAZEL, *La mutation féodale, Xe – XIIe siècle*, 1992, p. 222 et suiv.

425 C. CAROZZI, « La tripartition sociale et l'idée de paix au XIe siècle », *Actes du CIe congrès des Sociétés savantes*, 1976 ; P. GEARY, « Vivre en conflit dans une France sans Etat : typologie des mécanismes de règlement des conflits (1050-1200) », p. 1119 et suiv.

426 O. GUILLOT/A. RIGAUDIERE/Y. SASSIER, *Pouvoirs et institutions dans la France médiévale,* t. I : *Des origines à l'époque féodale*, Paris, 1999, p. 217.

427 R. FAVREAU, « Le concile de Charroux », p. 10.

428 H.-W. GOETZ, « Kirchenschutz, Rechtswahrung und Reform. Zu den Zielen und zum Wesen der frühen Gottesfriedensbewegung in Frankreich », p. 193-239 ; R. FAVREAU, « Le concile de Charroux », p. 16.

429 M. PACAUT, « Odilon de Cluny et la violence », p. 58.

430 R. BONNAUD-DELAMARE, « Les institutions de paix dans la province ecclésiastique de Reims au XIe siècle », *Bulletin philologique et historique (jusqu'à 1715) du Comité des travaux historiques et scientifiques, années 1955-56*, Paris, 1957, p. 143-200 (148-153). Le texte est le suivant : *« Praedam non faciam de bove, de vacca, de porco, de vervece, de agno, de capra, de asino et asina, et fasce quem por-*

« Je ne ferai pas proie de boeuf, de vache, de porc, de brebis, d'agneau, de chèvre, d'âne, du fagot qu'il porte, d'oie, de coq, de poule (sauf de faucons) ... non plus que de la jument déferrée et de son poulain indompté. Je n'arrêterai pas le vilain ou la vilaine, les sergents ou les marchands, ni ne prendrai leurs deniers, ni ne les obligerai à se racheter, ni ne leur prendrai ni ne leur détruirai leur avoir, ni ne les fouetterai. Je ne prendrai à aucun homme un mulet, une mule, un cheval, une jument ou une autre bête qui serait au pâturage, non plus qu'à l'aller ou au retour, ou dans les lieux où ils se trouveront, sauf le cas où je les trouverai en train de me faire du dommage...Je n'incendierai ni ne détruirai les maisons, à moins que je n'y trouve un chevalier, mon ennemi, en armes, ou un voleur, à moins aussi qu'elles ne soient jointes à un château... Je ne couperai, ni ne frapperai, ni n'arracherai les vignes d'autrui ; je ne les vendeangerai pas, sauf dans la terre qui est mienne ou doit être mienne. Je n'assaillirai pas ceux qui conduiront du vin ou des céréales ou quelque denrée sur des chars ou des bateaux et ne leur prendrai rien. Je ne détruirai pas de moulin, ni ne prendrai le blé qui s'y trouve... »

Avec ce texte nous avons un témoignage détaillé de la société contemporaine et de ses personnages et biens à protéger. Vient d'abord la liste des animaux les plus importantes pour l'agriculture et mis sous protection de la paix civile. Il est intéressant de voir promettre les présents au concile en première personne du singulier ce qui montre une participation active du peuple. La paix et sa protection incombent à chacun. Outre le vol des bêtes il est question de la protection de certaines personnes, les pauperes, mais aussi les marchands. L'incendie et la destruction des maisons et des moulins sont mises en relief.

---

tant. De auca, de gallo et gallina, nisi pro accipitribus : et si propter eos accepero, emam illam duos denarios. De equa differata, et pullo ejus indomito. Villanum, et villanam, vel servientes, aut mercatores non prendam, nec denarios eorum tollam, nec redimere eos faciam, nec suum habere eis tollam aut perdam, nec flagellabo eos. Mulum aut mulam, aut caballum, aut equam, seu aliquam bestiam quae ni pascuis fuerit, aut in eundo vel redeundo, vel in locis in quibus fuerint, nisi eos in meo damno invenero, non tollam ulli homini : et si invenero, non occidam eos, nec confundam : et si infra spatium octo dierum emendare voluerit damnum quod mihi fecerit, et legem, si convenit reddam ei. Mansiones non incendam, nec destruam, nisi inimicum meum caballarium cum armis intus invenero, aut latronem ; et nisi castello junctae fuerint quod in nomine castelli consistit. Vineas alterius non troncabo, neque flagellabo, neque eradicabo; neque vindemiabo nisi in illa terra quae mea est, aut mea debet esse in dominio me sciente. Illos autem qui vinum, aut annonas, cum carro vel curribus vel navibus, aut aliquam substantiam duxerint, non assaliam, nec quicquam eis tollam. Molendinum non destruam, nec annonam qui in eo fuerit rapiam... ».

Etant en danger la conservation de ces biens tenait à coeur aux initiateurs de la paix de Dieu.

4.2 L'harmonie du monde en danger

L'idée de la société tripartite remonte - selon certains - à une pensée indo-européenne[431]. Le roi est le roi de tous, des *oratores*, des *bellatores* et des *laboratores*. Au sommet étaient les clercs (*oratores*) et plus précisement les évêques, intercesseurs obligés entre la Cité terrestre et la Cité céleste, seuls investis du pouvoir de faire accéder au ciel les prières et les offrandes du peuple chrétien et de celui d'éclairer ce même peuple en interprétant la parole de Dieu. Second, les *bellatores* ou *pugnatores* qui avaient reçu de la Providence la qualité génétique d'être des guerriers et étaient donc investis fondamentalement d'une mission de maintien de l'ordre. Au dernier rang étaient cantonnés les travailleurs (*laboratores*)[432]. Ces trois ordres formaient le véritable corps social à l'époque[433].

Ce *topos* de la société tripartite exprimait l'harmonie et l'interdépendance entre les trois ordres. Selon Adalbéron de Laon, la « Maison de Dieu » était donc triple en même temps qu'il la faut croire une. Ces trois fonctions allaient ensemble et ne souffraient pas d'être disjointes : le service rendu par l'une était la condition des oeuvres des deux autres, chacune à son tour prêtait son appui à l'ensemble[434]. Pourtant, lorsqu'un de ces ordres avait trop de pouvoir et mettait en danger la vie d'un autre, l'équilibre chancelait et la société tombait en dysfonctionnement. La balance et l'autorité publique s'écroulaient. Le roi comme garant de cet équilibre, celui qui l'incarnait au sens le plus fort du terme, devait prendre ses responsabilités pour assurer le bon fonctionnement de la « Maison de Dieu »[435].

Au temps même où commence à se développer l'idée de la trêve Dieu, Gérard de Cambrai, reprenant le thème de la tripartition du genre humain, insiste plus encore que ne l'a fait Adalbéron sur la légitimité de l'activité des *pugnatores* dont les autres ordres sont également redevables : il répond ainsi à une vision qui se répand autour du millénaire de la mort du Christ, et qu'il juge extrême et irréaliste parce que ne tenant aucun compte de la fragilité humaine : celle d'une

---

431 J.-P. POLY/E. BOURNAZEL, *La mutation féodale, Xe – XIIe siècle*, p. 225 ; P. BONNASSIE, *50 mots cléfs de l'histoire médiévale*, « ordres », p. 150-151.

432 P. BONNASSIE, *Les 50 mots cléfs de l'histoire médiévale*, « Ordres », p. 150.

433 J.-P. POLY/E. BOURNAZEL, *La mutation féodale, Xe – XIIe siècle*, p. 234 ; encore plus détaillé sur les ordres : G. LE BRAS, *Institutions ecclésiastiques de la chrétienté médiévale*, Ie partie, Livre I, 1959, chap. « Les trois états », p. 149-202.

434 J.-P. POLY/E. BOURNAZEL, *La mutation féodale, Xe – XIIe siècle*, p. 234.

435 ID., p. 231.

paix parfaite, véritable préfiguration de la « Jérusalem céleste Dieu », qui en viendrait à contraindre les *nobiles* à renoncer pour toujours à l'usage des armes, c'est-à-dire à leur raison d'être en tant qu'ordre. La trêve de Dieu n'ira certainement pas, loin de là, jusqu'à cette subversion fondamentale ; elle n'en proposera pas moins au monde des guerriers un idéal : celui du chevalier pénitent soucieux, pour le salut de son âme, de s'abstenir pour un temps de l'activité belliqueuse, réputée source de péché[436].

Pour pallier l'éloignement de la puissance publique et les lacunes dans le fonctionnement des tribunaux l'évêque doit intervenir[437]. C'est pourquoi le concile de Bourges en 1031 décida que tous les hommes en état de porter les armes devraient jurer d'entrer dans les milices diocésaines[438]. De plus, un tribunal de paix fut instauré pour permettre au clergé d'exercer le contrôle de la paix publique et de demander aux plus puissants de s'associer avec lui. L'Eglise n'avait pas l'intention d'abolir le port des armes et la guerre privée en général, la paix devait conditionner la société chrétienne, à savoir la juste place où chaque membre d'un ordre pouvait exercer sa fonction, comme Dieu le voulait[439]. L'Eglise ne condamnait pas la guerre en général, mais s'employait à en limiter les effets en soustrayant à l'action des belligérants des personnes et des biens et en limitant le temps des hostilités.

4.3 Un seul droit applicable dans la « Maison de Dieu »

Cette Maison tripartite représentait le corps du Christ[440]. Le Moyen Age a hérité de ses pères spirituels, saint Grégoire et saint Isidore, l'idée qu'il faut toujours être soumis à un ordre et que, dans la grande concaténation des êtres, chacun a des droits et des devoirs, chacun est lié aux autres. L'idée que chacun, à sa place et dans son ordre, a sa propre règle de vie, se trouve dans presque tous les textes[441]. L'idéologie des *ordines* est dominée par la doctrine paulinienne du

---

436 O. GUILLOT/A. RIGAUDIERE/Y. SASSIER, *Pouvoirs et institutions dans la France médiévale,* t. I : *Des origines à l'époque féodale*, p. 217.

437 ID., p. 236.

438 C.-J. HEFELE/H. LECLERCQ, *Histoire des conciles*, t. IV, II, p. 971-972 ; K.-F. WERNER, « Observations sur le rôle des évêques dans le mouvement de paix au Xe et XIe siècles », *Mediaevalia Christiana,* Tournai, 1989, p. 159.

439 M. PACAUT, « Odilon de Cluny et la violence », p. 58.

440 Y. CONGAR, « Les laïcs et l'ecclésiologie des « ordines » chez les théologiens des XIe et XIIe siècles », p. 83 et suiv. ; voir les caractéristiques du *Christ caput*, cf. Y. CONGAR, « Saint Augustin et le traité ecclésiastique 'De gratia capitis' », *Augustinianum*, 1980, p. 79-93.

441 Références dans : Y. CONGAR, « Les laïcs et l'ecclésiologie des « ordines » chez les théologiens des XIe et XIIe siècles », p. 113-114.

Corps mystique, transmise également à travers saint Augustin qui enseignait que nul ne doit vivre pour soi seul et que chacun, dans le Corps, doit faire ce qu'il fait au profit de tous[442]. Aussi, pour maintenir l'unité dans la « Maison de Dieu », faut-il des règles sociales et juridiques unifiées[443]. Pour reprendre Adalbéron dont la pensée se retrouve dans les textes de la paix de Dieu : « Et c'est ainsi que la loi a pu triompher, et le monde jouir de la paix. » [444]

Or, l'extension de la paix de Dieu n'avait pas pour seul objectif d'unifier le droit. Elle devait aussi concourir à la purification de la société chrétienne, à une véritable *catharsis*, un aspect qui n'a pas été suffisamment pris en compte par les historiens.

---

442 ID., p. 114 ; E. BERNHEIM, *Mittelalterliche Zeitanschauungen in ihrem Einfluß auf Politik und Geschichtsschreibung*, Ie partie, Tübingen, 1918.

443 J.-P. POLY/E. BOURNAZEL, *La mutation féodale, Xe – XIIe siècle*, p. 222-223.

444 IBID.

5. La *catharsis* de la société

La *catharsis* se met en place à partir du XIe siècle par le biais d'une absolution générale des péchés, évoquée notamment par le concile de la paix de Limoges de 1031 (2). C'est la lutte contre le péché, considéré comme une des causes principales des calamités sociales, qui entraîne l'intervention des évêques et favorise la diffusion de la paix de Dieu[445]. Aussi ce mouvement comporte-t-il une dimension pénitentielle qu'il nous faut maintenant étudier (1).

5.1 La pénitence et l'aveu du péché

Dans la doctrine médiévale[446], le péché est présenté comme une opposition entre volonté humaine et volonté divine. Selon saint Augustin, le péché est une absence ou un manque de bien et, d'un point de vue théologique, un éloignement de Dieu ainsi qu'un retournement vers la créature. Mais c'est surtout la définition augustinienne que va retenir la théologie médiévale, à savoir que le péché est une parole, un acte ou un désir allant à l'encontre de la loi divine. Face à l'ordre divin objectif, le péché est perçu comme une privation, un détachement à la fois de la rectitude originelle, de la justice de la grâce de persévérance. Pierre Abélard accentue la concrétude et la subjectivité du péché, en le posant non plus au niveau de l'acte extérieur, mais dans l'intention du sujet. Bernard de Clairvaux et Hugues de Saint-Victor perçoivent dans la définition augustinienne les deux axes fondamentaux de leur compréhension du péché : c'est un acte humain qui est désordonné. L'homme étant l'image de Dieu, il possède la capacité de recueillir le don de Dieu à travers Jésus-Christ. Il lui est ainsi possible d'accomplir sa tâche et de s'achever lui-même dans l'accomplissement de son rôle. L'être humain devient ainsi coopérateur de Dieu créateur et sauveur. C'est de l'échec de cette coopération que naît le péché.

A cela il convient d'ajouter le terme de péché originel (*Erbsünde*), notion créée également par saint Augustin. Le péché originel est l'état de dégradation dans lequel sont conçus tous les descendants d'Adam, par suite du péché de leur premier père. Le péché est effacé par la grâce de Dieu qui se manifeste dans le baptême ; ce dernier rend à l'homme sa perfection par l'intermédiaire du Christ. Seulement la pénitence est à même d'effacer tous les péchés d'après.

---

445 H. MAISONNEUVE, *La morale chrétienne d'après les conciles des Xe et XIe siècles*, p. 3.

446 Méticuleusement décrit par M. LAMBERT, « péché », C. GAUVARD/A. DELIBERA/M. ZINK (dir.), *Dictionnaire du Moyen Age*, Paris, 2002, 2e éd., p. 1061-1062.

La pénitence, déjà sur le plan éthymologique, est une punition que l'homme s'impose ou qui lui est imposée pour expier le péché qu'il regrette. Elle comprend la contrition, sentiment d'avoir malfait avec une notion de remords, la confession et la satisfaction. Dès que le pénitent est décidé à se soumettre à l'expiation du péché et à avouer ses fautes et d'accomplir la satisfaction imposée par l'Eglise, la pénitence intérieure obtient la rémission des péchés et la reconciliation ecclésiastique[447]. La pénitence exprime à la fois un remords pour le passé et un engagement pour l'avenir. Par la pénitence ecclésiastique qui doit naître de la foi, de la charité et de l'union avec l'Eglise, les péchés commis après le baptême peuvent être remis[448].

L'objet central de la pénitence ecclésiastique au XIe siècle était la réconciliation du pénitent avec l'Eglise et avec Dieu représenté par son Eglise sur terre[449]. Le pécheur regrettait son péché et se proposait de ne plus le commettre. Cette *actio poenitentiae* n'était efficace qu'en union avec l'Eglise et devait être soumise à la direction de ses ministres, détenteurs du pouvoir de lier et de délier. Elle comprenait un aveu des fautes, un jugement, dans lequel étaient déterminés la durée et le mode de punition, et enfin un rite de réconciliation, par lequel l'Eglise signifiait officiellement que les péchés étaient pardonnés. La pratique de l'aveu des fautes, un facteur de plus en plus important de la pénitence[450], s'était diffusée

---

447 P. ANCIAUX, *La Théologie du Sacrement de Pénitence au XIIe siècle*, Louvain, 1949, p. 51 et 54.

448 C. VOGEL, « Les rites de la pénitence publique aux Xe et XIe siècle », *Mélanges offerts à R. Crozet*, Poitiers, 1966, p. 137-144 ; P. ANCIAUX, *La Théologie du Sacrement de Pénitence au XIIe siècle*, p. 29 ; J. MORINUS, *Commentarius historicus de disciplina in administratione sacramenti Poenitentiae tredecim primis seculis in Ecclesia Occidentali et hucusque in Orientali observata*, Anvers, 1682 ; B. POSCHMANN, *Kirchenbuße und « correptio secreta » bei Augustinus*, Braunsberg, 1923 ; ID., *Die abendländische Kirchenbuße im Ausgang des christlichen Altertums*, Munich, 1928 ; J. JUNGMANN, *Die lateinischen Bußriten in ihrer geschichtlichen Entwicklung*, Innsbruck, 1932 ; ID., *Die abendländische Kirchenbuße im frühen Mittelalter*, Breslauer Studien zur historischen Theologie, t. 16, Breslau, 1930 ; P. GALTIER, *L'Eglise et la rémission des péchés aux premiers siècles*, Paris, 1932, 3e éd. ; G. FOURURE, *Malheur et châtiment*, Paris, 1959.

449 F. RUSSO, « Pénitence et excommunication - Etude historique sur les rapports entre la théologie et le droit canon dans le domaine pénitentiel du IXe au XIIIe siècle », *Recherches de science religieuse* XXXIII (1946), p. 257-279 et 431-461.

450 A. TEETAERT, *La confession aux laïques dans l'Eglise latine, Dissertationes ad gradum magistri in Facultate theologica*, série II, t. 17, Louvain, 1926, p. 1-66 ; B. POSCHMANN, *Die abendländische Kirchenbuße im Ausgang des christlichen Altertums*, p. 179 et 187-197 ; P. BROWE, « Die Pflichtbeichte im Mittelalter », *Zeitschrift für Katholische Theologie* LVII (1933), p. 335-383 ; P. ANCIAUX, *La Théologie du Sacrement de Pénitence au XIIe siècle*, p. 27-28.

dans l'Eglise du haut Moyen Age[451]. Si jusqu'au XIe siècle la pratique pénitentielle était individuelle et personnelle, en revanche à partir du XIe siècle, les textes laissent apparaître une innovation, l'absolution générale[452].

5.2 L'absolution générale : le concile de Limoges de 1031

Dans l'Eglise des origines seul l'évêque, détenteur officiel du pouvoir des clefs, réconciliait les pénitents[453]. La réconciliation[454] de ces derniers n'était obtenue cependant qu'après l'accomplissement des peines imposées. L'absolution générale des évêques pratiquée à partir du XIe siècle, était une réconciliation officielle avec l'Eglise. Bien que cette pratique ait été plus ou moins préparée dès le VIIe siècle par les *redemptiones* ou commutations de pénitences et les rémissions individuelles et partielles accordées à l'occasion d'un don à une église ou d'un pélerinage vers un lieu saint, elle constituait cependant un fait nouveau au XIe siècle. Il n'existait pas encore à cette époque une véritable théologie du sacrement de pénitence. Malgré des objections et des réactions violentes au XIe siècle, la coutume s'introduisit selon laquelle l'évêque, à la fin des sermons et après avoir demandé à ses auditeurs une confession générale de leurs fautes, leur accordait l'absolution, la rémission de leurs fautes[455].

Des absolutions générales étaient prévues pour certaines aumônes, pour la visite de certains sanctuaires et, à la fin du XIe siècle pour la participation aux croisades. Enfin le Pape et les évêques terminent souvent leurs lettres par des formules d'absolution. Urbain II, qui a généralisé les institutions de paix en Occident, a exhorté les chevaliers français à la guerre contre l'infidèle. C'est dans ce contexte de recours aux absolutions générales et à la bénédiction éternelle que l'évêque Jourdain, lors du concile de la paix de Dieu de Limoges en l'an 1031, les a promis en faveur de ceux qui observeraient les canons de la paix en tant que fils de la paix, c'est-à-dire en tant que fils de Dieu[456] : *Haec qui observave-*

---

451 K. MÜLLER, « Der Umschwung in der Lehre von der Buße während des 12. Jahrhunderts », *Theologische Abhandlungen C. von Weizsäcker*, Fribourg-en-Brisgau, 1892, p. 287-320.

452 P. ANCIAUX, *La Théologie du Sacrement de Pénitence au XIIe siècle*, p. 41 et 50-51.

453 ID., p. 46.

454 Les formes de la réconciliation n'étaient pas encore uniformisées dans l'Eglise du XIe siècle ; cf. pour les différentes formes, P. ANCIAUX, *La Théologie du Sacrement de Pénitence au XIIe siècle*, p. 48.

455 B. POSCHMANN, *Die abendländische Kirchenbuße im Ausgang des christlichen Altertums*, p. 221-227 ; P. ANCIAUX, *La Théologie du Sacrement de Pénitence au XIIe siècle*, p. 50-51.

456 J.-P. MANSI XIX, col. 530.

rit, tamquam filio pacis, immo Dei ... absolutionem conferimus peccatorum, et benedictionem aeternam.

Contre les ennemis de la paix qui refusaient ou qui avaient refusé de jurer la paix et la justice, on prononçait l'excommunication qui mettait en dehors du groupe comme l'avait fait d'ailleurs le forban à l'époque franque. Le forban était une peine consistant à bannir un coupable du royaume ou d'une juridiction. Nous avons non seulement un péché, c'est-à-dire une transgression consciente de la loi divine, mais également un crime sanctionné par l'excommunication. Le péché était en effet toujours considéré comme un crime contre l'ordre et Dieu, source de la paix et de la justice[457]. Cependant, la réconciliation avec l'Eglise restait toujours possible. La réconciliation avec l'Eglise retrouvée, l'on était à même de jurer un pacte de paix avec Dieu[458].

L'acte de pénitence se réfère non seulement aux péchés commises dans le passé, mais englobe de plus l'engagement de respecter la paix dans l'avenir. L'observation de la paix de Dieu pourra mener à une absolution générale et une bénédiction éternelle.

En outre, le pacte conclu avec les fidèles est la promesse publique et officielle face à la communauté toute entière, au clergé, aux saints et à leurs reliques, de ne plus répéter le mal commis dans le passé. Cet acte de purification, de *catharsis*, était même une condition necessaire à la prestation du serment, car pour faire un pacte avec Dieu, il fallait être purifié de la souillure du péché. L'Eglise, médiatrice entre le ciel et la terre, proposait aux fidèles cette possibilité[459].

---

457 S. KUTTNER, *Kanonistische Schuldlehre von Gratian bis auf die Dekretalen Gregors IX.*, Città del Vaticano, *Biblioteca Apostolica Vaticana*, 1935, p. 3

458 C. CAROZZI (éd.), *Adalbéron de Laon – Poème au roi Robert*, p. CXII.

459 G. DUBY, *Les trois ordres ou l'imaginaire du féodalisme*, p. 173.

Conclusion de la première partie

Dans notre étude nous avons essayé de démontrer que, grâce à l'influence et au pouvoir des évêques, ceux-ci pouvaient s'engager en faveur de la paix dans leurs diocèses, à savoir légiférer. Les diocèses servaient de circonscriptions judiciaire et administrative et garantissaient par là une mise en oeuvre de la politique de la paix universelle, idée soutenue vivement, sur les plans théologique et canonique, par l'élite intellectuelle et artistique de l'époque (comme nous avons pu démontrer les chapiteaux dans les monastères).

De surcroît, la politique de la paix se fondait sur les réformes de l'Eglise afin de lever surtout la morale des laïcs. L'Eglise visait non pas à condamner ni à interdire le recours à la guerre, mais à en limiter les effets. Le but de l'Eglise était alors de trouver les moyens de contreindre et de punir ceux qui n'observeraient pas ces règles édictées par la puissance conciliaire. Comme plusieurs évêques et comtes souscrivent à ces dispositions, celles-ci seront appliquées dans un territoire étendu grâce à l'autorité des évêques qui bénéficiaient de l'exercice du pouvoir royale, d'où l'idée que l'Eglise poursuivait l'extension et la diffusion de ces règles. L'évolution du système de la personnalité de la loi vers la territorialité des coutumes va de pair avec l'esprit de l'homogénéisation des normes parce qu'elle rendait possible la simplification du droit et sa diffusion dans plusieurs diocèses.

En outre, le serment de paix procédait de la pénitence. Celle-ci était la condition non seulement de la rémission des péchés, mais aussi de la prestation du serment de paix devant Dieu et devant ses médiateurs sur terre : les reliques, qui servaient de légitimation juridique pour la mise en vigueur des canons de la paix. Péché et crime, pénitence et droit pénal, encore peu distingués au XIe siècle, unissaient leurs efforts pour réconcilier les briseurs de paix avec l'Eglise et pour maintenir ainsi l'ordre social. Mais on peut constater que le for interne (péché contre Dieu et son Eglise) déteint sur le for externe (crime et excommunication). La pénitence individuelle sert de modèle à l'excommunication qui retranche du groupe des fidèles. La *catharsis* des âmes avait pour objectif et une purification des péchés et un châtiment du crime dirigé contre la paix.

Toutes ces recherches mènent au résultat que l'évolution vers une confirmation du droit pénal doit faire partie de la définition de la paix de Dieu car les critères établis à ce propos s'y appliquent. Les normes de la paix de Dieu sont du droit valide qui se manifeste et se confirme par des conciles postérieurs, applicables dans plusieurs unités juridiques, à savoir les diocèses et les comtés.

Il convient maintenant de passer à des cas juridiques pratiques qui démontrent l'influence de la paix et trêve en tant que source juridique. Nous allons pouvoir découvrir également le rapport entre les effets du péché et du crime dirigés contre la paix de Dieu.

Deuxième partie
La mise en pratique de la paix de Dieu

Certes, la multiplication du nombre des conciles de la paix et de la trêve de Dieu, de même que l'essai d'« harmoniser » leur forme dans une circonscription administrative (diocèse) ou un territoire déterminé sur le plan politique et géographique, prouvent déjà une mise en pratique de cette institution, comme nous avons pu l'illustrer dans notre première partie. Les conciles avaient donc confirmé l'idée de la paix exprimée lors des conciles précédents et l'avaient, en quelque sorte, de nouveau mise en œuvre, d'où cette envergure législatrice considérable aux XIe - XIIIe siècles dans l'Europe occidentale.

Une autre catégorie d'application de la paix se trouve dans les accords de puissance à puissance établissant des liens de fidélité, les *convenientiae.* De plus, Gerd Althoff a bien mis en valeur les essais de stabiliser le pouvoir en passant des conventions, des *coniurationes* et des *amicitiae*[1]. Stephen White a commenté des actes de médiation entre moines pour le pays de Loire[2]. Cela veut dire que la paix dans les régions qui s'y rallient, permet d'accroître le rôle de l'Eglise dans le règlement des conflits[3].

Outre les comptes rendus des conciles, nous trouvons d'autres sources qui utilisent le vocabulaire de la paix de Dieu de manière explicite, ou qui y font implicitement référence. Dans ce dernier cas, c'est le contexte qui révèle le recours aux canons de la paix de Dieu, comme, en l'occurrence, à Charroux où,

---

1 G. ALTHOFF, *Amicitiae und Pacta. Bündnis, Einung, Politik und Gebetsgedanken im beginnenden 10. Jahrhundert*, Hannovre, 1992, p. 16-18 ainsi que récemment H. KAMP, *Friedensstifter und Vermittler im Mittelalter,* Darmstadt, 2001 ; tout récemment : G. ALTHOFF, « Recht nach Ansehen der Person. Zum Verhältnis rechtlicher und außerrechtlicher Verfahren der Konfliktbeilegung im Mittelalter », ainsi que G. DILCHER, « Die Zwangsgewalt und der Rechtsbegriff vorstaatlicher Ordnungen im Mittelalter », A. CORDES/B. KANNOWSKI (éd.), *Rechtsbegriffe im Mittelalter*, Francfort-s.-M./Berlin/Bern/Bruxelles/New York/Oxford/Vienne, 2003 (Rechtshistorische Reihe no. 262), p. 79-92, en l'occurrence p. 81-82 ainsi que p. 111-153, en particulier p. 143-146.

2 « *allodum nostrum, qui est situs in pago Pictavensi, in villa qui vocatur Tiziacus* », cf. « Feuding and Making Peace in the Touraine around the Year 1000 », *Traditio* 42 (1986), p. 195-263.

3 Concernant la Provence, nous nous bornons d'évoquer les résultats des recherches de Stephen Weinberger, « Les conflits entre clercs et laïcs dans la Provence du XIe siècle », *Annales du Midi* XCII (1980), p. 269-279.

après 989, il n'est plus question de ce concile dans les sources[4]. On peut d'ailleurs se demander si les cartulaires et les chartes concernant Charroux ne furent pas influencés par les idées du concile de 989 ou d'autres similaires, si nombreux en Aquitaine et en France, voire en Europe occidentale. Il convient donc de s'interroger sur la portée juridique de la paix de Dieu après 989, en particulier jusqu'à la rédaction des coutumes qui ont mis un terme à la « vacuité juridique »[5] qui caractérise, en principe, cette période dans le sens qu'il y avait une multitude de sources juridiques en même temps (« Offenheit des Rechts »). A ce propos, G. Dilcher parle, à juste titre, d'une mixité du droit « Gemengelagen »[6]. Celle-ci n'avait connu ni le droit des coutumiers territoriaux ni le droit savant, mais d'autres formes plus provisoires de création du droit, une certaine culture juridique, sommaire, ancrée dans la tradition carolingienne et incapable, faute d'outil méthodologique et de supports textuels sûrs, d'explorer par une recherche savante la tradition romaine[7].

Il va de soi que nous avons souvent du mal à identifier les traces exactes de la paix en tant que fondement juridique pour un acte précis, mais certains textes prouvent parfois l'influence directe de ce mouvement[8]. Il convient également d'être prudent pour considérer des textes comme issus du mouvement de la paix et trêve. Aussi faut-il en définir très clairement les conditions pour démontrer le rapport entre une source donnée et les canons d'un ou de plusieurs conciles. A une époque où l'on ne réfléchit pas encore en des termes d'application des normes comme dans nos jours, il est très difficile de prouver la mise en oeuvre de

---

4 P. DE MONSABERT, *Chartes et documents pour servir à l'histoire de l'abbaye de Charroux, Archives historiques du Poitou = AHP*, 39, Poitiers, 1910 ; G. THOMAS, *Les comtes de la Marche de la Maison de Charroux (Xe siècle-1177)*, Paris, 1928.

5 O. GUILLOT/Y. SASSIER/A. RIGAUDIERE, *Pouvoirs et institutions dans la France médiévale, t. 1, Des origines à l'époque féodale*, Paris, 1999, p. 287-291.

6 H. KRAUSE, « Königtum und Rechtsordnung in der Zeit der sächsischen und salischen Herrscher », *ZRG (GA)* 82 (1965), p. 1-98 ; ID., « Dauer und Vergänglichkeit im mittelalterlichen Recht », *ZRG (GA)* 75 (1958), p. 206-251 ; G. DILCHER, « Mittelalterliche Rechtsgewohnheit als methodisch-theoretisches Problem » ainsi que U. WOLTER, « Die „consuetudo" im kanonischen Recht bis zum Ende des 13. Jahrhunderts », deux articles parus G. DILCHER/H. LÜCK/R. SCHULZE/E. WADLE/J. WEITZEL/U. WOLTER (éd.), p. 21-65, en particulier p. 63 ainsi que p. 87-116, en particulier p. 101 ; J. GAUDEMET, « La coutume en droit canonique », *Revue de droit canonique* 38 (1988), p. 224-251, en l'occurrence p. 233.

7 ID., p. 291.

8 E. WADLE, « Landfriedensrecht in der Praxis », *Landfrieden. Anspruch und Wirklichkeit*, A. BUSCHMANN/E. WADLE (éd.), Paderborn/Munich/Vienne/Zurich, 2001, p. 73-94.

canons pour une pratique juridique quotidienne. Encore essayons-nous de rapporter des preuves pour l'application de la paix et à la trêve et pour le recours à ces notions.

Or, une telle approche ne suffit pas car la citation précise d'une paix ou trêve de Dieu ou du canon d'un concile n'est probablement pas toujours dans les textes. Cela correspond aux techniques du législateur moderne et ne doit pas être pris comme mesure pour nos sources médiévales. C'est pourquoi des chercheurs comme Reinhold Kaiser[9], Wolfgang Sellert[10] ou Elmar Wadle[11] ont élargi, à juste titre, le champ du rôle juridique pratique de la paix, d'où la problématique de l'application contextuelle de la paix, qui se révèle bien à travers quelques exemples. Ainsi, dans sa chronique, Berthold de Zwiefalten, en 1137, rappelle une donation qu'un *miles* fait à cause de sa violation de la paix jurée. Vraisemblablement, le *Landfriede* (trêve) proclamé en 1135 par l'empereur Lothaire avait servi de source et de référence juridique[12].

Dans le poème d'*Ysengrimus* qui date de la première moitié du XIIe siècle le loup dit qu'il serait prêt à rompre la paix pendant les jours de Pâques s'il en avait des avantages :

> Nec si pascha foret, pacem violare verere
> Cum michi profectum *pax violata* daret. (III, 185/186)

Cet extrait du livre III d'*Ysengrimus* témoigne du fait que le mouvement de la paix a été reçu par la littérature médiévale puisqu'il est question de la violation

---

9 R. KAISER, « Verbrechen und Strafe in Nordfrankreich um 1100. Zwei Wundererzählungen des Abtes Gisbert von Nogent (gest. um 1125) und Hermann von Tournai (gest. 1147/48) », *Ecclesia et regnum. Beiträge zur Geschichte von Kirche, Recht und Staat im Mittelalter*, Festschrift Franz-Josef Schmale, Bochum, 1989, p. 98-109 ; ID., « Selbsthilfe und Gewaltmonopol. Königliche Friedenswahrung in Deutschland und Frankreich im Mittelalter », *Frühmittelalterliche Studien* 17 (1983), p. 55-72 ; ID., « Mord im Dom. Von der Vertreibung zur Ermordung des Bischofs im frühen und hohen Mittelalter », *ZRG KA* 79 (1993), p. 94-134 ; ID., *Bischofsherrschaft zwischen Königtum und Fürstenmacht. Studien zur bischöflichen Stadtherrschaft im westfränkisch-französischen Reich im frühen und hohen Mittelalter*, Bonn, 1981 (Pariser Historische Studien 17).

10 W. SELLERT, « Das Verfahren gegen den Wolf aus der Sicht des Rechtshistorikers », U. MÖLK (éd.), *Literatur und Recht. Literarische Rechtsfälle von der Antike bis in die Gegenwart* (im Auftrag der Akademie der Wissenschaften), Göttingen, 1996, p. 57-80.

11 E. WADLE, « Landfriedensrecht in der Praxis », p. 86-87.

12 ID., p. 73.

de la *treuga Dei*, à savoir les *heyligen dage* dont parle le Miroir des Saxons (*Sachsenspiegel*, II 66, § 2), qui date de la même époque[13].

Un autre exemple du début du XIIIe siècle provient de Cologne. Césaire de Heisterbach rapporte le meurtre de l'archevêque Engelbert, violenté et abattu par le comte Fréderic d'Isenbourg, un de ses parents, près de Schwelm en Allemagne. Le motif était une *fehde,* une guerre privée à cause de droits de baillage. Le 15 novembre de l'an 1225, les adversaires de Fréderic vinrent à Cologne lors de l'élection du successeur d'Engelbert. Quand le nouvel évêque voulut s'asseoir sur la chaise de l'archevêque, les serviteurs d'Engelbert vinrent se plaindre de la mort de leur seigneur et mirent ses vêtements ensanglantés dans le sein du nouvel archevêque Henri qui prêta alors serment pour venger la mort d'Engelbert : *in vindictam necis sui piissimi predeccessoris coram prioribus praestitit iusiurandum.* Henri ne fut à même de punir Frédéric d'Isenbourg que lorsqu'un chevalier, déguisé en commerçant, arrêta ce dernier. Trois jours après Frédéric fut soumis au supplice de la roue devant la Porte de Sévérin à Cologne. Il s'agit ici d'une application du chapitre 9 de la *Treuga Henrici* pour le bris de la paix : *Qui alium clam occiderit, quod mord dicitur, in rota punietur.* Une règle pareille se trouve également dans la Paix saxonne[14] : Celui qui a tué un autre clandestinement, ce qu'on appelle meurtre, subira le supplice de la roue.

Nous pouvons constater que le règlement prévu par ce *Landfrieden* fut respecté pendant la procédure de la persécution et de l'incrimination jusqu'à la sanction.

Bien que nous ne trouvions pas de citation directe d'un ou de plusieurs canons de paix, d'autres indications font allusion au fait que les idées de la paix ont influencé la rédaction de tel et tel acte. D'après nos sources, il semble que des négociations pareilles se sont déjà déroulées à plusieurs reprises au XIe et XIIe siècles. Une recherche s'ouvrira donc particulièrement pour les lieux où un concile de paix s'est déroulé, en particulier autour de Charroux. Les deux types d'application, explicite et contextuelle, nous inviteront à étudier nos cas dans deux chapitres.

---

13 W. SELLERT, « Das Verfahren... », p. 70 ; par rapport aux *heyligen dage* voir W. SELLERT, « Friedensprogramme und Friedenswahrung im Mittelalter », G. KÖBLER (éd.), *Wege europäischer Rechtsgeschichte. Karl Kroeschell zum 60. Geburtstag*, Francfort-s.M./Bern/New York/Paris, 1987, p. 453-467, en l'occurrence p. 460.

14 E. WADLE, « Landfriedensrecht in der Praxis », p. 86-92.

Dans un premier temps, nous nous proposons de regrouper les différents cas d'application « explicite » de la paix de Dieu.

Ensuite, les documents post-conciliaires « implicites » mériteront notre attention particulière car ils sont susceptibles de contenir des cas pertinents prouvant la mise en pratique des conciles de la paix même si ce ne sera que le contexte qui nous révelera leur influence à la vie juridique médiévale. Cette recherche pour les cas de référence contextuelle sera notre deuxième point étudié.

Chapitre premier

L'application explicite de la paix et trêve

A côté d'un droit surtout multiforme en gestation, le XI et XIIe siècles connaissaient une vision du droit qui émane de la réflexion des clercs du temps. Celle-ci est liée à la certitude que l'Ecriture Sainte, les écrits des Pères de l'Eglise, les Canons conciliaires et les lois séculières conformes aux préceptes divins forment un ordre juridique intangible dont le respect garantit la justice et la paix[15]. Nous avons déjà étudié – dans notre première partie - cette réflexion dans les textes de l'élite contemporaine. Quant à la paix et la trêve nous les rencontrons aussi dans d'autres sources proche à la réalité juridique et même à la vie quotidienne ; ce sont surtout les négociations de paix et les lieux définis qui sont tangibles pour tout le monde.

Recherches historiques et archéologiques ont déjà analysé ces zones protégées comme institutions pratiques de la paix de Dieu, institutions qui ont marqué des lieux sacrés d'interdiction de violence et des guerres privées ; leur immunité sera notre premier point d'analyse (I). Une attention particulière sera ensuite portée aux cas de référence explicite évoquant les statuts de paix grâce auxquels la paix bénéficie d'un rang prépondérant venant de l'autorité juridique (II). Enfin, la trêve et les traités de paix aboutissent également à une institution politique qui devient affaire des juristes-conseillers formés dans les écoles de droit à partir du XIIe siècle (III).

I. L'immunité des lieux sacrés et des zones protégées

Nous connaissons l'*atrium* et de la *cellaria* en France (1) ainsi que, spécialement en Catalogne, la zone des trente pas (*sacraria/sagrera)* en tant que « cercles de paix » (2).

Les trente pas qui avaient déjà gagné un rayonnement considérable depuis le VIIe siècle se retrouvent plus tard dans le droit coutumier territorial en Catalogne ; ils deviennent ainsi, dans ce cas précis, l'objet d'une véritable réception juridique (3) .

---

15 O. GUILLOT/Y. SASSIER/A. RIGAUDIERE, *Pouvoirs et institutions dans la France médiévale, t. 1, Des origines à l'époque féodale*, p. 291.

1. L'*atrium* et la *cellaria* en France

C'est tout d'abord l'*ecclesia* qui est l'objet d'une protection. Quiconque viole une église sainte ou en arrache quelque chose par la force sera puni par un anathème, à moins qu'il ne soit venu à satisfaction (restitution des biens, dommage et intérêts), énoncent les pères du concile de Charroux en 989 : *Anathema infractoribus ecclesiarum. Si quis ecclesiam sanctam infregerit, aut aliquid exinde per vim abstraxerit, nisi ad satis confugerit factum, anathema sit*[16]. Cette protection est reprise au concile de Poitiers en 1000-14[17] et l'*ecclesia* figure également dans la liste des endroits protégés proposés par le concile du Puy de 994[18]. Dès lors, les églises bénéficient d'une protection accrue contre les tentatives d'effraction. L'*ecclesia* était le lieu d'immunité par excellence où les guerres privées n'étaient pas permises.

De surcroît, les églises représentaient un lieu d'asile en faveur des *inermes*, les non-armés, aussi bien clercs que laïcs de la société de l'époque.

Le concile de la Paix de Cologne tenu en 1083[19] reflète magistralement ce *zeitgeist*, car l'hommage et le respect envers Dieu devaient amener en retour la protection aux églises et aux cimetières, de sorte qu'un brigand ou un voleur qui s'y était réfugié ne pouvait être ni tué ni capturé. Il était cependant contraint de rester là jusqu'au moment où il abandonnerait les lieux à cause de la faim. Celui qui osait lui apporter des armes, de la nourriture, ou l'aidait à s'enfuir, devait subir une sanction identique à celle du coupable[20].

Nous trouvons également des indications étant plus précises que la notion d'*ecclesia* et qui décrivent des zones de paix plus complexes. A la fin du Xe et au début du XIe siècle, les aîtres (*atria*) furent placés explicitement sous la protection de la paix de Dieu, réactualisant ainsi le droit d'asile et l'immunité des

---

16 J.-D. MANSI (éd.), *Sacrorum conciliorum nova et amplissima collectio*, Florence/Venise, 1759-1798, rééd. Paris, 1899-1927, XIX, col. 89-90 ; J.-P. BRUNTERC'H, *Le Moyen Âge (Ve - XIe siècle)*, t. I, Paris, 1994, p. 381.

17 L. HUBERTI, *Studien zur Rechtsgeschichte der Gottesfrieden und Landfrieden in Frankreich*, p. 137.

18 G. BRUNEL/E. LALOU (dir.), *Sources d'histoire médiévale, IXe - milieu du XIVe siècle*, Paris, 1997, p. 130-131.

19 K. KROESCHELL, *Deutsche Rechtsgeschichte*, t. I, 11e éd., Wiesbaden/Opladen, 1999, p. 188-194.

20 *In aecclesiis vero et aecclesiarum cimiteriis honor et reverentia Deo prebeatur, ut si illuc confugerit raptor vel fur, minime interficiatur vel capiatur, sed tam diu inibi obsideatur, donec fame urguente ad deditionem cogatur. Si aliqua persona reo arma, victum vel fugam moliri presumpserit, aequalem poenam sicut reus sustinebit.* Voir *MGH Constitutiones* I, no. 424.

cimetières[21]. La charte du concile du Puy-Saint-Paulien de l'an 994 n'évoque pas le mot d'*atrium,* mais elle mentionne l'*aecclesia* et ses alentours, en punissant tous ceux qui, en dehors de l'église ou dans son enceinte fortifiée, se seraient sciemment emparés de chevaux, de boeufs, de vaches, d'ânes et d'ânesses, ainsi que de leurs fardeaux, ou bien encore de moutons, de chèvres, de porcs, ou ne les tuerait, si ce n'est lorsqu'ils recevraient en chemin de la nourriture pour eux-mêmes ou pour leurs gens[22].

Le terme d'*atrium* est par ailleurs évoqué au pluriel (*atria ecclesiae*) par le concile de Verdun-sur-le-Doubs, tenu en 1019-1021, qui s'adresse aux Chrétiens à propos du contrat de paix (*convenientia)*[23]. Il semble équivalent de la *cellaria* dont il est question lors du concile d'Anse (près de Lyon) en 994[24] ou de celui de Beauvais, plus tard en 1023[25]. En 1095, le concile de Clermont a, de plus, étendu l'immunité et l'asile aux croix des chemins où la personne poursuivie puisse se sauver des ennemis[26].

---

21 C. TREFFORT, « Consécration de cimetière et contrôle épiscopal des lieux d'inhumation au Xe siècle », *Le sacré et son inscription dans l´espace à Byzance et en Occident. Etudes comparées*, M. Kaplan (dir.), Paris, 2001, p. 291-292 ; ID., *L´Eglise carolingienne et la mort. Christianisme, rites funéraires et pratiques commémoratives*, Lyon, 1998, p. 141-143.

22 *...extra aecclesiam quam in firmamento castellie se sciente nisi episcopi propter eorum censum predam in istis comitatibus neque in istis episcopatibus homo non faciat de equis publicis, de bovibus, de vaccis, de asinis vel de asinas, vel de fascibus quos ipsi portant, neque de ovibus, vel de capris, neque de porcis, neque occidat, nec per conductum suum vel suorum in itinere positus accipiat victum...*; cf. LAURANSON-ROSAZ, *L´Auvergne et ses marges*, p. 421.

23 *Audite christiani convenientiam pacis. Ecclesiam nullo modo infringam. Atria ecclesiae non infringam, nisi propter ipsum malefactorem qui hanc pacem infregerit : et si ipsa atria infringero, nihil inde traham nisi ipsum malefactorem aut eius guarnimentum* ; cf. BONNAUD-DELAMARE, « Les institutions de paix dans la province ecclésiastique de Reims au XIe siècle », *Bulletin philologique et historique*, 57, 1955-1956, p. 148-149.

24 *...ecclesiis cum domibus et cellariis ad eundem locum pertinentibus...* ; cf. L. HUBERTI, *Studien zur Rechtsgeschichte der Gottesfrieden und Landfrieden in Frankreich*, p. 41-42.

25 *Sacramentum pacis. Ecclesiam nullo modo infringam. Cellaria in circuitu ecclesiae causa salvamenti eiusdem non infringam, nisi propter illum malefactorem, qui hanc pacem infregerit, aut propter factum homicidium aut propter comprehensionem hominis aut caballi. Et si propter has res eadem cellaria infregero, nihil aliud ex eis traham nisi illum malefactorem aut eius warnimentum me sciente* ; L. HUBERTI, *Studien zur Rechtsgeschichte der Gottesfrieden und Landfrieden in Frankreich*, p. 165-167.

26 *XXIX. Ut liberi sint qui ad crucem confugiunt. Si quis ad aliquam crucem in via persequentibus inimicis confugerit, liber ac si in ipsa ecclesia permaneat. -- XXX. De iis, qui ad crucem vel ecclesiam confugiunt. Quod si quis pro securitate ecclesiae vel praedictae crucis aliquod crimen peregerit, et ad ecclesiam vel crucem confugerit, ac-*

2. La *sacraria* en Catalogne

Des recherches récentes ont porté sur les cercles protégés dans le Midi de la France et surtout sur la Catalogne, région où se développèrent très tôt les *convenientiae*, pactes de paix négociés pour que deux partis règlent une question conflictuelle et puissent se réconcilier entre elles, librement et sans intervention d'aucune juridiction publique ou privée, sur la définition d'obligations les liant l'une à l'autre, et en garantissant l'exécution par un engagement solennel. Très originaux dans leur forme, sans antécédents dans le droit romain ni dans le droit germanique, ces contrats se rapportent à des objets très divers, tels que la promesse de mariage, l'investiture d'une abbaye par le comte, l'affermage de revenus ou encore le règlement d'un problème successoral[27].

En Catalogne la paix fut réaffirmée lorsque, le 16 mai 1027, à Toulouges près d'Elne dans le Roussillon, des évêques ainsi que d'autres ecclésiastiques et laïcs se réunirent pour tenir le premier concile de paix en territoire catalan et jurèrent un *pactum sive treugam*, expression de protection qui devint dorénavant fréquente. C'est plus particulièrement la Paix du dimanche, menacée, qui tenait à coeur aux participants de cette assemblée. Les ecclésiastiques, les hommes et femmes non armés ainsi que les églises et les maisons qui se trouvaient à l'intérieur d'un cercle de trente pas de rayon, furent placés sous une protection de paix particulière.

Dans la société catalane contemporaine, la notion de *sacraria* (latin pour « choses sacrées » ; en catalan : la *sagrera*, les *sagreres* ; en français : la sacrée) était présente. Le philologue catalan Joan Coromines a défini cette institution comme le quartier formé par l'église et ses dépendances (« *el barri format per l´església i les seves dependències* »)[28]. Le philologue Antoni M. Alcòver va plus loin, en mettant en jeu la possibilité d'asile et de refuge en faveur des délin-

---

cepta securitate vitae et membrorum, reddatur iustitiae. Cf. J.-D. MANSI XX, p. 818 ; L. HUBERTI, *Studien zur Rechtsgeschichte der Gottesfrieden und Landfrieden in Frankreich*, p. 408.

27 O. GUILLOT/Y. SASSIER/A. RIGAUDIERE, *Pouvoirs et institutions dans la France médiévale*, t. I: *Des origines à l´époque féodale*, p. 204-205 ; P. BONNASSIE, « Les conventions féodales dans la Catalogne du XIe siècle », *Annales du Midi* 80 (1968), p. 529-530 ; B. FRANK, « Convenientia und Treueeid in ihrem soziokulturellen Kontext », S. MICHAELIS/D. TOPHINKE (éd.), *Texte–Konstitution, Verarbeitung, Typik,* Munich, 1996, p. 17-33.

28 J. COROMINES, *Diccionari etimològic i complementari de la llengua catalana*, vol. 7, Barcelone, 1996, p. 593.

quants (« *l'església i les seves dependències, que constitueïen el sagrat o lloc d'asil per als delinqüents* »[29]).

Dans ses recherches historiques, Pierre Bonnassie a démontré que la *sacraria* était le rayon de trente pas, protégé car sacré, qui entourait l'église et jouissait de la même protection qu'elle. A l'intérieur, il y avait des bâtiments, étroitement imbriqués qui s'appelaient eux-mêmes *sagreres.*[30]. A partir de la porte du temple et tout autour d'elle, on comptait trente pas, de manière à ce que, dans l'ensemble de ce cercle (*in toto circuitu*), les fugitifs jouissent d'une protection parce qu'ils se trouvaient en un lieu saint, *in loco sancto*[31]. Grâce à cette immunité, la *sacraria* relevait de la juridiction ecclésiastique et, par conséquent, du domaine protégé par les conciles, puis par le droit coutumier, en l'espèce les Usages de Barcelone[32]. Seul l'évêque avait le pouvoir de juger des méfaits qui y étaient commis, de même qu'il jugeait seul les crimes ou délits perpétrés à l'intérieur de l'édifice ecclésial[33].

Certes, le terme de *sacraria* (*sagrera*) était connu depuis longtemps. Le premier exemple de son utilisation se rapporte à la donation d'un alleu à la cathédrale Sainte Eulàlia de Brouillà, située au Sud-Ouest d'Elne, en l'an 976 : *cum ipsos sacrarios qui sunt prope sancto Iohanne*[34]. Aymat Catafau envisage, à juste titre, la naissance des *celleres* dans un contexte de crise et de violences, ce qu'indique l'intitulé d'un des chapitres de sa thèse, « Le Roussillon, le Conflent et le contexte de crise et de violence »[35]. Du fait de la multiplication des conflits

---

29 A.M. ALCOVER, *Diccionari Català-Valencià-Balear*, vol. 9, Palma de Mallorca, 1977, p. 671.

30 P. BONNASSIE, « Les *sagreres* catalanes: la concentration de l'habitat dans le 'cercle de paix' des églises (XIe s.) », M. FIXOT/E. ZADORA-RIO (éd.), *L'environnement des églises et la topographie religieuse des campagnes médiévales, Actes du IIIe Congrès International d'Archéologie Médiévale*, Aix-en-Provence, 28-30 sept. 1989, Paris, 1994, p. 68 ; T. BISSON, *Tormented Voices : Power, Crisis, and Humanity in Rural Catalonia (1140-1200)*, Cambridge, Massachusetts, Londres, 1998, p. 124.

31 M. RIU/P. VALDEPEÑAS, « El espacio eclesiástico y la formación de las parroquias en la Cataluña de los siglos IX al XII », M. FIXOT/ZADORA-RIO (éd.), *L'environnement des églises et la topographie religieuse des campagnes médiévales*, p. 58.

32 BONNASSIE, « Les *sagreres* catalanes: la concentration de l'habitat dans le 'cercle de paix' des églises (XIe s.) », p. 71 ; K. KENNELLY, « Sobre la paz de Dios y la sagrera en el condado de Barcelona (1030-1130) », *Anuario de Estudios Medievales* 5 (1968), p. 107-136.

33 BONNASSIE, « Les *sagreres* catalanes : la concentration de l'habitat dans le 'cercle de paix' des églises (XIe s.) », p. 69.

34 A. CATAFAU, *Les celleres et la naissance du village en Roussillon (Xe-XVe siècles)*, Perpignan, 1998, p. 61 et p. 232-234.

35 ID., p. 39-55.

internes aux groupes aristocratiques qui opposaient entre eux les représentants les plus éminents de cette couche sociale et leurs hommes d'armes, les synodes de la paix et trêve de Dieu, tels ceux de Toulouges en 1027 et de 1064, apparurent comme la seule tentative de régulation des violences[36]. La sauveté des trente pas est devenue non seulement une institution ferme de la paix, mais également une transposition visible et pratique[37], car l'urbanisme mettait en oeuvre ce programme politique. Les cercles de paix contribuèrent d'ailleurs largement au développement de l'art roman et furent à l'origine de nombreux villages catalans[38].

La plupart du temps, les Usages de Barcelone évoquent les «trente pas» et traduisent fidèlement des mots des conciles wisigothiques. L'article 133 qui, à plusieurs reprises, utilise ce terme de «trente pas»[39], rappelle le canon 10 du XIIe concile de Tolède en l'an 681, concernant le droit d'asile. Les évêques, avec l'approbation du roi wisigothique Ervige avaient borné cet asile ecclésiastique au cercle des «trente pas» entourant les églises : *Sed in hoc XXX passuum numero absque domorum extranearum receptaculis progrediendi aditum obtinebunt* et *in quibus triginta passibus unuscuiusque ecclesiae in toto circuito reverentia defendetur*[40].

Cependant, le mot *sacraria* figure également dans les Usages ; on peut alors se poser la question de savoir pourquoi les Usages n'ont adopté que ponctuellement l'expression de *sacraria* bien que celle-ci ait eu le même sens que celle des trente pas[41].

---

36 ID., p. 40-41.

37 D. BARTHELEMY, *L'an mil et la paix de Dieu. La France chrétienne et féodale, 980-1060*, p. 512-513 ; KENNELLY, « Sobre la paz de Dios y la sagrera en el condado de Barcelona (1030-1130) », p. 136.

38 BONNASSIE, « Les *sagreres* catalanes : la concentration de l'habitat dans le 'cercle de paix' des églises (XIe s.) », p. 75.

39 Ille autem homo qui aliter ecclesiam invaserit aut ea que in circuitu ejus sunt *usque ad XXXa passus* irruperit, summam sexcentorum solidorum pro sacrilegii composicione emendet, et tamdiu excomunicetur quousque digne satisfaciat. Cf. VALLS I TABERNER, *Edición y comentarios de los Usatges de Barcelona,* Barcelone, 1994, p. 111-112.

40 Références chez P. BONNASSIE, « Les *sagreres* catalanes: la concentration de l'habitat dans le 'cercle de paix' des églises (XIe s.) », p. 72 et 78 ; tout récemment paru : D. FRUSCIONE, *Das Asyl bei den germanischen Stämmen im frühen Mittelalter,* K. LÜDERSSEN/K. SCHREINER/R. SPRANDEL/D. WILLOWEIT (éd.), Cologne/Weimar/Vienne, 2003 (Konflikt, Verbrechen und Sanktion in der Gesellschaft Alteuropas. Fallstudien, 6), p. 48-49.

41 Ce n'est pas le lieu de faire une ébauche de l'origine et du contenu des Usages ainsi que de leurs liens avec les mouvements de paix dans l'Europe occidentale du Moyen Age. Cf. T. GERGEN, « Texttradition der Usatges de Barcelona am Beispiel von *pau*

L'article 173 préconise le respect des cimetières, de la sacrée (*sacraria*) ainsi que celui des trente pas : *ullos homo ecclesiam non infringat, neque cimiteria sacraria triginta passuum ecclesiasticorum in circuitu uniuscuiusque ecclesie*[42]. Cet article a hérité d'une chaîne de synonymes par le biais du concile de Toulouges de 1064-66 qui est en fait le seul concile de paix catalan du XIe siècle qui emploie la notion de *sacraria.* Cependant, les trente pas sont mentionnés immédiatement après et le nom de «*cimiteria*» précède ces deux dénominations. L'emploi simultané de la sacrée et des trente pas nous amène donc à parler d'abord d'une accumulation des deux synonymes. Puisque l'on faisait déjà l'amalgame entre cimetière et sacrée dès la fin du XIe siècle, on peut avancer l'idée d'une triple synonymie, exprimée dans le canon significatif du concile de Toulouges visé ci-dessus[43] :

« Constituerunt, namque, predicti pontifices, cum consensu ceterorum nobilium, ut in comitatu Russilionensi vel Confluentano, vel Valle Spirensi, ullos homo ecclesie non infringat, *neque cimiteria vel sacraria, XXXa. passuum ecclesiasticorum in circuitu unuscuiusque eccle*sie, nisi episcopus propter hominem excommunicatum aut propter suum censum. Si vero aliquis homo aliter infregerit ecclesiam vel spacium XXXa. passuum ipsius ecclesie in predicto episcopatu Elenensi, quicquid ei comiserit, emendet, ut iustum fuerit, ipsi homini cui iniuriam fecerit, et ecclesie in qua fecerit satisfaciat legaliter, et insuper composicionem sacrilegii Elenensi componat episcopo. »

Il s'agit d'un cas spécial où la richesse du vocabulaire utilisé dans les sources conciliaires fut objet d'une réception dans les Usages de Barcelone[44]. Ceux-ci, en général, ne réemploient que les «trente pas», réception qui se fonde sur la tradition des conciles de paix catalans. Ces derniers suivent la tradition du concile de Tolède de 681 et entérinent la notion des trente pas ecclésiastiques. Le con-

---

e treva und den *XXX passes (sagreres)* der katalanischen Friedenskonzilien », S. GROSSE/A. SCHÖNBERGER (éd.), *Dulce et decorum philologiam colere, Mélanges D. Briesemeister*, Berlin, 1999, p. 259.

42 VALLS I TABERNER, *Edición y comentarios de los Usatges de Barcelona,* p. 132-135.

43 G. GONZALVO I BOU, *Les Constitutions de Pau i Treva de Catalunya (segles XI-XIII),* Barcelone, 1994, p. 30-31.

44 En revanche, l'expression de *sacraria* ne se trouve pas mentionnée dans la version catalane. Restent alors seulement les notions de *cimiteria* et de *XXX passes*, càd « ni cimiteris, trenta passos ecclesiàstics ». Voir T. GERGEN, « Texttradition der Usatges de Barcelona am Beispiel von *pau e treva* und den *XXX passes (sagreres)* der katalanischen Friedenskonzilien », p. 269.

cile de Toulouges de 1027 sanctionne les briseurs de la zone des trente pas[45], de même celui de Vic de 1033[46]. Lors du concile de Barcelone il a été prévu contre l'atteinte aux trente pas[47] une sanction de 600 sous, sanction traditionnelle dans le droit romain :

« Constitucione namque predictorum episcoporum et principum sancitum est ut ab ista die et deinceps, nullus utriusque sexus homo ecclesiam nec mansiones que in circuitu ecclesie sunt aut erunt, *usque ad XXX passus*, non infringat aut invadat...

Ille autem homo qui ecclesiam aliter invaserit, aut ea que in circuitu eius sunt *usque ad XXX passus* irruperit, summam DC solidorum pro sacrilegii composicione emendet. »

A Vic/Gérone en 1064 il est deux fois question des trente pas ecclésiastiques[48] alors que la *sacraria* n'apparaît pas :

« Ut ab ista hora die et deinceps, ullus homo ecclesiam non infringat neque spacium neque cimiterium neque mansiones, que in circuitu ecclesie sunt aut erunt *usque ad XXX ecclesiasticos passus...*

Ille autem homo qui aliter ecclesias invaserit, aut aliis exceptis supradictis malefactoribus aliquid ibi malefecerit, aut ea que in circuitu eiusdem ecclesie sunt *usque ad XXX ecclesiasticos passus* irruperit, sacrilegii composicionem emendet pretate Sedi et querelanti malefacta in duplo componat. »

Contrairement aux autres conciles français, le concile de Narbonne (1054) entre dans la tradition des conciles catalans car on y a aussi utilisé le cercle des trente pas pour décrire la zone de paix[49]. En 1131, Raimon Berenguer III, en collaboration avec l'archevêque de Tarragone, Oleguer, instaura la protection des trente pas et des églises qui n'étaient pas fortifiées. L'assemblée stipula en-

---

45 *...neque aliquis auderet ecclesiam vel domos in circuitu positas a XXX passibus violare aut assallire...*, G. GONZALVO I BOU, *Les Constitutions de Pau i Treva de Catalunya (segles XI-XIII)*, p. 4.

46 *Neque mansiones que in circuitu ecclesie sunt aut erunt usque ad XXX passi. Ille autem homo qui aliter ecclesiam invaserit aut ea que in circuitu eius sunt usque ad XXX passus irrupit, sacrilegio compositionem emendet.*, GONZALVO I BOU, *Les Constitutions de Pau i Treva de Catalunya (segles XI-XIII)*, p. 9.

47 ID., p. 14-15.

48 ID., p. 22-23.

49 L. HUBERTI, *Studien zur Rechtsgeschichte der Gottesfrieden und Landfrieden in Frankreich*, p. 319.

core une amende de 600 sous (*solidi)* pour le cas des briseurs de l'immunité de la sacrée.

Les constitutions de Paix et Trêve de 1173, promulguées pour le Roussillon par Alfonse Ier, roi d'Aragon, sont la première initiative publique de défense des églises, cimetières et de la sacrée, plus d'un siècle après le dernier synode de Toulouges. Dans l'intervalle, aucune prise de position des comtes n'était venue défendre les espaces de paix. L'incapacité des comtes à empêcher les troubles des XIe et XIIe siècles, ou pire le rôle actif qu'ils ont pris maintes fois dans les guerres privées, les rapines et les actes sacrilèges, expliquent clairement cette incurie. En 1173, le roi fit signer la paix à un groupe représentatif des familles nobles les plus puissantes du Roussillon. Ce n'est peut-être pas un hasard si nous trouvons en de nombreux endroits de la marche catalane la *cellaria* répandue justement à cette époque[50].

Dans la Constitution de Jaume Ier en 1228, le mot *sacraria* a été utilisé à côté de la notion du *cimenteri.* Apparemment le souverain voulait employer un mot plus populaire pour qualifier le domaine de la paix. Du reste, à cette époque la synonymie des notions de *ciminteri* et de *sagrera* était complètement achevée. Il est frappant qu'aucune allusion ne soit faite aux trente pas. Le paragraphe le plus éloquent stipule, en langue catalane cette fois-ci[51] :

« *Encara los siminteris e les sacreres vel sacraria*, de qualque esgleya entorne d'aquela establides, negú no asaig esvair ne trencar-ne neguna cosa d'aquen trer. Als trencadors emperò d'aquest establiment, pena de sacrilegi los sia posada, e per lo bisbe d'aquel bisbat sein destrets de satisfer lo dan en doble a quel a qui serà lo dan donat. »

Cette Constitution de Paix et Trêve de Jaume Ier est considérée comme le dernier moment important du mouvement de la paix en Catalogne. Elle mentionne une dernière fois le mouvement tel qu'il s'est développé jusqu'au XIIIe siècle[52].

Il convient maintenant de nous tourner vers la toponymie. Bien que des localités s'appellent « trentepasses », le terme catalan « sagrera » est sans équivoque plus « populaire » pour les appellations locales. Nous retrouverons de telles

---

50 A. CATAFAU, *Les celleres et la naissance du village en Roussillon (Xe-XVe siècles)*, p. 54.

51 G. GONZALVO I BOU, *Les Constitutions de Pau i Treva de Catalunya (segles XI-XIII)*, p. 37.

52 G. GONZALVO I BOU, *La Pau i Treva a Catalunya : origen de les Corts Catalanes*, Barcelone, 1986, p. 114-115.

indications à Montornès, Lliça d'Amunt, Palau de Plegamans, Santa Eulàlia de Ronçana, ou un hameau de la commune de Martorelles (Vallès). Un document de Sainte-Marie de Coustouges mentionne, en 988, les « sagreres » non pas nommément, mais en les définissant comme des maisons situées autour de l'église : *ecclesia sancte Marie ... cum suo cimiterio et cum ipsas domos que sunt circa ipsam ecclesiam.*

Dans une charte de donation de Saint-Estève de Riuferrer de 993, les « trente pas » entrent de nouveau en jeu : *donamus in circuitu ecclesiarum cimiteria secundum canonicam autoritatem in circuitu ecclesie Sancti Stephani cimiterium triginta passuum*[53].

On peut certainement trouver d'autres exemples qui témoignent de la présence de la sacrée dans des actes de vente, de donation, des testaments, des plaintes, ainsi que dans des documents qui en raison de leur utilisation dans la sphère privée possèdent un caractère plutôt populaire[54]. Mais pour notre étude de l'application explicite de la paix et trêve, il convient de s'intéresser à la violation des *sagreres.* La teneur d'une *querimonia* ce qui désigne une notice judiciaire, nous renseigne finalement sur la signification pratique de la sacrée.

L'immunité des enclos sacrés a été mise à mal par les agressions venant de l'extérieur. A Vilapiscina en Catalogne, la *sagrera* est, un jour de 1098, envahie par un groupe d'assaillants venus de Badalona qui ont dévasté plusieurs maisons et en ont emporté tout ce qu'ils voulaient[55].

Encore plus dramatiques sont les razzias dont étaient l'objet les sagreres du Pallars dans les années 1060-1080[56]. Là, pendant les guerres fratricides qui opposent les deux comtes Artal Ier et Raymond IV, les enclos sacrés deviennent les objectifs priviligiés des bandes de *milites* pillards qui multiplient tueries et rapines et qui d'ailleurs, pour bénéficier de l'effet de surprise, attaquent de

---

53 Voir P. BONNASSIE, « Les *sagreres* catalanes : la concentration de l'habitat dans le 'cercle de paix' des églises (XIe s.) », p. 72.

54 T. GERGEN, « Texttradition der Usatges de Barcelona am Beispiel von *pau e treva* und den *XXX passes (sagreres)* der katalanischen Friedenskonzilien », p. 272-273.

55 P. BONNASSIE, « Les *sagreres* catalanes : la concentration de l'habitat dans le 'cercle de paix' des églises (XIe s.) », p. 74 qui se réfère à l'*Arxiu Capitular de Barcelona (ACB), Lib. Ant.* II, no. 219.

56 P. BONNASSIE, *La Catalogne du milieu du Xe à la fin du XIe siècle – Croissance et mutations d´une société,* t. II, Toulouse, 1976, p. 614-615 (Publications de l'Université de Toulouse 29).

préférence pendant les jours consacrés à la *Treuga Dei*. Une *querimonia* rapporte très clairement les exploits d'Artal Ier (+ 1081) et de ses cavaliers[57] :

« Il rompit la trêve de Dieu à Mala, à Enseu ..., à Corroncui, à Adonz ... ; il rompit la trêve de Dieu à Puigmanyons où il tua des hommes de ses propres mains ; à Torella, pendant la trêve de Dieu, il détruisit (*fregit* : brisa) les *sacrarios* ; à Agramunt, pendant la trêve de Dieu, il brisa les *sacrarios* ; il rompit la trêve de Dieu et brisa les *sacrarios* de Segur ; il rompit la trêve de Dieu et brisa les *sacrarios* à la serra de Claverols ; il rompit la trêve de Dieu et tua des hommes à La Pera ; il rompit la trêve de Dieu, à de multiples reprises, à Espills, à Claret, à Anui ; il rompit la trêve de Dieu et brisa les *sacrarios* à Midià ; à Olp, il captura des hommes et enleva du butin ; il chevaucha vers Siarp et y brisa les *sacrarios* ; à Sort, il brisa les *sacrarios* ; à Badanui, il tua des hommes et brisa les *sacrarios* ; à Sas, il prit du butin à de multiples reprises ; ... à Gramanet il tua des hommes de ses propres mains ; à Santa Maria de Mur, ses hommes prirent un homme et tous ses biens et le firent se racheter ; ... à Castellàs ses hommes tuèrent un homme pendant la trêve de Dieu ; ils capturèrent des hommes et firent du butin à Llimiana pendant la trêve de Dieu ; ... à Santa-Coloma, ils emmenèrent les hommes ainsi que l'autel ... »

En considérant tous les lieux mentionnés, ce texte montre la large diffusion, en quelque sorte l'omniprésence des *sagreres* en Catalogne, mais, de surcroît, l'évidence de la faillite, au moins dans certaines régions, du système de protection qu'elles assuraient. Vraisemblablement, le pouvoir temporel n'a pas du tout respecté la trêve ce qui démontre l'impact limité des prescriptions ecclésiastiques et la relativité du pouvoir de l'Eglise. Les « cercles de paix » sont même devenus la proie désignée et favorite des violences en raison des richesses qui s'y accumulaient. L'immunité avait des effets pervers : elle attirait toutes sortes de malfaiteurs (*raptores, fures*) qui cherchaient régulièrement des biens protégés, donc des biens de grande valeur existentielle dont de la nourriture[58].

En somme, ces zones protégées, indépendamment de leur nom ou de leur désignation et au-delà des textes des conciles de la paix de Dieu, étaient au coeur de la vie quotidienne et ont formé des cas de mise en pratique de la paix[59],

---

57 *Arxiu de la Corona d'Aragó (ACA), Perg. Ramon Ber.* I : 34, emprunté de P. BONNASSIE, « Les *sagreres* catalanes: la concentration de l'habitat dans le 'cercle de paix' des églises (XIe s.) », p. 74-75.

58 ID., p. 75.

59 B. ROSENWEIN, *Negotiating Space. Power, Restraint, and Privileges of Immunity in Early Medieval Europe*, Ithaca, 1999, p. 168-169 ; K. KENNELLY, « Sobre la paz de

avant de faire partie du droit coutumier de la région. Les Usages de Barcelone ont repris la *sagrera* ainsi que les trente pas comme institution juridique dans les usages 133, 173 et 174, de sorte que la tradition des conciles de la péninsule Ibérique, en l'occurrence ceux de Tolède, fut respectée. En France, c'étaient les notions de *cellaria* et *atrium* qui s'étaient implantées. Depuis le concile de Tolède de 681, les trente pas expriment essentiellement la notion de zone protégée, de même – mais très rarement – que dans les documents privés. Dans ce cas, la sacrée est un terme beaucoup plus familier, un terme juridique plus populaire, car vis-à-vis des trente pas elle prédomine d'un point de vue toponymique et se rencontre pour des usages privés et écrits. Cette institution, qui a donné son nom à de nombreux sites, a créé une certaine conscience dans la société qui devait dorénavant respecter l'immunité des cercles de paix. En même temps, les guerres privées furent encadrées et limitées tant en durée qu'en dimension géographique. En revanche, les trente pas apparaissent dans les textes des conciles et se trouvent ainsi dans la tradition juridique de l'Eglise, c'est-à-dire la tradition savante. Ils finissent par figurer dans les Usages de Barcelone où, en tant que terme important du mouvement pacifiste, ils indiquent exactement la zone protégée sur laquelle s'étendait la *Treuga Dei*.

On peut de la même manière retracer la réception de la paix et trêve dans le cas d'une autre compilation de droit coutumier territorial qui est important pour l'histoire du droit européen, à savoir le Miroir des Saxons (*Sachsenspiegel*)[60].

3. La réception de la paix et trêve par le droit coutumier territorial

Les idées concernant la paix, exprimées notamment à l'occasion des conciles ecclésiastiques et des assemblées comtales, furent plus tard intégrées dans bon nombre de coutumiers, compilations juridiques du droit dit féodal du XIIIe siècle. Or, à la lecture de ces compilations, naît l'impression que la paix et la trêve de Dieu ont fusionné en une seule institution, une sorte de formule abstraite d'ordre public. Citons des exemples tirés du droit coutumier de Barcelone, les

---

Dios y la sagrera en el condado de Barcelona (1030-1130) », p. 135-136 ; P. BONNASSIE, « Les *sagreres* catalanes : la concentration de l'habitat dans le 'cercle de paix' des églises (XIe s.) », p. 69 ; T. GERGEN, « Texttradition der Usatges de Barcelona am Beispiel von *pau e treva* und den *XXX passes (sagreres)* der katalanischen Friedenskonzilien », p. 273-274.

60 T. GERGEN, « *Pax et Treuga* dans *Romanistik* et *Germanistik* », G. HOLTUS/J. KRAMER (éd.), *Ex traditione innovatio - Mélanges/Festschrift für Max Pfister*, Darmstadt, 2002, vol. II, p. 311-320.

Usatges de Barcelona (Usages de Barcelone)[61], dont l'usage 134 évoque « *in treuga et pace omnes dies* »[62], et l'usage 173 annonce « *Hec est treuga et pax confirmata* » ou « *Si quis autem predictam pacem vel treugam infregerit* »[63]. Même l'ordre de l'expression semble être variable avec, d'un côté, « *pro pace vel treuga fracta* » et, de l'autre, « *pro treva et pace fracta* »[64].

Et pourtant, en 1226, le juriste Eike de Repgow mit par écrit le *Sachsenspiegel* (Miroir des Saxons), coutumier le plus connu des *Deutschenspiegel* (Miroirs des Allemands). Dans son ouvrage, Eike a intégré plusieurs paragraphes où il remonte à des assemblées de paix[65] et emploie la distinction entre les deux formes de pacification, ce qui nous invite à nous interroger sur la réception de ces deux institutions dans les coutumiers territoriaux.

Certaines sources ne manquent pas d'évoquer *et* la paix *et* la trêve de Dieu, tout en distinguant les deux institutions. Nous proposons ici de mettre en lumière l'emploi des termes de « *pax* » et « *treuga* » dans le droit coutumier territorial à partir du XIIIe siècle, en nous appuyant sur des exemples en nombre certes limité, mais très significatifs, à savoir deux grands coutumiers européens, une compilation qui ressort du droit germanique, le *Sachsenspiegel*, l'autre du droit roman, les *Usatges de Barcelona* (3.1). Ensuite nous étudierons la filiation des institutions de paix pour tenter d'apporter une réponse concernant leurs tradition et réception juridiques et textuelles (3.2).

---

61 F. VALLS I TABERNER, *Edición y comentarios de los Usatges de Barcelona*, Barcelone, 1994, p. 22 ; G. GONZALVO I BOU, *La Pau i Treva a Catalunya. Origen de les Corts Catalanes*, Barcelone, 1986, p. 98-100 ; T. GERGEN, « Pau e Treva de nostre Senyor in den Usatges de Barcelona : Frieden durch rhetorische Formeln ? », C. PUSCH (éd.), *Katalanisch in Geschichte und Gegenwart*, Tübingen, 2001, p. 65-76 ainsi que A.J. KOSTO, « The Limited Impact of the *Usatges de Barcelona* in twelfth-century Catalonia », *Traditio. Studies in Ancient and Medieval History, Thought, and Religion* 56 (2001), p. 53-88, en l'occurrence p. 57-58.

62 F. VALLS I TABERNER, *Edición y comentarios de los Usatges de Barcelona*, p. 112.

63 ID., p. 132.

64 ID., p. 134.

65 F. EBEL (éd.), *Sachsenspiegel. Land- und Lehnrecht*, Stuttgart, 1993, Landrecht II, article LXVI, §§ 1-2 et 69.

3.1 L'emploi des notions de la paix et trêve dans le droit coutumier territorial

Essayons tout d'abord de mettre en relief deux occurrences différentes de la paix et de la trêve de Dieu dans le Miroir des Saxons avant de nous tourner vers les Usages de Barcelone. Le Miroir des Saxons fixe explicitement « les jours saints » de l'année. L'article LXVI s'intitule « De l'ancienne paix du pays. Les personnes que les jours de paix protègent » et porte sur les deux aspects de la paix[66].

Le § 1 instaure la paix particulière dite subjective[67], qui concerne tous les jours de l'année et protège la propriété et la vie des prêtres et du clergé en général, ainsi que celles des filles, des femmes et des juifs. La paix s'étend aux églises et cimetières, à chaque ville à l'intérieur de ses fossés et de ses enceintes, aux charrues et aux moulins, ainsi qu'à tous les chemins du roi, sur mer et sur terre ; ce qui, en cela, pourrait la qualifier de paix particulière dite objective[68].

---

66 *Von deme alden vride des landes. Weme die vridetage nicht helfen.*
Nu ver(ne)met den alden vride, den die keiserliche gewalt bestetiget hat deme lande zu Sachsen mit der guten knechte wilkore von dem lande. Alle tage und alle zit sollen fride haben phaffen unde geistliche lute, meide unde wipe unde iuden an irem rechte unde an irem libe, kirchen und e kirchhofe unde itlich dorf binnen sinen gruben unde sime zune, phluge unde molen unde des koninges straze in wassere unde in velde, de sullen steten vride haben, unde alliz, daz dar inkumt. Heilige tage unde gebundene tage, die sint allen luten zu vridetagen gesatizt, dar zu in itlicher wochen vier tage, der dunrstag, der vritag, der sunabunt unde der suntag. Des dunrstages wiet man den kresemen, da man uns alle mete zeichent zu der kristenheit in der toufe. Des dunrstages merte unse herre got mit sinen iungeren in deme kilche, da <wir noch> mete began unse e. Des dunrstages furte got unse mescheit zu himele unde offente uns den weg da hin, der uns er beslossen was. --- Des vritages machte got den man unde wart des vritages gemarteret durch den man. --- Des sunabundes rogete her, do her himel unde erden gemachet hatte unde allis, daz da inne waz. Her rogete ouch des sunabundes in dem grabe nach siner martere. Des sunabundes wiet man ouch die phaffen zu gotis dinste, die der kristenheit meistere sint. --- Des suntages worde wir gesunt mit gote umme Adames missetat. Der suntag waz der erste tag, der i gewart unde wirt der letzte, alse wir ufersten sollen von deme tode unde sollen varen zu genaden mit libe unde mit sele, de ez umme got verdienet haben. Dar umme sint dise vier tage gemeine vridetage allen luten, ane die in der handhaften tat gevangen werden adir in des riches achte sint ader vervest in deme gerichte. Cf. F. EBEL, Landrecht II, article LXVI, §§ 1-2 ; traduction sous l'annexe de cette thèse.

67 Selon L. HUBERTI, *Studien zur Rechtsgeschichte der Gottesfrieden und Landfrieden in Frankreich*, pp. 227-228 : « subjektiver Sonderfrieden », car il se réfère aux sujets (hommes) ; F. SCHEELE, *Di sal man alle radebrechen. Todeswürdige Delikte und ihre Bestrafung in Text und Bild der Codices picturati des Sachsenspiegels*, t. I (Textband), Oldenburg, 1992, p. 126.

68 *Ibidem*, « objektiver Sonderfrieden », puisqu'il est question des objets (choses).

Cette paix est donc sans limite dans le temps et vaut également pour tous ceux qui se rendent et demeurent à l'intérieur de l'espace où elle s'applique.

En revanche, le § 2 définit les jours saints et les jours de paix, destinés à tout le monde. Aux jours fériés, bien déterminés par le calendrier liturgique, le Miroir ajoute quatre jours de la semaine, le jeudi, le vendredi, le samedi et finalement le dimanche, justifiant cette décision tantôt par l'Ancien, tantôt par le Nouveau Testament. Le jeudi est le jour de la bénédiction de l'huile d'onction utilisée pour le baptême et celui où tout nouveau fidèle est accueilli au sein de la chrétienté. C'est aussi le jour de la Cène et de l'Ascension. Le vendredi, Dieu créa l'homme et le Christ fut crucifié. D'après le *Sachsenspiegel*, le samedi marque la fin de la Création de la terre et du ciel. Le Christ fut également porté au tombeau après son martyre. En outre, c'est le jour de l'ordination des prêtres. Le dimanche est justifié par la réconciliation de l'homme avec Dieu après les péchés d'Adam. Il est, tout à la fois, le premier et le dernier jour de la semaine, le jour de la résurrection des morts et de l'ascension des hommes au ciel. Ces quatre jours sont donc consacrés à la paix pour tous les hommes, à l'exception de ceux qui ont été pris en flagrant délit, ou contre qui était lancé le ban de l'Empire ou d'une circonscription d'un tribunal.

L'article LXIX exempte d'une punition celui qui a blessé un briseur de paix, s'il peut présenter sept co-jureurs susceptibles de jurer qu'il a blessé le briseur de paix au moment où ce dernier voulait prendre la fuite ou brisait la paix[69]. Les articles LXXI et LXXII expliquent minutieusement la procédure de persécution et de punition des briseurs de paix. Le règlement vaut dans les deux cas, indépendamment de la durée ou de la qualité des deux institutions de la paix ; d'où une certaine fusion et un même traitement de la paix et de la trêve par le *Sachsenspiegel* sur le plan procédural. La tradition des deux institutions y est évidente, avec toujours une distinction entre la paix «éternelle» (sans délai, omniprésente) et «temporelle» (temporaire). Paix et trêve ont gardé ainsi leurs significations propres.

Concernant les différentes versions des Usages de Barcelone, nous pouvons dégager quatre formes lexicales privilégiées dans le vocabulaire de la paix et de la trêve de Dieu :

---

69 *Wer totet adir wundet einen vredebrecher.*
Wer totet adir wundet einen vredebrecher, her blibit ez sunder wandel, ab herz selbe sibende gezugen mag, daz her in wunte an der vlucht ader an der tat, da her den vride brach. Cf. F. EBEL, Landrecht II, article LXIX ; traduction sous l'annexe de cette thèse.

- les attributs de *pax* et, séparément, de *treuga* ;
- la *pax* ;
- la *treuga* (*tregua*) ;
- l'association de la *pax* et de la *treuga*[70].

Dans la Charte constitutionnelle du comte Ramon Berenguer Ier et de son épouse Almodis, nous trouvons notamment les occurrences des attributs de paix pour le comte et le binôme de « *pax et tregua* ». Cette charte était à la base du droit public catalan, et qui remonte à l'an 1060 environ[71], assure la paix générale tant aux princes qui viennent jurer sincère et parfaite fidélité au comte, qu'à tous les hommes, nobles et non nobles, rois et princes, magnats et *milites*, *rustici*, marchands, pèlerins et voyageurs, chrétiens, sarrasins, juifs ou hérétiques. La charte, reprise et continuée par la clause 64 des Usages, proclame la paix et la sécurité que les princes donnaient aux sarrasins et au *al-Andalus* (*Ispanie*), à savoir les chrétiens de l'*Ispania*, aussi bien par terre que par mer : *pax et securitas quam principes dederint Ispanie et sarracenis, tam per terram quam per mare*[72]. La clause 65 lie paix et sécurité, *treuga et securitas quas preceperint principes inter inimicos teneri*[73]. Ainsi, le prince se propose d'assurer paix et sécurité à l'égard de ses ennemis, même s'ils n'ont pas confirmé cette trêve. Fidélité, sécurité, paix et vérité se trouvent couplées comme attributs et garanties du prince, donc le premier groupe lexical : *quia fides et justicia et pax et veritas principis*[74].

---

70 T. GERGEN, « Texttradition der Usatges de Barcelona am Beispiel von *pau e treva* und den *XXX passes (sagreres)* der katalanischen Friedenskonzilien », p. 264-266.

71 D. J. KAGAY, *The Usatges de Barcelona : the Fundamental Law of Catalonia*, translated and with an introduction, Philadelphia, 1994 ; F. VALLS I TABERNER, *Edición y comentarios de los Usatges de Barcelona*, p. 19.

72 ID., pp. 88-89 ; J. ROVIRA I ERMENGOL, *Usatges de Barcelona i Commemoracions de Pere Albert*, Barcelone, 1933, p. 86 (us. LV).

73 F. VALLS I TABERNER, *Edición y comentarios de los Usatges de Barcelona*, p. 89 ; J. ROVIRA I ERMENGOL, *Usatges de Barcelona i Commemoracions de Pere Albert*, p. 87 (us. LVI).

74 *Qui vero hec omnia vel unum ex hiis, scilicet pacem et treugam, emperamentum vel monetam, fregerit, violaverit seu falsaverit, quia tale malum est et tale dedecus quod nemo redirigere potest vel emendare ad principem, ita stabiliendo precipimus ut persone eorum, cum omni honore et avere, veniant in manu principis ad faciendam suam voluntatem secundum consilium et laudamentum ipsius curie*, cf. F. VALLS I TABERNER, *Edición y comentarios de los Usatges de Barcelona*, pp. 89-90. L'usage 66 prévoyait la protection de l'*emparamentum* (saisie et prise de possession) et de la monnaie (contre le faux monnayage) et les qualifiait de violation de la paix et trêve de Dieu.

Le deuxième groupe lexical à considérer ici est celui où paix et trêve sont évoquées l'une à côté de l'autre[75]. L'usage 66 mentionnant « *pacem et treugam* » entérine l'ordre public et désigne la paix en général sans distinction[76].

En somme, dans la Charte constitutionnelle, l'on ne trouve que les deux premières formes lexicales propres au vocabulaire de la paix, à savoir les attributs et qualités du prince (sécurité, vérité et fidélité), ainsi que la combinaison « *pax et tregua* ». La paix et la trêve apparaissent ensemble « *pax et treuga per omnes dies et noctes* », sans mention d'un calendrier liturgique précis. Nous constatons la même chose pour l'usage 133 qui forme la première partie de la constitution de la Paix et Trêve, élaborée à Barcelone en 1064 par des évêques, abbés, religieux et autres clercs. Elle fut promulguée par le comte Ramon Berenguer Ier et son épouse Almodis, assistés par leurs conseillers. C'est le lieu privilégié où l'on voit passer le règlement de paix des conciles de l'Eglise catalane dans le domaine du droit public, par intégration dans la coutume[77].

L'usage 61 protège tous les hommes, nobles ou roturiers, de manière perpétuelle et rappelle ensuite le respect de la « vraie trêve ». L'usage 97 répète la déclaration de la paix et trêve, jugées par l'évêque. Ramon Berenguer Ier et Almodis accordent aux églises et aux clercs que tous leurs droits et justices, dans le cas d'un dommage subi après la violation d'une trêve, relèvent de la juridiction épiscopale[78].

L'article 133 est la reprise du pacte de la Paix de Dieu de Barcelone, passé en 1064. Alors qu'il définit surtout les zones protégées de la *sagrera*, la zone de trente pas autour d'une église qui bénéficie d'une immunité spéciale, l'article 134 traite de « *treuga et pace per omnes dies* ». Les deux articles établissent bien la paix « éternelle » et la trêve.

Les articles 173 et 174 datent aussi de l'époque de Ramon Berenguer Ier (1035-1076), des conciles de Toulouges, Vic (1066) et de Gérone (1068). Ce sont les plus importants pour étayer l'hypothèse d'une reprise bien distincte de la paix et de la trêve de Dieu. « *treuga et pax confirmata* » ainsi que « *predictum pacem et treugam infregerit* » marquent les différentes formes de paix qui furent traduites et utilisées dans le droit coutumier territorial. Selon l'usage 173,

---

75 T. GERGEN, « Texttradition der Usatges de Barcelona am Beispiel von *pau e treva* und den *XXX passes (sagreres)* der katalanischen Friedenskonzilien », pp. 264-265.

76 F. VALLS I TABERNER, *Edición y comentarios de los Usatges de Barcelona*, p. 89-90.

77 ID., p. 12.

78 ID., p. 100-101. Les articles 71, 123-124, 130-132 traitent également des rapports entre paix et guerre, en l'espèce contre les Sarrasins, mais ils ne contiennent pas de locutions de la paix.

bénéficient de la « paix éternelle » : les églises, les clercs qui ne portent pas d'armes, les vilains et leurs maisons, certains animaux ainsi que les cimetières (*sacraria*)[79].

La trêve est annoncée pour certaines fêtes bien précises dans la clause introduite dans l'usage 174. Malgré la distinction entre les deux institutions, paix et trêve sont traitées de la même manière en ce qui concerne la juridiction et la procédure pénale, traditions textuelles et juridiques qui se trouvent également dans le Miroir des Saxons (articles LXXI et LXXII). Mais comment cette réception s'explique-t-elle ?

3.2 Les interférences entre paix et trêve avec le droit coutumier

Le droit coutumier territorial a été marqué, lors de sa compilation, par un réemploi du droit précédent. Les versions des Usages de Barcelone et celles du Miroir des Saxons, qui ont progressivement introduit la distinction entre paix et trêve, ont certainement plusieurs origines. La racine principale est sans doute la tradition française des conciles de la paix qui a repris celle des conciles du monde carolingien. Nous avons déjà démontré ces reprises entre 989 et 1050[80]. On assigne généralement aux années 1040/50 la transition de la paix de Dieu vers la *treuga*, soit après le concile catalan de Toulouges en 1027 qui privilégia le dimanche comme jour de paix de la semaine, à l'instar des capitulaires carolingiens, soit après le concile de Nice tenu en 1041[81]. Certes, le concile de Tou-

---

79 Hec est treuga et pax confirmata ab archiepiscopo Narbonense domino Guifredo, et a Berengario Gerundensi episcopo, et a domino Raymundo Elnense episcopo, et a comitibus Rossilionensis, et a domino scilicet Gaufredo et Guilaberto filio ejus, et a domino Poncio Impuritanense comite, ... Constituerunt namque predicti pontifices, cum consensu ceterorum nobilium, ut in comitatu Rossilionense vel Confluentano vel Vallis spirensi ullos homo ecclesiam non infrangat, *neque cimiteria sacraria triginta passuum ecclesiasticorum in circuitu uniuscujusque ecclesie,* nisi episcopus propter hominem excomunicatum aut propter suum censum.

Si vero aliquis homo aliter infrigerit ecclesiam vel spacium triginta passuum ipsius ecclesie in predicto episcopatu Elnensi, quidquid enim commiserit emendet, ut justum fuerit, ipsi homini cui injuriam fecerit, et ecclesie in qua fecerit satisfaciat legaliter, et insuper composicionem sacrilegii Elnensi componat episcopo..., cf. F. VALLS I TABERNER, *Edición y comentarios de los Usatges de Barcelona*, pp. 132-135. Quant aux recherches sur la *sacraria* voir P. BONNASSIE, « Les *sagreres* catalanes : la concentration de l'habitat dans le « cercle de paix » des églises (XIe siècle) », p. 68-80.

80 T. GERGEN, « Pau e Treva de nostre Senyor in den Usatges de Barcelona : Frieden durch rhetorische Formeln ? », pp. 65-66.

81 P. BONNASSIE, *50 mots clefs de l'histoire médiévale,* Toulouse, 1981, n. 37 ; L. HUBERTI, *Studien zur Rechtsgeschichte der Gottesfrieden und Landfrieden in Frankreich*, pp. 20s. et 228 ; F.-O. TOUATI, *Vocabulaire historique du Moyen Age*, Paris, 1997, p. 207 et 271.

louges et celui de Cologne de 1083 (valable pour toute la province de cet archevêché) et la paix de Dieu saxonne de 1084 ont eu des impacts différents selon les territoires concernés[82]. Mais c'est bien le droit canonique qui, en vigueur partout, a pu influencer les deux branches de la tradition.

Le concile de Latran III (1179) et les Décrétales de Grégoire IX (1234) évoquent bien les traces de la *Treuga Dei*, devenue une institution du droit canonique depuis le Décret de Gratien en 1140. Le titre XXXIV. *De Treuga et Pace*, chap. I, fixe la période d'interdiction des guerres privées, entre le mercredi soir et le lundi matin, toute l'année, ainsi que durant l'Avent jusqu'au huitième jour après l'Epiphanie et pendant le Carême jusqu'au huitième jour après Pâques[83] : *Treugas a quarta feria post occasum solis usque ad secundam feriam in ortu solis, et ab Adventu Domini usque ad octavas Epiphaniae, et a Septuagesima usque ad octavas Paschae ab omnibus inviolabiliter observari praecipimus.*

Le premier chapitre traite ensuite, en deux paragraphes, de la violation de la paix durant les jours de *treuga*. Les évêques peuvent excommunier ceux qui sont censés avoir violé la trêve malgré une mise en garde à trois reprises[84].

Le deuxième chapitre vise également à instaurer la paix, mais la paix générale ou, selon notre distinction, la paix « éternelle »[85]: *Innovamus autem, ut presbyteri, clerici, monachi, conversi, peregrini, mercatores, rustici, euntes et redeuntes, et in agricultura exsistentes, et animalia, quibus arant et quae semina portant ad agrum, congrua securitate laetentur.* Sont alors protégés constamment les prêtres, les clercs, les moines, les pèlerins, les marchands, les *rustici*, ainsi que le bétail.

Les glossateurs font la même distinction. A la fin du XIIe siècle, le juriste Bernard de Pavie commente systématiquement les textes du droit canonique. Dans sa glose de la décrétale d'Alexandre III, il dédie tout un paragraphe à la

---

82 K. KROESCHELL, *Deutsche Rechtsgeschichte*, p. 189-191.

83 *Corpus Iuris Canonici*, A. FRIEDBERG (éd.), Graz, 1959, p. 203.

84 *§ 1. Si quis autem treugas frangere praesumpserit, post tertiam admonitionem si non satisfecerit, suus episcopus sententiam excommunicationis dictet in eum, et scriptam vicinis episcopis annunciet, quorum nullus excommunicatum in communione recipiat, immo scriptam sententiam quisque confirmet. Si quis autem haec violare praesumpserit, ordinis sui periculo subiaceat.*

§ 2. Et quoniam funiculus triplex difficile rumpitur, praecipimus, ut episcopi ad solum Deum et ad salutem populi habentes respectum, omni trepidatione seposita ad pacem firmiter tenendam mutuum sibi consilium et auxilium praebeant, neque hoc alicuius amore vel odio praetermittant. Quod si quis in hoc Dei opere trepidus inventus fuerit, damnum propriae dignitatis incurrat.

85 *Ibidem.*

Pax Dei (*Summa Decretalium*, 1191-1198)[86] et développe la distinction entre «*treuga perpetua*» et «*treuga temporalis*». Alors que la *treuga perpetua* vaut pour les clercs et les pèlerins, la *treuga temporalis* définit certaines périodes où la violence est interdite, d'où le maintien des deux institutions en question. De plus, la *treuga* a reçu la définition suivante : *securitas praestita personis et rebus discordia non finita*. Bernard sauvegarde les personnes et biens sur lesquels il y a querelle. Il maintient, de plus, la distinction pour le *quadriduum*, les quatre jours retenus et expliqués dans les Usages de Barcelone et au Miroir des Saxons, dont la justification remonte à Raoul Glaber et à Yves de Chartres qui les ont mis en relation directe avec l'ordre du Christ pour conférer une autorité divine à la paix[87].

L'usage 174 qui reporte les résultats des assemblées de Vic (1064-66) et de Gérone (1068), fixe la paix temporaire du mercredi soir au lundi matin. De plus, cette clause reprend la paix « éternelle » pour les trente pas ecclésiastiques et les églises[88].

Les *Cortes* de Fontaldara en 1173, ceux de Gérone en 1188 et ceux de Barcelone en 1228 confirment la paix de Dieu. Dans les derniers *Cortes*, la paix reste présente, mais sans précision des «jours saints»[89]. Etant donné que les Usages furent promulgués à plusieurs reprises aux XIIe et XIIIe siècles, les textes en question perdurèrent donc pendant longtemps, puis furent traduits en catalan à partir du XIIIe siècle, par exemple en 1202 quand Pere Ier stipula un règlement de paix à Cervera[90].

Une tradition semblable apparaît en Saxe où Eike de Repgow emprunte les travaux antérieurs des canonistes, en l'espèce le *Decretum Gratiani*, et des

---

86 H. HOFFMANN, *Gottesfriede und Treuga Dei*, p. 236, qui se réfère à *Bernardi Papiensis Faventini episcopi Summa decretalium.*

87 ID., p. 196.

88 *Hec est pax confirmata ab episcopis et abbatibus et comitibus necnon vicecomitibus in episcopatu Ausonensi, videlicet et ab ista die et deinceps nullus homo ecclesiam non infringat nec spacium neque mansiones que in circuitu ecclesie sunt aut erunt usque ad XXXa ecclesiasticos passus...*

Ille autem homo qui aliter ecclesiam invaserit, aut aliis, exceptis supradictis malefactoribus, aliquod malum ibi fecerit, aut ea que in circuitu ipsius ecclesie sunt usque ad XXXa ecclesiasticos passus irruperit, sacrilegii composicione emendet prefate sed et querelanti malefacta in duplo restituat. Cf. F. VALLS I TABERNER, *Edición y comentarios de los Usatges de Barcelona*, p. 141-142.

89 H. HOFFMANN, *Gottesfriede und Treuga Dei*, p. 230.

90 G. GONZALVO I BOU, « Versions en català de constitucions de Pau i Treva », *Medievalia* 12 (1995), p. 35.

assemblées de paix[91]. Les *Landfrieden* de 1179 par lesquelles Frédéric Barbarousse limite la persécution des ennemis aux lundi, mardi et mercredi, furent influencées par le concile de Latran III. La paix saxonne de 1221 (*Sächsischer Landfrieden*) ainsi que la paix impériale, la *treuga Heinrici* de 1224, annoncent les *Deutschenspiegel* (Miroirs des Allemands)[92]. Le *Sachsenspiegel*, comme nous avons pu le démontrer, et le *Schwabenspiegel* (Miroir des Suèves) connaissent les mêmes reprises[93]. La clause LXVI du Miroir des Saxons qui accorde la sécurité des personnes et des biens, était évidemment très proche de la *treuga Dei* d'Henri IV de 1224. La personne qui « trespasserait » n'est pas non plus protégée par la paix. L'article XII du Miroir des Suèves interdit des jugements aux jours de paix tandis que l'article LXVI proclame une paix protégeant le bétail.

La majorité des clauses du droit coutumier ont repris la tradition *et* de la paix *et* de la trêve de Dieu évoluant cependant vers une paix du duc ou du roi, pouvoirs temporels qui devaient monopoliser dorénavant la paix et sa juridiction par rapport à un certain territoire. Néanmoins la paix de Dieu, remplaçant un ordre politique et juridique qui n'existait plus comme avant, mais perdurait en quelque sorte, fut reprise plus tard par le droit coutumier territorial, germanique ou roman. Le droit canonique a joué le rôle de lien entre les conciles de paix et les compilations du droit coutumier

La paix de Dieu avait donc survécu dans les grandes compilations du droit coutumier qui la réemployèrent. Etant donné que les deux formes de paix se trouvaient toujours dans les textes, il faut en déduire que les législateurs, détenteurs du pouvoir territorial en Catalogne comme en Saxe, les gardèrent et les transmirent à leur époque qui avait besoin d'une expression juridique caractérisant l'ordre public, encadrant la violence à certaines périodes et réservant ainsi un certain espace pour les guerres privées.

---

91 H. LÜCK, *Über den Sachsenspiegel. Entstehung, Inhalt und Wirkung des Rechtsbuches*, Halle-sur-Saale, 1999, pp. 15-16 ; ID., *Sachsenspiegel und Magedeburger Recht – Europäische Dimensionen zweier mitteldeutscher Rechtsquellen*, Hambourg, 1998 ; H. HOFFMANN, *Gottesfriede und Treuga Dei*, p. 230 et p. 250.

92 *Monumenta Germaniae Historica = MGH Constitutiones* 1, 381 ; 2, 394, 399 ; K. KROESCHELL, *Deutsche Rechtsgeschichte*, pp. 294-296 ; J. GERNHUBER, *Die Landfriedensbewegung in Deutschland bis zum Mainzer Reichslandfrieden von 1235*, Bonn, 1952, p. 197.

93 H.G. GENGLER (éd.), *Des Schwabenspiegels Landrechtsbuch*, 1875.

Outre l'espace protégé nous trouvons des mentions explicites de la paix dans les statuts de paix qui seront au centre de nos analyses de l'application pratique de la paix et de la trêve.

II. Les statuts de paix

A côté de l'espace protégé d'autres citations explicites des statuts de paix et de la législation de paix apparaissent dans les sources[94]. Il convient d'étudier quelques dossiers pertinents, d'abord celui concernant l'évêque Lambert d'Arras (1) puis des exemples portant sur la mauvaise observation de la paix jurée pendant la trêve de Dieu (2). Restent à évoquer les statuts de paix en faveur de certains groupes privilégiés tels que les commerçants ou les pèlerins (3).

1. Lambert d'Arras et la violation des *statuta pacis*

L'évêque d'Arras, Lambert (1093-1115) s'est référé maintes fois aux statuts de paix. Premier évêque du jeune évêché d'Arras (situé dans le Nord de la France), il se trouvait au milieu des conciles de paix, entre la France et l'Allemagne. Les conciles de la Paix de Liège et de Cologne avaient eu lieu en 1082 et en 1083. Les lettres de Lambert sont une source extraordinaire pour notre sujet, car trois épisodes démontrent l'importance de la paix dans la vie de cet évêque. Dans les *Gesta Atrebatensium*, son compte-rendu du concile de Clermont de 1095 est significatif puisque les canons qu'il a pris en note (*Colligente Lamberto Atrebatensi Episcopo)* concernent souvent des normes portant sur la paix de Dieu, à savoir[95] :

c. 1 : De pace non infringenda[96].
c. 4 : Ut clerici arma non portent[97].
c. 29 : Ut liberi sint qui ad crucem confugiunt[98].
c. 30 : De iis qui ad crucem vel ecclesiam confugiunt[99].

---

94 H. HOFFMANN, *Gottesfriede und Treuga Dei*, p. 150-151.

95 P. L. 162, col. 715-720.

96 *Statutum est ut in omni die et monachi et clerici et feminae, et quae cum eis fuerint, in pace permaneant ; tribus autem diebus, scilicet secunda, tertia et quarta, ab aliquo alicui illata non reputabitur pacis fractio : quatuor autem reliquis diebus si quis alicui injuriam intulerit, fractionis sanctae pacis reus habeatur, et prout judicatum fuerit puniatur.* P.L. 162, col. 715-717.

97 *Ne aliquis clericus arma deferat.* P.L. 162, col. 717.

98 *Si quis ad aliquam crucem in via persequentibus inimicis confugerit, liber ac si in ipsa ecclesia permaneat.* P.L. 162, col. 719.

99 *Quod si quis pro securitate ecclesiae vel praedictae crucis aliquod crimen peregerit, et ad ecclesiam vel crucem confugerit, accepta securitate vitae et membrorum, reddatur iustitiae.* P.L. 162, col. 719-720.

Or, il faut se rappeler qu'en allant à Clermont, Lambert avait été pris en otage par le frère de l'évêque de Troyes, Garnier de Pont[100]. Au-delà des règles de la paix en général, il semble avoir retenu celles qui concernent lui-même puisqu'il a noté le canon qui prononce l'infamie et le désarmement contre ceux qui retiennent des évêques (c. 32)[101] :

De iis qui episcopos incarcerant.
Si quis episcopum ceperit et incarceraverit, perpetuae infamiae subjaceat, ulterius arma non exerceat. Et clamatum est ab omnibus : Fiat.

Immédiatement avant il est question du vol des biens appartenant à un évêque ou un clerc (c. 31)[102] :

Ut nullus clericorum bona diripiat.
Ne aliquis clericus res episcoporum vel clericorum vel in vita vel post mortem eorum diripiat, vel in usus proprios conferat. Quod si quis fecerit, anathema sit ; et dictum est ab omnibus : Fiat, fiat.

L'anathème était donc prévu pour les voleurs des biens épiscopaux, une règle applicable dans le cas de Lambert[103] et figurant chez Gratien qui a traité de ce sujet et a prévu la sanction de l'anathème contre les voleurs des biens des clercs (12, q. 2, chap. 46)[104]. Ce cas montre bien les chevauchements entre le droit des conciles et le droit canonique savant et mis en compilations. Les normes de la paix de Dieu ont donc été utilisées et appliquées.

---

100 L. KERY, *Die Errichtung des Bistums Arras 1093/1094*, Sigmaringen, 1994, p. 195-196, 403-405 (Beihefte der Francia 33) ; B. DELMAIRE, *Le diocèse d'Arras de 1093 au milieu du XIVe siècle. Recherches sur la vie religieuse dans le Nord de la France au Moyen Âge*, Arras, 1994.

101 P.L. 162, col. 720.

102 P.L. 162, col 720.

103 T. GERGEN, « Gottesfrieden und Gewalt gegen Bischöfe – Überlegungen zu den Rechtsgrundlagen des Sanktionensystems », *Bischofsmord*, Max-Planck-Institut für Geschichte Göttingen (éd.), 2003 (sous presse).

104 *Apud Gratianum sic habet : De laicis quaestio facta est, qui morientibus episcopis sive aliis clericis res defunctorum invasas ecclesiae pauperibusque subripiunt : contra quos commune totius concilii anathema prolatum est, ipso papa hujusmodi sententiam promulgante. Si quis post interdicti praesentis cognitionem episcoporum seu presbyterorum aut aliorum clericorum res invaserit, usque ad satisfactionem excommunicetur...* P.L. 162, col. 720.

L'évêque Lambert n'a pas seulement noté les canons de Clermont pour les apporter dans son diocèse ; il les a mis en pratique, fondant certaines de ses décisions sur le règlement de paix, ce que prouve sa plainte contre les voleurs des pèlerins présents dans son diocèse.

Lambert porte d'abord plainte auprès de la comtesse Clementia de Flandres parce que plusieurs pèlerins de son diocèse s'étaient fait attaquer et voler par un certain *praepositus G.* au retour d'un pèlerinage de Rome. En tant que juge, l'évêque excommunie le délinquant et exerce donc la justice du bras ecclésiastique avant de demander (*exoramus*) à la comtesse qu'elle rende justice selon la paix (*secundum pacem).* Au cas où les biens des pèlerins ne seraient plus rendus, l'évêque devrait excommunier *statuta pacis* le château du criminel en question[105].

Ce cas démontre bien les éléments constitutifs de l'infraction du vol des pèlerins, délit qualifié de non respect de la paix et de l'ordre public. L'agression des pèlerins apparaît souvent dans les textes comme une lésion de la paix de Dieu. Ces voies de fait engendrent l'intervention de deux branches de justice, l'évêque ayant le pouvoir juridictionnel à l'intérieur de l'Eglise et la comtesse le pouvoir juridictionnel temporel. Le verdict prononcé en faveur des pèlerins se fonde donc directement sur les règles de la paix de Dieu, institution qui vient aider ainsi les victimes afin d'obtenir justice. Cette justice s'exprime dans la revendication des biens usurpés par le *praepositus G.*

Le statut spécial des pèlerins est garanti dans de nombreux canons de conciles de la paix de Dieu ou plus tard dans le droit coutumier. A Clermont en 1095, la protection des pèlerins est même devenue partie intégrante du droit canonique[106]. Il est d'ailleurs intéressant de voir les guides de pèlerinages, à l'aide des miracles punitifs, inciter les voleurs à respecter cette immunité des

---

105 *Patrologiae Latina cursus completus* (= *P.L.*), J.-P. MIGNE (éd.), Paris, 1854, t. 162, col. 659, lettre 31 : « Nobilitati vestrae notum fieri volumus quosdam peregrinos parochianos nostros Roma venientes omnes extraneas terras quiete transisse. Tandem in vestra terra pervenientes a praeposito vestro G. apud Batpalmas depraedati sunt. Nos vero ministerium quod ad nos pertinet facere volentes, mandavimus ei ut libere vel per fidejussionem quod injuste in pace abstulerat redderet. Illum hoc facere renuentem in Coena Domini excommunicavimus. Nunc autem misericordiam vestram exoramus *ut secundum pacem* istiusmodi hominem tractetis et peregrinis sua reddi faciatis. Quod si redditum non fuerit, *nos statuta pacis* mutare non valentes, totum castrum in quo hoc facinus et alia multa facinora acta sunt in bannum mittemus.
Vale. »

106 P.L. 182, col. 928, ep. 363.

pèlerins, notamment pour ceux allant à Rome, Jérusalem et Saint-Jacques de Compostelle[107].

Le deuxième cas que Lambert rapporte traite d'un vol de vin *pacis soluto foedere*. Un certain Robert de Péronne s'est plaint du fait qu'Arnulf et Radulf de Bapaume ont volé du vin à ses bourgeois. Il voudrait que l'évêque fasse restituer les biens aux dépossédés. La source précise que c'est à l'évêque d'ouvrir la plainte : *aut vestrum officium impleatis* [108]. L'évêque se trouve dans un rôle de procureur qui est à même de déclencher un procès pénal dans la juridiction laïque pour cause de bris du pacte de paix.

Le troisième dossier s'inscrivant dans la législation de la paix est également significatif du rôle pratique de la paix en tant que source juridique. Le châtelain (castellan) Gonfrid de Lons était entré dans l'aître d'une église et avait pris les biens de quelques personnes qui étaient dans cette zone protégée. L'évêque d'Arras constate que cet état de choses est contraire à la paix jurée[109]. Il menace le castellan avec le ban (*iuxta constitutionem libertatis et pacis atriorum et terrarum sanctuarii),* au cas où le châtelain ne restituerait pas l'ensemble dans les 15 jours suivants, qui correspondent à un délai de réflexion pour Gonfrid[110]. L'évêque lui donne aussi une leçon en se référant à d'autres gouvernants, tel

---

107 H. HOFFMANN, *Gottesfriede und Treuga Dei*, p. 187 ; notre C.R. sur le livre de Klaus HERBERS (éd.), *Libellus Sancti Jacobi : Auszüge aus dem Jakobsbuch des 12. Jahrhunderts*, Tübingen, 1997, paru dans *Lusorama* 39 (1999), p. 116-118.

108 P.L., t. 162, col. 653, lettre 16 : « *...ut his burgensibus meis cum vino ad Atrebatum tendentibus, quibus Arnulfus et Radulfus de Batpalmis in praeterita hebdomada, pacis soluto foedere, vinum suum abstulerunt, aut sua reddere faciatis, aut vestrum officium impleatis. Valete.* »

109 P.L., t. 162, col. 662-663, lettre 40 : « Pervenit ad synodum nostram gravis clamor de vobis quod atrium de Lothes et terram ad ejusdem atrii ecclesiam pertinentem infregeritis, et homines, licet rei justitiae vestrae fuerint, ut dicitur, inde nobis inconsultis, quod nullo modo vobis nec alicui terrenae potestati facere licet, contra libertatem sanctae Dei Ecclesiae matris vestrae, contra excommunicationem atriorum et terrarum sanctuarii, *contra pacem juratam*, pro sola voluntate vestra res illorum vobis retinueritis. Unde multum miramur vos tam grande malum in partibus nostris fecisse, quod facere non soletis, cum in terra nativitatis vestrae semper legalem et bene modestum vos fuisse constiterit... »

110 *« Propterea vero synodalem suspendimus a vobis excommunicationis sententiam, quia vos et hujus operationis nequam magis desideramus humiliter et salvari quam contumaciter et superbe damnari. Si igitur infra quindecim dies ab hodierna die visis litteris nostris juxta constitutionem libertatis et pacis atriorum et terrarum sanctuarii satisfacere Deo et nobis, quod absit, nolueritis, nos Salvatore omnium adjuvante, et sanctorum canonum severitate insinuante, et in eos quos jam vocavimus et bannivimus et in defensores eorum excommunicationem facere non tardabimus. Vale.* » P.L., t. 162, col. 663.

qu'Ozias[111] ou Nabuchodonosor[112], et lui rappelle ce qu'a prêché l'apôtre Paul[113]. Ozias le roi d'Israël dut subir la lèpre jusqu'à la fin de sa vie. Nabuchodonosor le roi de Babylone, ne rendant pas grâce à Dieu, suporta une situation misérable (*dura*) et dut quitter la société humaine pour sept ans. Ce que Gonfrid avait commis, était notamment inderdit par le concile de Soissons tenu dans Saint-Médard qui avait mis sous sa protection spéciale les *atria*[114].

Nous avons donc un exemple pertinent qui joue dans deux groupes car l'institution de la zone protégée, l'*atrium*, est évoquée, ainsi qu'il y a une référence explicite aux canons de la paix de Dieu qui sert de source juridique pour une condamnation du châtelain à la restitution des biens usurpés.

Au demeurant, il y a lieu de mettre en exergue des cas où il est explicitement question de la violation de la trêve.

2. Observation de la paix jurée pendant la trêve de Dieu

Certains cas font directement référence aux délits commis pendant la période de la trêve de Dieu ; à ce propos, nous avons choisi trois lieux, Saint-Eutizio (1), Béziers (2) ainsi que Wurzbourg (3).

2.1 La confession de Sant'Eutizio

Une confession de Sant'Eutizio, l'Ombie (près de Norcia en Italie), vers 1037-89, évoque clairement l'aveu de la mise en danger de la trêve, respectée comme institution de paix[115]. L'aveu est exprimé en première personne au singulier[116] :

---

111 « *Scire volumus vos quia Ozias rex Israel percussus est a Domino lepra perpetua pro eo quod officium pontificatus sibi usurpare praesumpsit.* » P.L., t. 162, col. 662.

112 « *Similiter et Nabuchodonosor rex Babyloniae quia non dedit gloriam Deo, creator omnium Deus duram et extra societatem humanam per septem annos sibi ab eo accepit vindictam.* » P.L., t. 162, col. 662-663.

113 « *Quia igitur haec et quaecunque scripta sunt juxta apostolum Paulum ad nostram doctrinam scripta sunt, per praesentes litteras nostras ad correctionem salutis vestrae in praesentia nostra vos invitamus, et eos qui vobis in tam perverso facto cooperatores fuerunt.* » P.L. 162, 663.

114 H. WASSERSCHLEBEN, « Zur Geschichte der Gottesfrieden », *Zeitschrift der Savigny-Stiftung für Rechtsgeschichte -Germanistische Abteilung = ZRG GA* 12 (1891), p. 113-115 ; H. HOFFMANN, *Gottesfriede und Treuga Dei*, p. 157 et 186 -188 ; P. TIMBAL, *Le droit d'asile*, thèse en droit, Paris, 1939.

115 P. PIRRI, *L'abbazia di Sant'Eutizio in Val Castoriana presso Norcia et le chiese dipendenti*, Rome, 1960, p. 42-53 (Studia Anselmiana 45).

116 Confesio. Domine mea culpa. Confessuso ad me senior domini deu, et ad mat donna sancta Maria et ad s. Mychael archangelu, et ad s. iohanne baptista. et ad s. P. et P. et

Me accuso de la sancta treva k io noll observai sicomo promisi.

Il s'agit d'une confession (*confiteor*) avant la mort qui englobe toute la vie de la personne en question. L'intercession de la Vierge et nombreux saints est demandée. Faute (*culpa*) et péché (*peccatum*) ne sont pas encore distingués[117] de sorte que le bris de la Sainte Trêve jurée est à la fois délit et péché (*Me accuso de VIII principali vitia. et de VII criminali peccata*).

H. Hoffmann pense, à juste titre, que la trêve a été connue grâce à l'influence cistercienne car il y avait des rapports entre le monastère de Sant'Eutizio et l'abbaye de réforme en Bourgogne[118]. Sensibilisé par le serment prêté, le pécheur prend la responsabilité de n'avoir pas respecté la paix jurée. La confession semble aussi avoir servi comme prière pour s'accuser du bris de la paix.

Un autre exemple de cette série a été trouvé dans le Cartulaire de Béziers.

---

ad omnes sancti et sancte die. de onna mea culpa, et de onna mea peccata, ket io feci. da lu battismu meu usque in ista hora. jn dictis, jn factis, jn cogitatione. in locutione. in consensu et opere. in periurja, in omicidia. in aulteria. in sacrilegia. in gula. in crapula. in commessatione. et in turpis lucris. Me accuso de lu corpus domini k io indignamente lu accepi. Me accuso de li miei adpatrini, et de quelle penitentie k illi me puseru e nnoll observai. Me accuso de lu genitore meu et de la genitrice mia, et de li proximi mei ke ce no abbi quella dilectione ke me senior domini deu commandao. Me accuso de li mei sanctuli. et de lu sanctu baptismu ke promiseru pro me. et noll observai. Me accuso de la decema. et de la primitia. et de offertione. ke nno la dei siccomo far dibbi. Me accuso de le sancte quadragessime, et de le vigilie de l apostoli. et de le ieiunia IIII[or] tempora. k io noll observai. *Me accuso de la sancta treva k io noll observai siccomo promisi.* Me accuso de V sensus corpori mei. visus, auditus. gustus. odoratus. et tactus. Me accuso de VIII principali vitia. et de VII criminali peccata. het ke d esse se genera. et quecumque humana fragilitas peccare et polui potest. de istis et his similia si me demecto en colpa com ipsu domini deu lo sa. k io menesprisu de sono. pregonde la sua sancta misericordia e la intercessione de li soi sancti ke med aia indulgentia. Et pregonde te sacerdote kend ore pro me/nui miseru peccatore. ad d.[m] n.[m] i.[m] x.[m]. et diemende penitentia. ke lu diabolu no me de poza adcusare k io iudecatunde no sia. de tutte le peccata mie... Cf. P. PIRRI, *L'abbazia di Sant'Eutizio*, p. 46-49.

117 S. KUTTNER, *Kanonistische Schuldlehre von Gratian bis auf die Dekretalen Gregors IX.*, Città del Vaticano, 1935, (*Biblioteca Apostolica Vaticana*), p. 3 ; D. MÜLLER, « Schuld-Geständnis-Buße. Zur theologischen Wurzel von Grundbegriffen des mittelalterlichen Strafprozeßrechts », *Herrschaftliches Strafen seit dem Hochmittelalter. Formen und Entwicklungsstufen*, H. SCHLOSSER/R. SPRANDEL/D. WILLOWEIT (éd.), Cologne/Weimar/Vienne, 2002, p. 416-420.

118 H. HOFFMANN, *Gottesfriede und Treuga Dei*, p. 86.

2.2 De graves violations de la trêve de Dieu à Béziers

D. Barthélemy attribue une place importante à l'application de la *Treuga Dei,* tout en niant cet impact pour la paix de Dieu[119], ainsi qu'à la juridiction de l'Eglise[120].

Entre 1068-1072, les chanoines de Saint-Nazaire de Béziers reçoivent des dons de terre en guise de commutation des sanctions pour bris grave et méprisant de la paix et trêve de Dieu *(graviter et negligenter treucam Dei fregerunt).* Comme le rapporte le Cartulaire de Béziers (Livre noir, fol. 194 r°)[121] Raimond

---

[119] D. BARTHELEMY, *L'an mil et la paix de Dieu*, p. 520-521.

[120] ID., p. 546.

[121] J. ROUQUETTE (éd.), *Cartulaire de Béziers (Le livre noir),* Paris-Montpellier, 1918, no. 79 (= p. 101-103). « Déguerpissement de Raimond Bligeris en faveur des chanoines de Saint-Nazaire » : *In nomine Domini, hec est carta guirpitionis, et securitatis sive evacuationis, quam fecit Raimundus ; cognomine Bligeris, et infantes ejus, Ermengaudus, et Rodengus, atque Fredolonus.*

Manifestum est enim quod canonici Sancti Nazarii, hi sunt Ugo Petrus caput scole, Petrus Moricenus archipresbiter, Framaldus, Guillelmus Poncius, Bernardus Ainardus, Poncius Bernardus, Petrus Rainulfus, Petrus Poncianus, Teudaldus, et filius ejus Petrus, et alii omnes canonici et clerici proclamabant se de Raimundo Bligerio et de filiis suis prescriptis, de alode Sancti Nazarii, quem injuste tenebant et possidebant, scilicet de ipso fevo de Gairaldo et de Austendo, et de omni alode Sancti Nazarii, quem Raimundus Bligeris et infantes sui prescripti habebant et possidebant in toto terminio de Corneliano et in toto terminio de Peliano.

Post hec autem contigit ut infantes Raimundi et alii homines cum illis graviter et negligenter treucam Dei fregerunt, et multam et maxi<m>am presumptionem commisserunt ; unde valde se retarguentes, penituerunt et se emendaturos promiserunt. Denique, feria tertia, venerunt Biteris Raimundus et filii ejusdem prescripti, Ermengaudus, et Totericus, et per judicium Dei, sicut constitutum est, voluerunt ipsam treucam Dei emendare, et duas vices fecerunt ipsum judicium, et non potuerunt quirere. Ad hoc vero judicium fuerunt Raimundus Alcherii de Corneliano, et Ermengaudus Arnaldus, et Deusde Disderius, et Bernardus Gairaldus, et Petrus Rainardus, et Petrus Raimundus, et Sicfredus Bonuspar, et alii quam pluris boni homines ; et dederunt consilium ad Raimundum Bligerium et ad infantes ejus suprascriptos, ut solverent, et donmarent, et guirpirent Domino Deo et Sancto Nazario, et canonicis suprascriptis, totum alodem quod habebant de Sancto Nazario in toto terminio de Corneliano, et in toto terminio de Peliano. Et Raimundus Bligerius et infantes sui prescripti dixerunt se hoc facere. Et ego Raimundus Bligerius et infantes mei prescripti Rodericus, et Ermengaudus atque Fredolonus, nos simul evacuamus, et guirpimus, et securitatem facimus Domino Deo et Sancto Nazario et canonicis prescriptis, et omnibus clericis, qui ibi hodie sunt et in antea erunt, omnem alodem et totum Sancti Nazarii, quodcumque habemus et possidemus in toto terminio de Corneliano et in toto terminio de Peliano, in tali convenientia ut teneat Raimundus Bligerii in vita sua jamdictum alodem, et non possit vindere, nec incombrare per ullum ingenium ; sed post mortem de ipso Raimundo Bligero prescripto, cum omni integritate, delibere revertatur totum alodem prescriptum Domino Deo, et Sancto Nazario, et canonicis prescriptis, vel omnibus clericis Sancti Nazarii, qui ibi hodie sunt, et in antea erunt : et propter hoc in tenore et pro tenezone ha-

Bliger et ses fils qui ont échoué deux fois à l'ordalie (jugement de Dieu), sont donc autorisés à donner une terre tout en en conservant l'usufruit viager. Le verbe « *emendare* » désigne la possibilité d'expier la non-observation de la trêve de Dieu, en détournant un résultat défavorable de l'ordalie.

Le Livre noir de Béziers narre un autre exemple de meurtre pendant une période liturgique ; Pierre Riculf s'accuse par charte d'avoir cédé à la colère et tué un homme, un vendredi pendant l'Avent. Les chanoines de Saint-Nazaire de Béziers le condamnent à un exil de sept ans. Au lieu d'accomplir cette peine, il fait une donation de terre au Seigneur Dieu et à saint Nazaire du siège épiscopal de Béziers, c'est-à-dire aux chanoines[122]. Le préambule de cette charte du 27

---

beant canonici Sancti Nazarii prescripti, ab hodierno die et deinceps, semodiatam de vinea que est de prescripto alode, et est in terminio de Peliano, ubi vocant a Carrello ; Et insuper plivirunt Raimundus Bligerius, et Totgerius, et Ermengaudus, atque Fredolonus, per suas fides et per sua dicta, quod de prescripto alode non habeant factum illum incombrium, nec in antea faciant, neque de prescripto placito clericos vel canonicos prescriptos non inganent ; et si episcopus aut canonicus, clericusve, vel quislibet ipsum prescriptum alodem tollia o disrumpia ab ipsa canonica Sancti Nazarii, aut ab ipso fevo clericali Sancti Nazarii, ponant infantes prescripti de Raimundo Bligerio solidos quinque de dinariis de Biterris super altare Sancti Nazarii, et habeant honorem prescriptum.

De repetitione vero dicimus quod, si nos guirpitores, aut ullus de heredibus nostris, aut quelibet persona hanc guirpitionis cartam pro inrumpere voluerit, in nullo valeat ; sed conponat istum alodem prescriptum Domino Deo et Sancto Nazario, et clericis eidem famulantibus, duplum et melioratum, et in antea carta guirpitionis hujus firma et stabilis permaneat omni tempore. »

122 ID., no. 76 (= p. 94-97), Livre noir, fol. 128 r°.

In nomine Domini Nostri Jesu Christi Regis Eterni, ego Petrus, cognomine Riculfus, et fratres mei Guillelmus et Arnaldus atque Bonuspar, et mater nostra Racheldis, et soror nostra Garsindis, cum consilio consanguineorum nostrorum, scilicet Poncii Stephani et fratrum suorum, donatores sumus Domino Deo et Sancto Nazario Bittirrensis. Ego itaque miser et peccator Petrus prescriptus, iracundie veneno inebriatus, ac diabolico ingenio deceptus, pro dolor ! occide hominem in treva Die frina (sic) – lire : *feria sexta* - , *quod fuit in Adventu Domini. Unde a kanonicis Sancte Sedis Biterrensis correptus, et ab omnibus christianis redargutus, exilio annorum septem fui destinatus, pro tam nefaria presumptione sceleris impiissimi. Unde condolentes propinqui mei et parentes consilium michi dederunt, ut dedissem de honore meo Domino Deo et Sancto Nazario in kanonica ibidem clericis famulantibus, pro tanti delicti indulgentia et remissione : Et ideo ego Petrus, et fratres mei Guillelmus et Bonuspar et Arnaldus, et mater mea Racheldis, et soror nostra Garsindis, donamus Domino Deo et Sancto Nazario Sedis Biterrensis, in kanonica et famulantibus ibidem canonicis, in comitatu Bitterrense, in termino de Valrano, in loco quem vocant de Ipsa Montada, partem de alode meo. Et iste alodis habet affrontationes et collaterationes : de altano affrontat in ipsos valatos et in ipsos maliolos, et habet ipsa affrontatio in magnitudine dextros septuaginta et duos passus, a dextro cujus mensura est palmarum octo, pollicadas octo et semipedem ; de circi affrontat in strata que pergit de Sirignano ad Valranum,* avril 1068 rappelle que Pierre, surnommé Riculf, et ses frères, Guillaume, Arnaud et Bonuspar, leur mère Rachelde et leur soeur Garsinde, avec le conseil de leurs cousins, c'est-à-dire Pons d'Etienne et ses frères, ont fait cette disposition. Avant de décrire la donation, on trouve un bref rappel de l'histoire. Pierre s'accusant d'être misérable et pécheur, enivré par le poison de la colère et trompé par une machination du diable, a tué un homme pendant la trêve de Dieu, un vendredi, lors de l'Avent du Seigneur. Arrêté pour cette raison par les chanoines du siège de Béziers et reconnu coupable par tous les chrétiens, il est condamné à un exil de sept ans pour ce délit si abominable. Ses proches et ses parents,

---

et habet dextros sexaginta et duos passus, a dextro supra scripto ; de meridie alaterat in alode de nos donatores prescriptos et Poncii Stephani et fratrum suorum ; de aquilone alaterat in terminio de Sirignano, qui est alodis Giraldi, et Gairani, et Mironis Gairaldi, et fratrum suorum, atque Hicerii et Rotlandi. Et in ipso jamdicto terminio de Valrano, juxtum istum alodem prenominatum, donamus Domino Deo et Sancto Nazario ipsum maliolum, quem laborat Poncius Ciprianus ; de altano affrontat in ipsos valatos, et in ipsos maliolos prescriptos ; de meridie et de circi affrontat, vel allaterat, in alode de nos donatores, et Poncii Stephani et fratrum suorum ; de aquilone alaterat in alode prescripto Sancti Nazarii. Donamus iterum Domino Deo et Sancto Nazario, in ipso terminio jam dicto, modiata una de terra a dextro prescripto ; de altano affrontat in ipsa kossoa ; de aquilone alaterat in alode de nos donatores ; de circi alaterat in alode Sancti Genesii. In alio loco, in eodem terminio, donamus Domino Deo et Sancto Nazario pecia una de terra ; de altano alaterat in ipsa kossoa ; de meridie affrontat in ipso rego de garriga ; de circi et de aquilone affrontat vel allaterat in alode Sancte Genesii. Ipse alodis prescriptus primus, qui de altano habet dextros septuaginta et passos duos, et de circi dextros sexaginta et duos passos, una medietas advenit nobis de compra quam comparavit pater noster Raculfus de Stephano Radulfo, consobrino suo ; alia medietas cum omni alode predicto advenit nobis de Riculfo patre nostro. Donamus adhuc Domino Deo et Sancto Nazario ipsam vineam de Monte Kabanali, qui est alodis Sancti Genesii, quam acaptavimus per fevum, sicut suprascriptum est.

Donamus omnem alodem prescriptum, totum et ab integrum, cum quantum ibi habemus et habere debemus, excepta ipsa premitia Sancti Martini ; sic donamus Domino Deo et Sancto Nazario in kanonica, et canonicis ibidem famulantibus, ego et fratres mei, et mater nostra, et soror prescripti, ut, ab hodierno die et tempore, habeant, adeant, teneant et possideant in kanonica Sancti Nazarii, omni jure et plenissima potestate, ad proprium alodem perhabendum. Si quis contra hanc cartam per irrumpendum venerit, nichil et prosit, et quicquid in duplum emendet, et in antea hec carta firma et stabilis permaneat omni tempore ; Que facta est quinto kalendas maii, anno Verbi Domini millesimo sexagesimo octavo, regnante rege Philippo. Signum Petri, et Guillelmi, et Arnaldi, et Boniparis, et matris nostre Racheldis, et soror eorum Garsindis, qui istam cartam fieri fecerunt, firmaverunt, et firmare rogaverunt, et istum alodem prescriptum dederunt Domino Deo et Sancto Nazario, in kanonica canonicis ibidem famulantibus : hi sunt Deusde, abba Sancti Affrodisii, et Matfredus abba Sancti Jacobi, Petrus prepositus, Guillelmus archidiaconus, Berengarius, Ugo, Guillelmus, Ricivinus, Poncius, Bernardus, Petrus, Poncianus, Teudaldus, Petrus Moricenus, atque dominus Framaldus.

compatissants, lui conseillent de faire cette donation, sur son « honneur », au profit du Seigneur Dieu et de l'église canoniale de Saint-Nazaire, et des clercs y servant, pour obtenir le pardon et la rémission d'un si grand péché. Pour cette raison, Pierre, ses frères et sa soeur donnent une part de leur alleu situé dans le comte de Béziers, sur le territoire de Valras, au lieu-dit de *Ipsa Montada*. Ils précisent ensuite les limites de l'alleu : à l'est il arrive jusqu'à des fossés et des vignes nouvellement plantées (ce confront a en longueur 70 destres et deux pas, du destre dont la mesure est de 8 paumes, 8 pouces et un demi-pied) ; à l'ouest, il est limité par la route qui mène de Sérignan à Valras[123] ; au midi il borde un de leurs alleus et celui de Pons Etienne et ses frères ; au nord, il jouxte le territoire de Sérignan qui est l'alleu de Gérard, de Gairan, de Miron Gairaldi et de ses frères, d'Hicier et de Roland. Au premier alleu s'ajoute une vigne et deux pièces de terre.

En ce qui concerne l'alleu cité en premier, une moitié leur était parvenue par un achat fait par leur père Riculf à Etienne Radulf, son cousin ; l'autre moitié leur est venue de Riculf, leur père. Ils donnent tout cet alleu, entier et intact, comme ils l'avaient et devaient l'avoir, sauf les prémices de Saint-Martin. Ils le donnent aux chanoines pour qu'ils l'aient à partir de l'acte même, qu'ils le tiennent et possèdent dans l'église canoniale de Saint-Nazaire, avec tous les droits et en plein pouvoir, comme leur propre alleu.

Qui plus est, suit une clause qui menace tous ceux qui iraient contre cette charte en envahissant l'alleu. Ceux-ci doivent réparer tout au double[124].

On a affaire à un briseur d'une paix temporelle dont la durée est déterminée par l'Avent, c'est-à-dire par le calendrier liturgique. Cela prouve que ces périodes étaient values bien ancrées dans la conscience des gens et qu'ils connaissaient parfaitement la différence entre la période de paix protégée par la trêve et les jours où la guerre était légitime, conclusion que nous pouvons également tirer du cas suivant.

123 Situé dans le Hérault, canton Béziers, ce qui fait 60 destres et deux pas.

124 G. BRUNEL/E. LALOU, *Sources d'histoire médiévale*, p. 141-142.

2.3 L'application d'un *Landfriede* à Wurzbourg

Au XIIe siècle, sous l'empereur Lothaire, le *Landfriede* a probablement été pris comme point de référence pour un règlement de conflit. En effet, un *miles* avait été accusé d'avoir brisé la paix et avait été vaincu dans un duel. Décidant de devenir moine, il donne plus une de ses terres au monastère. Or, en 1137/1138, Berthold de Zwiefalten commence sa chronique comme suit : *Temporibus Lotharii imperatoris pacifici per totum pax composita et sacramento est confirmata* [125]. Le chroniqueur fait ici l'éloge de la qualité pacificatrice du gouvernement de l'empereur et introduit le récit du cas à régler immédiatement avant la justification de la paix qui sert de base pour le cas en question. Même si la chronique ne spécifie pas exactement de quelle paix il s'agit, elle se réfère probablement au *Landfriede* de 1135, paix de l'empereur qui sert ici de source ou de justification juridique.

Un autre exemple remonte à l'an 1103 : Une chronique explique qu'Emehard, administrateur de l'église de Wurzbourg, souhaitant servir les agneaux du Christ sur le plan spirituel et laïc, avait reçu plusieurs alleux à Waldsassen, pour Dieu et des chanoines servant le saint martyr de Kilian : deux livres pour les chanoines de l'église collégiale, une livre pour ceux de Saint-Jean et de Neumunster, et enfin 40 boisseaux de blé pour les *pauperes* pendant le temps de Carême[126]. Emehard avait reçu ces alleux de son *miles* Gozwin, en réparation de la violation de la paix jurée unanimement par tous les assujettis. Gozwin aurait dû être exilé et destitué de toutes ses fonctions et de tous ses alleux, mais le délinquant s'était mis à genoux, avait supplié de ne pas être puni dû à sa grande faute. Afin d'expier ses crimes et ses péchés il cède tous ces alleux sous condition de les rendre si jamais Emehard se venge de ces crimes.

Emehard préfère sauver le *miles* pénitent au lieu de le laisser seul avec ses remords. Il prend la terre pour la céder à l'Eglise, à la condition qu' Emehard et

125 E. WADLE, « Landfriedensrecht in der Praxis », p. 73.

126 *In nomine domine sancte et individue trinitatis. Notum sit omnibus sancte dei ecclesie filiis, quod ego Emehardus dei dignatione sacrosancte Wirceburgensis ecclesie licet indignus provisor pondus mee dispensationis sedula mecum tractatione perpendens, et cum fidelibus servis illud euge beatum a patre familias cum venerit audire desiderans, proposui ovibus Christi non modo spiritualis, sed et temporalis alimonie necessaria fideliter ministrare, ut quasi duplicato talento in gaudium domini mei merear intrare. Aquisivi ergo et per manum Godeboldi advocati altaris ecclesie confirmavi pro remedio anime mee quedam predia sita in loco, qui vulgo dicitur Waltsahsun, in usus canonicorum famulantium deo et invictissimo martyri Kyliano, quatinus in anniversario meo dentur canonicis maioris ecclesie due libre, canonicis autem sancti Johannis una libra, et canonicis de novo monasterio similiter una et in usus pauperum quadragesimali tempore quadraginta modii siliginis.* Texte publié par K. KROESCHELL, *Deutsche Rechtsgeschichte*, t. I, p. 195-196.

ses successeurs soient seigneurs protecteurs de ces alleux. Il fait alors établir cette charte pour que tout le monde s'en souvienne plus tard et se renseigne auprès les témoins[127].

Ces exemples prouvent bien qu'on se réfère souvent aux statuts de paix. De nombreux clercs tel qu'Emehard étant administrateur de la cathédrale de Wurzbourg, possédaient les nécessaires connaissances juridiques et administratives pour les mettre en oeuvre ce que nous guide vers la question de savoir si d'autres gens formés en droit ont joué un rôle à ce propos ; il faut donc maintenant évoquer ceux qui révèlent une autorité des juristes dans l'élaboration des chartes.

---

127 *Predia autem hec donario acquisivi a milite meo Gozwino, Gozwino filio, hac ratione, quia infirmata et conculcata ea, quam omnes regimini meo subiacentes concordi voluntate susceperant et iuramentis corroboraverant pace inimicis suis non pepercit, pro quod admisso, non modo exilii penam sed et omnium tam perdiorum quam beneficiorum iacturam incurrere debuit. Sed mansuetudinis nostre genibus suppliciter provolutus tanti reatus impunitatem consequi postulavit et quasi satisfactionem pro admisso predicta predia per me deo sanctoque martyri Kyliano optulit ea condicione, ut si post hac pro predicti reatus admisso aliquid ultionis ei inferrem, ipse predia, que donaverat, sue potestati revendicaret. Ast ego dignum iudicans pro delictis penitentem pocius salvare quam perdere ea suscepi et pacto, quo prefatus sum, ecclesie tradidi, ea libertate ut nullum preter me et successores meos advocatum vel patronum habeant. Ut autem huius donationis stabilitas inconvulsa maneret, ex auctoritate beati Petri apostolorum principis banno eam confirmavi et ut in posterum omnis contradictio sopiatur, kartam hanc ad firmamentum rei geste conscribi iussi. Quod si quis, quod tamen non speramus, eam infirmare vel quolibet ingenio cassare temptaverit, a liminibus sancte ecclesie fiat extraneus et a sorte beatorum in die tremendi examinis reddatur alienus. Placuit quoque ad confirmationem rei nomina testium, qui huic donationi interfuerunt asscribi, qui sunt : Rubbertus prepositus, Meiginhardus decanus, Beringerus decanus, Weirinherus decanus, Heirimannus, Diemo, Heinrich, Cuno, Weicil, Odalrich, Bobbo, Otto, Laici Godebolt comes, Heinrich comes, Wolfram comes, Gozwin camerarius, Ebo Robbrath, Brun, servientes, Richolf, Eber, Eigisbrath, Eingelhart, Irinc, Bern, Emehort, Libolf, Kadeloh, Rotwic, Arnolt, Heirolt, Bernolf, Beringer, Folcmar, Richalm. Actum anno dominice incarnationis millesimo C.III., indictione XI., regnante tertio Heinricio invictissimo Romanorum imperatore augusto, anno regni eius XLVI., imperii XX.* Cf. IBIDEM.

III. L'influence des juristes dans l'élaboration de la paix

A l'époque des conciles de la paix en Aquitaine à la fin du Xe et au début du XIe siècle nous ne connaissons pas une vraie activité des juristes professionnelles et formés spécialement dans les écoles. Mais la romanisation du droit à partir du XIIe siècle a apporté deux effets particuliers, la pénétration du droit romain et canon[128] ainsi que l'activité professionnelle des juristes formés dans les jeunes universités. Les statuts de paix sont influencés par le droit romain (1). En même temps, on voit les juristes préparer des traités de paix (2). Quelques juristes interviennent enfin pour conclure des *convenientiae* (3).

1. Les statuts en faveur de certains groupes privilégiés

Il convient tout d'abord d'évoquer les statuts de paix des foires. Dans son étude sur la pénétration du droit romain en Provence, Marie-Louise Carlin a démontré que la première utilisation des « otages» était certainement la garantie des clauses d'un traité de paix. Les otages représentaient une caution qui répond non seulement sur les biens mais aussi sur la personne de la bonne exécution des engagements du débiteur. Cette forme de cautionnement, probablement la forme la plus ancienne de la sûreté personnelle, se trouve tout au long du XIIIe siècle. Les statuts de Marseille le montrent et indiquent même qu'une rue toute entière était réservée à la résidence de ces « otages».

Aux XIIe – XIIIe siècles, les conventions passées entre les seigneurs et les communautés d'habitants sont assorties d'une constitution d'otages, souvent réciproques. Ces cautions ne sont cependant pas réservées aux actes de droit public ; elles viennent aussi renforcer les conventions des particuliers, que ce soit la garantie du maintien d'une donation, la garantie du paiement d'une dot, ou la restitution d'un prêt. Ces « otages » devaient donc, en cas d'inexécution de ses engagements par le débiteur, venir se mettre à la disposition du créancier jusqu'à ce que celui-ci soit désintéressé. On choisissait pour cette mission des personnages importants, ou encore des vassaux du seigneur qui avait souscrit

[128] J.-P. POLY, « Les légistes provençaux et la diffusion du droit romain dans le Midi », *Mélanges R. Aubenas,* Faculté de droit et des sciences économiques de Montpellier (éd.), p. 629 et 633 (Recueil de Mémoires et Travaux publiés par la Société d'Histoire du Droit et des Institutions des anciens pays de droit écrit) ; J. GAUDEMET, « Le droit romain dans la pratique et chez les docteurs aux XIe et XIIe siècles », *Cahiers de Civilisation Médiévale* 8 (1965), p. 365-380 ; G. DILCHER, « Mittelalterliche Rechtsgewohnheit als methodisch-theoretisches Problem », G. DILCHER/H. LÜCK/R. SCHULZE/E. WADLE/J. WEITZEL/U. WOLTER (éd.), p. 57 ; magistralement étudié par J. FRIED, *Die Entstehung des Juristenstandes im 12. Jahrhundert,* 1981.

l'engagement ; on pensait en effet que celui-ci serait amené à accomplir rapidement ses obligations pour délivrer les otages. Cette pression morale exercée sur le réfractaire devait l'amener à s'exécuter[129].

La caution bénéficiait de certaines protections qui lui permettaient de résister aux poursuites des créanciers mais elle pouvait presque toujours les écarter. Par contre, il était plus rare que les cautions se privent du « statut de paix » qui protégeaient les marchands se rendant aux Foires. Le Livre Rouge de l'Archevêché d'Arles évoque à ce sujet : *...et super his renunciamus statuti pacis...*[130]

Il en résulte que les statuts de paix faisaient partie de la réalité juridique et de la pratique du droit médiéval, de plus en plus développé et raffiné par les juristes venant des jeunes facultés de droit, notamment de l'Italie du Nord et du Midi de la France.

2. Les juristes, conseillers pour la paix

Un autre aspect de la pratique juridique de la paix et de la trêve consiste en la participation de juristes professionnels dans l'élaboration des traités de paix. Nous connaissons les noms de plusieurs juristes s'engageant pour les idées de la paix, dont Auzias d'Avignon, Giraud Amic et Guilhelm de Sabran[131]. Ils sont mentionnés en tant que « *judicis et cancellarii* » dans un traité de paix de l'an 1190, passé entre Ildefonse II, roi d'Aragon, et Raimond V, duc de Narbonne, comte de Toulouse et marquis de Provence. Après consensus, les partis choisissent leurs arbitres et médiateurs dont, en particulier, l'évêque de Béziers, Geofroi de Marseille et de Barral, vicomte de Marseille[132]. Après des guerres,

---

129 M.-L. CARLIN, « La pénétration du droit romain dans les actes de la pratique provençale (XIe – XIIIe siècle) », Paris, 1967, p. 200-201 (Bibliothèque d'histoire du droit et droit romain XI).

130 ID., p. 208-209.

131 G. DE MANTEYER, *La Provence du premier au douzième siècle,* Etudes d'histoire et de géographie politique, Paris, 1908, p. 412-413 et p. 446-447.

132 Propter discordias et contentiones, que inter dominum Ildefonsum, regem Aragonum, comitem Barchinonie et marchionem Provincie, et dominum Raymundum, ducem Narbonie, comitem Tolose et marchionem Provincie, longo tempore fuerant, *super pactionibus et conventionibus* quas antea apud Narbonam habuerant, ex consensu utriusque partis, *mediatores sive arbitros* elegerunt, scilicet G., Bitterensem episcopum ; B., vicecomitem Massilie ; Hugonem, Bonarum Vallium abbatem ; P. de Rigaldo, magistrum milicie Templi, et P.R., Hospitalis Jerosolimitani in villa Sancti Egidii preceptorem. Voir H. DE GERIN-RICARD/E. ISNARD (éd.), *Actes concernant les vicomtes de Marseille*, Monaco-Paris, 1926, no. 288 – 1190, 26 janvier. – Ile de Jarnègues, p. 81-82.

puis des longues hésitations et négociations la paix fut conclue unanimement[133], prévoyant pour le futur, au cas où il y aurait un litige entre les partis, un processus juridique dont les arbitres seraient notamment les archevêques de Tarragon et de Narbonne[134].

Parmi les juristes engagés qui souscrivent l'acte en question, nous connaissons Auzias d'Avignon, Giraud Amic et Guilhelm de Sabran (*Elisiari de Avinione, G. Amici, D. de Sabrano*) par d'autres sources écrits.

Le premier, Auzias d'Avignon est membre d'une famille chevaleresque possessionnée à Graveson dès le milieu du XIe siècle. Déjà adulte en 1157, il commença sa carrière juridique dans un arbitrage en 1168. En 1172, Ildefonse, roi d'Aragon et comte de Provence, lui adresse, ainsi qu'à ses frères, un mandement à propos de la seigneurie de Vaquières où Auzias est qualifié de fidèle du comte. Il travaille souvent comme juge du consulat, à savoir en 1179, 1188, 1191 et 1194 et était donc *jurisperitus*[135]. Auzias mourut finalement en 1195/1196[136].

---

133 Quorum arbitrio et consilio firma *pax et concordia inter eos facta fuit* in hunc modum : scilicet quod, bona fide et sine dolo, omni fraude et calliditate explosa, deinceps veri amici sint et de corpore, vita et membris et omnibus honoribus et facultatibus suis fideles sibi invicem existant, ita quod nullus eorum facto vel verbo sive consensu, alterius mortem sive corporis sui seu dominacionis sue vel quarumcumque rerum suarum seu facultatum jacturam vel detrimentum seu diminutionem operetur, struat, aut aliquomodo machinetur. De omnibus quoque malefactis et guerris, que inter eos emerserunt vel ad invicem sibi fecerunt, in presenti, sub jurejurando corporaliter prestito, bona fide et absque ingenio malo, perpetuum et sincerissimum finem sibi et coadjutoribus suis faciant, eo addito quod de cetero sibi invicem fideles existant, nec pro aliquo homine seu pro aliqua re vel qualicumque occasione, quilibet eorum alteri guerram faciat vel fieri faciat.

134 *Si vero aliquo in tempore contingerit aliquem corum habere querimoniam eum homine alterutrius, homo ille, contra quem querimonia habebitur, per se in propria persona satisfactionem vel justicie plenitudinem faciat conquerenti ; aut, si hoc complere noluerit, dominus ejus querelanti contra eum operam et auxilium bona fide omnimodo impendere studeat, usque dum ei satisfactum sit judiciali sentencia vel amicabili compositione. Item, si quando ambo vel alter eorum quid petere vel exigere voluerit in civitate Avinionis, sint super hoc sibi invicem boni et fideles amici et coadjutores ; et quidquid ibidem adquirere poterint comuniter dividant. Quod si forte inter eos de supradictis conventionibus et pactis questio vel discordia aliqua oriatur, arbitrio B., archiepiscopi Tarraconensis, qui constitutus arbiter pro parte domini regis est, et arbitrio B., Narbonensis archiepiscopi, qui constitutus arbiter pro parte domini comitis est, in partibus illis que ultra flumen Erarium sunt, terminetur...* , H. DE GERIN-RICARD/E. ISNARD (éd.), *Actes concernant les vicomtes de Marseille*, p. 82.

135 J.-P. POLY, « Les légistes provençaux et la diffusion du droit romain dans le Midi », p. 619, 622 et 634.

136 ID., p. 619.

Giraud Amic, quant à lui, arriva à la cour d'Ildefonse le Chaste en 1179. En février 1183, il est témoin à Dinha d'une donation du village de Saint-Cannat à l'évêque de Marseille, de la part d'Ildefonse Ier et Sanche. En 1184, il est l'émissaire de Raimon V, Guilhelm de Forcalquier i Sanche et signe en leur nom une alliance avec la République ligurienne afin de battre le premier comte-roi. En outre, il était l'interlocuteur et le médiateur idéal des trois comtes dans le conseil desquels il travaillait. Sa présence lors de la conclusion de la paix définitive entre Ildefonse Ier et Raimon V se marie d'ailleurs avec ses intérêts personnels puisqu'il tenait son domaine au milieu des trois comtés en questions, Venissi, Forcalquier et la Provence.

Guilhelm de Sabran, parent de Giraud, était le comtestal de Raimon V de Toulouse, chargé d'élaborer tous les pactes conclus entre le roi d'Aragon et le comte de Toulouse. En février 1173, il devient responsable de la mise en oeuvre des engagements que Raimon V prend pour respecter la Trêve conclue avec Ildefonse Ier[137]. Il s'agit d'une charge importante car il fallait trouver un règlement pour des litiges dans l'avenir, autre forme d'application pratique d'une trêve et donc oeuvre du droit savant et des juristes ressortissants des écoles de droit. Guilhelm de Sabran mourut en 1206.

Reste à évoquer le nom d'Ollegaire (Oleguer) [138], 1069-1137, abbé de Saint-Ruf (1111-1116), évêque de Barcelone (1116-1137) et archevêque de Tarragone (1118-1137). Olegaire appartenait au groupe des « chanoines-juristes ». Formé à Saint-Ruf il était le bras droit et le conseiller de Raimon Bérenger III de Barcelone.

Les noms de ces juristes sont exemplaires pour le rôle pratique des juristes dans la diffusion des idées de la paix pour régler des cas litigieux. Une forme de

---

137 M. AURELL, « Els fonaments socials de la dominació catalana a Provença sota Alfons en Cast (1166-1196) », *Acta Historica Archaeologica Medievalia* 5-6 (1984-1985), p. 93.

138 M. AURELL, « La chevalerie urbaine en Occitanie, fin Xe – début XIIIe siècle », *Les élites urbaines au Moyen Age*, Société des Historiens Médiévistes de l'enseignement supérieur public (éd.), Paris, 1997, p. 105 (XXIVe Congrès de la S.H.M.E.S. à Rome, mai 1996) ; ID., « Prédication, croisade et religion civique. Vie et miracles d'Oleguer (+1137), évêque de Barcelone », *Revue Mabillon* 71 (1999), p. 113-168 ; U. VONES-LIEBENSTEIN, *Saint-Ruf und Spanien. Studien zur Verbreitung und zum Wirken der Regularkanoniker von Saint-Ruf in Avignon auf der Iberischen Halbinsel (11. und 12. Jahrhundert),* t. I, Paris-Turnhout, 1996, p. 196 (*Bibliotheca Victoriana,* VI) ; dans ce contexte voir notre comte rendu sur ce livre, *Revue Historique* 2/2000, p. 479-483 ; J.-P. POLY, « Les légistes provençaux et la diffusion du droit romain dans le Midi », p. 623, note 78 ; E. WOHLHAUPTER, *Studien zur Geschichte der Gottes- und Landfrieden in Spanien,* Heidelberg, 1933, p. 76-77 (Deutschrechtliche Beiträge XIV/2).

passer une convention afin de terminer un litige représente l'institution de la *convenientia* que les historiens ont déjà bien caractérisée.

3. La *convenientia*

De récentes études ont bien montré le rôle que jouent pour les régions méridionales les *convenientiae*, des contrats de paix négociées pour régler une question conflictuelle entre deux partis et qui se sont engagés l'un envers l'autre, librement et sans intervention d'aucune juridiction publique ou privée[139]. Les *convenientiae* représentent non seulement une forme de médiation dans le stade non-judiciaire, mais également une forme d'arbitrage volontaire. Elles révèlent bien l'inefficacité et même l'absence de la justice publique puisqu'en cas de litiges elles ne prévoient jamais l'intervention d'une autorité judiciaire quelle qu'elle soit. La plupart de ces conventions se caractérisent par une projection dans l'avenir des conditions du contrat sans aucune intervention que celles des parties[140].

Dans les années 1020-1040, l'autorité comtale en Catalogne s'est désagrégée de sorte que la justice est devenue incapable de maintenir la paix publique[141]. Les *convenientiae* ont noué les alliances entre lignages de la haute aristocratie et ont formé ainsi les premiers liens d'homme à homme avec remise de fiefs. Le même système a permis plus tard au comte de Barcelone de recruter une armée

---

139 H.E.J. COWDREY, « The Peace and the Truce of God in the Eleventh Century », *Past and Present* 46 (1970), p. 42-67 ; J. BOUSQUET, « Le Traité d'Alliance entre Hugues, Comte de Rodez, et les Consuls de Millau (6 juin 1223) », *Annales du Midi*, LXXII (1960), p. 25-42 ; R. BONNAUD-DELAMARE, « La légende des Associations de la Paix en Rouergue et en Languedoc au début du XIIIe siècle (1170-1229) », *Bulletin Phil. et Hist. du Comité des Travaux Historiques et Scientifiques* (1936-1937), p. 47-78 ; G. MOLINIÉ, *L'organisation judiciaire, militaire et financière des associations de la Paix. Etude sur la Paix et la Trêve de Dieu dans le Midi et le Centre de la France*, Toulouse, 1912.

140 V. FORTUNIER, « Les *convenientiae* en Aquitaine : un vecteur pour la mutation féodale ? », *Résolution des conflits. Jalons pour une anthropologie historique du droit*, J. HOAREAU-DODINAU/P. TEXIER (éd.), Limoges, 2003 (Cahiers de l'Institut d'Anthropologie Juridique 7), p. 99-100.

141 J. M. SALRACH, « Agressions senyorials i resistències pageses en el procès de feudalització », *Revoltes populars contra el poder de l'Estat,* GENERALITAT DE CATALUNYA (éd.), Barcelone, 1992, p. 11-29 ; ID., « Prácticas judiciales, transformación social y acción política en Cataluña (siglos IX – XIII), *Hispania* 197 (1997), p. 1009-1048 ; ID., « Le mécanisme de règlement des conflits en Catalogne aux XIe et XIIe siècles », Congrès des Médiévistes de l'enseignement public, Angers, 25-28 mai 2000, sous presse ; P. BONNASSIE, « Les conventions féodales dans la Catalogne du XIe siècle », *Annales du Midi* 80 (1968), p. 529-550.

puissante de vassaux soldés par des fiefs dits « de bourse » (rentes annuelles dont le montant était fixé par la *convenientia* même). Puis le comte a repris progressivement en main cette même aristocratie. Aux compromis initiaux assez vagues stipulant un lien vassalique sans prévoir de véritable service, ont succédé des conventions féodales. Celles-ci ont prévu des concessions de fiefs, en terres ou rentes, ou reprise en fief des forteresses assortie d'une fidélité plus rigoureuse.

Même si le mot *convenientia* n'apparaît qu'épisodiquement dans les textes du Nord, ces accords de puissance à puissance impliquant hommage et concession ou reprise de fief semblent y avoir été pratique courante dès la première moitié du XIe siècle. La concession de fief à charge d'hommage était un moyen de rétablir la paix ou de sceller un pacte de sécurité entre deux puissances voisines et rivales, de modifier le statut juridique d'une ancienne précaire, de rétablir, à défaut d'une possession directe, certains droits éminents sur des biens naguère usurpés ou contestés. Le lien féodo-vassalique s'est diffusé au XIe siècle parmi les membres de l'aristocratie châtelaine ou entre cette dernière et les principaux sanctuaires[142].

Au XIIe siècle, notamment sous le principat de Louis VII (1137-1152) et celui d'Henri Plantagenêt (1152-1189), l'Aquitaine semble être passé d'un système dominant de rapports personnels entre puissants, fondé sur une très large pratique des *convenientiae*, à une intégration de la moyenne et haute aristocratie dans une structure plus forte, de type féodo-vassalique. Mais les révoltes qui ont ponctué le règne d'Henri II et de ses fils, et l'échec final des Plantagenêts, témoignent d'une vive résistance de cette aristocratie à l'égard du processus de féodalisation[143].

Un autre exemple pour la négotiation des droits féodaux et pour le maintien de la paix est le *Conventum* aquitain, texte qui porte sur l'Aquitaine conflictuelle vers 1030[144]. Même si aucune référence explicite à une assemblée de paix ne s'y trouve, le texte semble être influencé par les conciles de paix contemporains[145].

---

142 O. GUILLOT/Y. SASSIER/A. RIGAUDIERE, *Pouvoirs et institutions dans la France médiévale*, t. I : *Des origines à l´époque féodale*, p. 204-205.

143 ID., p. 261.

144 J. MARTINDALE, « *Conventum inter Guillelmum Aquitanorum comitem et Hugonem Chiliarchum* », *The English Historical Review* 84, no. 332, Harlow, Essex, 1969 ; ID., « Peace and War in Early Eleventh-Century Aquitaine », *Papers from the fifth Strawberry Hill Conference (1990)*, Medieval Knighthood 4, Woodbridge, 1992, p. 147-176. Ces deux articles sont réédités dans ID., *Status, Authority and Regional Power: Aquitaine and France, 9th-12th Centuries*, Variorum Collected Studies, 1997.

145 G. BEECH/Y. CHAUVIN/G. PON (éd., trad.), *Le Conventum (vers 1030). Un précurseur aquitain des premières épopées*, Genève, 1995.

Le *Conventum* raconte les péripéties d'un conflit, qui a opposé Hugues IV de Lusignan à son seigneur Guillaume V le Grand, comte de Poitou, et qui impliquait entre autres les vicomtes de Thouars. Nous savons qu'Hugues IV, le Brun, avait épousé Aldéarde, fille du vicomte de Thouars, entre 1020 et 1025. Cité comme « seigneur de Couhé » en 1025, il était le fondateur des églises de Lusignan, de Brux, du château et du prieuré Saint-Martin de Couhé dans les années 1020 et mourut après 1030[146]. Le texte, à caractère littéraire, a été rédigé à la demande de Hugues pour mieux faire valoir ses revendications sur des terres et des châteaux qui devaient, à son avis, lui revenir par droit familial. Même s'il convient de prendre avec prudence les affirmations du *Conventum*, celui-ci peut servir de source pour étudier la manière contemporaine de résoudre un conflit.

L'auteur (anonyme) explique que le château de Couhé aurait été édifié par le comte du Poitou pour Hugues, mais que sa construction aurait été interrompue. Le seigneur de Lusignan aurait reçu de son suzerain la moitié du château de Vivonne, l'autre revenant à l'évêque de Poitiers, Isembert. Il prétendait avoir droit, comme son père, au château de Civray, pour des raisons qui ne sont pas indiquées. Toujours d'après l'auteur du *Conventum*, Hugues se serait emparé du château de Gençay, qu'il aurait incendié, puis il l'aurait reconstruit avant de devoir le remettre à son seigneur, sur la demande de ce dernier. Quelques temps après, Hugues aurait pris le château de Chizé, aujourd'hui dans l'extrême-sud du département des Deux-Sèvres. Le château, d'après l'auteur, appartenait à son oncle. Le seigneur de Lusignan, en conflit avec Bernard, comte de la Marche, aurait finalement obtenu conseil et soutien de Géraud, évêque de Limoges. Ils seraient parvenus à construire un château sur le territoire du comté de la Marche, dans un lieu non précisé, mais le comte du Poitou, visiblement énervé par les agissements de son vassal, aurait fait détruire le château par le feu[147].

Tout cela montre les ambitions de Hugues IV, qui voulait accroître son pouvoir face à celui de son seigneur en contrôlant et en construisant des châteaux. Néanmoins, il faut insister sur le fait que le *Conventum* est en contradiction avec les actes de cartulaires dans lesquels Guillaume V intervient maintes fois en fa-

---

146 C. DUBUC, « Les possessions poitevines des Lusignans », *Isabelle d'Angoulême comtesse-reine et son temps (1186-1246), Actes du colloque tenu à Lusignan du 8 au 10 novembre 1996*, Poitiers, 1999, fig. 3 : Généalogie de la branche directe des Lusignans du Poitou, planche IV.

147 G. BEECH/Y. CHAUVIN/G. PON (éd., trad.), *Le Conventum (vers 1030). Un précurseur aquitain des premières épopées*, p. 141-146.

veur de son vassal, aucun conflit entre les deux hommes n'étant évoqué. Sur la véracité des faits exposés il y a, tout de même, de larges incertitudes[148].

Mais les Lusignan ont pratiqué des usurpations et spoliations au détriment de certaines abbayes poitevines, comme celle de Saint-Maixent, afin d'accroître leurs possessions. Ils possédaient plusieurs domaines aux abords de ce lieu. Un texte du milieu du XIe siècle évoque le don à l'abbaye de Saint-Maixent de l'alleu de Vilaine qui était entouré par les terres de Saint-Maixent et celles du château de Lusignan[149]. Concernant les exactions, le 10 mars 1069, Hugues VI rédige un acte dans lequel il « renonce à toutes les mauvaises coutumes que lui et ses hommes/prédécesseurs avaient pris l'habitude de lever sur les terres de l'abbaye de Saint-Maixent ». On peut vraiment regretter que le détail de ces exactions et des lieux concernés de Saint-Maixent ne soient pas précisés[150], mais l'essai de mettre fin aux mauvaises coutumes est évident.

En somme, on peut affirmer que les Lusignan ont essayé, le plus souvent de manière illégitime, d'étendre leurs domaines et d'y prélever des taxes aux dépens de certaines abbayes. Ce qu'il est important est qu'ils aient reconnu leurs torts et qu'ils aient renoncé à ce qu'ils avaient pris[151]. Une fois plus le but de restaurer la paix a été atteint sans qu'un des nombreux conciles de l'époque fût précisément cité. On peut se demander si certains questions litigieuses dans la région ont été réglées sous l'influence de l'esprit de ces réunions ce que nous voudrions appeler l'application contextuelle de la paix. Il convient de commencer cette étude en prenant en considération l'Aquitaine, région où naquit ce mouvement.

---

148 Voir l'analyse de G. BEECH/Y. CHAUVIN/G. PON (éd., trad.), *Le Conventum (vers 1030). Un précurseur aquitain des premières épopées*, p. 23 et 25-28 ; C. DUBUC, « Les possessions poitevines des Lusignans », p. 19-20.

149 A. RICHARD, *Chartes et documents pour servir à l'histoire de l'abbaye de Saint-Maixent*, Poitiers, 1886, p. 136-137 (Archives Historiques du Poitou AHP 6).

150 ID., p. 155.

151 C. DUBUC, « Les possessions poitevines des Lusignans », p. 21.

Chapitre 2
L'application contextuelle de la paix et trêve

Le lieu le plus important pour le début du mouvement de la paix de Dieu est sans doute Charroux ainsi que le territoire qui dépend de l'abbaye et du comté de la Marche. Il est légitime de commencer par l'étude des solutions des conflits dans la Marche.

Avec l'avènement d'Hugues Capet en 987, le pouvoir central s'est divisé entre les comtes de Poitiers, d'Angoulême et de Limoges. Le comté de la Marche, principauté nouvelle dès le milieu du Xe siècle, s'est interposé entre Poitou et Limousin, d'où des relations souvent difficiles entre le comte de Poitou et celui de la Marche. Dès le Xe siècle, les comtes de la Marche sont présents et prennent position en un certain nombre de lieux stratégiques, qui ont comme trait commun d'être placés sur des tracés routiers anciens demeurés importants. C'est bien entendu Charroux, considérable carrefour d'une série d'axes de communication importants, où ils se sont dotés d'une forteresse à proximité de l'abbaye qui les a précédés et dont ils profitent ; c'est l'éperon de Bellac qu'ils ont équipé d'un château faisant face au sud et aux « Limousins » ; c'est le Dorat, plaque tournante du sel saintongeais, où ils ont contribué à la fondation d'une puissante communauté canoniale, laquelle les a d'ailleurs contraints à bâtir leur château hors des murs ; c'est Ahun, où ils ont gardé la maîtrise du bourg, tout en créant une communauté monastique à faible distance, au point de franchissement de la Creuse, le Moutier d'Ahun ; c'est encore Chènerailles et Guéret, autres localités routières où ils avaient un château. Le comté de la Marche tel qu'il a été édifié par le lignage du marquis Boson apparaît comme une vaste sphère d'influence parsemée de pôles forts, généralement de type pré-urbain aisément reliés les uns aux autres, tenue solidement en mains par une famille qui semble avoir témoigné d'un véritable programme politique[152].

Longtemps après le concile de 989, ce n'est que vers 1177 qu'une source juridique écrite voit le jour à Charroux. Il s'agit des coutumes des comtes de la Marche, coutumes répétées et développées au XIIIe siècle et en vigueur jusqu'à l'arrivée du *Vieux Coustumier du Poitou.* Cette coutume territoriale a été rédigée par des juristes praticiens au début du XVe siècle (1417)[153]. Les coutumes de

---

152 B. BARRIERE, « Le comte de la Marche, une pièce originale de l'héritage Lusignan », *Isabelle d'Angoulême comtesse-reine et son temps*, Poitiers, p. 33 ; R.-H. BAUTIER, « Les origines du comté de la Marche », *Recherches sur l'histoire de la France médiévale des Mérovingiens aux premiers Capétiens,* Aldershot, 1991, chap. VII.

153 R. FILHOL (éd.), *Le Vieux Coustumier de Poictou*, Travaux de la Société d'Histoire du droit et des institutions des pays de l'Ouest de la France, vol. 1, Bourges, 1956 ; J.

Charroux de 1177 sont les plus anciennes en Poitou, précédant même celles de Bressuire datant des années 1190[154] et celles données par Alienor d'Aquitaine à Poitiers en 1199.

Il ressort de ces faits, sur le plan des sources juridiques écrites, une certaine « vacuité juridique » entre 989 et 1177 pour Charroux considérant que les coutumes avaient déjà existé avant la date de leur fixation étant donné que l'existence antérieure est un trait caractéristique pour qu'une règle devienne coutume. De surcroît, les autres conciles de paix tels que Poitiers (1000-14) et Limoges (994, 1028, 1031, 1033) peuvent aussi servir d'éventuelles sources de droit et de règlement de conflits puisqu'ils affectent la région dans laquelle la ville de Charroux est située. Il convient donc d'analyser cette période dont les documents devraient contenir bon nombre d'indices pour une application de la paix de Dieu, car c'est après le concile où il faut chercher l'impact de celui-ci. Et c'est justement avant 1177 où il convient de faire nos recherches puisqu'il n'y a plus de raison de promulguer un concile de la paix de Dieu après la fixation des coutumes si l'on considère la paix en tant que remplaçant de l'ordre juridique (soit carolingien, soit coutumier). Le laps de temps entre 989 et 1177 se caractérise comme époque où il faut présumer une variété de sources existant au même temps.

Nous allons donc détailler la période entre 989 et 1177, pour laquelle plusieurs chartes sont susceptibles de nous renseigner sur l'influence éventuelle de la paix de Dieu, pour restaurer les bonnes relations entre l'abbaye de Charroux et les seigneurs de la Marche[155]. Dans les 27 premiers volumes de sa collection, Dom Fonteneau a répertorié pour l'abbaye de Charroux 151 pièces entre 817 et 1626[156]. Nous nous proposerons d'examiner l'influence des conciles à partir de

---

YVER, « Le Poitou au carrefour des influences coutumières et de droit écrit », *BSAO* 1989, s. 5, t. 3, p. 259-287 ; cf. notre C.R. portant sur l'ouvrage de Nicole GONTHIER, *Le châtiment du crime au Moyen Age*, paru dans *Cahiers de Civilisation Médiévale* 166 (1999), p. 204-205 ; de plus, notre C.R. sur le livre de Jaqueline MUSSET, *Le régime des biens entre époux en droit normand du XIVe siècle à la Révolution*, Caen, 1997, paru dans *ZRG GA* 117 (2000), p. 679-682.

154 Il s'agit d'une charte octroyée par Raoul de Beaumont, ses trois fils, ses deux petits-fils et sa belle fille.

155 P. DE MONSABERT, *Chartes et documents pour servir à l'histoire de l'abbaye de Charroux, Archives historiques du Poitou = AHP*, 39, Poitiers, 1910 ; G. THOMAS, *Les comtes de la Marche de la Maison de Charroux (Xe siècle-1177)*, Paris, 1928.

156 Cf. L. REDET (éd.), « Tables des manuscrits de D. Fonteneau, conservés à la Bibliothèque municipale de Poitiers » (aujourd'hui Médiathèque François MITTERAND de Poitiers), *MSAO*, Poitiers, 1839, accessible par microfilm, p. 257-258. Dom FONTENEAU avait intitulé les coutumes comme suit « Coutumes de la ville de Charroux sur

cette documentation, portant toujours sur des conflits entre seigneur et abbaye (I) avant de nous interroger sur les hypothèses de l'application des règles de la paix (II). Le point final marquera la naissance des coutumes de Charroux vers 1177 (III).

I. L'étude d'application aux conflits dans la Marche

Parmi la documentation sur Charroux, trois cas semblent être influencés par la paix ; les deux premiers concernent la relation conflictuelle de l'abbaye avec la famille des Rochemeaux, le troisième une négociation pour dédommager l'abbaye d'une usurpation de ses biens par Guillaume d'Auvergne.

Le premier texte démontre la recherche d'une solution à un conflit délicat qui a opposé l'abbaye de Charroux et la famille des Rochemeaux[157] dont la responsabilité familiale a été engagée[158].

1. Le conflit avec Audebert de Rochemeaux

Nous allons donc étudier les conflits entre l'abbaye de Charroux et la famille des Rochemeaux pour savoir si la Paix de 989 a influencé les résolutions trouvées.

L'abbaye avait fréquemment des difficultés avec cette famille. Le château de Rochemeaux dominait la rive droite de la Charente, deux kilomètres à l'ouest de Charroux. L'implantation d'un château dans la ville de Charroux n'est attestée qu'à la fin du XIe siècle. Entre le milieu du XIe siècle et la fin du XIIe siècle, plusieurs actes mentionnent des seigneurs de Rochemeaux, qui évoluent dans l'orbite des comtes de la Marche[159]. Il n'est donc pas surprenant qu'entre 1021 et 1087, Audebert de Rochemeaux et sa fille Arsinde restituent des biens et d'autres droits à l'abbaye, et font de plus des dons à l'abbaye, pour la rédemption de leurs âmes. Ils restituent les bois de « Beau Bosque » et concèdent à tous les habitants desdits lieux le droit de possession perpétuelle de ce qu'ils pourraient aquérir là-bas. Les verbes utilisés « auferre », « reddere », « relinquere » indi-

---

les devoirs des habitans et les peines et amendes des criminels envers les comtes de la Marche - Seigneurs du lieu ».

157 D. P. de MONTSABERT (éd.), *Chartes et documents pour servir à l'histoire de l'abbaye de Charroux*, p. 27-28.

158 Poitiers, Médiathèque, Coll. D. Fonteneau, vol. IV, p. 67.

159 L. BOURGEOIS, « Charroux (Vienne) », *Les petites villes du Haut-Poitou de l'Antiquité au Moyen Age : formes et monuments,* t. 2, L. BOURGEOIS (dir.), Chauvigny, 2003 (sous presse).

quent clairement d'un côté la saisie et l'enlèvement des biens d'une manière illicite et, de l'autre côté, la restitution et la donation de ces biens illégalement aquis par les Rochemeaux[160].

L'évêque de Poitiers n'était pas seulement témoin des actes ; il en surveille également l'application en tant qu'autorité morale et tiers indépendant. Pour le nom d'Isembert il y a deux possibilités, soit Isembert Ier (1020/23 jusqu'en 1047) ou Isembert II (1047 jusqu'en 1086). Isembert Ier a participé à cinq conciles de paix, à Poitiers en 1026 (« *Isemberto urbis illius episcopo* ») et 1036 (« *Isembertus episcopus Pictavis* »), à Charroux en 1028 (« *Aquitaniae principes, episcoporum* »), à Limoges en 1036 ainsi qu'à Bourges en 1031 (« *Concilium Bituricense ab episcopis Aquitaniae* »)[161]. Malgré ce large engagement d'Isembert Ier pour la paix, rien n'empêche que l'acte en question ait été surveillé par Isembert II.

Le plus important est de constater que la famille des Isembert était engagée dans la restitution des biens de l'abbaye et dans la mise en œuvre des objectifs de la paix de Dieu. De surcroît, les Rochemeaux se sont soumis à l'excommunication s'ils ne tiennent pas leur parole. En tant que témoins nous trouvons, en plus des deux donataires, encore douze personnages[162].

2. Un autre malfaiteur : Bertrand de Rochemeaux

Nous possédons d'autre part une notice de 1103, seulement résumée en langue française par Dom Fontenau qui rapporte comment un autre représentant des

---

160 Notum sit omnibus quod ego Audebertus de Rocamello et filia mea Arsindis, pro animarum nostrarum redemptione, aquam nomine Karantem, quam *auferebam* monachis sancti Salvatoris, gurpio de ponte de Brullio usque in antea et tribus donalibus damus, et de ponte de Brullio usque ad molendinum de Ginifie piscationem in anno quatuor vicibus, et quicumque ex hominibus in ea piscaverit, sancti Salvatoris nullam consuetudinem alicui reddat, nisi monachis Deo in loco Karrof servintibus. *Relinquo* et silvam que Bellus Boscus dicitur, concedo et ut quicquid habitatores prefati loci in hisque de meo sunt adquirere potuerint in perpetuum possideant. Hoc donum et hanc dimissionem in manu dompni Hisemberti episcopi Pictavensis facimus, et *quicumque omnia eis supradicta abstulerit, excommunicatus sit.*

161 MANSI XIX, col. 506 ssq. ; L. HUBERTI, *Studien zur Rechtsgeschichte der Gottesfrieden und Landfrieden in Frankreich*, p. 212-215.

162 La charte est signée par : *Audeberti de Rocamello. Ostenti senioris filii Audeberti qui hanc cartulam firmavit. Arsindis uxoris illius. Guillelmi de Cartis. Guillelmi Forsbandie. Petri Decarapit. Guillelmi Viloreti. Guillelmi filii eius. Bertrandi filii eius. Arnulphi vicarii qui vocatur Grafius. Bertrandi de Plevilla. Bertrandi Gassidemnarii. Rainaldi clerici. Alboni fratris eius.* Voir D. P. de MONTSABERT (éd.), *Chartes et documents pour servir à l'histoire de l'abbaye de Charroux*, p. 28.

Rochemeaux, Bertrand, rend à l'abbaye des biens saisis illicitement par ses prédécesseurs. Il fait rédiger cette charte en présence de l'abbé Pierre et d'autres religieux de Charroux dans le chapitre[163], alors que Philippe Ier est roi (1060-1108)[164] et Pierre, évêque de Poitiers[165].

Les éléments constitutifs de l'infraction sont les suivants[166] : Bertrand de Rochemeaux reconnaît que l'usurpation, faite par ses prédécesseurs, de certains biens et domaines appartenant à l'abbaye de Charroux et la lutte pour la conservation des choses usurpées avaient entraîné beaucoup de querelles, de rapines, d'incendies, de meurtres et d'effusion de sang. Bertrand de Rochemeaux offre alors réparation et un « apurement » de ses dettes, tout en se sentant et déclarant coupable [167] : « Etant pénitent pour satisfaire en partie à tous ces désordres ledit Bertrand remit entre les mains de Pierre, abbé, et des moines de Charroux, tout ce que ses prédécesseurs abbés, Hugues, Foucault et Fouchard avaient contestés. »

De cet aveu de culpabilité, il ressort un long combat entre l'abbaye et les Rochemeaux concernant les biens mentionnés. Les trois prédécesseurs de l'abbé Pierre avaient essayé de les récupérer sans succès. En 1103, le chef de la famille des Rochemeaux décide de rendre les biens usurpés. En applicant le droit du concile de Charroux, à savoir satisfaction pour le vol, nous pouvons en déduire une influence à l'établissement de l'acte en question.

Suivent les détails qui traitent de la viguerie. La viguerie (*vicaria)* ou vicairie était une subdivision administrative de l'époque carolingienne, sur laquelle le seigneur exerçait aussi ses pouvoirs de justice[168]. Dans l'affaire qui nous occupe,

---

163 Microfilm Médiathèque de Poitiers, t. IV, p. 131-132 ; source imprimée par P. VILLARD, *Les justices seigneuriales dans la Marche*, Paris, 1969, p. 34 (Recherches sur les institutions judiciaires de l'Ancien Régime, Bibliothèque d'histoire du droit et droit romain 12).

164 J. FAVIER, « Le temps des principautés de l'an mil à 1515 », J. FAVIER (éd.), *Histoire de France*, t. 2, Paris, 1984, p. 381.

165 R. FAVREAU, *La ville de Poitiers à la fin du Moyen Age. Une capitale régionale*, Mém. Soc. Antiqu. Ouest, 4e série, t. XV, 1977-78 ; G. DEVAILLY, « Les grands familles et l'épiscopat dans l'ouest de la France et les pays de la Loire », *Cahiers de Civilisation Médiévale*, t. XXVII (1984), p. 49-55.

166 P. DE MONSABERT, *Chartes et documents pour servir à l'histoire de l'abbaye de Charroux*, p. 130-131 ; P. VILLARD, *Les justices seigneuriales dans la Marche*, p. 34, no. 3.

167 P. DE MONSABERT, *Chartes et documents pour servir à l'histoire de l'abbaye de Charroux*, p. 130-131 ; P. VILLARD, *Les justices seigneuriales dans la Marche*, Paris, 1969, p. 34.

168 M. GARAUD, « Les circonscriptions administratives du comté du Poitou et les auxiliaires du comte au Xe siècle », *Le Moyen Age* 59 (1953), p. 11-61 ; DE LA FONTE-

il n'y a pas de plaid ; au lieu d'un jugement ordinaire, Bertrand concède la viguerie à l'abbaye : « ...et spécialement la viguerie de toutes choses qui se vendent en la rue des vassaux et dans les bourgs dépendant de ladite abbaye avec des maisons nommées au Bredors depuis l'église Saint- Michel jusqu'à la porte de ladite abbaye du côté du champ clos, et le four proche de l'aumônerie et encore un peste proche de l'église Saint-Ambroise, la clôture de Viquaires et le Beaubois, ... »

Bertrand restitue à l'abbé une partie de la viguerie usurpée par ses prédécesseurs sur les ventes effectuées dans la *rue des Vassaux*. Ce toponyme se rencontre entre autres à Vendôme, Blois ou Chartres pour désigner des rues abritant les maisons de *milites* attachés à la garde du château. A Charroux, ce quartier aristocratique ne peut être localisé précisément mais l'acte semble uniquement concerner des droits dispersés dans le quart sud-ouest de l'agglomération[169].

Néanmoins dans la négociation une exception est faite pour quatre cas appartenant à la justice majeure, à savoir le rapt, l'incendie, le vol et l'homicide : « ... à la réserve toutefois de ladite viguerie pour quatre cas en la rue des Vassaux, à savoir pour le rapt, l'incendie, le vol et l'homicide, le tout fait du consentement de Bertrand, Rorego et Guillaume, fils dudit Bertrand de Rochemeaux, Agnes et Beatrix ses sœurs, et en reconnaissance de ce ledit Pierre abbé donna audit Bertrand 300 sols et à Rorgon 50 sols et à Guillaume un cheval. »

Ce texte mentionne les quatre *consuetudines* les plus importantes qui Bertrand s'est réservées. Les *consuetudines*, dans la terminologie du XIe siècle, sont particulièrement, les droits seigneuriaux, c'est-à-dire les droits de la puissance publique, les droits de nature économique, les redevances, les impôts public et coutumier ainsi que les droits de justice[170]. Les *consuetudines* consistent même essentiellement en ces droits de justice, en particulier criminelle. Le rapt, le vol, le crime de l'incendiaire, l'homicide sont les plus souvent mentionnés et ils

---

NELLE DE VAUDORÉ, A.D., *Recherches sur les vigueries et sur les origines de la féodalité en Poitou*, Poitiers, 1839.

169 L. BOURGEOIS, « Charroux (Vienne) », *Les petites villes du Haut-Poitou de l'Antiquité au Moyen Age : formes et monuments,* t. 2, L. BOURGEOIS (dir.), Chauvigny, 2003 (sous presse).

170 J.-F. LEMARIGNIER, « La dislocation du *pagus* et le problème des *consuetudines* (Xe - XIe siècles) », *Mélanges d'Histoire du Moyen Age, dédiés à la mémoire de Louis Halphen*, Paris, 1951, p. 402-403 ; par rapport à la *consuetudo* voir également le recueil d'articles dans *Gewohnheitsrecht und Rechtsgewohnheiten im Mittelalter*, G. DILCHER/H. LÜCK/R. SCHULZE, E. WADLE/J. WEITZEL/U. WOLTER (éd.), Berlin, 1992 (Schriften zur Europäischen Rechts- und Verfassungsgeschichte 6), en l'occurrence les articles de J. WEITZEL, « Gewohnheitsrecht und fränkisch-deutsches Gerichtsverfahren », p. 67-86, ainsi que d'U. WOLTER, « Die 'consuetudo' im kanonischen Recht bis zum Ende des 13. Jahrhunderts », p. 87-116.

constituent la *vicaria*, elle-même réputée coutume[171]. Les textes en question expliquent que l'on donne les coutumes, c'est-à-dire, la cause elle-même et le droit de la juger. C'est également le profit pécuniaire que le juge en tire[172].

L'exemple de la réparation des dommages causés par les crimes, rappelle non seulement le premier canon de 989, mais également le troisième qui se dirige contre les violeurs des clercs. D'autres conditions sont à remplir, notamment que le clerc n'ait pas commis de faute et qu'il n'y ait pas eu satisfaction. Si ces trois conditions sont réunies, l'anathème peut être prononcé. Or, dans ce cas, la peine spirituelle n'a pas été prononcée, ce qui suggère une réelle influence des canons de paix qui permettaient au briseur de paix de venir à résipiscence.

3. La restitution de plusieurs églises et domaines par Guillaume V, comte d'Auvergne

La troisième source traite de la restitution de plusieurs biens ou domaines usurpés à l'abbaye de Charroux et de la donation d'un monastère. Ce cas montre clairement l'influence des conciles de paix de Limoges, ville devenue un des centres du mouvement de la paix de Dieu[173]. Lors du concile de 1031 l'évêque de Limoges Jourdain, et l'archevêque de Bourges, Aimon, ont en effet prouvé nettement leur faveur pour la paix de Dieu. Nous étudierons donc tout d'abord l'acte en question, avant de nous intéresser aux interférences de la restitution des biens et des droits avec les conciles de paix.

L'auteur du « *testamentum* »[174] est le *princeps* d'Auvergne, le comte Guillaume V qui avoue ouvertement sa propre culpabilité [175] : *Pro qua re permotus*

---

171 En Normandie (et aussi en Angleterre dans les lois de Cnut), on ajoute à ces cas l'attaque des maisons et la guerre privée. J.-F. LEMARIGNIER (« La dislocation du *pagus* et le problème des *consuetudines* (Xe - XIe siècles) », p. 407) cite le Cartulaire de Saint-Aubin d'Angers, t. I, no. 4, p. 11 (1007-1026) : *He sunt consuetudines quas perdono : bannum, carruacam, corvatas, biduanum et omnem vicariam cum omni consuetudine...ita ut nullus vicarius, neque meus, neque alterius, in predictis terris, neque in bosco, neque in plano neque in aqua, ullam consuetudinem habeat, excepto quod homines sancti Albini, ab abbate summoniti, convenientes, contra hostes in exercitum meum ibunt... Sed de tribus consuetudinibus medietatem retineo : id est de homicidio, de rapto, de incendio.*

172 J.-F. LEMARIGNIER, « La dislocation du *pagus* et le problème des *consuetudines* (Xe - XIe siècles) », p. 407.

173 H.-W. GOETZ, « La paix de Dieu en France autour de l'an Mil, fondements et objectifs, diffusion et participants » , *Le Roi de France et son royaume autour de l'an Mil*, M. PARISSE/X. BARRAL I ALTET (dir.), Paris, 1992, p. 141.

174 P. DE MONSABERT, *Chartes et documents pour servir à l'histoire de l'abbaye de Charroux*, p. 95.

ego Guillelmus, per gratiam Dei princeps Arvernorum, et de tali usurpatione sicut de multis male praesumptis parentum meorum nichilominus et meam considerans culpam, ... Vers 1047 venant à résipiscence, il restitue à l'abbaye de Charroux plusieurs églises et domaines et donne le monastère d'Issoire, situé au sud-est de Clermont. Nous savons d'autre part, que depuis 1034, il avait donné à l'évêque et au chapitre de Clermont, qui avaient souffert de la « rapacité des comtes », une grande partie de cette ville[176].

La source qui concerne Guillaume V commence par proclamer le retour à la justice[177] et accuse les violateurs des sanctuaires qui sont les dissipateurs de l'église de Dieu et des voleurs de leurs biens et substances[178]. L'hypothèse que l'acte est écrit sous l'influence de la paix de Dieu présuppose de vérifier la possibilité de rapports entre les deux.

---

175 ID., p. 93 ; T. GERGEN, « *Et meam considerans culpam...* La Paix de Dieu comme source juridique pour la résolution des conflits », *La Culpabilité,* Limoges, 2001, p. 367-385 (Cahiers de l'Institut d'Anthropologie Juridique C.I.A.J. 6).

176 R. LIMOUZIN-LAMOTHE, *Le diocèse de Limoges des origines à la fin du Moyen Age*, p. 69-70 ; P. FOURNIER/R. SEVE, « Les biens de l'abbaye de Charroux en Auvergne », *Bulletin historique et scientifique d'Auvergne* 85 (1972), p. 267-278.

177 *Cunctis legentibus liquet quia, quod in veteri testamento sanctuarium Dei nuncupatur, id ipsud in novo sanctae domus ecclesiae vocitatur, que pie semper a Christi fidelibus passim per orbem catholicum exstruitur, ut in ea jugiter Christum confitendo, laudando et benedicendo et justi justificentur et sancti sanctificentur, per quod digne Dei templum effecti digni habeantur ipsi in non manufacto celesti videlicet templo presentari Domino nostro Ihesu Christo ad eternas referendas laudes ejus summae divinatis.* P. DE MONSABERT, *Chartes et documents pour servir à l'histoire de l'abbaye de Charroux*, p. 91-92.

178 Quod cum ita de fidelibus constare fideliter credatur, certum est quia *violatores sanctuarii sunt dissipatores ecclesiarum Dei, et earum raptores substantiarum qui sua impia presumptione* ad infidelium transeuntes consortium, numquam profecto nisi resipuerint ac toto corde poenitendo omnipotenti Deo satisfecerint in superna Christi recipientur ecclesia, sed cum eo de quo scriptum est : Qui inter sanctos inique gessit non videbit gloriam Domini atque cum Eliodore et Antiocho violatoribus utique sanctuarium Dei pariterque cum eo qui ad Christi sanctaeque nuptias ecclesiae absque nuptiali veste praesumpsit intrare, in tenebras demergentur exteriores, ubi erit fletus et stridor dentium in secula seculorum.

P. DE MONSABERT, *Chartes et documents pour servir à l'histoire de l'abbaye de Charroux*, p. 91-93.

II. Les hypothèses de l'application des canons de la paix

Cette hypothèse repose à la fois sur une proximité de temps et de lieu (1) ainsi que de fond (2), et sur l'analyse de l'applicabilité du règlement de la paix (3).

1. Temps et lieu

Concernant l'origine et la datation de l'acte en question il est nécessaire de préciser tout d'abord que Dom de Monsabert l'a qualifié de titre interpolé alors que Dom Fonteneau prétend avoir vu l'original de ce diplôme aux archives de Charroux, l'écriture lui semblant celle du Xe et XIe siècles[179].

Or, plusieurs arguments peuvent être avancés en faveur de l'authenticité de l'acte. Dans leurs bulles de confirmation des biens de l'abbaye de Charroux, les papes Léon IX (le 3 mai 1050) et Alexandre II (1061-1073) énumèrent tous les biens et domaines en question[180]. Un privilège de Philippe Ier de 1077[181] mentionne comme possession de Charroux le monastère d'Issoire[182]. Dès la deuxième moitié du XIe siècle, il est donc sûr que le monastère se trouvait dans la possession de Charroux et que l'acte de retransmission de la propriété avait bien été exécuté. Tous les signataires de ce document sont des contemporains de Guillaume V. Ils ont également pu se trouver réunis à Charroux en 1047 lors de la dédicace de la nouvelle église de l'abbaye.

Il est certain que le pape Léon IX et le roi Henri Ier ne venaient jamais à Charroux et il est improbable qu'ils s'y soient trouvés en même temps. Néanmoins, tous les deux sont mentionnés présents lors de la confirmation de l'acte. Il est clair qu'on voulait souligner par là l'importance de l'acte et lui donner une

---

179 ID., p. 91 ; Poitiers, Médiathèque, Coll. D. Fonteneau, vol. IV, p. 58, « Coutumes de la ville de Charroux sur les devoirs des habitans et les peines et amendes des criminels envers les comtes de la Marche - Seigneurs du lieu » ; L. REDET, « Tables des manuscrits de D. Fonteneau, conservés à la Bibliothèque municipale de Poitiers », *Mémoires de la Société des antiquaires de l'Ouest* 1839, p. 257-258.

180 « *Quae quondam fuerant ablata eidem loco, et moderno tempore sunt restituta ipsi loco per Guillelmum principem Arvernorum et per filios ejus* » ; « *que quondam ablata ipsi loco fuerant, et per Guillelmum principem Arvernorum et filios ejus restituta sunt* », voir P. DE MONSABERT, *Chartes et documents pour servir à l'histoire de l'abbaye de Charroux*, p. 92.

181 ID., p. 92 ; P. VILLARD, *Les justices seigneuriales dans la Marche*, p. 34.

182 R. LIMOUZIN-LAMOTHE, *Le diocèse de Limoges des origines à la fin du Moyen Age*, p. 69-70.

autorité suprême[183]. S'il y a eu interpolation, elle se trouve dans ce passage-là (« *in praesentia regali sive apostolici pape* »[184]).

La confirmation des biens transmise par Léon IX le 3 mai 1050 fournit le *terminus ad quem* ; la dédicace de l'église abbatiale (1047) a certainement été l'occasion de rassembler tous les signataires et donne donc le *terminus a quo*. L'indication *moderno tempore* dans la bulle de confirmation y correspond entièrement. En définitive, l'acte peut être daté entre 1047 et 1050.

Les biens en question se trouvent dans le domaine de l'abbaye de Charroux où plusieurs conciles de paix ont eu lieu, celui de Charroux (989), Le Puy (994), Poitiers (1000-14) et Limoges (994, 1028, 1029, 1031, 1033). Ils étaient applicables en Aquitaine, et donc dans la région concernée par l'acte[185], de sorte que les conditions du temps et du lieu sont remplies ce qui vaut également pour les deux cas concernant la famille des Rochemeaux, affaires traitées auparavant.

2. L'analyse du fond

Une étude sur le fond permet également de démontrer les parallèles matériels entre les canons promulgués aux conciles de la paix de Dieu et l'acte de restitution étudiés ici. Nous verrons donc les conditions prévues par les conciles (1) afin de vérifier ensuite leur application aux cas évoqués (2).

2.1 Les conditions prévues par les conciles

La première partie du concile de Charroux de 989 lance l'anathème contre les violateurs des églises et les agresseurs des clercs ne portant pas d'armes : si quelqu'un a violé une église sainte, ou en a arraché quelque chose par la force, il sera anathème, à moins qu'il ne soit venu à satisfaction : *Anathema infractoribus ecclesiarum. Si quis ecclesiam sanctam infregerit, aut aliquid exinde per vim abstraxerit, nisi ad satis confugerit factum, anathema sit*[186].

---

183 Pour l'autorité royale, la présence d'Henri I : « *Deinde domni nostri gloriosi regis Aenrici clementiam supplex exoro ut sicut ad ipsum nostri culmen honoris respicit, sic hoc scriptum a nobis statutum ac confirmatum suae auctoritatis roborare dignetur edicto.* », P. DE MONSABERT, *Chartes et documents pour servir à l'histoire de l'abbaye de Charroux*, p. 94. Concernant l'autorité papale, l'acte dit: « *Super omnia vero Dei omnipotentis auctoritatem expeto a domno sanctae Romanae ecclesiae Leone apostolico...* », ID., p. 94.

184 ID., p. 94.

185 T. GERGEN, « Le concile de Charroux et la Paix de Dieu : un premier pas vers l'unification du droit au Moyen Age », *B.S.A.O.* 12 (1998), p. 47-52.

186 J.-D. MANSI (éd.), XIX, col. 89-90 ; J.-P. BRUNTERC'H, *Le Moyen Age (Ve-XIe siècle)*, J. FAVIER (éd.), t. I (Archives de la France), Paris, 1994, p. 381.

Certains canons du concile de Saint-Paulien tenu au Puy[187] en 994, prévoient que personne ne doit, à partir de cette heure et dorénavant, envahir une église ou causer tort aux moines ou à ceux qui les accompagnent s'ils ne portent pas d'armes, à l'exception des évêques et des archidiacres en raison de leur cens. De même personne ne doit usurper des terres ecclésiastiques épiscopales, canoniales ou monastiques, ni leur causer préjudice par quelque mauvaise coutume[188]. Le texte du concile est clair au sujet de la sanction :

« S'il y avait un usurpateur ou un maudit qui enfreignait cette règlementation et ne voulait pas la respecter, qu'il soit anathème, frappé de l'anathème et repoussé du seuil de la sainte mère Eglise jusqu'à ce qu'il donne satisfaction. »[189]

Suit une deuxième série de conséquences pour la vie quotidienne du délinquant : « S'il ne venait pas à résipiscence, que le prêtre ne chante pas pour lui la messe ni ne célèbre l'office divin, et s'il mourait, que le prêtre ne l'enterre pas et qu'il n'ait pas sa sépulture à l'église ; qu'il ne lui donne pas la communion sciemment. Et si un prêtre enfreignait cela sciemment, qu'il soit déposé de son ordre. »[190]

L'adverbe *scienter* (sciemment) évoque la motivation et les circonstances d'une action dont l'interprétation a toujours soulevé des problèmes. Le droit canonique a développé une casuistique pour distinguer la préméditation (*voluntas*)

---

187 E. MAGNOU-NORTIER, « La place du concile du Puy (v. 994) dans l'évolution de l'idée de paix », *Mélanges J. Dauvillier*, Toulouse, 1979, p. 489-506.

188 « *Ut in istis episcopatibus, quos isti episcopi regunt, neque in istis comitatibus, de ista hora et in antea, ecclesiam homo non frangat, extra ecclesiam, quae in firmamento castellaniae, se sciente, nisi episcopi, propter eorum censum ... monachis iniuriam nullus homo aliquando non faciat, neque his, qui cum eo perrexerint, qui arma non portaverint, nisi episcopi aut archidiaconi propter eorum censum ... terras ecclesiasticas, episcopales, canonicales, monachales nullus praesumere audeat, neque aliqua mala consuetudine dishonorare ...* », cf. G. BRUNEL/E. LALOU (éd.), *Sources d'histoire médiévale, IXe – milieu du XIVe siècle*, p. 130-131 ; C. LAURANSON-ROSAZ, *L'Auvergne et ses marges*, p. 421 ; L. HUBERTI, *Studien zur Rechtsgeschichte der Gottesfrieden und Landfrieden in Frankreich*, p. 123-124.

189 *Si vero aliquis raptor fuerit, aut maledictus, qui hanc institutionem infregerit, et tenere noluerit, sit ipse excommunicatus et anathematizatus, et a liminibus sanctae matris ecclesiae segregatus, usquequo ad satisfactionem veniat.* Cf. L. HUBERTI, *Studien zur Rechtsgeschichte der Gottesfrieden und Landfrieden in Frankreich*, p. 124 ; traduction empruntée chez G. BRUNEL/E. LALOU (dir.), *Sources d'histoire médiévale, IXe - milieu du XIVe siècle*, p. 131.

190 *Quod si non fecerit, presbyter ei missam non cantet, divinum ei officium non faciat, et si mortus fuerit, presbyter eum non sepeliat, neque ad ecclesiam sit sepultus, communionem ei non donet, se sciente, et si aliquis presbyter hoc infregerit, se sciente, ab ordine deponatur.* Cf. L. HUBERTI, *Studien zur Rechtsgeschichte der Gottesfrieden und Landfrieden in Frankreich*, p. 124 ; G. BRUNEL/E. LALOU (dir.), *Sources d'histoire médiévale*, p. 131.

de la négligeance consciente[191]. Parmi les cas du faux serment (*falsa iuratio*), Gratien avait distingué deux formes : *scienter* et *ignoranter*[192]. L'adverbe de *scienter* évoque l'hypothèse de commettre une action d'une manière volontaire ou au moins négligeante. Le concile du Puy concerne donc l'effraction consciente et voulue des prescriptions, en l'occurrence chanter la messe, célébrer l'office divin, enterrer le défunt et donner la communion d'une manière volontaire.

Le concile de Poitiers se réfère quant à lui explicitement au concile de Charroux (*sicut in concilio Karoffense constitutum est*[193]). Les nombreux conciles de Limoges (994, 1028, 1029, 1031, 1033[194]) élargissent le mouvement de la paix de Dieu tout en répétant la protection des biens ecclésiastiques. Dès la fin du Xe siècle, les évêques de Limoges s'étaient préoccupés de mettre un terme aux guerres privées. Déjà au premier concile tenu en 994, tous les évêques d'Aquitaine s'étaient réunis pour jurer, avec le duc et les *principes*, le pacte de la paix et de la justice (*pactumque pacis et iustitiae*).

Détournement de biens ecclésiastiques et aliénation ainsi que violation des clercs forment donc les actions que tous les canons de la paix de Dieu sanctionnent ; il y a lieu de vérifier si tous ces éléments constitutifs, objectifs et subjectifs à la fois, correspondent aux cas étudiés.

---

191 S. KUTTNER, *Kanonistische Schuldlehre von Gratian bis auf die Dekretalen Gregors IX.*, p. 68-70 et 245.

192 ID., p. 70.

193 J.-D. MANSI, XIX, col. 265-268 ; L. HUBERTI, *Studien zur Rechtsgeschichte der Gottesfrieden und Landfrieden in Frankreich*, p. 137.

194 Sur le concile de 1031 voir récemment paru : DOM J. BEQUET, « Le concile de Limoges de 1031 », *Bull. Soc. Archéo., hist. Lim.*, 2000, t. 128, p. 23-64 ; H.-W. GOETZ, « La paix de Dieu en France autour de l'an Mil, fondements et objectifs, diffusion et participants » , p. 134 et 141.

2.2 L'application aux cas étudiés

Guillaume, *princeps* d'Auvergne par la grâce de Dieu, s'est rendu coupable d'usurpation de biens de l'Eglise, à travers ceux de l'abbaye de Charroux. L'acte étend cette responsabilité aux parents et aux ancêtres de Guillaume (*sicut de multis male praesumptis parentum meorum...*[195]). L'acte est d'ailleurs rédigé avec le consentement de l'épouse de Guillaume, Philippa, et leurs fils Stéphan, Rothbert, Guillaume et Pons[196].

Pour réparer le dommage subi par l'abbaye de Charroux ainsi que pour éviter la fulmination de l'anathème, une « négociation » s'est mise en place, par la restitution des biens usurpés et des donations importantes[197]. Guillaume précise que devront être rendus à l'abbaye de Charroux : le château de Saint-Yvoni et tout ce qui lui appartient, plusieurs églises et villages et tout ce qui dorénavant est reconnu être en possession de Charroux ainsi que le revenu des autels du monastère de Charroux et tous les biens qui se trouvent dans le *pagus* d'Auvergne ou dans sa principauté ; une mention spéciale est accordée aux biens qui sont supposés perdus depuis les persécutions normandes, et qui à cause de l'usurpation de ses ancêtres existent toujours. Tous ces biens font donc retour à l'abbaye de Charroux. Le comte les donne à l'abbé Hugue et à ses successeurs.

---

195 P. DE MONSABERT, *Chartes et documents pour servir à l'histoire de l'abbaye de Charroux*, p. 93.

196 *Haec igitur omnia, sicut hic scripta sunt, una cum consensu conjugis meae Philippiae ac filiorum meorum Stephani, Rotberti, Guillelmi, Pontii, coram Deo et ejus sanctum altare in monasterio Karroffo, verum etiam in presentia regali sive apostolici pape, et in omni nobilium conventu personarum manu mea confirmo et filiis meis atque cunctis adfinibus sive proceribus nostris firmare facio. Deinde domni nostri gloriosi regis Aenrici clementiam supplex exoro ut sicut ad ipsum nostri culmen honoris respicit, sic hoc scriptum a nobis statutum ac confirmatum suae auctoritatis roborare dignetur edicto.* P. DE MONSABERT, *Chartes et documents pour servir à l'histoire de l'abbaye de Charroux*, p. 94.

197 ID., p. 93-94 : *...statui apud me dignumque duxi ut castellum Sancti Yvonii et quicquid ad ipsum pertinet, ecclesiam Cadiloco, ecclesiam Mollangia, ecclesiam Nobiliacus, ecclesiam Chrosogilo, villam Pereusia, ecclesiam Gadniacus et omnia quae his ecclesiis pertinent, et ea cuncta quae deinceps comprobata fuerint de possessione ipsius monasterii Karroffensis fuisse, summo Salvatori Deo et altari ejus quod veneratur in coenobio Karroffo seu omnes res ejus quae sunt in pago Arvernico vel in omni meo principatu quae condam perdidisse creditur prout insectationes normannicas, ac deinde propter usurpationem parentum meorum et actenus etiam in mea potestate permansisse videntur, haec inquam omnia relinquam cunctaque restituam ipsi Domino Salvatori nostro et ejus altario quod est in monasterio Karroffo.*

L'abbaye a le droit de posséder et de disposer du monastère d'Issoire pour toujours[198].

Les peines ecclésiastiques telles que l'anathème, l'excommunication et la malédiction jouaient en cas de non-restitution des biens illicitement aquis, comme le concile du Puy conclut[199]. Les canons font surtout état de l'offre faite au délinquant de restituer les biens avant d'encourrir les peines ecclésiastiques. Les évêques avaient institué cette condition pour que les briseurs de la paix puissent se réconcilier avec l'Eglise. Le sens théologique est certainement la réconciliation avec Dieu qui est offensé du fait du délit mais qui pardonne, un objectif affirmé dans le sacrement de la pénitence et dans la confession durant le XIe siècle et dont il était déjà question dans notre première partie (chapitre 3, II., 5)[200]. La pénitence, dorénavant, demandait une déclaration de la contrition du pécheur, ce que le comte d'Auvergne fait en face de l'abbé et en présence d'autres témoins[201].

Afin de juger nos deux premiers cas portant sur les Rochemeaux, rappelons les conditions du premier canon de Charroux pour frapper quelqu'un d'ana-

---

198 « *Et damus ipsi altario monasterii Karrofensis, et abbati Hugoni qui hodie illi preesse videtur, et omnibus post eum abbatibus ipsius coenobii Karrofensis Uciodorense monasterium cum omnibus suis tam praesentibus quam et futuris honoribus, sive possessionibus ad habendum et gubernandum disponendumque jure perpetuo. Et haec ita statuo ut omnes successores hujus abbatis Ugonis absque ullius pecuniae pretio hunc ipsum locum Uciodorensem aequabili modo possideant ac per tempora futura disponant semper.* » P. DE MONSABERT, *Chartes et documents pour servir à l'histoire de l'abbaye de Charroux*,p. 94.

199 « *Si vero aliquis raptor fuerit, aut maledictus, qui hanc institutionem infregerit, et tenere noluerit, sit ipse excommunicatus et anathematizatus, et a liminibus sanctae matris ecclesiae segregatus, usquequoque ad satisfactionem veniat ...* » L. HUBERTI, *Studien zur Rechtsgeschichte der Gottesfrieden und Landfrieden in Frankreich*, p. 124 ; G. BRUNEL/E. LALOU (éd.), *Sources d'Histoire Médiévale*, p. 131.

200 P. HINSCHIUS, *System des katholischen Kirchenrechts mit besonderer Rücksicht auf Deutschland,* vol. IV, p. 695-697 et p. 826-827 ; P. ANCIAUX, *La théologie du sacrement de pénitence au XIIe siècle*, p. 42-46 ; T. GERGEN, « Le concile de Charroux et la Paix de Dieu : un premier pas vers l'unification du droit au Moyen Age », p. 55-58.

201 L'acte en question énumère les témoins suivants : Aimon, archevêque de Bourges ; Rencon, évêque d'Auvergne, Guillaume, compte « *ante cujus conspectum haec omnia corroborata sunt dona* ». De même : Isembert, évêque de Poitiers ; Jourdain, évêque de Limoges ; Guillaume, évêque d'Angoulême ; Gérald, évêque de Périgeux ; Audebert comte de la Marche ; Bertrand de Broc ; Audebert, comte de Périgeux ; Aymon de Crest ; Gaufred comte d'Angoulême, le père de Guillaume, évêque d'Angoulême ; Hugo, vicecomte de Châtellerault ; Aymeric vicecomte de Toarz ; Aymeric de Rochechouart ; Audebert de Rochemeaux et Aymeric de Rancon. Cf. P. DE MONSABERT, *Chartes et documents pour servir à l'histoire de l'abbaye de Charroux*, p. 95.

thème : détourner ou saisir des biens ecclésiastiques (éviction), et ne pas apporter satisfaction après coup[202]. Il est évident que les Rochemeaux ont privé l'abbaye de biens dont elle était propriétaire ou détentrice auparavant. La restitution des biens se présente comme une offre de satisfaction avant la prononciation de l'anathème. Même si l'on affirme que les propositions des canons de la paix de Dieu sont accomplies, il convient néanmoins de demander si elles peuvent être « applicables » directement.

3. L'applicabilité des canons de la paix de Dieu

La paix de Dieu a-t-elle pu servir de « source juridique », notamment à cette époque de « Offenheit des Rechts » (XIe siècle) qui se caractérise par son absence de forme régulière de création du droit[203] ? Bien que l'acte ne se réfère pas à un canon spécial et que d'autres sources antérieures (pénitentiels et capitulaires carolingiens notamment) interdisent, à plusieurs reprises, l'usurpation de biens ecclésiastiques[204], on peut le penser.

Pour identifier le règlement de la paix comme principale source juridique, il faut d'abord évoquer les autres possibles (3.1) avant d'exposer les arguments pour notre décision (3.2).

3.1 Les sources juridiques possibles

Contrairement à la législation moderne (par exemple pour la restitution des biens et dommages-intérêts selon les articles 1382 et 1383 du Code civil français ou le paragraphe 823 du *Bürgerliches Gesetzbuch (BGB)* allemand), il n'y a aucune référence explicite aux conciles de paix pour justifier la remise de biens à l'abbaye de Charroux au XIe siècle. Cependant, la prise de biens non-justifiée est reconnue par ceux qui les remettent, même s'il s'agit d'une restitution des biens usurpés par leurs prédécesseurs. On trouve là une responsabilité familiale, une

---

202 Premier canon : « Anathème contre les violateurs d'églises. Si quelqu'un a violé une église sainte, ou en a arraché quelque chose par la force, à moins qu'il ne soit venu à satisfaction, qu'il soit anathème. » R. FAVREAU/M.-TH. CAMUS, *Charroux*, p. 9-10.

203 O. GUILLOT/Y. SASSIER/A. RIGAUDIERE, *Pouvoirs et institutions dans la France médiévale*, t. I : *Des origines à l'époque féodale*, p. 287-291 ; pour le rôle pratique seulement de la *Treuga Dei* : D. BARTHELEMY, *L'an mil et la paix de Dieu*, p. 520-521.

204 C. VOGEL, *Le pécheur et la pénitence au Moyen Age*, Paris, 1982, p. 34-36 ; W. HARTMANN, *Die Synoden der Karolingerzeit im Frankenreich und in Italien - Konziliengeschichte*, p. 331-342 et 373-387 ; M. MOLLAT, « La restitution des églises privées au patrimoine ecclésiastique en France du IXe au XIe siècle », *Revue d'histoire du droit français et étranger* 28 (1949), p. 15.

expiation pour toute la famille dont le chef du moment demande pardon. La charte contient une déclaration de responsabilité des ayants cause dans le pillage, le vol et d'autres crimes punis.

Si les coutumes de Charroux (vers 1177) sont les plus anciennes du Poitou il faut toutefois exclure leur influence dans ce cas précis[205]. En effet, le droit coutumier était alors en train de se constituer. On l'a « négocié » progressivement[206] et dans le cas qui nous intéresse, il doit être mis de côté.

Qui plus est, le droit romain et le droit canon ne connurent leur renaissance qu'à partir du XIIe siècle. Avant cette date, la paix de Dieu a été mise en place afin de remplacer ou de se substituer à la « paix carolingienne » qui n'était plus présente dans l'ordre juridique contemporain, influencé par la mutation dite féodale et les changements économiques et sociaux. Les tribunaux ne fonctionnaient plus de manière satisfaisante et l'Eglise, chargée dans la société des Xe et XIe siècles d'exprimer l'ordre social, était elle-même victime de tensions et de conflits[207].

Au début du XIe siècle, la Réforme grégorienne aspirant aussi à récupérer les biens ecclésiastiques n'avait pas encore véritablement émergée, même si l'on se trouve dans une phase préréformatrice. Pour l'Aquitaine en particulier, Cécile Treffort a fait remarquer que les considérations territoriales sont importantes[208]. En effet, aux alentours de l'an mil, les ducs d'Aquitaine s'appuient sur une sorte de géographie sacrée fondée sur des grands monastères et des sièges épiscopaux importants. L'adhésion de la majeure partie des grands ecclésiastiques au projet du prince d'Aquitaine a permis de préparer la réforme grégorienne, même si celle-ci vise des objectifs bien différents. L'Eglise d'Aquitaine s'engage donc – notamment à travers des conciles de la paix de Dieu – dans une voie en apparence novatrice, ouverte, en matière de discipline ecclésiastique, même si les accents réformateurs vont avant tout dans un sens traditionnel ou conservateur, tournés vers le passé carolingien.

---

205 D. P. de MONTSABERT (éd.), *Chartes et documents pour servir à l'histoire de l'abbaye de Charroux*, p. 162-164 ; J. YVER, « Le Poitou au carrefour des influences coutumières et de droit écrit », *Bulletin de la société des antiquaires de l´Ouest* 3 (1989), 5e série, p. 259-287.

206 Comme c'était le cas pour la terre et l'espace, cf. le raisonnement de Barbara H. ROSENWEIN, *Negociating space. Power, Restraint, and Privileges of Immunity in Early Medieval Europe*, p. 213-217.

207 J.-P. POLY/E. BOURNAZEL, *La mutation féodale,* p. 222-223 et 236.

208 C. TREFFORT, «Le comte de Poitiers, duc d'Aquitaine, et l'Eglise aux alentours de l'an mil (970-1030)», *Cahiers de Civilisation Médiévale* 43 (2000), p. 435-441.

Les canons de paix – même s'ils se rejoignent sur le fond et correspondent à maints conciles carolingiens – représentent finalement la source la plus probable pour le règlement du conflit en question, celui de Charroux au début du XIe siècle. La paix de Dieu, dirigée contre les « mauvaises coutumes », pouvait servir de motivation juridique des restitutions de biens en question, thèse pour laquelle nous pouvons avancer plusieurs arguments.

3.2 Les arguments pour l'applicabilité

Il convient en particulier d'évoquer la large diffusion de la paix dans le monde juridique et religieux (a) ainsi que le nombre de défenseurs des idées de la paix (b). Ensuite il sera question du rapport entre l'aveu d'avoir brisé la paix et la pénitence (c) et de la malédiction du briseur de la paix, idée promue par les conciles de Limoges (d).

a) La large diffusion de la paix de Dieu

Les canons du concile de Charroux de 989 s'étaient diffusés en France ; le concile de Poitiers de 1000-14 prend référence directe : *sicut in concilio Karrofense constitutum est*[209] et même le concile de la paix de Dieu de Cologne de 1083 en reprend l'esprit presqu'un siècle plus tard[210]. Les règles de la paix constituaient aussi la base pour les conciles de paix catalans, adoptés par la suite dans la législation coutumière de cette région. De plus, le mince décalage de temps entre 989 et la restitution des biens par les Rochemeaux et Guillaume V d'Auvergne rend donc très probable une application de ce règlement.

D'autre part, le processus de création des normes au XIe siècle, c'est-à-dire dans une société d'oralité, veut que le droit en général et les valeurs chrétiennes, entrent dans la conscience et dans les actions des gens par le biais de la répétition et de l'exercice pratique. Tel est le cas pour la vie théologique, à savoir les messes, les prédications, les cérémonies pour les défunts.

Parmi les célébrations liturgiques, le baiser de paix avant la communion met en scène la paix, notion essentielle dans la pratique juridique. Depuis le temps des apôtres, ce rite de paix était l'expression de la communauté chrétienne. Dans sa lettre aux Philippiens (IV, 6-9) saint Paul Apôtre leur rappelle la mise en pra-

---

209 MANSI XIX, 265-266.

210 D. WILLOWEIT, « Die Sanktionen für Friedensbruch im Kölner Gottesfrieden von 1083. Ein Beitrag zum Sinn der Strafe in der Frühzeit der deutschen Friedensbewegung », E. SCHLÜCHTER/K. LAUBENTHAL (éd.), *Recht und Kriminalität, Mélanges/Festschrift Krause*, Cologne, 1990, p. 37-52 ; K. KROESCHELL, *Deutsche Rechtsgeschichte*, p. 189-191.

tique dans la vie quotidienne de « tout ce qui est vrai et noble, tout ce qui est juste et pur, tout ce qui est digne d'être aimé et honoré, tout se qui s'appelle vertu et qui mérite des éloges » afin que le Dieu de la paix soit avec eux[211]. Avec Grégoire le Grand le baiser de paix devient préparation à la communion. Au XIe siècle, l'*ordo missae* de Rome est introduit dans la liturgie pour unir les différentes variétés de la liturgie qui avaient existé auparavant[212]. La communauté chantait dorénavant l'*Agnus Dei* avec le baiser de paix ou la communion[213].

A la pratique du baiser de paix s'ajoute également le mot des Pères de l'Eglise selon lequel la paix correspond à l'obtention du royaume de Dieu[214]. La liturgie et les institutions religieuses participent de la même logique dans la vie juridique de l'époque.

Les chartes du XIe siècle, comme les trois de Charroux en question, foisonnent aussi de clauses « comminatoires », qui renferment la menace d'une peine en cas de contravention. La menace d'excommunication, peine spirituelle, est le signe d'une perte de puissance publique qui n'est à peine capable de maintenir l'ordre ; autrement dit : une justice qui fonctionne mal. Or, Audebert et Arsinde ont reconnu, en présence d'autres témoins, cette sanction en s'y soumettant en cas de désobéissance. Notons d'ailleurs que la distinction entre l'excommunication et l'anathème n'était à peine faite par le droit canonique[215] ; cette différence n'a vu le jour qu'à partir du XIIe siècle.

Les pénitents mentionnés dans nos chartes de Charroux semblent avoir voulu éviter d'être frappés par l'excommunication. Afin de ne pas subir cette sanction, ils proposent cette réparation, acceptée par l'abbaye, d'où la satisfaction conditionnée par le premier canon de Charroux. Ainsi les pénitents se sont

---

211 « Frères, ne soyez inquiets de rien, mais, en toute circonstance, dans l'action de grâce, priez et suppliez pour faire connaître à Dieu vos demandes. Et la paix de Dieu, qui dépasse tout ce qu'on peut imaginer, gardera votre coeur et votre intelligence dans le Christ Jésus. Enfin, mes frères, tout ce qui est vrai et noble, tout ce qui est juste et pur, tout ce qui est digne d'être aimé et honoré, tout ce qui s'appelle vertu et qui mérite des éloges, tout cela, prenez-le à votre compte. Ce que vous avez appris et reçu, ce que vous avez vu et entendu de moi, mettez-le en pratique. Et le Dieu de la paix sera avec vous. »

212 « Friedensritus, Friedenskuß », E. NAGEL, *Lexikon für Theologie und Kirche*, W. KASPER (éd.), t. IV, col. 142-143.

213 « Eucharistie », H.-B. MEYER, *Lexikon für Theologie und Kirche*, W. KASPER (éd.), t. III, col. 960 ; A.A. HÄUSSLING, *Mönchskonvent und Eucharistiefeier. Eine Studie über die Messe in der abendländischen Klosterliturgie des frühen Mittelalters und zur Geschichte der Meßhäufigkeit,* Münster, 1973, p. 23-24.

214 G. SICARD, « Paix et guerre dans le droit canon », *Paix de Dieu et guerre sainte en Languedoc au XIIIe siècle*, Toulouse, 1969, p. 74-75 (Cahiers de Fanjeaux 4).

215 Voir Première partie, II. 5. (Les différentes sanctions des canons).

reconciliés avec l'Eglise et la paix a été restaurée sur le parchemin, autrement dit en théorie. Même si personne ne connaît la mise en œuvre de ces décisions, aucun acte connu ne permet de penser qu'il n'en ait pas été ainsi.

b) Les défenseurs des idées de paix

On peut trouver un autre argument en faveur du rapprochement de la charte et des conciles de paix dans les signatures qui sont celles de personnages favorables à ces idées, initiateurs des conciles et de la mise en place de la paix.

On y remarque le nom de Léon IX, pape qui eut un rôle actif dans la diffusion de paix, par exemple en 1094/95 en Alsace (*Pax Alsatiensis*), sa région d'origine. Une source qui mentionne un *decretum pacis* confirmé par Léon IX en Alsace, fait allusion à l'engagement pacifiste du pape, qui, en 1049, proclama probablement la paix de Dieu au concile de Reims[216].

Parmi les signataires, sont également connus comme auteurs des paix, l'archevêque de Bourges Aimon, les évêques Rencon (Auvergne), Isembert Ier et Isembert II (Poitiers), Jourdain (Limoges), Guillaume (Angoulême) et Giraud (Périgueux).

Isembert Ier était évêque de Poitiers (évêché toujours représenté aux conciles de paix régionaux) de 1020/23 jusqu'à l'an 1047, Isembert II de 1047 à 1086[217]. Isembert Ier a donc participé à cinq conciles de la paix, à savoir à Poitiers (1026[218] et 1036[219]), à Charroux (1028)[220], à Limoges[221] et à Bourges[222] en 1031. L'évêque de Poitiers était non seulement témoin mais aussi garant de la procédure ; en effet, lors de la restitution de biens faite par la famille noble des

---

216 H. HOFFMANN, *Gottesfriede und Treuga Dei*, p. 81, 88, 218.

217 J. DUGUET, « La famille des Isembert, évêques de Poitiers et ses relations (Xe – XIe siècles) », *Bulletin de la Société des antiquaires de l'Ouest* 11 (1971), 4e série, p. 168-169 ; R. KAISER, *Bischofsherrschaft zwischen Königtum und Fürstenmacht*, p. 194.

218 « *Isemberto urbis illius episcopo* », L. HUBERTI, *Studien zur Rechtsgeschichte der Gottesfrieden und Landfrieden in Frankreich*, p. 182-183.

219 « *Isembertus episcopus Pictavis fecit synodum, ubi magnam pacem firmavit.* », L. HUBERTI, *Studien zur Rechtsgeschichte der Gottesfrieden und Landfrieden in Frankreich*, p. 211.

220 « *Ibi adfuerunt omnes Aquitaniae principes quibus praecepit pacem firmare et ecclesiam die catholicam venerari.* », L. HUBERTI, *Studien zur Rechtsgeschichte der Gottesfrieden und Landfrieden in Frankreich*, p. 184.

221 DOM J. BEQUET, « Le concile de Limoges de 1031 », p. 33.

222 « *Concilium Bituricense ab episcopis Aquitaniae* », L. HUBERTI, *Studien zur Rechtsgeschichte der Gottesfrieden und Landfrieden in Frankreich*, p. 185-186.

Rochemeaux (entre 1021 et 1087), ces derniers ont fait une promesse de don entre les mains de l'évêque[223] : *Hoc donum et hanc dimissionem in manu dompni Hisemberti episcopi Pictavensis facimus, et quicumque omnia eis supradicta abstulerit, excommunicatus sit.*

A la fin de l'acte, Guillaume V d'Auvergne demande la confirmation de la part du duc d'Aquitaine Guillaume, Guillaume VII Aigret (1031-1058)[224] : *Deinde etiam domnum Aquitaniae ducem Guillelmum pariter hoc ipsum confirmare rogo.* Il faut ici noter l'importance des pouvoirs séculiers qui devaient accepter et appliquer les préscriptions imposées. Leur présence est attestée à presque tous les conciles, sauf à celui de Charroux en 989 où les évêques étaient seuls, le comte de Poitiers et duc d'Aquitaine Guillaume IV Fier à Bras (963-995) étant absent[225].

L'action des ducs Guillaume V et Guillaume VI fut décisive pour la pacification de l'Aquitaine. Souvent présents aux conciles (ceux de Limoges en 994, Poitiers en 1000-1014, Charroux et Limoges en 1028, Poitiers en 1036, Limoges en 1031), et même preneurs d'initiatives (Poitiers en 1000-1014, Charroux en 1028), certains *saeculares*, groupe visé par les canons, considéraient comme important l'esprit de cette paix. Eu égard à l'engagement des ducs d'Aquitaine, on peut comprendre que Guillaume d'Auvergne évoque le nom de Guillaume VII dans la charte en question. Guillaume VII était fils de Guillaume V le Grand et d'Agnès de Bourgogne, frère de Guillaume VIII (Guillaume Geoffroi) qui lui succéda en 1058[226]. La famille des ducs d'Aquitaine était donc invitée à confirmer cette paix, authentifiée par l'acte[227].

Tous ces arguments conduisent à penser que ce « *testamentum* », qui a mis fin à un conflit entre les pouvoirs ecclésiastique et séculier, a été influencé par les idées de la paix de Dieu soutenue par les personnages centraux réunis aux conciles qui la proclamaient, très fréquents dans la région en question.

---

223 D. P. de MONTSABERT (éd.), *Chartes et documents pour servir à l'histoire de l'abbaye de Charroux*, p. 27-28.

224 P. DE MONSABERT, *Chartes et documents pour servir à l'histoire de l'abbaye de Charroux*, p. 94.

225 D. BARTHELEMY, *L'an mil et la paix de Dieu*, p. 611 ; T. HEAD, « The Development of the Peace of God in Aquitaine (970-1005) », *Speculum* 74/3 (1999), p. 666-668.

226 I. SOULARD-BERGER, « Agnès de Bourgogne, duchesse d'Aquitaine puis comtesse d'Anjou. Œuvre politique et action religieuse (1019 - v. 1068) », *BSAO* 1992, s. 5, t. 6, p. 45-56 ; D. BARTHELEMY, *L'an mil*, p. 353.

227 P. DE MONSABERT, *Chartes et documents pour servir à l'histoire de l'abbaye de Charroux*, p. 94.

En outre, l'aveu d'avoir usurpé des biens ecclésiastiques est nettement lié à une reconnaissance de culpabilité nécessaire pour la venue à résipiscence.

c) Bris de paix et pénitence

Le comte exprime sa propre faute par un aveu de culpabilité qui tend à atteindre un « apurement » du mal passé. En respectant les canons des conciles de la paix de Dieu, le comte voulait vraisemblablement éviter que les évêques lancent un anathème contre lui et sa famille. De plus, il aspirait à obtenir la rémission de ses péchés. Or, la venue à résipiscence est prévue par les canons de paix. L'aveu du comte s'étendait aussi à la demande de pardon formulée au nom des autres membres de la famille ; l'aveu était, en quelque sorte « collectif ».

Qui plus est, cet aveu de culpabilité fait partie de la pénitence que le comte doit effectuer pour racheter ces fautes. Aux XIe et XII siècles, la notion de « *culpa* » est en train de se concrétiser et de se préciser chez les canonistes. La faillibilité et les différentes formes de la faute sont l'objet d'études en théologie et, de manière inextricablement liée, en droit canonique[228]. Le mal est l'ennemi de la Cité de Dieu, image vivante et souvent utilisée depuis saint Augustin[229]. Le mal qui constitue aussi une offense à Dieu est toujours un danger pour l'existence de la Cité de Dieu.

La charte exprime ce danger comme suit[230] : *certum est quia violatores sanctuarii sunt dissipatores ecclesiarum Dei.* Les usurpateurs devraient venir à résipiscence de tout coeur, en faisant pénitence : *et earum raptores substantiarum...nunquam profecto nisi resipuerint ac toto corde poenitendo omnipotenti Deo satisfecerint in superna Christi recipientur ecclesia.* S'ils ne le font pas, ils seront maudits et tomberont « dans les ténèbres extrêmes »[231] ; les parallèles entre la charte et les canons de Charroux et du Puy sont évidents[232].

---

228 S. KUTTNER, *Kanonistische Schuldlehre von Gratian bis auf die Dekretalen Gregors IX.*, p. 3 suiv.

229 P. GUILLUY, « Le mal originel dans la tradition chrétienne occidentale de saint Augustin à saint Thomas », ID. (éd.), *La culpabilité fondamentale – péché originel et anthropologie moderne*, Lille, 1975, p. 60-63.

230 D. P. de MONTSABERT (éd.), *Chartes et documents pour servir à l'histoire de l'abbaye de Charroux*, p. 92.

231 « *in tenebras demergentur exteriores, ubi erit fletus et stridor dentium in secula seculorum* », ID., p. 93.

232 Super omnia vero Dei omnipotentis auctoritatem expeto a domno sanctae Romanae ecclesiae Leone apostolico sive a nostro metropolitano episcopo Biturigensis ecclesiae Aimone, sive a nostro Arvernensi videlicet pontifice, domno Rencone, sive a cunctis Aquitaniae episcopis ut hoc ipsum testamentum quod sic disponimus, ipsi sic confir-

Dans l'Eglise du Haut Moyen Age, la pratique de l'aveu des fautes s'était diffusée. Contrition et regret des péchés[233] faisaient partie de l'action de pénitence (*actio poenitentiae*) qui n'était efficace qu'en union avec l'Eglise. Le pécheur devait se soumettre à la direction des ministres de l'Eglise, détenteurs du pouvoir de lier et de délier, comme en usaient originellement les apôtres[234]. Après l'aveu (*confessio*) suivait un jugement dans lequel étaient déterminés la durée et le mode de punition (*satisfactio*), puis un rite de réconciliation par lequel l'Eglise signifiait officiellement que les péchés étaient pardonnés[235]. Avant même l'apparition de la paix de Dieu, Régino de Prum traite d'un vol de biens à l'encontre de *pauperes Christi* ; dans ce cas précis, un triple préavis du malfaiteur est déjà prévu. La peine est prononcée si celui-ci n'est pas venu à résipiscence et fait preuve d'un esprit de « *superbia* ». En revanche, l'aveu de la faute et un acte de contrition entraînent le pardon de l'Eglise[236].

Par son « *testamentum* », Guillaume V avoue les fautes du passé et demande pardon à l'abbaye pour le mal subi. La punition consiste en une restitution des biens usurpés complétée par la donation du monastère d'Issoire *pro emendatione quoque ejus culpae et pro remissione peccatorum nostrorum*[237]. La donation est faite pour le rachat de la faute du comte ce qui représente la *satisfactio*. Du Cange définit l'*emendatio* comme une donation qu'il faut faire à l'Eglise à cause

---

mare dignentur, *ut eterne maledictionis periculum subeant omnes qui violare aut perfrangere temptaverint illud,* et pereant in eternum nisi penituerint et quod ex hoc male temptaverint emendando correxerint…

233 J. WEISWEILER, *Buße*, p. 216.

234 C. VOGEL, « Les rites de la pénitence publique aux Xe et XIe siècle », *Mélanges R. Crozet*, p. 137-144 ; P. GALTIER, *Aux origines du sacrement de pénitence*, Rome, 1951, p. 54 ; F. RUSSO, « Pénitence et excommunication », *Recherches de Science religieuse*, p. 431.

235 P. ANCIAUX, *La théologie du sacrement de pénitence*, p. 27.

236 R. E. REYNOLDS, « Rites of separation and reconciliation in the early Middle Ages », *Law and Liturgy in the Latin Church, 5th – 12th Centuries, Variorum Collected Studies Series*, Aldershot, 1994, no. X, p. 412.

237 *Pro emendatione quoque ejus culpae et pro remissione peccatorum nostrorum* ab ipso pio judice Domino nostro Ihesu Christo promerenda committimus et damus ipsi altario monasterii Karrofensis, et abbati Hugoni qui hodie illi preesse videtur, et omnibus post eum abbatibus ipsius coenobii Karrofensis Uciodorense monasterium cum omnibus suis tam praesentibus quam et futuris honoribus, sive possessionibus ad habendum et gubernandum disponendumque jure perpetuo. Et haec ita statuo ut omnes successores hujus abbatis Ugonis absque ullius pecuniae pretio hunc ipsum locum Uciodorensem aequabili modo possideant ac per tempora futura disponant semper.

Cf. P. DE MONSABERT, *Chartes et documents pour servir à l'histoire de l'abbaye de Charroux,* p. 94 ; J. FLORI, *La chevalerie,* Paris, 1998, p. 86-87.

d'un délit[238]. L'*emendamentum* désigne le don qu'on fait pour la rémission des péchés. Une *emendatio* vise donc à se libérer de fautes, à purger les péchés et à venir à résipiscence. Elle s'insère dans l'offre de la paix de Dieu de restaurer l'ordre antérieur, donc la paix sociale, et vise à éviter la peine.

De surcroît, dans la charte se trouve l'expression « *impia presumtio* » qui semble qualifier avec une particulière gravité la malhonnêteté du comte (« *et earum raptores substantiarum qui sua impia presumptione ad infidelium transeuntes consortium...* »[239]). Dans le droit des conciles, ce terme *de praesumptio* caractérisaient une arrogance particulièrement grave du pécheur. Dans de nombreuses sources la description des faits incriminés est fréquemment introduite par la formule « *Si quis praesumat...* », style déjà utilisé lors du concile de Paris en 614 et repris dans les Décrétales. La faute du droit pénal ou délictuel prend toujours le sens du mal, du péché, une action dirigée contre l'amour de Dieu et l'amour d'autrui[240]. L'adjectif « *impia* » qui précède la « *praesumptio* » accentue la témérité du comte. Rhétoriquement, elle renforce l'idée de faute et de péché de sorte qu'on a affaire à une culpabilité aggravée[241] qui justifierait une peine. Néanmoins la pénitence, figurant dans les canons de la paix de Dieu, donne encore une chance de réconciliation avec l'Eglise, dont profite Guillaume V.

Tout cela concerne les actes d'usurpations passées. Or, l'acte brandit également la menace d'une malédiction éternelle, clairement exprimée au grand concile de Limoges de 1031.

d) La malédiction éternelle du concile de Limoges (1031)

La malédiction éternelle de la charte traitant de Guillaume V d'Auvergne fait beaucoup penser à celle proclamée à Limoges en 1031 : celui qui se rend coupable en ne respectant pas les canons du concile subira une malédiction éternelle[242].

---

238 C. DU CANGE, *Glossarium*, III, p. 256 ; J. WEISWEILER, *Buße*, p. 180.

239 D. P. de MONTSABERT (éd.), *Chartes et documents pour servir à l'histoire de l'abbaye de Charroux*, p. 92.

240 S. KUTTNER, *Kanonistische Schuldlehre von Gratian bis auf die Dekretalen Gregors IX.*, p. 37.

241 ID., p. 36.

242 « *Ut eterne maledictionis periculum subeant omnes qui violare aut perfrangere temptaverint illud, et pereant in eternum nisi penituerint et quod ex hoc male temptaverint emendando correxerint.* », D. P. de MONTSABERT (éd.), *Chartes et documents pour servir à l'histoire de l'abbaye de Charroux*, p. 95.

La malédiction prononcée dans la charte et le témoignage de nombreux personnages initiateurs pour la paix de Dieu, démontrent les rapports étroits entre la restitution des biens ou les donations avec soumission sous une peine ecclésiastique, et la prononciation abstraite d'une malédiction contre les briseurs de la paix ; la longue tradition des conciles de paix à Limoges explique bien ce rapport[243]. Dès la fin du Xe siècle, les évêques de Limoges avaient tentés de mettre un terme aux guerres privées[244]. Le premier concile tenu en 994, joue un rôle crucial puisque tous les évêques d'Aquitaine se réunirent à Limoges pour jurer, avec le duc et les *principes*, le pacte de la paix et de la justice (*pactumque pacis et iustitia*), avec menace d'interdiction contre ceux qui ne le respecteraient pas[245]. Le moine-chroniqueur Adémar donne une déscription précise de cet événement : « En ces jours-là, le mal des ardents consuma les gens du Limousin. Un grand nombre d'hommes et de femmes eurent le corps brûlé par ce feu invisible. Le deuil remplissait la terre. Alors l'abbé Geoffroi de Saint-Martial, successeur de Guigon, et l'évêque Hilduin, d'accord avec le duc Guillaume, édictèrent un jeûne de trois jours pour le Limousin. Tous les évêques d'Aquitaine se réunirent à Limoges et les corps et les reliques des saints furent apportées solennellement de partout. Le corps de Saint-Martial, patron de la Gaule, fut tiré de son sépulcre, à la grande joie de tous. Ainsi, toute maladie s'arrêta en ce lieu, et le pacte de paix et de justice fut conclu par l'accord du duc et des princes. »[246]

L'évêque Hilduin fut sacré évêque en 990 et mourut à Eymoutiers le 23 juin 1014, après avoir siégé vingt-quatre ans. Déjà le frère d'Hilduin, Hildegaire, avait assisté en tant qu'évêque de Limoges au concile de Charroux de 989. Les

243 H.-W. GOETZ, « La paix de Dieu en France autour de l'an Mil, fondements et objectifs, diffusion et participants » , p. 134-135 et p. 141.

244 L. GUIBERT, « Les évêques de Limoges et la paix sociale », p. 36-50.

245 H.-W. GOETZ, « La paix de Dieu en France autour de l'an Mil, fondements et objectifs, diffusion et participants » , p. 136.

246 *His temporibus pestilentia ignis super Lemovicinos exarsit. Corpora enim virorum et mulierum supra numerum invisibili igne depascebantur, et ubique planctus terram replebat. Josfridus ergo abbas sancti Marcialis, qui successerat Wigoni, et Alduinus episcopus, habito consilio cum duce Willelmo, triduanum jejunium Lemovicino indicunt. Tunc omnes Aquitaniae episcopi in unum Lemovice congregati sunt, corpora et reliquiae sanctorum undecumque sollempniter advectae sunt ibi, et corpus sancti Marcialis patroni Galliae de sepulchro sublatum est, unde leticia immensa omnes repleti sunt et omnis infirmitas ubique cessavit, pactumque pacis et justitia a duce et principibus vicissim foederata est.* Voir R. LANDES/G. PON (éd.), *Ademari Cabanensis Chronicon, Corpus Christianorum. Continuatio Mediaevalis CXXIX*, Turnhout-Brépols, 1999, p. 157 ; Cf. L. HUBERTI, *Studien zur Rechtsgeschichte der Gottesfrieden und Landfrieden in Frankreich*, p. 133-134 ; B. TÖPFER, *Volk und Kirche zur Zeit der beginnenden Gottesfriedensbewegung in Frankreich*, p. 62.

deux frères étaient fils du vicomte de Limoges. C'est sous l'épiscopat d'Hilduin que se répandit à Limoges, ainsi que dans toute l'Aquitaine, la Touraine et jusqu'en Bourgogne, la terrible épidémie appelée le « mal des ardents », une sorte de peste qui fit un grand nombre de victimes. Hilduin, d'accord avec son frère Geoffroy, l'abbé de Saint-Martial, convoqua alors à Limoges tous les évêques d'Aquitaine, pour y célébrer avec eux, en présence du duc Guillaume III, une cérémonie d'intercession au tombeau de saint Martial. Les archevêques de Bordeaux et de Bourges, les évêques de Poitiers, d'Angoulême, de Saintes, de Périgueux, de Mende et de Clermont participèrent ainsi, le 12 novembre 994, à une procession solennelle qui porta les reliques de saint Martial de la basilique du Sauveur jusque sur la colline de Montjovis qui domine la ville.

Au concile de 1028 participèrent non seulement les évêques aquitains de la province de Bordeaux, comme à Charroux, mais aussi un certain nombre d'évêques du Sud entre Cahors et Gérone. Même si la basilique Saint-Martial fut consacrée à cette occasion[247], ces évêques se rassemblèrent pour la paix[248]. Limoges, sous l'évêque Jourdain, était devenu le centre du mouvement de la paix de Dieu ; elle fut le point de départ de son développement dans la province de Bourges.

Le concile de 1031 regroupa l'archevêque et les évêques de l'archevêché de Bordeaux (Poitiers, Angoulême, Périgueux) ainsi que ceux de l'archevêché de Bourges (Limoges, Clermont, Le Puy), puis les évêques de Cahors, de Mende et d'Albi[249]. Jourdain, ancien prévôt de Saint-Léonard, fut élu évêque de Limoges en 1023 et le resta jusqu'à sa mort survenue en 1051[250]. A l'instigation de Jourdain, les évêques examinèrent surtout les moyens pratiques d'amener les seigneurs à observer les décisions des conciles[251]. Ils formulèrent un nouveau texte qui fut lu et commenté devant le peuple. Les seigneurs devraient dorénavant prêter serment devant leur évêque et respecter la paix et la justice. S'ils ne respectaient pas cette *pax episcopi*, ils étaient frappés d'excommunication. L'épiscopat s'octroyait ainsi le rôle de représenter l'ordre social et de le défendre

---

247 Sur la fausse légende : ID., p. 25, 80-81 (contre Adhémar) ; Jourdain fit écrire au pape Benoît VIII par le roi des Francs Robert, le duc d'Aquitaine Guillaume et divers archevêques et évêques pour le dissuader d'inscrire saint Martial parmi les apôtres ; D. J. BEQUET, *Actes des évêques de Limoges des origines à 1197*, p. 39-42.

248 H.-W. GOETZ, « La paix de Dieu en France autour de l'an Mil, fondements et objectifs, diffusion et participants » , p. 141.

249 H. HOFFMANN, *Gottesfriede und Treuga Dei*, p. 34-35.

250 D. J. BECQUET (ÉD.), *Actes des évêques de Limoges des origines à 1197*, Paris, 1999, p. 39 ; R. LIMOUZIN-LAMOTHE, *Le diocèse de Limoges des origines à la fin du Moyen Age*, p. 71.

251 MANSI XIX, p. 509 suiv. ; HÉFÉLÉ/LECLERQ, *Histoire des conciles*, t. IV, p. 355.

face à l'arbitraire féodal[252]. On peut s'arrêter un instant sur le concile important de 1031, présidé par l'évêque Jourdain. Il commence par évoquer les raisons pour lesquels les clercs se rassemblèrent, à savoir l'usurpation des biens ecclésiastiques et des *pauperes* et le refus des malfaiteurs d'écouter le message de la paix[253]. Son sermon soulignait le pardon possible pour offenseurs, et appelait à ne pas se venger et multiplier la violence. Pour expier les péchés il recommande le carême pour les vendredis et les samedis, et finit en menaçant d'exclusion de la communauté des fidèles, ceux qui ne prêteraient pas ce serment[254].

Au concile de 1031 l'évêque de Limoges, Jourdain, pousse à l'extrême deux notions opposées : l'absolution[255], à atteindre en respectant la paix, et la damnation des criminels. L'absolution absolue a vu le jour dans la première moitié du XIe siècle en faveur de ceux qui pratiquent l'aumône et pour les adhérents de la paix de Dieu[256], puis pour les participants aux Croisades à partir de la fin du XIe siècle.

Jourdain conclut[257] en rappelant que celui qui observera ces clauses en tant que fils de la paix, c'est-à-dire en tant que fils de Dieu, recevra de l'Eglise l'absolution des péchés et la bénédiction éternelle. Quant à ceux qui n'accepteraient pas cette paix, ils seraient soumis à la damnation puisqu'ils ne sont pas les disciples de Dieu, mais du diable. Suit la formule de

252 R. LIMOUZIN-LAMOTHE, *Le diocèse de Limoges des origines à la fin du Moyen Age*, p. 72.

253 « Dolorem cordis mei vobis patefacio, o venerabiles episcopi et reliqui ministri domini, et clamorem facio de saecularibus potestatibus, parochianis meis, qui ecclesiam dei quietam esse non sinunt, *res sanctuarii pervadunt, pauperes mihi commissos et ecclesiae ministros affligunt, et me, qui eorum pastor sum, de pace audire nolunt.* » ; cf. L. HUBERTI, *Studien zur Rechtsgeschichte der Gottesfrieden und Landfrieden in Frankreich*, p. 212 ; P. LABBÉ/G. COSSART (éd.), *Sacrosancta concilia*, vol. IX, p. 870.

254 L. HUBERTI, *Studien zur Rechtsgeschichte der Gottesfrieden und Landfrieden in Frankreich*, p. 205.

255 M. OHST, *Pflichtbeichte. Untersuchungen zum Bußwesen im Hohen und Späten Mittelalter*, Tübingen, 1995, p. 105 ; P. ANCIAUX, *La théologie du sacrement de pénitence*, p. 50.

256 B. POSCHMANN, *Der Ablaß im Licht der Bussgeschichte*, p. 53.

257 *« Nos episcopi, in nomine Dei specialiter congregati, ..., excommunicamus illos milites de isto episcopatu Lemovicensi, qui pacem et justitiam episcopo suo firmare, sicut ipse exigit, nolunt, aut noluerunt. »*, MANSI XIX, col. 530 ; P.-R. GAUSSIN, « La Paix de Dieu », *La Paix de Dieu Xème-XIème siècles.* Actes du colloque organisé au Puy en septembre 1987 par le Conseil général du département de la Haute-Loire, p. 43 ; E. SÉMICHON, *La paix et la trêve de Dieu. Histoires des premiers développements du Tiers-Etat par l'Eglise et les associations*, Paris, 1857 (²1869), p. 37.

l'excommunication prononcée contre les ennemis de la paix[258] : « Nous, évêques rassemblés au nom de Dieu, ..., nous excommunions les *milites* du diocèse de Limoges qui refusent ou qui ont refusé de jurer paix et justice à leur évêque, comme il l'a demandé. »

Le synode prononce ensuite la malédiction des personnes et de leurs biens[259] : « Maudits soient-ils, eux et ceux qui les aident à faire le mal, maudits soient leurs armes et leurs chevaux ». L'allusion biblique à Caïn et Judas est faite immédiatement après[260] : « Ils seront avec Caïn le fratricide, avec Judas le traître, avec Dathan et Abiron, qui entrèrent vivants dans l'enfer... ». La malédiction est également liée à une action symbolique, car les évêques et les prêtres renversent des cierges et les jettent à terre[261] : « et de même que ces cierges s'éteignent à vos yeux, de même leur joie s'éteindra à la face des saints Anges, à moins qu'avant de mourir, ils ne viennent, auprès de leur évêque, satisfaire par une amende suffisante à sa justice et qu'ils ne fassent pénitence. »

L'interférence entre les conciles de Limoges (surtout celui de 1031[262]) et des chartes est liée non seulement au fait que les cas sont semblables, mais également à la présence des évêques Jourdain, Aimon, Rencon, Isembert, et à la référence au pape Léon.

La menace adressée aux récidivistes se manifeste par une malédiction éternelle pour l'avenir. Pour revenir à la résipiscence, le repentir doit porter sur tous les péchés et être accompagné d'une résolution par laquelle le pénitent se propose de ne plus retomber dans la faute[263]. La malédiction peut ainsi garantir la paix retrouvée, la paix dans la Cité de Dieu, symbole des relations entre les pouvoirs. Par là, elle tient à créer une barrière pour que le pécheur ne retombe plus

---

258 P.-R. GAUSSIN, « La Paix de Dieu », *Paix de Dieu*, p. 43 ; E. SÉMICHON, *La paix et la trêve de Dieu. Histoires des premiers développements du Tiers-Etat par l'Eglise et les associations*, p. 36-37.

259 « *Maledicti ipsi et adjutores eorum in malum : maledicta arma eorum, et caballi illorum...* », MANSI XIX, col. 530 ; E. SÉMICHON, *La paix et la trêve de Dieu. Histoires des premiers développements du Tiers-Etat par l'Eglise et les associations*, p. 37.

260 « *Erunt cum Cain fratricida, et cum Juda traditore, et cum Datham et Abiron, qui vivi introjerunt in infernum.* », MANSI XIX, col. 530.

261 « *Et sicut hae lucernae extinguuntur in oculis vestris, ita gaudium eorum extinguetur in conspectu sanctorum angelorum : nisi ante mortem ad satisfactionem atque emendationem, sive poenitentiam dignam, venerint in judicium episcopi sui.* », MANSI XIX, col. 530 ; H. HOFFMANN, *Gottesfriede und Treuga Dei*, p. 37 ; H. SIUTS, *Bann und Acht und ihre Grundlagen im Totenglauben*, Berlin, 1959, p. 96.

262 Nous ignorons si le concile de 1038 tenu à Limoges répétait le grand concile de l'an 1031 ou s'il se bornait de nouveau à l'Aquitaine : H.-W. GOETZ, « La paix de Dieu en France autour de l'an Mil, fondements et objectifs, diffusion et participants » , p. 141.

263 P. ANCIAUX, *La théologie du sacrement de pénitence*, p. 30.

dans l'état antérieur. La „culpabilisation“ du délinquant Guillaume V a aidé le guider vers la paix avec l'abbaye de Charroux[264].

Eléments objectifs (usurpation) et subjectifs (*culpa*, remission des péchés) vont de pair. La paix offre la possibilité de retrouver un équilibre juridique ; contrition, aveu, négociation de restitution et menace de respecter la solution trouvée dans le futur. Tous ces éléments de la pénitence s'intègrent dans les conditions des canons de la paix de Dieu prévoyant une venue à résipiscence.

Ayant à répondre des délits interdits par les conciles de la paix de Dieu, les délinquants qui avaient menacé les biens et les clercs de l'abbaye de Charroux, ont restitué et même donné à l'abbaye des biens pour réparer le préjudice qu'ils avaient fait subir. C'était, pour les donataires, le moyen d'éviter d'être frappés d'anathème, d'excommunication et de malédiction, peines ecclésiastiaques prévues par les conciles de paix. Dans ces conditions, les décisions prises dans le cadre de ces conciles peuvent constituer une source juridique qui a probablement influencé les chartes que nous venons d'examiner.

Il est d'ailleurs important de noter que la notion de « *culpa* » joue un rôle essentiel pour déterminer la résipiscence, nécessaire pour ne pas subir la peine. Le système de pénitence, renforçant à partir du XIe siècle l'extériorisation du péché et des remords pour se réconcilier avec l'Eglise, a vraisemblablement influencé les conciles de la paix de Dieu, institution qui ouvre cette voie au malfaiteur. De plus, la malédiction éternelle sert d'arme contre les cas de récidive pour que la paix retrouvée avec l'abbaye (l'Eglise) soit dorénavant respectée et maintenue. Si tel était le cas n'est pas sûr car les sources sont silencieuses.

D'autre part, nous savons qu'il est question des conflits entre l'abbaye et le comte de la Marche avant la rédaction de la première série des coutumes de Charroux (vers 1150/77) où il est aussi question de la restitution (*satisfactio*) des droits de l'abbaye.

---

264 T. GERGEN, « *Et meam considerans culpam...* », p. 379.

III. Retour à la paix et naissance des coutumes de Charroux (1150/77)

Seules les coutumes de Charroux, vers 1150/77, rappellent les agressions injustifiées du passé et cherchent à fixer les droits entre ces deux pouvoirs et à maintenir la paix. La rédaction des coutumes dont le contenu nous intéressera à la fin de cette analyse (3) est étroitement liée à la réconciliation d'Audebert de la Marche avec l'abbaye (1), ainsi qu'à la confirmation des *consuetudines* par Henri II, roi d'Angleterre et successeur des comtes de la Marche (2).

1. La réconciliation d'Audebert, comte de la Marche, avec l'abbaye de Charroux

L'an 1177 est très important pour l'histoire qui caractérise la relation entre l'abbaye et le pouvoir laïc à Charroux. Audebert IV, comte de la Marche, privé d'héritier par la mort de son fils unique, Marquis, rend à l'abbaye de Charroux les biens et les droits qu'il lui avait enlevés. Il reconnaît d'abord avoir fait du mal à l'abbaye et regrette les « mauvaises et malignes coutumes » et les saisies *« pravas consuetudines »* ainsi que toutes les expulsions *« exactiones universas »* [265]. Il avait en particulier saisi des vignes et a expulsé des gens dans le village de l'abbaye. Par le biais de la charte, Audebert demande ensuite le pardon des fautes qu'il a commises. C'est la pénitence qui l'incite à expier le mal qu'il a fait subir à l'abbaye de Charroux et à ces hommes[266].

---

265 P. DE MONSABERT, *Chartes et documents pour servir à l'histoire de l'abbaye de Charroux*, p. 161 ; pour Audebert II voir G. Thomas, *Les comtes de la Marche de la maison de Charroux*, p. 33-37.

266 Scripto presenti tam presencium quam futurorum memorie commendamus quod Audebertus comes Marchie in morte filii sui Marquisii penitentia ductus pro malis que fecerat ecclesie Karroffensi, pravas consuetudines quas imposuerat in terra et hominibus sancti Salvatoris, coram Guillelmo Abbate et fratribus dereliquit, videlicet vineas quas abstulerat, exactiones universas quas in vico abbatis, in mensuris tam vini quam rerum ecclesiasticarum querebat, quedam in villa Solaria que aufferebat in quadrigis ; illud quod rotagium vocant, lignorum terragium, deditque pro anima sua et filii sui Deo et sancte Virtuti in confraternitate sancti Salvatoris trium dierum nundinas, duas eminas salis, etiam recognovit unam quam reddebat et alteram subtrahebat, quam Almodis comitissa amita Audeberti ecclesiae in helemosinam dederat. Operarios etiam juxta monasterium qui vulgo dicitur Estaus quos fieri sicut confessus est injuste prohibebat, *culpam suam recognoscens* abbati ac capitulo et amodo libere faciant, permisit atque concessit.

Le comte se reconnaît coupable de certains délits envers l'abbé et le chapitre[267]. Quant à la justice, aux *consuetudines*, il accepte la compétence judiciaire de l'abbé, à savoir pour la rixe et les délits avec effusion de sang, commis dans le bourg de l'abbaye[268]. Le comte déclare que les injustices devraient dorénavant se terminer. Si quelqu'un y possède des droits, il est libéré et la paix lui sera permise. En dernier lieu, les injustices commises par Audebert sont expiées par le comte lui-même[269]. Dans la suite vient la manifestation du successeur d'Audebert pour s'accuser des injustices et pour annoncer la promesse de ne plus récidiver.

2. La confirmation des restitutions par Henri II, roi d'Angleterre

Audebert, avant de partir mourir en Orient, vend son comté à Henri II Plantagenêt, duc d'Aquitaine depuis 1152. Désormais seigneur direct de la Marche, le Plantagenêt acquiert un territoire stratégique face au roi de France Louis VII[270]. Henri, roi d'Angleterre, après avoir acheté le comté de la Marche en novembre 1177, confirme les concessions faites à l'abbaye de Charroux par Audebert en réparation de ses injustices envers cette abbaye : *pro malis que fecerat ecclesie predicte*. Cette mention se réfère probablement aux guerres et révoltes des années 1172 et 1173[271]. En outre, elle évoque la reconnaissance par plu-

---

267 P. DE MONSABERT, *Chartes et documents pour servir à l'histoire de l'abbaye de Charroux*, p. 161-162.

268 *Recognovit insuper quod rixa, contenciones facte in vico abbatis, arma, tracta et sanguis ad ecclesiam et abbatem pertinent, et quod injurie hujusmodi coram abbate debent terminari, et si quid juris in eis habebat, Deo et sancte Virtuti Karrofensi et fratribus libere dedit et concessit et in pace habere permisit ; suer malis igitur et injuriis ecclesie memorate illatis coram abbate et fratribus Deo misericorditer clamavit, et ab ipsis humiliter veniam postulavit.* P. DE MONSABERT, *Chartes et documents pour servir à l'histoire de l'abbaye de Charroux*, p. 161-162 ; M. GARAUD, *Les châtelains du Poitou et l'avènement du régime féodal, XIe et XIIe siècles*, Mémoires de la Société des antiquaires de l'Ouest, 4e série, Poitiers, 1964, p. 127-128 ; P. VILLARD, *Les justices seigneuriales de la Marche*, p. 35.

269 Avec un certain nombre de témoins : *Hujus rei sunt testes, qui viderunt et audierunt, Girardus Prior, Aymo monachus, Guillelmus Fulcherii monachus, Hugo de Magnac, Bartholomeus Seschaus, Hugo de Brolio, Guillelmus Bosirvent, Petrus mercator et multi alii.* (P. DE MONSABERT, *Chartes et documents pour servir à l'histoire de l'abbaye de Charroux*, p. 161-162).

270 B. BARRIERE, « Le comte de la Marche, une pièce originale de l'héritage Lusignan », p. 29-30.

271 A. DEBORD, *La société laïque dans les pays de la Charente, Xe – XIIe siècle*, Paris, 1984, p. 382 ssq.

sieurs évêques du fait qu'Henri II a pris sous sa protection cette abbaye et s'en est déclaré avoué[272].

Les injustices anciennement commises par Audebert sont alors recopiées à nouveau comme une sorte de mise en garde. L'abbaye de Charroux avait grand intérêt à se faire confirmer ses droits par le nouveau seigneur, Henri, qui garantit à l'abbaye toutes ses libertés et coutumes, de manière pacifique, libre et tranquille, entière et pleine et honorifique (*in pace, libere et quiete, integre et plene et honorifice)*[273]. Cette garantie fut donnée immédiatement avant la fixation des coutumes[274]. La charte mentionne paix et libres coutumes à la fois puisque les

---

272 *Universis...Guillelmus Bouchici custos sigilli in castellania de Karrofia, de Daurato et de Sancto Germano pro ... domino Comite Marchiae ... noveritis nos videsse... quasdam litteras non viciatas ... quarum tenor sequitur : H. Dei gratia Rex Anglie et dux Normannie et Aquitanie et comes Andegaven. archepresbyteris, episcopis, abbatibus, comitibus, baronibus, justiciariis, vicecomitibus, senescallis, prepositis et omnibus ballivis et fidelibus suis, salutem. Sciatis me concessisse et presenti carta me confirmasse Deo et ecclesiae Karrofensi et monachis ibidem Deo servientibus concessionem quam Audebertus comes Marchie eis fecit, scilicet remittendo pravas consuetudines quas posuerat in terra et hominibus sancti Salvatoris pro malis que fecerat ecclesie predicte, vineas quoque quas abstulerat, exactiones universas quas in vico abbatis in mensuris tam vini quam rerum ceterarum querebat ; quedam et in villa Solaria que auferebat in cadrigis illud quod rotagium vocant : lignorum terragium deditque ecclesie Deo et sancte Virtuti in confraternitate sancti Salvatoris trium dierum nundinas, duasque eminas salis etiam recognovit, unam quam reddebat et alteram subtrahebat, quam Almodis comitissa, amita Audeberti, ecclesie in helemosinam dederat, operaria etiam circa monasterium quae vulgo dicuntur Estaus, quos culpam suam recognoscens fieri sicut confessus est, injuste prohibebat, abbati et capitulo ut amodo libere faciant, promisit atque concessit.*

P. DE MONSABERT, *Chartes et documents pour servir à l'histoire de l'abbaye de Charroux*, p. 164-165 : qui date cet acte entre le 11 novembre 1177 et l'an 1182 : *Noverit caritas vestra quod illustris Anglorum rex Henricus sub presencia nostra recepit in manum et custodiam et deffensionem suam monasterium Karroffense cum omnibus pertinentiis et possessionibus quas habet in tota Aquitania, et quod illas fideliter manu tenebit et deffendet sicut advocatus patronus et deffensor ejusdem monasterii, et promisit etiam eis et carta sua confirmavit quod contentus erit consuetudinibus et serviciis illis que antecessores sui comites Pictavenses in eodem monasterio habuisse dinoscantur, tam ipse quam heredes sui, comites Pictavenses.*

273 P. DE MONSABERT, *Chartes et documents pour servir à l'histoire de l'abbaye de Charroux*, p. 166 ; par rapport aux mauvaises coutumes cf. C. LAURANSON-ROSAZ, « Les mauvaises coutumes d'Auvergne (fin Xe – XIe siècle), *Annales du Midi* 102 (1990), p. 557-586 ainsi que E. MAGNOU-NORTIER, « Les mauvaises coutumes en Auvergne, Bourgogne méridionale, Languedoc et Provence au XIe siècle : un moyen d'analyse sociale », *Structures féodales et féodalisme dans l'Occident méditerranéen (Xe – XIIIe siècle) : Bilan et perspectives de recherches*, Rome-Paris, 1980, p. 135-172 (Collection de l'Ecole française de Rome).

274 *Quare volo et firmiter precipio quod predicta ecclesia Karrofensis et monachi in ea Deo servientes omnia praescripta, que prefatus comes Audebertus concessit eis et re-*

deux s'interpénètrent. Ce que les conciles de paix (surtout celui de Limoges) avaient revendiqué est ensuite rendu aux abbayes, ce que nous avons pu constater déjà dans les affaires des Rochemeaux et de Guillaume V d'Auvergne au XIe siècle. Jean-François Lemarignier a fait remarquer, à juste titre, qu'il y a un rapport direct entre l'octroi des mauvaises coutumes et la paix et trêve de Dieu ce qui se révèle aussi pour nos dossiers pris de Charroux. J.-F. Lemarignier écrit[275] :

« Les *consuetudines* sont aussi des droits de justice et ils le sont même essentiellement. On peut ajouter : des droits de justice criminelle avant tout ; à cette époque troublée, où l'Eglise cherche à restaurer l'ordre en développant la paix de Dieu, en instituant la trêve de Dieu, les crimes et les délits préoccupent particulièrement les esprits et ce sont eux seuls que citent les textes. Le rapt, le vol, le crime de l'incendiaire, l'homicide sont le plus souvent mentionnés et ils constituent la *vicaria*, elle-même réputée coutume... »

---

misit, habeant et teneant bene et in pace, libere et quiete, integre et plene et honorifice cum omnibus libertatibus et liberis consuetudinibus suis sicut concessit et remisit et sicut carta ejusdem comitis testatur. P. DE MONSABERT, *Chartes et documents pour servir à l'histoire de l'abbaye de Charroux*, p. 166.

275 J.-F. LEMARIGNIER, « La dislocation du *pagus* et le problème des *consuetudines* (Xe - XIe siècles) », p. 406.

3. Les coutumes de Charroux (1150/1177 et 1247)

Les coutumes, *consuetudines*, étaient des droits seigneuriaux, qu'ils soient liés au ban ou au domaine foncier, mais aussi des taxes et des exactions. Selon John Gilissen les coutumes sont un ensemble d'usages d'ordre juridique, qui ont acquis force obligatoire dans un groupe socio-politique donné par la répétition d'actes publics et paisibles pendant un laps de temps relativement long. Les coutumes sont un mélange d'usages, de pratiques anciennes. Mais ils englobent aussi des décisions de justice et un ensemble de franchises, de règlements dans les domaines privé et public. Une coutume naît parce qu'une communauté va répéter la même pratique d'une génération à une autre. Mais il rajoute que certaines coutumes peuvent naître plus rapidement, voire en quelques jours, si les actes sont très fréquents[276]. Les coutumes de Charroux règlent de nombreux domaines de la vie et délimitent bien les coutumes à Charroux entre l'abbaye, le seigneur et les habitants. Nous avons affaire avec une répartition des pouvoirs entre les trois groupes évoqués.

La première coutume de Charroux, à placer entre 1150 et 1177, est un acte écrit reconnaissant les coutumes de la ville observées par Audebert et par ses prédécesseurs. Elle part d'une tradition légiférante, étant pourtant en vigueur pour l'avenir[277] : *Sancti Spiritus adiit nobis gratia. Inde est quod per presentium scripta tam presentibus quam futuris notificari volumus quod Audebertus, comes de Marchià et ejus predecessores cum suis Karrofensibus hominibus talem consuetudinem habuerunt.*

Nous retrouvons d'ailleurs trois forces négociatrices en présence à Charroux : le comte de la Marche, l'abbé et les bourgeois[278]. Dans les chartes concédées, les négotiations entre le seigneur et ses sujets sont plus ou moins implicites. La charte de 1150 mentionne la participation des hommes de Charroux :

---

276 J. GILISSEN, *La coutume, Typologie des sources du Moyen Age occidental*, fasc. 41, 1982, p. 20 et 29 ; R. SCHULZE, « 'Gewohnheitsrecht' und 'Rechtsgewohnheiten' im Mittelalter - Einführung », *Gewohnheitsrecht und Rechtsgewohnheiten im Mittelalter*, G. DILCHER/H. LÜCK/R. SCHULZE/E. WADLE/J. WEITZEL/U. WOLTER (éd.), Berlin, 1992, p. 10-13 (Schriften zur Europäischen Rechts- und Verfassungsgeschichte 6) ; G. DILCHER, « Mittelalterliche Rechtsgewohnheit als methodisch-theoretisches Problem », dans Id., p. 21-66.

277 « Que la grâce de l'Esprit Saint soit avec vous. Nous voulons que, pour le présent et pour l'avenir, les dispositions suivantes soient observées, ainsi qu'Audebert, comte de la Marche, et ses prédécesseurs, les avaient reconnues, comme coutumes, avec leurs sujets de Charroux », M. DE LA FONTENELLE, *Les Coutumes de Charroux*, Mémoire de la Société des antiquaires de l'Ouest et des Musées de Poitiers = M.S.A.O., t. IX, 1842/43, p. 11.

278 R. FAVREAU/M.T. CAMUS, *Charroux*, p. 40.

« cum suis Karrofensibus hominibus ». L'étude des délits de ces coutumes prouve qu'il s'agissait d'un droit pénal déjà suffisemment développé. Il est possible de regrouper les articles de la première coutume dans plusieurs groupes, selon de différents points de vue. Une classification, à savoir, une tripartition est la suivante : Justice – Personnes – Police.

La moitié des 16 articles se réfère à la justice : cas de violence, d'adultère avec une femme mariée, de vol, de rixes, de marché passé et non exécuté, de vol ; cinq concernent les refus de payer péage, droit de vente, maletôte, cens, ou emploi de fausse mesure ; trois envisagent les droits et obligations des personnes, service en armes dans les limites du comté, si le comte est attaqué, et enfin protection des hommes de Charroux contre toute arrestation arbitraire, la possession de 20 ans et 1 jour valant titre. Dans la coutume du XIIe siècle, deux délits, se référant à l'intégrité du corps et de la personne, sont énumérés et punis. Une amende de 60 sous est prévue pour une violence à main armée (art. 1) et pour le viol (art. 4), peine déjà connue et appliquée par les capitulaires carolingiens[279] :

1. Quod si quis infra villam Karrofensem contra aliquem violentiam sua arma traxerit, Karrofensi Domino sexaginta solidos persolvat[280].

4. Si quis alicui mulieri, illa nolente, se commiscebit, sexagenta solidos etiam persolvat[281].

Une bagarre sans armes mais avec effusion de sang (art. 7) appelle le dédommagement de 3 sous due à la victime si la blessure est apparente, 24 deniers si la blessure ne l'est pas. L'agresseur devra également 3 sous au seigneur (art. 7)[282] :

7. Si quis inter se sine armis verbera faciant, et sanguis inde fluat, verberatus tres solidos habeat, et si ictus manifeste non apparebit, verberatus viginti quatuor denar. inde habeat, et prenominatus Karroffensis Dominus tres solidos de illo que fecit forifactum habeat.

---

279 DE LA FONTENELLE, p. 24 et 25.

280 *Si dans les dépendances de Charroux, quelqu'un commet des violences à main armée, contre un autre individu, il payera 60 sous au seigneur de cette localité.*

281 *Celui qui aura commis le crime de viol sera aussi passible d'une amende de 60 sous.*

282 *Si des hommes non armés venaient à se battre, et partant qu'il y eût effusion de sang, le battu recevra 3 sous, et seulement 24 deniers, si la blessure n'est pas apparente. Le seigneur de Charroux aura 3 sous à percevoir de celui qui aura frappé.* DE LA FONTENELLE, p. 25-26.

La coutume comprend un système d'arbitrage : si les habitants de Charroux décidaient de faire entre eux une mise (arbitrage) et qu'ensuite ils y renonçaient, le seigneur recevrait trois sous. En revanche, dans le cas d'un vol c'est le seigneur qui devait juger (art. 16)[283] :

16. Item si Karroffenses inter se pacti sunt facere misa, et postea pacificant ad invicem Dominus etiam tres solidos habebit, nisi causa de furto fuerit, quod Dominus juxta delictum judicare debet.

Nous pouvons d'ailleurs classer les coutumes d'Audebert IV dans trois différents groupes : des clauses qui fixent le tarif des amendes dues au seigneur. Soixante sous pour une violence à main armée (art. 1), pour un adultère avec une femme mariée et être pris sur le fait (art. 3[284]), pour un viol (art. 4) et pour un refus de s'acquitter du droit de maille et de maltôte (art. 8[285]). Douze sous et six deniers poitevins pour usage de fausses mesures (art. 2[286]), pour un refus de s'acquitter d'un droit de péage (art. 5[287]) ou d'un droit de vente (art. 6[288]). Sept sous et demi pour un marché passé mais non tenu, entre deux hommes, à moins que l'acheteur apporte la preuve qu'il n'a jamais reçu le bien comme il était convenu (art. 14[289]). Celui qui ne paie pas du cens pour la terre reçue à cultiver devait trois sous (art. 13[290]).

---

283 *Item, si des habitants de Charroux conviennent entre eux d'un arbitrage, qu'ils renoncent ensuite au procès, le seigneur retiendra seulement 3 sous, à moins qu'il ne s'agisse d'un vol, délit pour lequel ce même seigneur devrait poursuivre.* DE LA FONTENELLE, p. 27-28.

284 Si quis in adulterio cum conjugatà captus fuerit sexaginta solidos etiam persolvat. = Celui qui sera surpris en adultère payera 60 sous d'amende. DE LA FONTENELLE, p. 25.

285 Si quis redditus meaglarum vel maulonte injustè retinuerit, sexaginta solidos Andegavorum etiam persolvat. = Si quelqu'un refuse injustement les droits de maille et de maltôte, il payera aussi 60 sous angevins. DE LA FONTENELLE, p. 26.

286 Item si quis falsà mensurà reus fuerit, duodecim solidos et sex denar. Pictav. = Item, celui qui sera convaincu d'avoir fait usage d'une fausse mesure payera 12 sous 6 deniers poitevins. DE LA FONTENELLE, pp. 24-25.

287 Si quis injustè redditus den. peage retinuerit, duodecim solidos et sex denar. Pictavinorum. = Celui qui injustement refuse de payer un droit de péage est tenu d'une amende de 12 sous 6 deniers poitevins. DE LA FONTENELLE, p. 25.

288 Si quis redditus vendarum injustè retinuerit, duodecim solidos et sex denar. Pictav. = Quiconque refusera injustement de payer un droit de vente sera également condamné à une amende de 12 sous 6 deniers poitevins. DE LA FONTENELLE, p. 25.

289 Si quis palmatui cum aliquo faciet, nec eam persolvet, septem solidos et dimidium indè reddat et quod penis et supra sancta sanctorum jurabit, quod pactum pecuniam pro nimià venditione non relinquat, nec de suo mobili persolvere possit. = Si quelqu'un

Concernant la justice nous trouvons des règlements divers : Si une bagarre éclate entre les habitants de Charroux, sans arme mais avec effusion de sang, le frappeur devra trois sous à sa victime si la blessure est apparente, mais seulement vingt quatre deniers si elle n'est pas visible. Et il devra, dans les deux cas, trois sous au seigneur (art. 7). Lors d'une rixe entre plusieurs hommes, le seigneur ne pourra intervenir si aucun d'entre eux ne vient se plaindre à lui (art. 15[291]). Si les habitants de Charroux décident de faire entre eux un arbitrage et qu'après ils y renoncent, le seigneur recevra trois sous. Dans le cas d'un vol c'est seulement le seigneur qui doit juger (art. 16).

Un troisième groupe englobe les « libertés » et les droits des habitants de la ville : Si le comte de la Marche est attaqué, tous les hommes de Charroux doivent le suivre armés, mais uniquement dans les limites du comté (art. 9[292]). Tout individu à Charroux ne peut être de son entière liberté, tant qu'il ne fera que ce qu'il a ledroit de faire (art. 10[293]). Si quelqu'un fait une injure à une personne et qu'il refuse de s'excuser, la personne attaquée peut agir de même envers son blasphémateur (art. 11[294]). Et si un habitant de la ville possède des sommes d'argent ou des domaines, sans avoir à s'acquitter de droits, il peut en devenir le

---

fait un marché et ne l'exécute pas, il est passible de 7 sous et demi de dédit. Mais s'il jure solenellement qu'il ne lui demeure aucune partie de la chose vendue, on ne peut rien percevoir sur ses biens meubles. DE LA FONTENELLE, p. 27.

290 Si quis terram censualiter habuerit, si quis censualia domini sui injustè retinuerit, tres solidos persolvat. = Si quelqu'un jouit d'une terre à droit de cens, et qu'il néglige de payer ce même cens au seigneur, il sera tenu envers celui-ci à 3 sous d'amende. DE LA FONTENELLE, p. 27.

291 Si aliqui Karroffensium inter se verbera faciant, et verberatus clamorem non faciat ante dominum, Dominus etiam nihil habet juris. = Si une rixe survient entre des habitants de Charroux, et qu'aucun d'eux ne porte plainte devant le seigneur, celui-ci n'a pas le droit de poursuivre de son chef. DE LA FONTENELLE, p. 27.

292 Iterum mos est consuli de Marchià et suis Karroffensis hominibus quod si consul inquietatus fuerit, ut illi sequentur illum cum armis per suum consulatum et non ultra. DE LA FONTENELLE, p. 26.

293 Item mos est Karroffensium quod nullus a Karroffensibus capiatur quandiu quod justum est facere voluerit. = Aussi il est établi comme usage que nul habitant de Charroux ne peut être privé de son entière liberté, tant qu'il ne fera que ce qu'il a le droit de faire. DE LA FONTENELLE, p. 26.

294 Et si quis Karroffensibus hominibus injuriam fecerit et emendare noluerit, Karroffenses capiant cum vel sua idem in eodem. = Quiconque fera une injure aux hommes de Charroux, et refusera de s'amender, autorisera ceux-ci à agir contre lui de la même manière. DE LA FONTENELLE, pp. 26-27.

propriétaire au bout de vingt ans et un jour, à moins que ces biens ne lui viennent d'un membre de sa famille (art. 12[295]).

Devenu comte de la Marche en 1177, le roi Henri II s'empressa de confirmer ces dispositions (ce qu'on a déjà fait observer au début de ce paragraphe). Pour la première fois on explicite les rapports entre le comte et l'abbé dans la ville de Charroux, et on mentionne les habitants et l'activité marchande de l'agglomération. La charte de Hugues XI de Lusignan, comte de la Marche, date de 1247 et fut rédigée en langue vernaculaire[296]. Il confirma et précisa les anciennes coutumes de Charroux, en approuvant l'accord conclu entre Audebert, comte de la Marche, l'abbé et les bourgeois de Charroux, et ratifié par les rois d'Angleterre Henri et Richard Cœur-de-Lion. La charte d'Hugues XI de Lusignan règle les thèmes suivants :

1° les rapports du comte et de l'abbé et, ensuite, les droits d'intervention dans les bourgs l'un de l'autre
2° les obligations de l'abbé relatives au service militaire dû par ses hommes au comte et
3° la condition des habitants, la faculté pour les femmes de se marier librement
4° le douaire
5° les règles de la succession du conjoint survivant
6° le droit de saisie sur les biens du débiteur
7° le droit des habitants de quitter Charroux sans perdre leurs biens, à condition d'assurer le service du seigneur
8° l'exemption du droit de banalité
9° la pression de l'emprisonnement et de la saisie préventive
10° la procédure, le tarif des peines et des amendes

295 Quod si sepè nominati Karroffenses aliquas pecunias vel possessiones per viginti annos et unum diem manu tenebunt sine juris de … possessor liberè et absolute de cetero teneat. = Si ce n'est contre des membres de leur famille, dans le cas où des habitants de Charroux posséderaient des sommes d'argent ou des domaines en leurs mains, et sans droit, pendant vingt ans et un jour, ils en demeureront possesseurs libres et absolus. DE LA FONTENELLE, p. 27.

296 Sur les problèmes linguistiques : J. PIGNON, « La langue de la seconde coutume de Charroux », *Cahiers de Civilisation Médiévale* Xe-XIIe siècles, t. III, 1960, pp. 457-471 ; BOUCHERIE, « Le dialecte poitevin », *Mémoires de la société arch. de la Charente*, 4e série, t. VIII, 1871-1872, pp. 389-397 ; Les plus anciens documents en dialecte poitevin se trouvent dans : MILAN S. DE LA DU, *Chartes et documents poitevins du XIIIe siècle en langue vulgaire*, t. I, Archive historique du Poitou, t. LVII, 1960, pp. 250-255, no. 156.

11° la garantie contre l'arrestation pour dette

12° l'exemption du service militaire pendant un an et un jour pour les nouveaux venus

13° la liberté d'accenser, moyennant un cens légal d'un sou par livre

14° la prescription de 20 ans et un jour entre non-parents.

Ayant 52 articles la charte fut rédigée « de concert » avec l'abbé et les bourgeois de la ville[297] :

Conoguë chose seit à tos ceus qui sunt et qui serunt à venir que Audebers, li conts de la Marche, et si ancessor aviant itaus cosdugnes è uzages ob l'abé de Charros e ob les borzeis, è li reis Henriefs d'Engleterre et li reis Richart si filx les tenguirent, tant com il veyquirent et les firent jurar à lor baillis et à los prior de Charros par sagrament, les quaus li borzeis de Charros jurèrent tenir et garders deu commandement Audebert comte de la Marche, et en après, deu commandement au roy Henry et Richart son fil, et je Hugues de Lezignen, coms de la Marche, en après approcey è confirmey, lesdictes condugnes, les quaus sunt etaus.

Et à la fin de la charte[298] :

Et que les davant dites costumgnes seront fermes, estables et durables, je davant dit, Hugues de Lezignan, coms de la Marche, les ay scellées de mon sceau en l'an de l'incarnation de Jhesus Christ 1247.

Les droits respectifs du comte et de l'abbé sont soigneusement délimités. Alors que le sujet du comte demeurant dans le bourg de l'abbé reste l'homme du comte, l'homme de l'abbé s'installant dans le bourg du comte, reste récipro-

---

297 *Soit chose connue à tous, à ceux qui sont et à ceux qui seront à l'avenir, qu'Audebert, comte de la Marche, et ses prédécesseurs, étaient convenus de ces coutumes avec l'abbé de Charroux et avec les bourgeois, et que le roi Henri d'Angleterre et le roi Richard, son fils, tinrent tant qu'ils vécurent, et les firent jurer solennellement à leur bailli et à leur prieur de Charroux, lesquelles coutumes les bourgeois de Charroux jurèrent tenir et garder, du commandement d'Audebert, comte de la Marche, et du commandement du roi Henri et de Richard, son fils, et que moi Hugues de Lusignan, comte de la Marche, ai, en après, confirmées et qui sont ainsi qu'il suit.* DE LA FONTENELLE, p. 29-30.

298 *Et pour que les coutumes ci-dessus soient fermes, stables et durables, moi susdit Hugues de Lusignan, comte de la Marche, les ai scellées de mon sceau, l'an de l'incarnation de Jésus-Christ 1247.* DE LA FONTENELLE, p. 49.

quement l'homme de l'abbé. Lorsqu'il y a mariage entre habitants des deux bourgs, le seigneur de chaque bourg garde ses droits sur la femme qui a rejoint son mari dans l'autre bourg. Les hommes du comte doivent le service en armes dans toute l'étendue du comté, les hommes du bourg de l'abbé ne le doivent que jusqu'à la Vienne et ne peuvent être convoqués que par l'intermédiaire de l'abbé[299]. Une dizaine d'articles de la première coutume sont repris sans changement, d'autres sont modifiés et précisés, de sorte que les libertés des habitants apparaissent beaucoup plus claires. Dans l'art. 8 on relève les délits suivants : meurtre, larcin, adultère, homicide, viol, usage de fausse mesure. Ils sont tous, commis dans le bourg de l'abbé ou dans celui du comte, jugés par le comte[300] :

8. Plus a de senhorie li coms on bort à l'abé, quar o est sous li murtres, li larroucins, li avoitres, li homicide, la fame forcée et deu fausses mesures.

En cas de dispute avec glaive tiré – le fait doit être prouvé : amende de 60 sous, 1 denier angevin due au seigneur ; indemnité à verser si l'adversaire est blessé (art. 28)[301] :

Tous hom de Charros qui glaive esmogut traira vers autre en teneton, si clains en vient au seigneur, et o scit proué, n'en doit donner son gage, mes LX sols et I denier d'Engevins, li quau ne valent mas X bb sols de la monnoye courable. Et si tot se fiert son adversaire ja por co plus n'en dera, sauve la pais à celui qui sera ferus, si il n'en mueret.

Plainte au seigneur au sujet d'un acte de violence sans armes tirées : amende de 3 sous due au seigneur ; indemnité à fixer, à verser à la victime (art. 35)[302] :

---

299 FAVREAU/CAMUS, *Charroux*, p. 40-41.

300 *Plus, le comte a seigneurie spéciale sur le bourg de l'abbé ; car il a juridiction exclusive pour les délits suivants : les assassinats, les vols, les adultères, les viols et les fausses mesures.* DE LA FONTENELLE, p. 32-33.

301 *Tout homme de Charroux qui, dans une dispute, tirera le glaive contre un autre, si plainte en vient au seigneur et que le fait soit prouvé, il n'en doit point sous-gage, mais 60 sous et 1 denier, monnaie d'Anjou, qui valent ... de monnaie courante; si, au même moment, son adversaire se blesse, il ne payera que la même amende, sauf l'indemnité qui reviendra au blessé, si celui-ci n'en meurt pas.* DE LA FONTENELLE, p. 41.

302 *Si plainte est faite au seigneur pour voies de fait, et si les armes tranchantes n'ont pas été tirées du fourreau, le seigneur n'a pas de droit à dégage, mais seulement à 3 sous, et il doit faire réparation du dommage causé à celui qui a été frappé, suivant l'avis des prud'hommes.* DE LA FONTENELLE, p. 43.

Si clains est fais au seigneur de fait, si armes esmolues ni a traites, li sires ni a des gages, mas III sols, et o celui qui sera feris doit bon faire pair, selon que li domage sera à l'esgart et au conseil des prodes homes.

Femme violée portant plainte au seigneur : 60 sous angevins dus au seigneur par le coupable. Une compensation à verser à la victime (montant à fixer), art. 43[303] :

Si aucun hom force femme que il estre son gré et outre sa volonté par force loi face, et clains en vient au seigneur, LX sol d'engevins en aura li sires de des-gage, et la femme deit aver part à l'esgart et au conseil des données.

Qui plus est, les coutumes de Charroux sont confirmées deux fois durant le XIIIe siècle : d'abord par le traité de Hugues XII de Lusignan, comte de la Marche et d'Angoulême en faveur de l'abbé et des religieux de la ville (le 28 février 1269), et en avril 1270, sous la forme de vidimus, par le même prince[304]. Dans les coutumes de Charroux de 1247 on distingue bien deux différents services militaires. Les hommes du comte doivent suivre leur comte dans toute la Marche, tandis que les habitants du bourg de l'abbé ne devaient le service au comte que jusqu'à la rivière de la Vienne ; cela ressort des articles 7 et 10 :

Etau senhorie a li coms ob l'abé qui si home le devoict siegre, par son estober de si que a la Viangue et non pas oultre, si li abès no lo comandé. Et quant li aurant mestier partan estober, li commandemenz au comte doit venir à l'abé ou à son commandement, que face semondre ses hommes, et si negus en remaneit, li destreit est à l'abé[305].

---

303 *Si un homme commet le crime de viol, et que plainte en vienne au seigneur, celui-ci se fera payer 60 sous angevins d'amende, et la femme a droit à une indemnité à fixer par les arbitres.* DE LA FONTENELLE, p. 45-46.

304 P. A. BROUILLET, *Indicateur archéologique de l'arrondissement de Civrai*, Civrai, 1865, p. 175 ; DE LA FONTENELLE, *Les coutumes de Charroux*, p. 456, note 1.

305 Et telle seigneurie a le comte, quant à l'abbé, que les hommes de celui-ci doivent suivre l'autre en armes jusqu'à la Vienne, et non au delà, à moins du commandement de l'abbé ; et quand il y aura pour eux devoir de marcher, l'ordre du comte doit venir à l'abbé, pour qu'il puisse le notifier à ses hommes ; et si quelqu'un y manque, l'amende en revient à l'abbé. DE LA FONTENELLE, p. 32.

Et au senhorie a li coms ob ses borzés et ob ses homes, qui lo devant siegre ob armes par tota la Marche et avier et deffendre, et non alhors[306].

De même le recours au seigneur par la plainte pour régler un problème se retrouve dans les chartes de ces deux localités, comme par exemple le fait de tirer une arme contre une personne coûtera soixante sous dus au sire par le coupable à Bellac et soixante sous un denier d'Anjou à Charroux (1247). Bien que certains articles de ces deux actes traitent d'un même problème ils le règlent d'une manière différente ; c'est le cas de l'appartenance de tout étranger venant habiter les lieux : à Charroux il devient l'homme du seigneur du bourg dans lequel il a dormi la première nuit tandis qu'à Bellac il est placé sous la garde et la seigneurie du comte en attendant qu'on lui trouve un maître.

La paix publique rétablie et retrouvée a rendu possible la rédaction des coutumes portant sur les champs de règlement les plus importants pour la vie quotidienne à Charroux. Entretemps, la paix de Dieu avait rempli et complété l'ordre juridique contemporain jusqu'à ce que les coutumes soient pratiquées.

[306] Et le comte a telle seigneurie, que tous ses bourgeois et tous ses hommes le doivent suivre en armes, par toute la Marche, pour l'accompagner et le défendre, mais non ailleurs. DE LA FONTENELLE, p. 34.

Conclusion de la deuxième partie

Nous avons pu constater l'importance des rapports existant entre les conciles de la paix de Dieu (Charroux, Poitiers, Limoges) et les événements dans la Marche et dans sa capitale, Charroux. Les interférences sont dues à l'activité de personnages particuliers, les évêques Jourdain, Aimon, Isembert et Rencon, et à leurs idées et pratiques administratives et judiciaires (malédiction, excommunication). La motivation pour la restitution des biens monastiques et ecclésiastiques ainsi que le châtiment des crimes contre les clercs paraît résider dans les premier et troisième canons de Charroux, droit canonique répété à Poitiers en 1000/14, et Limoges en 994 et 1031, repris lors d'autres conciles de la paix et de la trêve de Dieu.

Cette application des règles va de pair avec une nouvelle détermination des *consuetudines*, c'est-à-dire les droits seigneuriaux, notamment les droits de justice (ce que prouve la cession de droits de justice d'Audebert de la Marche à l'abbé de Charroux). Cette évolution aboutit à la fixation du droit coutumier vers 1177, droit qui n'a sûrement pas été rédigé d'un seul coup, mais qui s'est accru progressivement avant sa rédaction, vu qu'il s'agit de droit coutumier qui doit d'abord être pratiqué avant de devenir « coutumier ». Ces coutumes avaient existé largement déjà avant 1177 et ont donc chevauché avec les règles de la paix de Dieu.

Il faut d'ailleurs ajouter à notre chronologie des événements à Charroux, que la charte de Hugues XI de Lusignan, comte de la Marche, date de 1247. En langue vernaculaire, Hugues XI confirma et précisa les anciennes coutumes de Charroux, à savoir ceux de 1177. La charte de 1247 qui emporte 52 articles fut rédigée « de concert » avec l'abbé et les bourgeois de la ville[307] :

« Soit chose connue à tous, à ceux qui sont et à ceux qui seront à l'avenir, qu'Audebert, comte de la Marche, et ses prédécesseurs, étaient convenus de ces coutumes avec l'abbé de Charroux et avec les bourgeois, et que le roi Henri

---

307 *« Conogüe chose seit à tos ceus qui sunt et qui serunt à venir que Audebers, li conts de la Marche, et si ancessor aviant itaus cosdugnes è uzages ob l'abé de Charros e ob les borzeis, è li reis Henriefs d'Engleterre et li reis Richart si filx les tenguirent, tant com il veyquirent et les firent jurar à lor baillis et à los prior de Charros par sagrament, les quaus li borzeis de Charros jurèrent tenir et garders deu commandement Audebert comte de la Marche, et en après, deu commandement au roy Henry et Richart son fil, et je Hugues de Lezignen, coms de la Marche, en après approcey è confirmey, lesdictes condugnes, les quaus sunt etaus. »* M. DE LA FONTENELLE DE VAUDORÉ, A.D., *Recherches sur les vigueries et sur les origines de la féodalité en Poitou*, p. 29-30.

d'Angleterre et le roi Richard, son fils, tinrent tant qu'ils vécurent, et les firent jurer solennellement à leur bailli et à leur prieur de Charroux, lesquelles coutumes les bourgeois de Charroux jurèrent tenir et garder, du commandement d'Audebert, comte de la Marche, et du commandement du roi Henri et de Richard, son fils, et que moi Hugues de Lusignan, comte de la Marche, ai, en après confirmées et qui sont ainsi qu'il suit. »

Cette charte est intéressante car elle démontre l'importance donnée aux relations et conflits entre l'abbaye et les seigneurs laïcs à travers les siècles. La fixation des coutumes donna de sécurité à tous et dans toutes les relations : l'abbé, le comte, les habitants, appelés, en l'occurrence, les bourgeois[308]. Grâce au droit écrit et aux institutions désormais crées, il devenait possible d'éviter d'emblée des conflits et de répartir les compétences et les propriétés entre les pouvoirs.

La paix de Dieu à Charroux avait, en quelque sorte, joué le rôle de transition pour l'époque caractérisée par une certaine « vacuité juridique » sur le plan des sources écrites aux XI et XIIe siècles et qui vivait dans un souvenir de l'ordre juridique carolingien. La paix de Dieu a pu prendre un rôle de source de droit susceptible de servir de fondement pour la restitution des biens ecclésiastiques et antérieurement usurpés par des seigneurs laïcs. C'est ce que nous avons essayé de démontrer pour le cas de Charroux et la Marche. Beaucoup d'autres exemples provenant des lieux avec une présence des conciles de paix devraient être rajoutés et examinés. Mais cela est une des grandes tâches des futures recherches.

---

308 P. DE MONSABERT, *Chartes et documents pour servir à l'histoire de l'abbaye de Charroux*, p. 298.

Conclusion générale

Pratique juridique de la paix et trêve de Dieu à partir du concile de Charroux (989-1250)

De nombreux auteurs ont déjà dégagé différents objets et tendances de la paix et de la trêve. Les uns estiment qu'elle s'inscrit pleinement dans la mutation ou même révolution dite féodale de l'an mil sous toutes ses facettes : D'abord, le millénarisme, à une époque si riche en peurs et angoisses de la chute du monde, manifestées par de grands mouvements populaires attirés par les reliques. Puis, la société en crise, sans Etat ni législateur, l'attaque contre les biens des *pauperes* et de l'Eglise, avec la lutte contre les hérétiques et la violence exercée par les *milites*, développant une loi de guerre et leur propre déontologie chevalière. Pour d'autres, il s'agirait de canaliser et non pas d'abolir la violence (« Umordnung statt Unordnung », disait à juste titre l'historien allemand Hans-Werner Goetz). Nous avons enfin affaire à une anticipation de la réforme grégorienne, des réformes pour éradiquer nicolaïsme et simonie surtout à l'intérieur de l'Eglise à partir de la deuxième moitié du XIe siècle.

Or, sur le plan juridique et institutionnel, il résulte que les canons des conciles de la paix de Dieu après Charroux (989) reprennent des éléments de la législation antérieure, c'est-à-dire des capitulaires mérovingiens et carolingiens ainsi que des pénitentiels. En comparant les canons entre eux et avec les sources juridiques antérieurs, les répétitions et les reprises textuelles sont frappantes. C'est pour cela que dans une autre hypothèse on peut qualifier la paix de Dieu de continuation et d'intensification de la législation antérieure, ce qu'a avancé récemment Dominique Barthélemy dans son ouvrage *L'an mil et la paix de Dieu. La France chrétienne et féodale (980-1060).*

D'où l'idée de départ de nos analyses des aspects juridiques de la paix de Dieu qui est l'objet principal de cette thèse : Nous avons étudié le concept de l'« harmonisation » du droit, d'après la législation antérieure et suite à la tradition des premiers conciles aquitains de la fin du Xe siècle. Par la notion d'« harmonisation » nous entendons l'adaptation progressive des règles de la paix selon les différents concils (I).

Puis la deuxième question de nos recherches était de savoir si la paix et la trêve furent utilisées désormais dans la pratique juridique afin de trouver des solutions pour les conflits concrets et quotidiens (II).

(I) Pour savoir s'il y a « harmonisation » du droit, il convient de vérifier si les canons sont des normes qui ont été répétées et adaptées dans des unités juridiques géographiquement déterminable telles que les diocèses et les comtés.

Les canons de la paix et de la trêve contiennent une part de droit qui possède une tradition juridique antérieure et postérieure. La *pax romana* et la paix carolingienne des capitulaires prouvent l'existence des normes dans le passé, des précurseurs de la paix de Dieu. La répétition des canons dans toute l'Europe occidentale fait en sorte que ce droit se rediffuse et se reconfirme. Les moyens sont les serments des croyants et les reliques, objets de droit nécessaires pour la mise en vigueur des canons. Les diocèses et les comtés servent d'unités juridiques et administratives, présidées par les évêques et les archevêques ainsi que par les seigneurs séculiers.

Le droit est aussi soutenu par l'élite intellectuelle dans la période très longue qui nous intéresse, en l'occurrence par Hincmar de Reims, Odilon de Cluny, Adémar de Chabannes et Yves de Chartres. De plus, l'impact du mouvement de la paix est saisissable dans les représentations artistiques telles que les chapiteaux dans les monastères et les églises ou dans les miniatures. De surcroît, nous avons affaire à une évolution du principe de la personnalité et de la pluralité des lois vers celui de la territorialité du droit : dorénavant des questions du droit pénal sont résolues, sujet essentiel pour le fonctionnement de la société médiévale ou, comme le disait Georges Duby, pour le ménage de la « Maison de Dieu », symbolisée par le corps du Christ dont les membres étaient sur le point de se disloquer. Comme la tripartition de cette société ainsi que l'ordre public étaient en jeu, il fallait procéder à un ajustement et une adaptation progressive des règles de la paix dans *tous* les diocèses.

Dans notre travail nous avons tenu à mettre en relief que le serment de la paix consistait principalement en une *catharsis* sociale, à savoir une purification des âmes du peuple rassemblé. Cette *catharsis* s'est d'abord référée au passé : la pénitence et la rémission des péchés pour des actions ou des crimes déjà commis contre la paix de Dieu. Bien qu'au XIe siècle l'on ne distingue pas encore péché et crime, l'idée augustinienne selon laquelle le péché remonte au péché originel (*Erbsünde*) et qu'il est un acte allant à l'encontre de la loi divine, est pourtant très présente. L'homme – image de Dieu - peut toujours se réconcilier avec Dieu par la pénitence pour effacer ses péchés et pour retrouver la loi divine qu'il a quittée à travers son péché.

Or, la promesse concernait également l'avenir : c'est la partie majoritairement juridique de cet ensemble, mais sur une base théologique car c'est un pacte avec Dieu qui était conclu. Ceux qui prêtent serment s'engagent à respecter un certain nombre de règles dans l'avenir et à se soumettre aux peines (excommunication, anathème, malédiction), présentées par les évêques et approuvées par la communauté de tous les Chrétiens présents, qui acclamaient également pour les absents.

(II) Notre deuxième grand sujet, abordé seulement par quelques auteurs, est le rôle de la paix et trêve comme source juridique. Certes, la répétition et la diffusion des règles standardisées peuvent déjà être considérées comme indicateur du rôle pratique de la paix et trêve ; mais des dossiers de résolution des conflits semblent être influencés par les canons.

En tant qu'emploi « explicite », nous connaissons l'immunité des lieux sacrés et des zones protégées (« *ecclesia* », « *atrium* » ou souvent dans le Midi « *cellaria* » et en Catalogne « *sacraria* »/« *sagrera* »), les *convenientiae*, les statuts de paix et la citation des institutions comme la trêve, ainsi que leur réception par le droit coutumier territorial, dont les Usages de Barcelone et le Miroir des Saxons (*Sachsenspiegel*) au XIIIe siècle.

Evoquons également les juristes qui, formés dans les collèges et les jeunes universités du Midi, apportaient leur savoir professionnel et qui, à partir du XIIe siècle, ont commencé à conseiller aux seigneurs de négocier des trêves. C'est ainsi que des techniques des droits romain et canonique ont été aussi utilisées pour la rédaction des trêves.

De surcroît, l'historien du droit allemand Elmar Wadle a étudié des cas concrets pour démontrer le caractère pratique de la paix, comme le montrent certains dossiers du côté allemand (« Landfriedensrecht in der Praxis »). Nous inspirant de cette thèse, nous sommes partis de l'idée qu'il y avait lieu d'analyser les chartes et documents des lieux où l'on trouve un ou plusieurs conciles de la paix de Dieu. La question est de savoir si le monde postérieur a pris la mesure des canons de paix. Comme la Paix de Charroux de 989 était le premier concile de paix de Dieu, force était de commencer par les chartes et documents concernant l'abbaye et le bourg de Charroux.

Il était d'emblée certain qu'on ne trouve qu'à peine quelques citations « explicites » et littérales, mode appliqué par les législateurs modernes. Le droit romain n'avait pas encore été retrouvé et les coutumes n'avaient pas encore été couchées par écrit. Ce n'est qu'à partir de 1177 que la coutume de Charroux a été retranscrite. Aussi faut-il noter que nous nous retrouvons dans une phase qui peut être caractérisée de « vacuité juridique » sur le plan des sources écrites (Olivier Guillot/Yves Sassier). Pour décrire cet état, l'histoire du droit allemand a introduit la notion de « Offenheit des Rechts » (Hermann Krause). Ces nouvelles sources ont certainement repris la fonction que la paix et la trêve avaient occupé provisoirement. Autrement dit : Paix et trêve furent la charnière entre législation carolingienne, en déclin et en voie de disparition, et droits coutumier et romain. Les règles de la paix étaient toujours retenues par les hommes et furent donc appliquées.

La difficulté de notre analyse, en revanche, résidait dans la preuve d'une référence « contextuelle ». Nous avons choisi les critères suivants. Sur le plan formel, nous avons pris le temps et le lieu ainsi que les personnages impliqués ; sur le fond, nous avons pris l'état de chose décrit concrètement pour le comparer avec le canon appliqué : usurpation des biens ecclésiastiques, pillage des biens des *pauperes* et agression du clergé ainsi que la faute du malfaiteur.

Nous pouvons déduire du contexte qu'il y a coïncidence pour plusieurs cas ; les cas choisis peuvent être considérés comme cas issus de la paix et trêve, servant donc de source juridique. Reste à savoir si cette thèse vaut également pour d'autres chartes, analyse qui serait fort intéressante pour les recherches à venir.

Fazit/Résumé en langue allemande

Juristische Praxis der Pax und Treuga Dei ausgehend vom Konzil von Charroux (989-1250)

Viele Autoren haben bereits die unterschiedlichen Inhalte und Ziele der Pax und Treuga Dei herausgestellt. Einige meinen, dass sie sich gänzlich in den Jahrtausendumbruch und die damit verbundene so genannte « feudale Revolution » um das Jahr 1000 in all ihren Facetten eingliedern lasse: zunächst, der Chiliasmus (Millenarismus), ein Zeitalter reich an Ängsten und Weltuntergangsstimmung, verbunden mit den großen Volksbewegungen, welche von der Heilskraft der Reliquien angezogen wurden. Sodann wird die Theorie von der Gesellschaft in der Krise ins Feld geführt, die ohne Staat und gesetzgebende Organe lebt und in der es ständig zu Angriffen der *milites* auf die Güter der *pauperes* und der Kirchengüter kommt. Mit der griffigen Formel von « Umordnung statt Unordnung » der Gesellschaft fasste Hans-Werner Goetz diesen geschichtlichen Vorgang jedoch unter weniger revolutionärem Blickwinkel zutreffend zusammen. Zudem wurde herausgearbeitet, dass es nicht darum ging, die Gewalt gänzlich abzuschaffen, sondern sie so weit wie möglich zu kanalisieren ; die Fehde sollte legitimiert bzw. deligitimiert werden (Elmar Wadle). Überdies haben wir es bei einigen Friedensbestimmungen mit den Vorboten der gregorianischen Reform zu tun, welche gegen Nikolaismus und Simonie gerichtet war und die innere Ordnung der Kirche ab der zweiten Hälfte des 11. Jahrhunderts zu reformieren suchte.

Rechtlich wie institutionell enthalten die Vorschriften der Pax Wiederholungen der vorangehenden Gesetzgebung, d.h. der merowingischen und karolingischen Kapitularien und der Bußbücher. Auf diese Kontinuität bzw. die bloße Intensivierung der schon damals bekannten und angewandten Methoden wies Dominique Barthélemy eindringlich in seinem Buch *L'an mil et la Paix de Dieu. La France chrétienne et féodale (980-1060)* hin und relativierte damit zurecht die von vielen Historikern betonte Neuartigkeit der Gottesfrieden.

Aus dieser Forschungslage ergibt sich der Ausgangspunkt unserer Untersuchung, die mit der «Harmonisierung» des Rechts beginnt, weil vorangegangene Gesetzgebung rezipiert wurde und danach weite Verbreitung im Abendland (Frankreich, Deutschland, Katalonien) fand. Dabei verstehen wir unter «Harmonisierung» die in den Texten auftauchende Rechtsbestätigung und Angleichung der Friedensregeln (I).

Als zweiter wichtiger Fragekomplex ergibt sich, wie Pax und Treuga Dei der juristischen Praxis zwecks Konflikt- und Streitbeilegung dienten (II).

(I) Beim Vergleich der Kanones-Bestimmungen fallen Textwiederholung und Institutionenrezeption sofort ins Auge. Um festzustellen, ob wirklich eine Angleichung bzw. Bestätigung von Normen vorliegt, war zu prüfen, ob die einschlägigen Normen wiederholt auftauchten in einer geographisch bestimmbaren rechtlichen Einheit, wie etwa einer Diözese oder einer Grafschaft.

Die Vorschriften der Pax und Treuga enthalten Bestimmungen der vor- und der nachgehenden Gesetzgebung. Die *pax romana* und der karolingische Frieden der Kapitularien bezeugen die Existenz entsprechender Normen für die Vergangenheit. Die Wiederholung der Bestimmungen in Mitteleuropa führte zu Verbreitung und erneuten Bestätigung des Rechts, gestützt auf Eidesleistung der Gläubigen in der Gegenwart von kostbaren Reliquien, die die Rolle der Mittler zwischen Himmel und Erde, zwischen Gott und Mensch, einnahmen und der Norm ihre Wirkungskraft und Autorität verliehen. Diözesen und Grafschaften dienten schließlich als rechtliche Einheiten und Gerichtsbezirke, denen Bischöfe und Erzbischöfe sowie die weltlichen Herren vorstanden.

Auch wurde die Idee der Pax Dei von der Elite der Zeit unterstützt, so von Hinkmar von Reims, Odilon von Cluny, Adémar von Chabannes und Yvo von Chartres. Die Pax wurde gleichfalls in der Bildenden Kunst dargestellt (Kapitelle in Klöstern und Kirchen und in sonstigen Illustrationen). Darüber hinaus kam es zu einer Entwicklung vom Grundsatz der Personalität bzw. der Vielfalt der Gesetze zu dem Prinzip der Territorialität des Rechts, da die Fragen des Strafrechts auf dem Spiel standen, um – so wie es Georges Duby formulierte - im « Haus Gottes » (« Maison de Dieu »), dieses wiederum Symbol für den Leib Christi, wieder Ordnung zu schaffen. Da die klassische Dreiteilung der Gesellschaft und die öffentliche Ordnung und Sicherheit gefährdet waren, wurde offenbar eine schrittweise Angleichung der Regeln und Bestätigung in den Diözesen angestrebt.

In dieser Arbeit soll gleichfalls herausgestellt werden, dass der Friedenseid einer Katharsis bedurfte, d.h. einer Läuterung der schwörenden Bevölkerung. Diese Katharsis bezog sich vorab auf deren Vergangenheit und war Buße und Sündenvergebung für bereits begangene Verletzungen der Pax Dei, wobei zu berücksichtigen ist, dass im 11. Jahrhundert noch nicht zwischen Sünde (*peccatum*) und Verbrechen (*crimen*) unterschieden wurde. Allerdings war die augustinische Idee, wonach die Sündhaftigkeit des Menschen auf die Erbsünde zurückgeht und jede Sünde ein Akt der Entfernung vom göttlichen Gesetz ist, zu dieser Zeit sehr präsent. Der Sünder hatte stets die Möglichkeit, die Sünden zu tilgen und sich wieder mit Gott zu versöhnen ; dies war dem Bußverfahren vorbehalten.

Das Versprechen bezog sich aber nicht nur auf die Vergangenheit, sondern ebenfalls auf die Zukunft, in der keine Friedensverstöße mehr vorkommen sollten. Hier lag der eigentlich juristische Ansatz, wenngleich die theologische Bedeutung ebenfalls stark ist, weil ein Pakt mit Gott geschlossen wird. Diejenigen, die den Eid leisteten, unterwarfen sich auch den entsprechenden Kirchenstrafen (Exkommunikation, Anathem, Malediktion), die die Bischöfe vorschlugen und die Versammelten – auch stellvertretend für die Abwesenden – beschlossen. Auf diese Weise setzte die Kirche schon sehr früh Recht für einen bestimmten Rechtsbereich (Diözese, Grafschaft), das als Territorium der *iurisdictio* (Regierungs- und insbesondere Straf- und Disziplinargewalt) des Bischofs über Laien und Geistliche unterfiel, der sich verpflichtete, die Pax Dei in seinem Gebiet in Kraft zu setzen.

(II) Das zweite Großthema, lediglich von wenigen Historikern angedacht, ist die Rolle der Pax und Treuga als Rechtsquelle. So kann die Wiederholung und die Verbreitung standardisierter Regeln (wie im ersten Teil gesehen), bereits als Indikator der praktischen Bedeutung der Pax und Treuga fungieren. Dennoch scheinen auch konkrete Fälle den Geist der Gottesfrieden geatmet zu haben.

Als « expliziten » Gebrauch kennen wir die Immunität der heiligen Orte und die Unantastbarkeit bestimmter Gebiete (« ecclesia » oder « atrium », oder oft im Midi Frankreichs die « cellaria » und in Katalonien die « sagraria »/« sagrera »), die *convenientiae*, die Friedensstatute und der konkrete Bezug auf einen gewissen Frieden sowie die Rezeption der Friedensbestimmungen in territoriales Gewohnheitsrecht, wie die Usatges de Barcelona oder den Sachsenspiegel im 13. Jahrhundert. Fügt man noch die Juristen aus den jungen Universitäten des Midi hinzu, die ihr Wissen ab dem 12. Jahrhundert dergestalt einbrachten, dass sie ihren Herren beim Abschluss einer Treuga beratend zur Seite standen, dann wird deutlich, dass viele Techniken aus römischem und kanonischem Recht in die späteren Friedensbestimmungen Einzug halten konnten.

Darüber hinaus hat Elmar Wadle zum Beweis der praktischen Bedeutung der Frieden mehrere Fälle aus Deutschland untersucht (« Landfriedensrecht in der Praxis »). Ausgehend von seiner These betrachtet die Arbeit die Urkunden und Dokumente der Orte, an denen ein oder mehrere Konzilien für die Pax stattgefunden hatten. Die Frage erhob sich, ob die Nachwelt sich an den Kanones orientiert hat. Da der Frieden von Charroux von 989 das erste kirchenrechtliche Konzil seiner Art war, waren die Urkunden und Dokumente zu untersuchen, die die Abtei und die Umgebung von Charroux betrafen.

Von Anfang an war klar, dass wir keine « expliziten » Zitate des Friedens von Charroux oder der umliegenden finden würden ; die Zitiertechnik Satz für Satz und Wort für Wort ist Kennzeichen der modernen Gesetzgebung. Andere Rechtsquellen, wie das römische Recht oder das Gewohnheitsrecht sind ebensowenig erwähnt. Wir befinden uns in der so genannten Phase der « Offenheit des Rechts » (Olivier Guillot/Yves Sassier; Hermann Krause), einer Zeit vor der so genannten Renaissance des römischen Rechts und der Niederschrift des Gewohnheitsrecht, welches in Charroux 1177 erlassen wurde. Die letztgenannten Quellen übernahmen wieder die Funktion, die Pax und Treuga gewissermaßen provisorisch ausgefüllt hatten. Oder anders gesagt: Pax und Treuga waren das Bindeglied zwischen verschwindendem karolingischen Recht und neu einsetzendem römischen Recht und dem Gewohnheitsrecht. Die Regeln der Pax und Treuga waren noch in den Köpfen der Menschen und wurden deshalb herangezogen.

Die Schwierigkeit des gewählten Problemansatzes bestand in dem Nachweis der kontextuellen Bezugnahme, wofür folgende Kriterien ausgewählt wurden:

Formell waren dies Zeit und Ort sowie die beteiligten Personen. Materiell verglichen wir den konkreten Sachverhalt mit der abstrakten Kanonesbestimmung, also Usurpierung von Kirchengütern und Gütern der *pauperes* und den Angriff von Klerikern (objektiver Tatbestand) sowie das Verschulden des Übeltäters (subjektiver Tatbestand). Aus dem Kontext konnten wir schließen, dass es für mehrere Fälle Übereinstimmungen gab, so dass die Fälle als von der Pax und Treuga der Umgegend beeinflusst bezeichnet werden dürfen. Die Pax diente nicht zuletzt dazu, die « malae consuetudines » auszuhebeln.

Wie sich aus dem Titel vorliegender Arbeit ergibt, zentriert sich diese Untersuchung der Anwendung der Gottesfriedensregeln lediglich auf Charroux und die mit ihm verbundenen Orte. Natürlich kann man nun die von uns entwickelten Kriterien auch auf solche Texte anwenden, die in der Nähe von Orten entstanden, an denen spätere Gottesfriedenskonzilien stattgefunden hatten; dies sei als Desiderat für künftige Forschungen aufgegeben.

Instruments de recherche et documentation

I. - Sources

Acta sanctorum Ordinis Sancti Benedicti OSB, MABILLON, J. (éd.), Paris, 1678, réimpr. 1935.

Actes concernant les vicomtes de Marseille, DE GERIN-RICARD, H./ISNARD, E. (éd.), Monaco-Paris, 1926.

Actes des évêques de Limoges des origines à 1197, BECQUET, D.J. (éd.), Paris, 1999 (CNRS).

Adalbéron de Laon - Poème au Roi Robert, CAROZZI, C. (éd.), Paris, 1979 (Les Belles Lettres).

Ademari Cabanensis Chronicon, BOURGAIN, P./LANDES, R./PON, G. (éd.), Turnhout, 1999 (*Corpus Christianorum. Continuatio Mediaevalis CXXIX*).

Annales d'Aquitaine. Faicts et Gestes en Sommaire des Roys de France et d'Angleterre, BOUCHET, J. (éd.), Poitiers, 1524 (rééd. 1644).

Bibliotheca Hagiographica Latina, SOCII BOLLANDIANI (éd.), t. 1, A-I, Bruxelles, 1898-1899.

Bibliotheca Sanctorum, ISTITUTO GIOVANNI XXIII (éd.), Rome, 1965.

Capitularia regnum francorum, BORETIUS, A./KRAUSE, V. (éd.), Hannovre, 1881-1937.

Cartulaire de Béziers (Livre noir), ROUQUETTE, J. (éd.), Paris-Montpellier, 1918.

Charte de l'abbaye de Nouaillé de 678 à 1200, MONTSABERT, D. P. de (éd.), Poitiers, 1936 (Archives historiques du Poitou 49).

Chartes et documents pour servir à l'histoire de l'abbaye de Charroux, MONSABERT, D. P. de (éd.), Poitiers, 1910 (Archives historiques du Poitou 39).

Chartes et documents pour servir à l'histoire de l'abbaye de Saint-Maixent, A. RICHARD (éd.), Poitiers, 1886 (Archives Historiques du Poitou = AHP 6).

Chroniques de Saint-Martial de Limoges, DUPLES-AGIER, H. (éd.), Paris, 1874.

Conciliorum antiquorum Galliae a Jac. Sirmondo, DELALANDE, P. (éd.), Paris, 1666.

Conventum (vers 1030) - Un précurseur aquitain des premières épopées, BEECH, G./CHAUVIN, Y./PON, G. (éd.), Genève, 1995 (Publications romanes et françaises CCXII).

Corpus Iuris Canonici, FRIEDBERG, A. (éd.), Graz, 1959.

Correspondance d'Yves de Chartres, LECLERQ, J. (éd. et trad.), Paris, 1949 (Les Belles Lettres).

Coutumes de la ville de Charroux sur les devoirs des habitants et les peines et amendes des criminels envers les comtes de la Marche – Seigneurs du lieu, FONTENEAU, D., microfilm des Archives municipales de la ville de Poitiers = Médiathèque de Poitiers, t. IV.

Coutumier d'Oléron, édition et traduction annotées, WILLISTON, James H. (éd.), Poitiers, 1992 (Archives historiques du Poitou 62).

Dhuoda - Manuel pour mon fils, RICHÉ, P. (éd.), Paris, 1975 (Les Belles Lettres).

Documents pour l'histoire de l'église de Saint-Hilaire de Poitiers, REDET, L. (éd.), Poitiers, 1848.

Grégoire de Tours (Gregorius Turonensis). Histoire des Francs, LATOUCHE, R. (trad.), Paris, 1963-1965, 2 tomes.

Histoire des conciles d'après les documents originaux, HEFELE, C.-J./DELARC, M., t. 6, Paris, 1871.

Histoire des conciles, HEFELE, C.-J./LECLERQ, H., Paris, 1907-1938.

Histoire littéraire de la France, RELIGIEUX BENEDICTINS DE LA CONGREGATION DE S. MAUR (éd.), t. VI (Xe siècle), Paris, 1867.

Histoires, de Raoul Glaber, ARNOUX, M. (éd.), Turnhout, 1996, t. IV.

Historia comitum Andegavensium auctore Thoma Pactio, Lochensi priore, MARCHEGAY, P./SALMON, A. (éd.), Paris, 1866 (Chroniques d'Anjou I).

Inscripciones cristianas de la España romana y visigoda, VIVES, J. (éd.), Barcelona, 1969 (Biblioteca histórica de la Biblioteca Balmes, série II, vol. XVIII).

Patrologiae cursus completus = P.L., MIGNE, J.-P. (éd.), Paris, 1854.

Sachsenspiegel. Land- und Lehnrecht, EBEL, F. (éd.), Stuttgart, 1993.

Sacrosancta concilia, LABBE, P./COSSART, G. (éd.), vol. V, IX, Paris, 1671, 1672.

Sacrorum conciliorum nova et amplissima collectio, MANSI, J.-D. (éd.), Florence et Venise, 1759-1798, repr. Paris, 1899-1927, repr. Graz, 1961-.

Sources d'Histoire Médiévale, IXe-milieu du XIVe siècle, BRUNEL, G./LALOU, E. (éd.), Paris, 1997.

Yorkshire Domesday (The), Folios and Maps, ERSKINE, R.W.H. (éd.), Londres, 1988.

II. - Bibliographie

A. Publications générales

1. Lexiques

Catholicisme, MATHON, G./BAUDRY, G.H./GUILLUY, P./THIERY, E. (éd.), Paris, 1985.

50 mots clefs de l'histoire médiévale, BONNASSIE, P., Toulouse, 1981.

Diccionari Català – Valencià – Balear, ALCOVER, A.M., Palma de Mallorca, 1977, vol. 9.

Diccionari etimològic i complementari de la llengua catalana, COROMINES, J., Barcelone, 1996, vol. 7.

Dictionnaire de droit canonique, NAZ, R. (dir.), t. V, Paris, 1953.

Dictionnaire de théologie catholique, VACANT, A./MANGENOT, E. (dir.), Paris, t. IV (1911), t. V (1913), t. XII (1933).

Dictionnaire d'histoire et de géographie ecclésiastique, BAUDRILLART, A./DE MEYER, A./CAUWENBERGH, E. (éd.), t. 12, Paris, 1953.

Dictionnaire du Moyen Age, GAUVARD, C./DELIBERA, A./ZINK, M. (dir.), Paris, 2002, 2e éd.

Dictionnaire encyclopédique du Moyen Age, VAUCHEZ, A./VINCENT, C. (éd.), t. II, Paris, 1997.

Encyclopedia Universalis - la politique, les connaissances, la culture, VARIA (éd.), vol. 6., Paris, 1968.

Grand Larousse de la langue française, GUILBERT, L./LAGANE, R./NIOBEY, G. (dir.), t. III, Paris, 1975.

Handwörterbuch zur deutschen Rechtsgeschichte = HRG, ERLER, A./KAUFMANN, E. (éd.), vol. I-IV, Berlin, 1971-1990.

Indicateur archéologique de l'arrondissement de Civrai, BROUILLET, P.A. (éd.), Civrai, 1865.

Lexikon des Mittelalters, VARIA (éd.), t. III, 1986 ; t. VI (1993).

Lexikon für Theologie und Kirche, KASPER, W. (éd.), t. III et IV, 3e éd., Fribourg-en-Brisgau, 1995.

Vocabulaire historique du Moyen Âge (Occident, Byzance, Islam), TOUATI, F.-O., 2e éd. augmentée, Paris, 1997.

2. Ouvrages

AUDIT, B., *Droit international privé*, 6e édition, Paris, 1992.

AUZIAS, L., *L'Aquitaine carolingienne (778-987)*, Toulouse, 1937 (Bibliothèque méridionale, 2e série, 28).

BATIFFOL, H./LAGARDE, P., *Droit international privé*, Paris, 7e édition, 1981.

BECKER, A., *Papst Urban II. (1088-1099)*, Stuttgart, 1988 (Schriften der MGH 19/2).

BRUNTERC'H, J.P., *Le Moyen Âge, Ve – XIe siècle*, t. 1, Archives de la France, t. I (dir. J. FAVIER), Paris, 1994.

DEBORD, A., *La société laïque dans les pays de la Charente, Xe – XIIe siècle*, Paris, 1984.

DELMAIRE, B., *Le diocèse d'Arras de 1093 au milieu du XIVe siècle. Recherches sur la vie religieuse dans le Nord de la France au Moyen Age*, Arras, 1994.

DEVIC, Dom C./VAISSETE, Dom J., *Histoire générale de Languedoc*, Toulouse, 1872-89.

ERDMANN, C., *Die Entstehung des Kreuzzugsgedankens*, Stuttgart, 1935 (ND Darmstadt 1980).

ESMEIN, A., *Cours élémentaire d'histoire du droit français*, 4e éd., Paris, 1901.

FAVIER, J., *Le temps des principautés de l'an mil à 1515*, J. FAVIER (éd.), *Histoire de France*, t. 2, Paris, 1984.

FAVREAU, R., *La ville de Poitiers à la fin du Moyen Age. Une capitale régionale*, Poitiers, 1977-1978 (Mém. Soc. Antiq. Ouest, 4e série, t. XV).

GAUVARD, C., *La France au Moyen Age du Ve au XVe siècle*, Paris, 1996.

GUILLOT, O./RIGAUDIERE, A./SASSIER, Y., *Pouvoirs et institutions dans la France médiévale*, t. I : *Des origines à l'époque féodale*, Paris, 1997.

OURLIAC, P./GAZZANIGA, J. L., *Histoire du droit privé français de l'an mil au Code Civil*, Paris,1985.

HARTMANN, W., *Die Synoden der Karolingerzeit im Frankenreich und in Italien-Konziliengeschichte*, Reihe A : Darstellungen, Paderborn/ Munich/Vienne/Zurich,1989.

HINSCHIUS, P., *System des katholischen Kirchenrechts mit besonderer Rücksicht auf Deutschland*, Bd. II., IV., V., Berlin, 1878-1893 (Nachdruck Graz, 1959).

KAISER, R., *Bischofsherrschaft zwischen Königtum und Fürstenmacht, Studien zur bischöflichen Stadtherrschaft im westfränkisch-französischen Reich im frühen und hohen Mittelalter,* Bonn, 1981 (Pariser Historische Studien 17).

KEGEL, G., *Internationales Privatrecht*, 7e éd., Munich, 1997.

KERY, L., *Die Errichtung des Bistums Arras 1093/1094,* Sigmaringen, 1994 (Beihefte der Francia 33).

KROESCHELL, K., *Deutsche Rechtsgeschichte,* vol. I, 11e éd., Opladen/Wiesbaden, 1999.

LE BRAS, G., *Institutions ecclésiastiques de la chrétienté médiévale*, Ie partie, Livre I, 1959.

LUCHAIRE, A., *Les Premiers Capétiens (987-1137),* dans E. LAVISSE (dir.), *Histoire de France illustrée, depuis les origines jusqu'à la Révolution,* Paris, 1911.

MANTEYER, G. (DE), *La Provence du premier au douzième siècle – Etudes d'Histoire et de Géographie politique,* Paris, 1908 (Mémoires et documents publiés par la Société de l'Ecole des Chartes VIII).

MICHELET, J., *Le moyen âge, Histoire de France,* t. I à XVII, Paris, 1981.

PIRRI, P., *L'abbazia di Sant'Eutizio in Val Castoriana presso Norcia et le chiese dipendenti*, Rome, 1960 (Studia Anselmiana 45).

POGNON, E. (éd.), *L'an mille.* Oeuvres de Liutprand, Raoul Glaber, Adémar de Chabannes, Adalbéron de Reims, Helgaud de Fleury, réunies, Paris, 1947.

POLY, J.-P., *La Provence et la société féodale (879-1166)*, Paris, 1976.

POLY, J.-P./BOURNAZEL, E., *La mutation féodale, Xe-XIIe siècle*, Paris, 1991 (2e éd.).

PONTAL, O., *Histoire des conciles mérovingiens,* Paris, 1989.

RICHARD, A., *Histoire des comtes de Poitou 778 - 1204*, 2 vol., Paris, 1903.

SASSIER, Y., *Louis VII*, Paris, 1992.

SCHACK, H., *Internationales Zivilverfahrensrecht*, 2e éd., 1996.

SEMMLER, J., « Karl der Große und das fränkische Mönchtum », *Karl der Große,* Düsseldorf, 1965.

SIUTS, H., *Bann und Acht und ihre Grundlagen im Totenglauben,* Berlin, 1959.

B. Publications spéciales

ACHTER, V., *Über den Ursprung der Gottesfrieden,* Krefeld o.J., 1957.

ID., *Geburt der Strafe*, Francfort-sur-Main, 1951.

ALTHOFF, G., « Recht nach Ansehen der Person. Zum Verhältnis rechtlicher und außerrechtlicher Verfahren der Konfliktbeilegung im Mittelalter », CORDES, A./KANNOWSKI, B. (éd.), *Rechtsbegriffe im Mittelalter*, Francfort-sur-Main/Berlin/Bern/Bruxelles/New York/Oxford/ Vienne, 2003 (Rechtshistorische Reihe 262), p. 79-92.

ID., *Amicitiae und Pacta. Bündnis, Einung, Politik und Gebetsgedenken im beginnenden 10. Jahrhundert*, Hannovre, 1992.

ALVERNY (d'), M.-T., *Alain de Lille*, Paris, 1965.

ANCIAUX, P., *La Théologie du Sacrement de Pénitence au XIIe siècle*, Louvain, 1949 (*Universitas Catholica Lovaniensis, Dissertationes ad gradum magistri in Facultate Theologica vel in Facultate Iuris Canonici consequendum conscriptae*, série II, t. 41).

ARNOLD, K., *Mittelalterliche Volksbewegungen für den Frieden,* Barsbüttel, 1996 (Beiträge zur Friedensethik 23).

AURELL, M., « Prédication, croisade et religion civique. Vie et miracles d'Oleguer († 1137), évêque de Barcelone », *Revue Mabillon* 71 (1999), p. 113-168.

ID., « La chevalerie urbaine en Occitanie, fin Xe – début XIIIe siècle », Société des Historiens Médiévistes de l'enseignement supérieur public = S.H.M.E.S. (éd.), *Les élites urbaines au Moyen Age : XXIVe Congrès de la S.H.M.E.S. à Rome, mai 1996,* Paris, 1997 (Collection de l'Ecole Française de Rome), p. 71-118.

ID., « Els fonaments socials de la dominació catalana a Provença sota Alfons en Cast (1166-1196) », *Acta Historica Archaeologica Mediaevalia* 5-6 (1984-1985) p. 83-110.

BACHRACH, B. S., « The northern origins of the peace movement at le Puy in 975 », *Historical Reflections* 14/3 (1987), p. 405-421.

BARRIERE, B., « Le comte de la Marche, une pièce originale de l'héritage Lusignan », CENTRE D'ETUDES SUPERIEURES DE CIVILISATION MEDIEVALE = C.E.S.C.M. (éd.), *Isabelle d'Angoulême comtesse-reine et son temps (1186-1246),* Actes du colloque tenu à Lusignan du 8 au 10 novembre 1996, Poitiers, 1999, p. 33 suiv.

BARTHELEMY, D., *L'an mil et la paix de Dieu. La France chrétienne et féodale 980-1060*, Paris, 1999.

ID., « La paix de Dieu dans son contexte (989-1041) », *Cahiers de civilisation médiévale* 157 (1997), p. 3-35.

BAUTIER, R.-H., « Les origines du comté de la Marche » (1979), *Recherches sur l'histoire de la France médiévale des Mérovingiens aux premiers Capétiens*, Aldershot, Variorum, 1991, chapitre VII.

BECQUET, Dom J., « Le concile de Limoges de 1031 », *Bulletin de la Société archéologique et historique du Limousin* 128 (2000), p. 23-64.

ID., « Les saints dans le culte en Limousin au Moyen âge », *Bulletin de la Société archéologique et historique du Limousin* 119 (1991), p. 26 suiv.

ID., « Les évêques de Limoges aux Xe, XIe, XIIe siècle », *Bulletin de la Société archéologique et historique du Limousin* 104 (1977), p. 63-104 et 105 (1978), p. 79-104.

BERLIERE, U., « Le nombre des moines dans les anciens monastères », *Revue Bénédictine* 41 (1929), p. 231 suiv. et 42 (1930), p. 19 suiv.

BERNHEIM, E., *Mittelalterliche Zeitanschauungen in ihrem Einfluß auf Politik und Geschichtsschreibung*, Tübingen, 1918.

BISSON, T. N., *Tormented Voices : Power, Crisis, and Humanity in Rural Catalonia (1140-1200),* Cambridge, Massachusetts, Londres, 1998.

ID., « The organized Peace in Southern France and Catalonia, ca. 1140-ca. 1233 », *American Historical Review* 82 (1977), p. 290-311.

ID., « Une paix peu connue pour le Roussillon (A.D. 1173) », *Droit privé et institutions régionales. Etudes historiques offertes à J. Yver,* Paris, 1976, p. 69-76.

BONNASSIE, P., *Les Constitucions de Pau i Treva de Catalunya (segles XI-XIII),* Catalunya. Departament de Justícia III (éd.), Barcelone 1994.

ID., « Les sagreres catalanes : la concentration de l'habitat dans le « cercle de paix » des églises (XIe siècle) », RIU, M./VALDEPENAS, P. (éd.), *L'environnement des églises et la topographie religieuse des campagnes médiévales*, Actes du IIIe congrès international d'archéologie médiévale, Aix-en-Provence, 1994, p. 68-80.

ID., *La Catalogne du milieu du Xe à la fin du XIe siècle, croissance et mutations d'une société*, Toulouse, 2 vol., 1975-1976.

ID., « Les conventions féodales dans la Catalogne du XI siecle », *Annales du Midi* 80 (1968), p. 529-550.

BONNASSIE, P./LANDES, R., « Une nouvelle hérésie est née dans le monde », ZIMMERMANN, M. (dir.), *Les sociétés méridionales autour de l'an mil, Répertoire des sources et documents commentés*, Paris, 1992, p. 435-459.

BONNAUD-DELAMARE, R., « La paix de Touraine pendant la première croisade », *Revue d'histoire ecclésiastique (R.H.E.)* 1975, p. 749-757.
ID., « Les institutions de paix en Aquitaine au XIe siècle », *Recueils de la Société J. Bodin*, t. XIV : *La paix*, Bruxelles, 1961, p. 415-487.
ID., « Les institutions de paix dans la province ecclésiastique de Reims au XIe siècle », *Bulletin philologique et historique (jusqu'à 1715) du Comité des travaux historiques et scientifiques*, années 1955-1956, Paris, 1957, p. 143-200.
ID., « La paix en Flandre pendant la première croisade », *Revue du Nord* XXIX (1957), p. 147-152.
ID., « La paix d'Amiens et de Corbie au XIe siècle », *Revue du Nord* 38 (1956), p. 167-178.
ID., « Fondements des institutions de paix au XIe siècle », *Mélanges L. Halphen*, Paris, 1951, p. 19-26.
ID., « La Pseudo-trêve de Dieu de Montherond », *Le Moyen Age* 53 (1947), p. 261-270.
ID., *L'idée de la paix à l'époque carolingienne*, thèse de droit, Montpellier, 1939.
ID., « La légende des Associations de la Paix en Rouergue et en Languedoc au début du XIIIe siècle (1170-1229) », *Bulletin Phil. et Hist. du Comité des Travaux Historiques et Scientifiques* (1936-1937), p. 47-78.
BOSL, K., « 'Potens' und 'pauper'. Begriffsgeschichtliche Studien zur gesellschaftlichen Differenzierung im frühen Mittelalter und zum 'pauperismus' des Hochmittelalters », *Mélanges O. Brunner. Alteuropa und die moderne Gesellschaft,* Göttingen, 1963, p. 60-87.
BOÜARD (de), A., « Sur les origines de la trêve de Dieu en Normandie », *Annales de Normandie* IX (1959), p. 186 suiv.
BOUDINHON, A., « Sur l'histoire de la pénitence », *Revue d'histoire et de la littérature religieuse* II (1897), p. 306-344 et 496-524.
BOURGEOIS, L., « Charroux (Vienne) », L. BOURGEOIS (dir.), *Les petites villes du Haut-Poitou de l'Antiquité au Moyen Age : formes et monuments,* t. 2, Chauvigny, 2003.
BOUSQUET, J., « Le Traité d'Alliance entre Hugues, Comte de Rodez, et les Consuls de Millau (6 juin 1223) », *Annales du Midi* LXXII (1960), p. 25-42.
BOZOKY, E., « Voyage de reliques et démonstration du pouvoir aux temps féodaux », *Voyages et voyageurs au Moyen Age*. XXVIe Congrès de la Société des Historiens Médiévistes de l'Enseignement Supérieur Public

(Limoges-Aubazine, mai 1995), Paris, 1996 (Publications de la Sorbonne), p. 267-280.

ID., *Le livre secret des cathares, Interrogatio Iohannis - Apocryphe d'origine bogomile*, Paris, 1980.

BROWE, P., « Die Pflichtbeichte im Mittelalter », *Zeitschrift für Katholische Theologie* 57 (1933), p. 335-383.

BROWN, P., *Le culte des saints - Son essor et sa fonction dans la chrétienté latine,* Paris, 1984.

BRUNEL, C., « Les juges de la paix en Gevaudan au milieu du XIe siècle », *Bibliothèque de l'Ecole des Chartes* 109 (1951), p. 32-41.

BÜHLER, T., « Wenn das Recht ohne Schrift auskommen muß », CARLEN, L. (éd.), *Forschungen zur Rechtsarchäologie und rechtlichen Volkskunde* IV (1982), p. 79-97.

BUSCHMANN, A./WADLE, E. (éd.), *Landfrieden-Anspruch und Wirklichkeit,* Paderborn, 2002 (Rechts- und Staatswissenschaftliche Veröffentlichungen der Görres-Gesellschaft 98).

CABANOT, J. , « Le trésor des reliques de Saint-Sauveur de Charroux, centre et reflet de la vie spirituelle de l'abbaye », *BSAO* 16 (1981/82), 4e série, p. 103-123.

CALLAHAN, Daniel F., « Ademar of Chabbannes, millenial fears », *Journal of Ecclesiastical History* 1995, p. 19-35.

ID., « The Peace of God and the Cult of the Saints in Aquitaine in the Tenth and Eleventh Centuries », HEAD, T./LANDES, R. (éd.), *The Peace of God*, 1992, p. 165-183.

ID., « The Peace of God, Apocalypticism, and the Council of Limoges of 1031 », *Revue bénédictine* 101 (1991), p. 32-49.

ID., « William the Great and the Monasteries of Aquitaine », *Studia monastica* 19 (1977), p. 321-342.

ID., « Adémar de Chabannes et la Paix de Dieu », *Annales du Midi* LXXXIX (1977), p. 21-43.

CAMPBELL, P., « Die Kapitularien. Entstehung und Bedeutung », KROESCHELL, K./CORDES, A. (éd.), *Funktion und Form. Quellen- und Methodenprobleme der mittelalterlichen Rechtsgeschichte*, Berlin, 1996 (Schriften zur Europäischen Rechts- und Verfassungsgeschichte 18), p. 23-38.

CARLIN, M.-L., *La pénétration du droit romain dans les actes de la pratique provençale (XIe – XIIIe siècle),* Paris, 1967 (Bibliothèque d'histoire du droit et droit romain XI).

CAROZZI, C., « La tripartition sociale et l'idée de paix au XIe siècle », *La guerre et la paix*, Actes du 101e congrès national des sociétés savantes, Lille, 1976.
CATAFAU, A., *Les celleres et la naissance du village en Roussillon (Xe – XVe siècles)*, Perpignan, 1998.
ID., « Les celleres du Roussillon », SENAC, P. (dir.), *Histoire et archéologie des terres catalanes au Moyen Age*, Perpignan, 1995 (Collection Etudes, Centre de recherche sur les problèmes de la frontière), p. 163-185.
CHAPEAU, G., « Comment dater l'octogone de Charroux », *BSAO* 9 (1931/1933), 3e série, p. 468-482.
ID., « L'Eglise abbatiale de Charroux », *BSAO* 8 (1929), 3e série, p. 503-533.
ID., « Les grandes reliques de l'abbaye de Charroux, étude d'histoire et d'archéologie », *BSAO* 8 (1928), 3e série, p. 100-128.
ID., « Fondation de l'Abbaye de Charroux. Etudes sur les textes », *BSAO* 7 (1925-1927), 3e série, p. 471-508.
CHENU, M. D., *La théologie au douzième siècle*, 2e éd., Paris, 1966.
ID., « Moines, clercs, laïcs au carrefour de la vie évangélique (XIIe siècle) », *Revue d'histoire ecclésiastique (R.H.E.)* 49 (1954), p. 59-89.
CONGAR, Y. M. - J., « *Status Ecclesiae* », STRAYER, J. R./QUELLER, D. E. (éd.), *Essais on Medieval Law and the Emergence of the European State in Honor of Gaines Post,* Rome, 1972, p. 1-31.
ID., « Saint Augustin et le traité ecclésiastique *De gratia capitis*», *Augustinianum*, août 1980, p. 79-93.
ID., « Les laïcs et l'ecclésiologie des « ordines » chez les théologiens des XIe et XIIe siècles », *I laici nella « societas christiana » dei secoli XI e XII.* Atti della terza Settimana internazionale di studio (Mendola, agosto 1965), Milan, 1966, p. 83-117.
ID., « L'écclésiologie de S. Bernard », *Analecta Sacri Ordinis Cisterciensis* 9 (1953), p. 136-190.
ID., « *Ecclesia ab Abel* », REDING, M. (éd.), *Abhandlungen über Theologie und Kirche*, Festschrift für K. Adam, Düsseldorf, 1952, p. 79-108.
COWDREY, H. E. J., « The Peace and the Truce of God in the eleventh Century », *Past and Present* 46 (1970), p. 42-67.
DEBORD, A., « The Castellan Revolution and the Peace of God in Aquitaine », HEAD, T./LANDES, R. (éd.), *The Peace of God*, 1992, p. 135-164.
DELARUELLE, Chanoine E., *La piété populaire au Moyen Age*, Turin, 1975.

ID., « Le crucifix dans la piété populaire et dans l'art du VIe au XI siècle », *Etudes ligériennes d'histoire et d'archéologie médiévales*, Saint-Benoît-sur-Loire, 3-10 juillet 1969, Auxerre, 1975, p. 133-144.

DEVAILLY, G., « Les grandes familles et l'épiscopat dans l'ouest de la France et les Pays de la Loire », *Cahiers de civilisation médiévale* 27 (1984), p. 49-55.

DEVISSE, J., « L'influence de Julien Pomère sur les clercs carolingiens », *Revue d'histoire de l'Eglise de France* 56 (1972), p. 286-295.

DILCHER, G., « Die Zwangsgewalt und der Rechtsbegriff vorstaatlicher Ordnungen im Mittelalter », CORDES, A./KANNOWSKI, B. (éd.), *Rechtsbegriffe im Mittelalter*, Francfort-sur-Main/Berlin/Bern/Bruxelles/New York/Oxford/Vienne, 2003 (Rechtshistorische Reihe 262), p. 111-153.

ID., « Mittelalterliche Rechtsgewohnheit als methodisch-theoretisches Problem », DILCHER, G./LÜCK, H./SCHULZE, R./WADLE, E./WEITZEL, J./WOLTER, U. (éd.), *Gewohnheitsrecht und Rechtsgewohnheiten im Mittelalter*, Berlin, 1992 (Schriften zur Europäischen Rechts- und Verfassungsgeschichte 6), p. 21-66.

DUBOIS, M.-M., « Le culte de la sainte Croix en Grande-Bretagne aux VIIe et VIIIe siècles et l'influence des hymnes de Fortunat sur quelques poèmes anglo-saxons », *Etudes mérovingiennes*, Poitiers, 1-3 mai 1952, Paris, 1953.

DUBUC, C., « Les possessions poitevines des Lusignans », CENTRE D'ETUDES SUPERIEURES DE CIVILISATION MEDIEVALE = C.E.S.C.M. (éd.), *Isabelle d'Angoulême comtesse-reine et son temps (1186-1246)*, Actes du colloque tenu à Lusignan du 8 au 10 novembre 1996, Poitiers, 1999, p. 21-32.

DUBY, G., *Les trois ordres ou l'imaginaire du féodalisme*, Paris, 1978.

ID., *La société aux XIe et XIIe siècles dans la région mâconnaise*, Paris, 1963, 2 éd., 1971.

ID., « Les laïcs et la paix de Dieu », *I laici nella « Societas christiana » dei secoli XI e XII*, Atti della terza Settimana internationale di studio Mendola, 21-27 agosto 1965, Milan 1968, p. 448-469 (Micellanea del Centro di studi mediovali 5).

DUGUET, J., « La famille des Isembert, évêques de Poitiers et ses relations (Xe - XIe siècles) », *BSAO* 11 (1971), 4e série, p. 163-186.

EHLERS, J., « Die deutsche Nation des Mittelalters als Gegenstand der Forschung », EHLERS, J. (éd.), *Ansätze und Diskontinuität deutscher Nationsbildung im Mittelalter,* Sigmaringen, 1989, p. 11-58.

EYGUN, F., « L'abbaye de Charroux, les grandes lignes de son histoire et de ses constructions », *BSAO* 10 (1969/1970), 4e série, p. 11-24 ainsi que p. 167-168.

FAVREAU, R., « Le Concile de Charroux (989) et la Paix de Dieu », *BSAO* 3 (1989), 5e série, p. 213-219.

ID., « Le Concile de Charroux de 989 », *Les Cahiers du Centre théologique de Poitiers*, 1989, p. 3-22.

FAVREAU, R./CAMUS, M.-T., *Charroux*, Poitiers, 1989.

FECHTER, J., *Cluny, Adel und Volk - Studien über das Verhältnis zu den Ständen (910-1156)*, Inaugural-Dissertation, Tübingen, 1966.

FILHOL, R., *Le vieux coustumier de Poictou*, Bourges, 1956 (Travaux de la Société d'histoire du droit et des institutions des pays de l'Ouest de la France, vol. I).

FLICHE, A., *La Réforme grégorienne et la Reconquête chrétienne (1057-1123)*, Série Histoire de l'Eglise, Paris, 1950.

FLORI, J., *Chevaliers et chevalerie au Moyen Age*, Paris, 1998.

ID., *La Chevalerie*, Paris, 1998.

FONTENELLE (de la) DE VAUDORE, A.D., « Les coutumes de Charroux », *Mémoires de la Société des Antiquaires de l'Ouest MSAO*, année 1842, Poitiers, 1843, p. 419-465, table spéciale : p. 479-481.

ID., *Recherches sur les vigueries et sur les origines de la féodalité en Poitou*, Poitiers, 1839.

FORTUNIER, V., « Les *convenientiae* en Aquitaine : un vecteur pour la mutation féodale ? », HOAREAU-DODINAU, J./TEXIER, P. (éd.), *Résolution des conflits. Jalons pour une anthropologie historique du droit*, Limoges, 2003 (Cahiers de l'Institut d'Anthropologie Juridique 7), p. 85-102.

FOURNIER P. F./SEVE, R., « Les biens de l'abbaye de Charroux en Auvergne », *Bulletin historique et scientifique d'Auvergne* 85 (1972), p. 267-278.

FOURURE, G., *Malheur et châtiment*, Paris, 1959.

FRANK, B., « Convenientia und Treueeid in ihrem soziokulturellen Kontext. Ein Fallbeispiel zum Texttypenwandel », MICHAELIS, S./TOPHINKE, D. (éd.), *Texte - Konstitution, Verarbeitung, Typik*, München, 1996 (Edition Linguistik 13), p. 17-33.

FRASSETTO, M., « Violence, Knightly Piety and the Peace of God Movement in Aquitaine», KAGAY, D.J./VILLALON, L.J.A. (éd.), *The Final Argument. The Imprint of Violence on Society in Medieval and Early Modern Europe*, Woodbridge, 1998, p. 13-26.

FREEDMAN, P., « Le pouvoir épiscopal en Catalogne au Xe siècle » GENERALITAT DE CATALUNYA (éd.), *Catalunya i França meridional a l'entorn de l'any mil,* Barcelone, 1991, p. 174-180.

FRIED, J., « Endzeiterwartung um die Jahrtausendwende », *Deutsches Archiv für Erforschung des Mittelalters* 45/2 (1989), p. 443-473.

ID., *Die Entstehung des Juristenstandes im 12. Jahrhundert,* Cologne/Vienne, 1981.

FROIDEVAUX, Y. M., « Eglise abbatiale de Charroux (Vienne), contribution à l'étude du monument », *Congrès archéologique de France*, Poitiers, 109e session de l'année 1951, Poitiers/Orléans, p. 356-368.

FRUSCIONE, D., *Das Asyl bei den germanischen Stämmen im frühen Mittelalter,* Cologne/Weimar/Vienne, 2003 (LÜDERSSEN, K./SCHREINER, K./SPRANDEL, R./WILLOWEIT, D. (éd.), Konflikt, Verbrechen und Sanktion in der Gesellschaft Alteuropas. Fallstudien 6).

GABORIT, J. R., « Observations sur l'ensemble peint de l'église Saint-Aignan à Brinay (Cher), la mise en place des peintures murales », *Art et archéologie de l'Aquitaine septentrionale,* 111e Congrès national des Sociétés savantes, Poitiers, 1986, Paris, 1987, p. 125-146.

GALTIER, P., *De paenitentia tractatus dogmatico-historicus*, 2e éd., Rome, 1950.

ID., « A propos de la pénitence primitive. Méthode et conclusions », *Revue d'Histoire Ecclésiastique* 30 (1934), p. 517-577 et 797-846.

ID., *L'Eglise et la rémission des péchés aux premiers siècles*, Paris, 1932.

GANSHOF, F., « La paix au très haut Moyen Age », *Recueils de la Société J. Bodin*, t. XIV : *La paix*, Bruxelles, 1961.

GARAUD, M., *Les châtelains du Poitou et l'avènement du régime féodal (XIe et XIIe siècles), Mémoires de la Société des antiquaires de l'Ouest MSAO* 8 (1964), 4e série.

ID., « Les circonscriptions administratives du comté du Poitou et les auxiliaires du comte au Xe siècle », *Le Moyen Age* 59 (1953), p. 11-61.

ID., « L'organisation administrative du comté du Poitou au Xe siècle et l'avènement des châtelains et des châtellenies », *BSAO* 2 (1952-1954), 4e série, p. 411-454.

GAUDEMET, J., « La coutume en droit canonique », *Revue de droit canonique* 38 (1988), p. 224-251
ID., « Les collections canoniques du Xe siècle », RICHE, P./HEITZ, C./HEBER-SUFFRIN, F. (éd.), *Xe siècle, Recherches nouvelles*, Centre de recherches sur l'antiquité tardive et le Haut Moyen Age, Université Paris X Nanterre, 1987, p. 43-45.
ID., « Le droit romain dans la pratique et chez les docteurs aux XIe et XIIe siècles », *Cahiers de Civilisation Médiévale* 8 (1965), p. 365-380.
GAUSSIN, P.-R., « La Paix de Dieu », *La Paix de Dieu, Xe – XIe siècle*, Actes du colloque organisé au Puy en septembre 1987 par le Conseil Général du Département de la Haute-Loire, Le Puy, 1987, p. 37-47.
GAUTHIER, M.-M., « Sépulcre de Saint-Martial de Limoges », *Bulletin de la Société archéologique et historique du Limousin* LXXXVIII (1961).
GEARY, P., « Vivre en conflit dans une France sans Etat : typologie des mécanismes de règlement des conflits (1050-1200) », *Annales E.S.C.* 41 (1986), p. 1107-1133.
ID., « L'humiliation des saints », *Annales E.S.C.* 34 (1979), p. 27-42.
ID., *Furta Sacra - Thefts of Relics in the Central Middle Ages*, Princeton, 1978.
GENGLER, H.G. (éd.), *Des Schwabenspiegels Landrechtsbuch*, Erlangen, 1875.
GERGEN, T., « Gottesfrieden und Gewalt gegen Bischöfe – Überlegungen zu den Rechtsgrundlagen des Sanktionensystems », FRYDE, N./REITZ, D. (éd.), *Bischofsmord im Mittelalter. Murder of Bishops*, Göttingen, 2003, p. 83-97.
ID., « *Pax et Treuga* dans *Romanistik* et *Germanistik* », HOLTUS, G./KRAMER, J. (éd.), *Ex traditione innovatio*, Mélanges/Festschrift für Max Pfister, Darmstadt, 2002, vol. II, p. 311-320.
ID., « Pau e treva de nostre Senyor in den Usatges de Barcelona : Frieden durch rhetorische Formeln ?», PUSCH, C. (éd.), *Katalanisch in Geschichte und Gegenwart. Sprachwissenschaftliche Beiträge – Estudis de lingüística*, Tübingen, 2001, p. 65-76 (*De Lingulis* 1).
ID., « Et meam considerans culpam...La Paix de Dieu comme source juridique pour la résolution des conflits », HOAREAU-DODINAU, J./TEXIER, P. (éd.), *La Culpabilité*, Limoges, 2001 (Cahiers de l'Institut d'Anthropologie Juridique 6), p. 367-385.
ID., « Texttradition der *Usatges de Barcelona* am Beispiel von *pau e treva* und den *XXX passes (sagreres)* der katalanischen Friedenskonzilien », GROSSE, S./SCHÖNBERGER, A. (éd.), *Dulce et decorum est philo-*

logiam colere, Festschrift/Mélanges D. Briesemeister zu seinem 65. Geburtstag, Berlin, 1999, p. 257-278.

ID., « Le concile de Charroux (989) et la Paix de Dieu : un premier pas vers l'unification du droit pénal au Moyen Age ? », *BSAO* 12 (1998), 5e série, p. 1-59.

GERNHUBER, J., *Die Landfriedensbewegung in Deutschland bis zum Mainzer Reichslandfrieden*, Bonn, 1951.

GODDING, P./PYCKE, J., *La paix de Valenciennes de 1114, commentaire et édition critique*, Louvain-la-Neuve, 1981.

GONTHIER, N., *Le châtiment du crime au Moyen Ages XIIe-XVIe siècles*, Rennes, 1998.

GÖRRIS, Gerhard C. W., *De Denkbeelden over orloog en de bemoeiingen vor vrede in de eelfde eeuw*, thèse Leiden, Nimwegen, 1912.

GOETZ, H.-W., « Die Gottesfriedensbewegung im Licht neuerer Forschungen », BUSCHMANN, A./WADLE, E. (éd.), *Landfrieden. Anspruch und Wirklichkeit*, 2002, p. 31-54.

ID., « Protection of the Church, Defense of the Law, and Reform, On the Purposes and Character of the Peace of God, 989-1038 », HEAD, T./LANDES, R. (éd.), *The Peace of God*, 1992, p. 259-279.

ID., « La Paix de Dieu en France autour de l'an Mil, fondements et objectifs, diffusion et participants », PARISSE, M./BARRAL I ALTET, X. (dir.), *Le Roi de France et son royaume autour de l'an Mil*, Paris, 1992, p. 131-145.

ID., « Der Kölner Gottesfriede von 1083, Beobachtungen über Anfänge, Tradition und Eigenart der deutschen Gottesfriedensbewegung », *Jahrbuch des Kölner Geschichtsvereins* 55 (1984), p. 39-76.

ID., « Kirchenschutz, Rechtswahrung und Reform. Zu den Zielen und zum Wesen der frühen Gottesfriedensbewegung in Frankreich », *Francia* 11 (1983), p. 193-239.

GONZALVO I BOU, G., « Versions en català de constitucions de *Pau i Treva* », *Medievalia* 12 (1995), p. 33-40.

ID., *Les Constitutions de Pau i Treva de Catalunya (segles XI – XIII)*, Barcelone, 1994.

ID., « Cànons del concili de Lleida de 1173 al.lusius a la pau i treva », *Medievalia* 9 (1990), p. 153-160.

ID., *La Pau i Treva a Catalunya. Origen de les Corts Catalanes*, Barcelone, 1986.

GOUGAUD, L., *Gaelic Pioneers of Christianity, The work and the influence of Irish Monks and Saints in Continental Europe*, Dublin, 1923.

ID., *Les chrétientés celtiques*, Paris, 1911.

GOUGUENHEIM, S., *Les Fausses Terreurs de l'an Mil*, Paris, 1999.

GRABOIS, A., « De la trêve de Dieu à la paix du roi, Etude sur les transformations du mouvement de la paix au XIIe siècle », GALLAIS, P./RIOU, Y.-J. (éd.), *Mélanges offertes à R. Crozet,* t. I, Poitiers, 1966, p. 585-596.

GREWE, W. G., *Epochen der Völkerrechtsgeschichte*, Baden-Baden, 1984.

GRIERSON, « Hugues de Saint-Bertin, était-il archichapelain de Charles le Chauve ? », *Moyen Age* 44 (1934), p. 241 suiv.

GROSSE, R., « Der Friede in Frankreich bis zur Mitte des 12. Jahrhunderts », ERKENS, F.-R./WOLFF, H. (éd.), *Von Sacerdotium und Regnum. Geistliche und weltliche Gewalt im frühen und hohen Mittelalter,* Festschrift für Egon Boshof zum 65. Geburtstag, Cologne/Weimar/Vienne, 2002 (Passauer Historische Forschungen 12), p. 77-110.

GUEPRATTE, R., *La Paix de Dieu et la Trêve de Dieu,* mémoire de l'Académie impériale de Metz, 1856.

GUIBERT, L., « Les évêques de Limoges et la paix sociale », *Bulletin de la Société archéologique et historique du Limousin* XLVII (1899), p. 36-50.

GUILLEMAIN, B., « L'action pastorale des évêques en France aux Xe et XIIe siècles », *Le Istituzioni ecclesiastichi della societas christiana dei secoli XI-XII.* Diocesi, Pievi, et parrochie, Atti della sesta settimana internazionale di studio, Milano, 1-7 settembre 1974, Publicazioni dell'Università cattolica del sacro cuore, Milan, 1977 (*Miscellanea del Centro di Studi Medievali* VIII).

ID., *Le diocèse de Bordeaux*, Paris, 1974.

ID., « Les moines sur les sièges épiscopaux du sud-ouest de la France aux XIe et XIIe siècles », *Mélanges offerts à E.-R. Labande, Etudes de Civilisation Médiévale (IXe-XIIe siècles)*, Poitiers, 1966, p. 377-384.

GUILLUY, « Le mal originel dans la tradition chrétienne occidentale de saint Augustin à saint Thomas », ID. (éd.), *La culpabilité fondamentale-péché originel et anthropologie moderne*, Lille, 1975, p. 60-63.

GUTERMAN, S., *The Principle of the Personnality of Law in the Germanic Kingdoms of Western Europe from the Fifth to the Eleventh Century,* New York/Bern/Francfort-sur-Main, 1990 (American Legal Studies 44).

ID., « The transition from personnality to territoriality of law in feudalism », *Album J. Ballon*, Namur, Belgique, 1968.

ID., « The first age of European Law : The origin and caracter of the conflict of laws in the early middle ages », *Law Forum* 7 (1961), New York, p. 131-166.

GUTH, K., « Guibert von Nogent und die hochmittelalterliche Kritik an der Reliquienverehrung », *Studien und Mitteilungen zur Geschichte des Benediktiner-Ordens und seiner Zweige*, Ottobeuren, 1970.

GY, P.-M., « La liturgie au Xe siècle en Occident », RICHÉ, P./HEITZ, C./HEBER-SUFFRIN, F. (éd.), *Xe siècle,* p. 47-48.

HAINAULT, S., *Les origines de l'abbaye de Saint-Sauveur de Charroux*, Mémoire D.E.S., Poitiers, 1955.

HARTMANN, W., « Der Frieden im frühen Mittelalter - Zwei Studien », Barsbüttel, 1992 (Beiträge zur Friedensethik 12).

HATTENHAUER, H., *Die Bedeutung der Gottes- und Landfrieden für die Gesetzgebung in Deutschland*, thèse, Marbourg, 1958.

HÄUSSLING, A. A., *Mönchskonvent und Eucharistiefeier. Eine Studie über die Messe in der abendländischen Klosterliturgie des frühen Mittelalters und zur Geschichte der Meßhäufigkeit,* Münster, 1973 (Liturgiewissenschaftliche Quellen und Forschungen 58).

HEAD, T., « The Development of the Peace of God in Aquitaine (970-1005) », *Speculum* 74 (1999), p. 656-686.

ID., « Letaldus of Micy and the hagiographic traditions of the abbey of Nouaillé - The Context of the *Delatio corporis S. Juniani* », *Analecta Bollandiana* 115 (1997), p. 253-267.

ID., « Andrew of Fleury and the Peace League of Bourges », *Historical Reflections/Réflexions historiques* 14/3 (1987), p. 513-529.

HEAD, T./LANDES, R. (éd.), *The Peace of God. Social Violence and Religious Response in France around the year 1000,* Ithaca, Londres, 1992.

HEITZ, C., « *Adoratio Crucis.* Remarques sur quelques crucifixions préromanes en Poitou », *Mélanges offerts à E.-R. Labande, Etudes de Civilisation Médiévale (IXe-XIIe siècles)*, Poitiers, 1966, p. 395-405.

ID., *Recherches sur les rapports entre architecture et liturgie à l'époque carolingienne*, Paris, 1963.

HERRMANN-MASCARD, N., *Les reliques des saints - Formation coutumière d'un droit*, Paris, 1975.

HERZBERG-FRÄNKEL, S., *Die ältesten Land- und Gottesfrieden in Deutschland,* Göttingen, 1883 (nouvelle édition 1968).

HIS, R., Annotations, *Zeitschrift der Savigny-Stiftung für Rechtsgeschichte KA* 1913, p. 605.

HOFFMANN, H., *Gottesfriede und Treuga Dei*, Stuttgart, 1964 nouvelle édition 1986 (Schriften der *Monumenta Germaniae historica* 20).

HUBERTI, L., *Studien zur Rechtsgeschichte der Gottesfrieden und Landfrieden, I : Die Friedensordnungen in Frankreich*, Ansbach, 1892.

JORIS, A., « Observations sur la proclamation de la Trêve de Dieu à Liège à la fin du XIe siècle », *Recueils de la Société J. Bodin*, t. XIV : *La Paix*, Bruxelles, 1961, p. 503-545.

JUNGMANN, J., *Die lateinischen Bußriten in ihrer geschichtlichen Entwicklung*, Innsbruck, 1932.

ID., *Die abendländische Kirchenbuße im frühen Mittelalter*, Breslau, 1930 (Breslauer Studien zur historischen Theologie 16).

KAGAY, D. J., *The Usatges of Barcelona, the fondamental law of Catalonia*, trad., Philadelphia, 1994.

KAISER, R., « Mord im Dom. Von der Vertreibung zur Ermordung des Bischofs im frühen und hohen Mittelalter », *ZRG KA* 110 (1993), p. 95-134.

ID., « Verbrechen und Strafe in Nordfrankreich um 1100. Zwei Wundererzählungen des Abtes Gisbert von Nogent (gest. um 1125) und Hermann von Tournai (gest. 1147/48) », BERG, D./GOETZ, H.-W. (éd.), *Ecclesia et regnum. Beiträge zur Geschichte von Kirche, Recht und Staat im Mittelalter, Festschrift für F.-J. Schmale zu seinem 65. Geburtstag*, Bochum, 1989, p. 98-109.

ID., « Selbsthilfe und Gewaltmonopol - Königliche Friedenswahrung in Deutschland und Frankreich im Mittelalter », *Frühmittelalterliche Studien* 17 (1983), p. 55-72.

KAMP, H., *Friedensstifter und Vermittler im Mittelalter,* Darmstadt, 2001 (Symbolische Kommunikation in der Vormoderne. Studien zur Geschichte, Literatur und Kunst).

KENNELLY, K., « Catalan Peace and Truce Assemblies », *Studies in Medieval Culture* 5 (1975), p. 41-51.

ID., « Sobre la Paz de Dios y la sagrera en el condado de Barcelona (1030-1130) », *Anuario de Estudios medievales* 5 (1968), p. 107-136.

ID., *The Peace of God, Fact or fiction ?,* thèse, Université de Californie, Berkeley, 1962.

KLUCKHOHN, A., *Geschichte des Gottesfriedens,* Leipzig, 1857 (nouvelle édition 1966).

KÖRNER, T., *Juramentum und frühe Friedensbewegung (10.-12. Jh.),* Berlin, 1977 (Münchener Universitätsschriften, Abhandlungen zur Rechtswissenschaftlichen Grundlagenforschung 26).

KÖRNTGEN, L., *Studien zu den Quellen der frühmittelalterlichen Bußbücher*, Sigmaringen, 1993.

KOSTO, A.J., « The Limited Impact of the *Usatges de Barcelona* in twelfth-century Catalonia », *Traditio. Studies in Ancient and Medieval History, Thought, and Religion* 56 (2001), p. 53-88.

KOTTJE, R., *Die Bußbücher Halitgars von Cambrai und des Hrabanus Maurus, ihre Überlieferung und Quellen*, Berlin, 1980.

KRAUSE, H., « Königtum und Rechtsordnung in der Zeit der sächsischen und salischen Herrscher », *ZRG (GA)* 82 (1965), p. 1-98.

ID., « Dauer und Vergänglichkeit im mittelalterlichen Recht », *ZRG (GA)* 75 (1958), p. 206-251.

KUPFER, M.A., *Romanesque Wall Painting in Central France,* Yale University Press, 1993.

ID., « L'Eglise peinte comme auto-représentation institutionnelle au XIIe siècle, le cas du Centre de la France », *L'Emplacement et la fonction des images dans la peinture murale du Moyen Age,* Actes du 5e séminaire international d'art mural 16-18 sept. 1992, p. 71-87.

KUTTNER, S., *Kanonistische Schuldlehre von Gratian bis auf die Dekretalen Gregors IX.*, Città del Vaticano, 1935 *(Biblioteca Apostolica Vaticana).*

LABANDE-MAILFERT, Y., « Pauvreté et paix dans l'iconographie romane (XIe-XIIe siècles) », MOLLAT, M. (dir.), *Etudes sur l'histoire de la pauvreté (Moyen Age – XVIe siècle),* Paris, 1974, p. 319-343.

ID., « L'iconographie des laïcs dans la société religieuse aux XIe et XIIe siècles », *I laici nella « societas christiana » dei secoli XI et XII,* Atti della terza Settimana internazionale di studio, La Mendola, 21-27 agosto 1965, Milan, 1968, p. 488-529.

LANDES, R., « Between Aristocracy and Heresy, Popular Participation in the Limousin Peace of God, 994-1033 », HEAD, T./LANDES, R. (éd.), *The Peace of God,* 1992, p. 184-218.

ID., « La vie apostolique en Aquitaine en l'an mil. Paix de Dieu, culte des reliques et communautés hérétiques », *Annales E.S.C.* 46 (1991), p. 573-593.

LASTEYRIE, R. (de), *Etudes sur les comtes et vicomtes de Limoges antérieures à l'an 1000*, Paris, 1874 (Bibliothèque de l'Ecole des Hautes Etudes, Sciences philologiques et Historiques, 18e fascicule).

LAURANSON-ROSAZ, C., « Guerre ou Paix dans le Midi de l'Auvergne au temps d'Odilon de Mercoeur ? (v. 980-1050) », PACAUT, M. (éd.), *Odilon de Mercoeur, l'Auvergne et Cluny : La Paix de Dieu et l'Europe de l'an mil,*

Clermont-Ferrand, 2002 (Actes du colloque de Lavoûte-Chilhac des 10, 11 et 12 mai 2000), p. 11-32.

ID, « Des 'mauvaises coutumes' aux 'bonnes coutumes'. Essai de synthèse pour le Midi (Ve-XIIe siècles) », MOUSNIER, M./POUMAREDE, J. (éd.), *La coutume au village dans l'Europe médiévale et moderne,* Toulouse, 2001 (Actes des XXes Journées Internationales d'Histoire de l'Abbaye de Flaran, septembre 1998), p. 19-51.

ID., « Peace from the Mountains, The Auvergnat Origins of the Peace of God », HEAD, T./LANDES, R. (éd.), *The Peace of God*, 1992, p. 104-134.

ID., « Les mauvaises coutumes d'Auvergne (fin Xe – XIe siècle), *Annales du Midi* 102 (1990), p. 557-586.

ID., « Le Velay de l'an mil - Le diocèse du Puy à la fin du Xe siècle », *La Paix de Dieu, Xe – XIe siècle,* Actes du colloque organisé au Puy en septembre 1987 par le Conseil Général du Département de la Haute-Loire, Le Puy, 1987, p. 9-12.

ID., *L'Auvergne et ses marges (Velay, Gévaudan) du VIIe au XIe siècle. La fin du monde antique ?*, Le-Puy-en-Velay, 1987 (Les Cahiers de la Haute-Loire).

LEMARIGNIER, J.-F., « La dislocation du pagus et le problème des consuetudines (Xe – XIe siècles) », *Mélanges d'histoire du Moyen Age, dédiés à la mémoire de Louis Halphen,* Paris, 1951, p. 402 suiv.

LEROY, Y., « La circonscription des diocèses en France », CARLEN, L. (éd.), *Nouvelles circonscriptions des diocèses - nouveaux évêchés,* Fribourg/Suisse, 1992, p. 37-51.

LIMOUZIN-LAMOTHE, R., *Le diocèse de Limoges des origines à la fin du Moyen Age*, Strasbourg-Paris, 1951 (Collection d'histoire des diocèses de France).

LITTLE, L. K., *Benedictine Maledictions : Liturgical Cursing in Romanesque France*, New York, Ithaca, 1993.

LOT, F., « Le mythe des terreurs de l'an mille », *Recueils des travaux historiques de Ferdinand Lot,* t. I, Genève-Paris, 1968.

LÜCK, H., *Über den Sachsenspiegel. Entstehung, Inhalt und Wirkung des Rechtsbuches,* Halle-sur-Saale, 1999.

ID., *Sachsenspiegel und Magedeburger Recht – Europäische Dimensionen zweier mitteldeutscher Rechtsquellen,* Hambourg, 1998.

MACKINNEY, Loren C., « The People and Public Opinion in the Eleventh-Century Peace Mouvement », *Speculum* 1/V (1930), p. 181-206.

MAGNOU-NORTIER, E., « The Enemies of Peace : Reflections on a Vocabulary », HEAD, T./LANDES, R. (éd.), *The Peace of God*, 1992, p. 58-80.

ID., « Les évêques et la paix dans l'espace franc », *L'évêque dans l'histoire de l'Eglise*, Angers, 1984, p. 33-50.

ID., « Les mauvaises coutumes en Auvergne, Bourgogne méridionale, Languedoc et Provence au XIe siècle : un moyen d'analyse sociale », *Structures féodales et féodalisme dans l'Occident méditerranéen (Xe – XIIIe siècle) : Bilan et perspectives de recherches*, Rome-Paris, 1980 (Collection de l'Ecole française de Rome), p. 135-172.

ID., « La place du concile du Puy (v. 994) dans l'évolution de l'idée de paix », *Mélanges offerts à J. Dauvillier*, Toulouse, 1979, p. 489-506.

ID., *La société laïque et l'Eglise dans la province ecclésiastique de Narbonne (zone cispyrénéenne) de la fin du VIIIe à la fin du XIe siècle,* Toulouse, 1974 (Publications de l'Université de Toulouse-Le-Mirail, série A, t. 20).

MAISONNEUVE, H., *La morale chrétienne d'après les conciles des Xe et XIe siècles*, Louvain, 1964 *(Analecta Mediaevalia Namurcensia).*

MARTINDALE, J., *Status, Authority and Regional Power. Aquitaine and France, 9th to 12th Centuries*, Aldershot, Variorum, 1997.

ID, « Peace and War in Early Eleventh-Century Aquitaine », HARPER-BILL, C./HARVEY, R. (éd.), *Medieval Knighthood, 4 : Papers from the Fifth Strawberry Hill Conference*, Woodbridge, 1992, p. 147-176.

ID., « Conventum inter Guillelmum Aquitanorum comitem et Hugonem Chiliarchum », *The English Historical Review* 84 (1969), p. 528-548.

MEIJERS, E., « L'histoire des principes fondamentaux du droit international privé à partir du moyen âge », *Recueils des cours, Académie du droit international*, III, vol. 49, p. 565 suiv.

MERLE, R., *La pénitence et la peine, théologie, droit canonique, droit pénal*, Paris, 1985.

MISSONNE, D., « Gérard de Brogne et sa dévotion aux reliques », *Sacris Erudiri* 25 (1982), p. 1-26.

MOLINIÉ, G., *L'organisation judiciaire, militaire et financière des associations de la paix. Etude sur la paix et la trêve de Dieu dans le Midi et le Centre de la France*, Toulouse, 1912.

MOLLAT, M., *Les pauvres au Moyen Age : étude sociale,* Paris, 1978.

ID., « La restitution des églises privées au patrimoine ecclésiastique en France du IXe au XIe siècle », *Revue historique de droit français et étranger* 28 (1949), p. 15 suiv.

MORDEK, H., *Überlieferung und Geltung normativer Texte des frühen und hohen Mittelalters*, Sigmaringen, 1986.

MORINUS, J., *Commentarius historicus de disciplina in administratione sacramenti Poenitentiae tredecim primis seculis in Ecclesia Occidentali et hucusque in Orientali observata*, Anvers, 1682.

MÜLLER, D., « Schuld-Geständnis-Buße. Zur theologischen Wurzel von Grundbegriffen des mittelalterlichen Strafprozeßrechts », SCHLOSSER, H./SPRANDEL, R./WILLOWEIT, D. (éd.), *Herrschaftliches Strafen seit dem Hochmittelalter. Formen und Entwicklungsstufen*, Cologne/Weimar/Vienne, 2002 (Konflikt, Verbrechen und Sanktion in der Gesellschaft Alteuropas. Symposien und Synthesen 5), p. 403-420.

MÜLLER, K., « Der Umschwung in der Lehre von der Buße während des 12. Jahrhunderts », *Theologische Abhandlungen C. v. Weizsäcker gewidmet*, Fribourg-en-Brisgau, 1892, p. 287-320.

MUSY, J., « Mouvements populaires et hérésies au XIe siècle en France », *Revue historique* 253 (1975), p. 74 suiv.

NEUMEYER, X., « Die geographische Ausbreitung der gemeinrechtlichen Lehren vom internationalen Privatrecht (1250-1357) », *Tijdschrift voor Rechtsgeschiedenis* 33 (1965), p. 177-229.

O'BRIEN, B.R., *God's Peace and King's Peace, The Laws of Edward the Confessor,* Philadelphia, 1999.

OEXLE, O. G., « Le monastère de Charroux au IXe siècle », *Le Moyen Age* 76 (1970), p. 193-204.

OHST, M., *Pflichtbeichte. Untersuchungen zum Bußwesen im Hohen und Späten Mittelalter,* Tübingen, 1995 (Beiträge zur historischen Theologie 89).

OLLERIS, A., *Oeuvres de Gerbert pape sous le nom de Sylvestre II,* Clermont-Ferrand et Paris, 1867.

PACAUT, M., « Odilon de Cluny et la violence », *La Paix de Dieu, Xe – XIe siècle*, Actes du colloque organisé au Puy en septembre 1987 par le Conseil Général du Département de la Haute-Loire, Le Puy, 1987, p. 49-61.

PARADISI, B., « L'organisation de la paix au IVe et Ve siècle », *Recueils de la société J. Bodin*, t. XIV : *La Paix,* Bruxelles, 1961, p. 337 suiv.

PATZELT, E., *Die karolingische Renaissance*, Graz, 1965.

PLATELLE, H., « La violence et ses remèdes en Flandre au XIe siècle », *Sacris Erudiri* 15 (1971), p. 101-173.

POLY, J.-P., « Les légistes provençaux et la diffusion du droit romain dans le Midi », FACULTE DE DROIT ET DES SCIENCES ECONOMIQUES DE

MONTPELLIER (éd.), *Mélanges R. Aubenas,* 1974 (Recueils de Mémoires et Travaux publiés par la Société d'Histoire du Droit et des Institutions des anciens pays de droit écrit), p. 613-635.

PONSICH, P., « Oliba et la Trêve de Dieu », *Cahiers de Saint-Michel de Cuxa* 3 (1972), p. 31-42.

POSCHMANN, B., *Der Ablaß im Licht der Bußgeschichte*, Bonn, 1948 (*Theophaneia* 4, Beiträge zur Religions- und Kirchengeschichte des Altertums).

ID., *Die abendländische Kirchenbuße im Ausgang des christlichen Altertums*, Munich, 1928.

ID., *Kirchenbuße und 'correptio secreta' bei Augustinus*, Braunsberg, 1923.

PRELL, J. H., *Graf, Vizegrafen und Adel in Nordaquitanien (10. und 11. Jahrhundert). Prosopographisch-verfassungsgeschichtliche Untersuchungen zu Poitou, Aunis und Saintonge*, Inauguraldiss., Mannheim, 1991 (multigraphié).

REDET, L., « Tables des manuscrits de D. Fonteneau, conservés à la Bibliothèque municipale de Poitiers », *MSAO*, Poitiers, 1839, p. 257-258.

RENNA, T., « The Idea of peace in the West, 500-1150 », *Journal of Medieval History* 2/6 (1980) p. 143-167.

REYNOLDS, R.E., « Rites of separation and reconciliation in the early Middle Ages », *Law and Liturgy in the Latin Church, 5th-12th Centuries,* Aldershot, 1994 (Variorum Collected Studies, Series X).

ID., « Odilo and the Treuga Dei in Southern Italy, A Beneventan Manuscript Fragment », *Medieval Studies* 46 (1984), p. 450-462.

RICHE, P., *Gerbert d'Aurillac - Le pape de l'an mil*, Paris, 1987.

RIU, M./VALDEPENAS, P., « El espacio eclesiástico y la formación de las parroquias en la Cataluña de los siglos IX al XII », *L'environnement des églises et la topographie religieuse des campagnes médiévales.* Actes du IIIe congrès international d'archéologie médiévale, Aix-en-Provence, 1994, p. 57-67.

RIVERA DAMAS, A., *Pensamiento político de Hostiensis*, Zurich, 1964 (Estudio jurídico-histórico, *Institutum Historicum Juris Canonici*, vol. 3).

RONDIER, R.F., *Vie de Saint Junien*, Niort, 1861.

ROSENWEIN, Barbara H., *Negotiating Space : Power, Restraint, and Privileges of Immunity in Early Medieval Europe*, Ithaca/New York, 1999.

ID., « Feudal war and monastic peace, Cluniac liturgy as ritual aggression », *Viator* 2 (1971), p. 129-157.

ROUILLARD, P., *Histoire de la pénitence des origines à nos jours,* Paris, 1996.

ROUX, M., « Le plaid de Saint-Germain-Laprade, le concile de Saint-Paulien et la Paix de Dieu en Velay », *La Paix de Dieu, Xe – XIe siècle*, Actes du colloque organisé au Puy en septembre 1987 par le Conseil Général du Département de la Haute-Loire, Le Puy, 1987, p. 75-85.

ROVIRA I ERMENGOL, J. (éd.), *Usatges de Barcelona, i commemoracions de Pere Albert*, Barcelone, 1933.

RUSSEL, J. B., *Dissent and Reform in the Early Middle Ages,* Berkeley, 1965.

RUSSO, F., « Pénitence et excommunication. Etude historique sur les rapports entre la théologie et le droit canon dans le domaine pénitentiel du IXe au XIIIe siècle », *Recherches de science religieuse* XXXIII (1946), p. 257-279 et 431-461.

SALRACH, Josep M., « Prácticas judiciales, transformación social y acción política en Cataluña (siglos IX-XIII) », *Hispania* 197 (1997), p. 1009-1048.

ID., *« Agressions senyorials i resistències pageses en el procés de feudalització »,* GENERALITAT DE CATALUNYA (éd.), *Revoltes populars contra el poder de l'Estat,* Barcelone, 1992, p. 11-29.

SARGENT, S., « Religious responses to Social Violence in the Eleventh-Century Aquitaine », *Historical Reflections/Réflexions Historiques* 12 (1985), p. 220-228.

SCHEELE, F., *Di sal man alle radebrechen. Todeswürdige Delikte und ihre Bestrafung in Text und Bild der Codices picturati des Sachsenspiegels,* t. I (Textband), Oldenbourg, 1992.

SCHREINER, K., « 'Gerechtigkeit und Frieden haben sich geküßt' (Ps. 84, 11). Friedensstiftung durch symbolisches Handeln », FRIED, J. (éd.), *Träger und Instrumentarien des Friedens im hohen und späten Mittelalter,* 1996 (Vorträge und Forschungen 43), p. 37-86.

SCHULZE, R., « 'Gewohnheitsrecht' und 'Rechtsgewohnheiten' im Mittelalter - Einführung », DILCHER, G./LÜCK, H./SCHULZE, R./WADLE, E./WEITZEL, J./WOLTER, U. (éd.), *Gewohnheitsrecht und Rechtsgewohnheiten im Mittelalter*, Berlin, 1992 (Schriften zur Europäischen Rechts- und Verfassungsgeschichte 6), p. 9-20.

SCHWERING-ILLERT, G., *L'ancienne église abbatiale Saint-Sauveur de Charroux (Vienne). Sa reconstruction et son importance dans l'histoire de l'art*, Cologne, 1991.

ID., *Die ehemalige französische Abteikirche Saint-Sauveur in Charroux (Vienne) im 11. und 12. Jahrhundert - Ein Vorschlag zur Rekonstruktion*

und Deutung der romanischen Bauteile, Inaugural-Dissertation (= thèse), Bonn, 1963.
SELLERT, W., « Das Verfahren gegen den Wolf aus der Sicht des Rechtshistorikers », MÖLK, U. (éd.), *Literatur und Recht. Literarische Rechtsfälle von der Antike bis in die Gegenwart* (im Auftrag der Akademie der Wissenschaften), Göttingen, 1996, p. 57-80.
ID., *« Friedensprogramme und Friedenswahrung im Mittelalter »*, KÖBLER, G. (éd.), *Wege europäischer Rechtsgeschichte. Karl Kroeschell zum 60. Geburtstag*, Francfort-sur-Main/Bern/New York/Paris, 1987, p. 453-467.
SÉMICHON, E., *La paix et la trêve de Dieu. Histoire des développements du Tiers-Etat par l'Eglise et les associations de la fin du Xe siècle à la fin du XIIIe siècle*, Paris, 1857, 2e éd., 1869.
SENAC, P. (dir.), *Histoire et archéologie des terres catalanes au Moyen Age*, Perpignan, 1995 (Collection Etudes, Centre de recherche sur les problèmes de la frontière).
SICARD, G., « Paix et guerre dans le droit canon », *Cahiers de Fanjeaux*, no. 4 (Paix de Dieu et guerre sainte en Languedoc au XIIIe siècle), Toulouse, 1969, p. 74 suiv.
SIGAL, P.-A., *L'homme et le miracle dans la France médiévale (XIe - XIIe siècles)*, Paris, 1985.
SILVESTRE, H., « Commerce et vol de reliques », *Revue belge de Philologie et d'Histoire* XXX (1952), p. 721-739.
SOULARD-BERGER, I., « Agnès de Bourgogne, duchesse d'Aquitaine puis comtesse d'Anjou. Œuvre politique et action religieuse », *BSAO* 6 (1992), série 5, p. 45-56.
SPROEMBERG, H., « Urban II. und das kanonische Recht », *ZRG KA* 1965, p. 254-263.
STOUFF, S., « Etudes sur le principe de la personnalité des lois depuis les invasions barbares jusqu'au XIIe siècle », *Revue bourguignonne* 4 (1894), p. 1-65, 273-310.
STRUBBE, E., « La paix de Dieu dans le nord de la France » , *Recueils de la Société J. Bodin*, t. XIV : *La Paix*, Bruxelles, 1961, p. 489-501.
TEETAERT, A., *La confession aux laïques dans l'Eglise latine,* Louvain, 1926 (*Dissertationes ad gradum magistri in Facultate theologica*, série II, t. 17).
TELLENBACH, G., *Libertas. Kirche und Weltordnung im Zeitalter des Investiturstreites,* Stuttgart, 1936 (rééd. 1996).

THOMAS, G., *Les comtes de la Marche de la maison de Charroux (Xe siècle - 1177)*, p. 561-700 (Mémoires de la Société des sciences naturelles et archéologiques de la Creuze 23/1927).

TIMBAL, P., *Le droit d'asile,* thèse en droit, Paris, 1939.

TÖPFER, B., « The Cult of Relics and Pilgrimage in Burgundy and Aquitaine at the Time of the Monastic Reform », HEAD T./LANDES, R. (éd.), *The Peace of God*, 1992, p. 41-57.

ID., « Die Anfänge der Treuga Dei in Nordfrankreich », *Zeitschrift für Geschichtswissenschaft* IX (1961), p. 876-893.

ID., *Volk und Kirche zur Zeit der beginnenden Gottesfriedensbewegung in Frankreich,* Berlin (Est), 1957 (Neuere Beiträge zur Geschichtswissenschaft 1).

TOUBERT, H., *Un art dirigé*, Paris, 1990.

TREFFORT, C., « Consécration de cimetière et contrôle épiscopal des lieux d'inhumation au Xe siècle », KAPLAN, M. (dir.), *Le sacré et son inscription dans l'espace à Byzance et en Occident. Etudes comparées,* Paris, 2001 (Série Byzantina Sorbonensia 18), p. 285-299.

ID., « Le comte de Poitiers, duc d'Aquitaine et l'Eglise aux alentours de l'an mil (970-1030) », *Cahiers de Civilisation Médiévale* 43 (2000), p. 395-445.

TRICOIRE, P. G., *Les évêques d'Angoulême. Recherches historiques depuis les origines jusqu'à nos jours*, Angoulême, 1912.

VALLS I TABERNER, F., *Los Usatges de Barcelona. Estudios, comentarios y edición bilingüe del texto*, Barcelone, 1984 (Promociones Publicaciones Universitarios = PPU).

VANDER LINDEN, H., « Le tribunal de la paix de Henri de Verdun (1082) et la formation de la principauté de Liège », *Mélanges d'Histoire offerts à H. Pirenne*, t. I, Bruxelles, 1926.

VIAL, P., « Le chevalier, le Clerc et la Paix », *La Paix de Dieu, Xe – XIe siècle*, Actes du colloque organisé au Puy en septembre 1987 par le Conseil Général du Département de la Haute-Loire, Le Puy, 1987, p. 63-73.

VILLARD, P., *Les justices seigneuriales dans la Marche, Recherches sur les institutions judiciaires de l'Ancien Régime*, Paris, 1969 (Bibliothèque d'histoire du droit et droit romain 13).

VOGEL, C., *Le pécheur et la pénitence au Moyen Age*, Paris, 1969 (rééd. 1982).

ID., *Les 'libri paenitentiales'*, Louvain, 1978.

ID., « Pratiques superstitieuses au début du XIe siècle d'après le Corrector sive medicus de Burchard, évêque de Worms (965-1025) », *Extraits des Mélanges Labande*, Poitiers, 1974, p. 751-761.

ID., « Les rites de la pénitence publique aux Xe et XIe siècle », *Mélanges offerts à R. Crozet*, t. I, Poitiers, 1966, p. 137-144.

ID., « La réforme liturgique sous Charlemagne », *Karl der Große*, t. II, Düsseldorf, 1965.

ID., *La réforme cultuelle sous Pépin le Bref et sous Charlemagne*, Graz, 1965.

ID., « Le péché et la pénitence. Aperçu sur l'évolution historique de la discipline pénitentielle dans l'Eglise latine », *Pastorale du péché*, Paris, 1961, p. 147-234.

VOGEL, C./ELZE, R., *Le Pontifical romano-germanique du dixième siècle*, Città del Vaticano, 1972.

VONES-LIEBENSTEIN, U., *Saint-Ruf und Spanien. Studien zur Verbreitung und zum Wirken der Regularkanoniker von Saint-Ruf in Avignon auf der Iberischen Halbinsel (11. und 12. Jahrhundert),* t. I, Paris-Turnhout, 1996 (Bibliotheca Victoriana VI).

WADLE, E., « Landfriedensrecht in der Praxis », BUSCHMANN, A./WADLE, E. (éd.), *Landfrieden. Anspruch und Wirklichkeit,* 2002, p. 73-94.

ID., « Die Delegitimierung der Fehde durch die mittelalterliche Friedensbewegung », SCHLOSSER, H./SPRANDEL, R./WILLOWEIT, D. (éd.), *Herrschaftliches Strafen seit dem Hochmittelalter. Formen der Entwicklungsstufen,* Cologne/Weimar/ Vienne, 2002, p. 9-30.

ID., « Die peinliche Strafe als Instrument des Friedens », FRIED, J. (éd.), *Träger und Instrumentarien des Friedens im Hohen und Späten Mittelalter*, 1996, p. 229-247.

ID., «Gottesfrieden und Landfrieden als Gegenstand der Forschung nach 1950», KROESCHELL, K./CORDES, A. (éd.), *Funktion und Form. Quellen- und Methodenprobleme der mittelalterlichen Rechtsgeschichte*, Berlin, 1996 (Schriften zur Europäischen Rechts- und Verfassungsgeschichte 18), p. 63-91.

ID., « Die Konstanzer Pax und Bischof Gebhard III. », MAURER, H. (éd.), *Die Konstanzer Münsterweihe von 1089 in ihrem historischen Umfeld,* Fribourg-en-Brisgau, 1989, p. 141-153.

ID., « Frühe deutsche Landfrieden », MORDEK, H. (éd.), *Überlieferung und Geltung normativer Texte des frühen und hohen Mittelalters*, Sigmaringen, 1986 (Quellen und Forschungen zum Recht im Mittelalter 4), p. 71-92.

ID., « Heinrich IV. und die deutsche Friedensbewegung », FLECKENSTEIN, J. (éd.), *Investiturstreit und Reichsverfassung,* Sigmaringen, 1973 (Vorträge und Forschungen 17), p. 141-173.

WALLACH, R., *Das abendländische Gemeinschaftsbewußtsein im Mittelalter,* Leipzig, 1928.

WASSERSCHLEBEN, H., « Zur Geschichte der Gottesfrieden », *ZRG GA* 12 (1891), p. 112-116.

WATKINS, O.D., *A History of Penance*, 2 vol., Londres, 1920.

WEINBERGER, S., « Les conflits entre clercs et laïcs dans la Provence du XIe siècle », *Annales du Midi* 92 (1980), p. 269-279.

WEINFURTER, S., « Otto III. und Heinrich II. im Vergleich. Ein Resumee », SCHNEIDMÜLLER, B./WEINFURTER, S. (éd.), *Otto III. – Heinrich II. Eine Wende ?,* Sigmaringen, 1997, p. 387-414.

WEISWEILER, J., *Buße,* Halle, 1930 (Bedeutungsgeschichtliche Beiträge zur Kultur- und Geistesgeschichte).

WEITZEL, J., « Gewohnheitsrecht und fränkisch-deutsches Gerichtsverfahren », DILCHER, G./LÜCK, H./SCHULZE, R./WADLE, E./WEITZEL, J./WOLTER, U. (éd.), *Gewohnheitsrecht und Rechtsgewohnheiten im Mittelalter*, Berlin, 1992 (Schriften zur Europäischen Rechts- und Verfassungsgeschichte 6), p. 67-86.

WERNER, K.-F., « Observations sur le rôle des évêques dans le mouvement de paix au Xe et XIe siècles», VIOLA C.E. (éd.), *Mediaevalia Christiana. XIe-XIIIe siècles. Hommage à Raymonde Foreville de ses amis, ses collègues et ses anciens élèves,* Tournai, 1989, p. 155-195.

WHITE, S. D., « Feuding and Peace-Making in the Touraine around the Year 1100 », *Traditio* 42 (1986), p. 195-263.

WILLOWEIT, D., « Die Sanktionen für Friedensbruch und der Kölner Gottesfrieden von 1083. Ein Beitrag zum Sinn der Strafe in der Frühzeit der deutschen Friedensbewegung », SCHLÜCHTER, E./LAUBENTHAL, K. (éd.), *Recht und Kriminalität,* Festschrift für Hermann Krause, Cologne, 1990, p. 37-52.

WOHLHAUPTER, E., *Studien zur Geschichte der Gottes- und Landfrieden in Spanien*, Heidelberg, 1933 (Deutschrechtliche Beiträge XIV/2).

WOLTER, U., « Die 'consuetudo' im kanonischen Recht bis zum Ende des 13. Jahrhunderts », DILCHER, G./LÜCK, H./SCHULZE, R./WADLE, E./WEITZEL, J./WOLTER, U. (éd.), *Gewohnheitsrecht und Rechtsgewohnheiten im Mittelalter*, Berlin, 1992 (Schriften zur Europäischen Rechts- und Verfassungsgeschichte 6), p. 87-116.

YVER, J., « Le Poitou au carrefour des influences coutumières et de droit écrit », *BSAO 3* (1989), série 5, p. 259-287.

ZIMMERMANN, M. (dir.), *Les sociétés méridionales autour de l'an mil. Répertoire des sources et documents commentés*, Paris, 1992.

III. - Table des abréviations

AASS OSB	*Acta Sanctorum ordinis sancti Benedicti*
Ann.	*Annales*
BHL	*Bibliotheca hagiographica Latina antiquae et mediae aetatis*
BSAO	Bulletin de la Société des antiquaires de l'Ouest et des Musées de Poitiers
col.	colonne
C.R.	compte rendu
éd.	édition, éditeur(s)
HRG	Handwörterbuch zur deutschen Rechtsgeschichte
MGH	*Monumenta Germaniae Historica*
MSAO	Mémoire de la Société des antiquaires de l'Ouest et des Musées de Poitiers
no.	numéro
P.L.	*Patrologiae cursus completus... series latina* (MIGNE)
Rec.	Recueil
sect.	section
ssq.	*subsequenter*, suivant
t.	tome
trad.	traduction
trim.	trimestre
vol.	volume
ZRG KA	Zeitschrift der Savigny-Stiftung für Rechtsgeschichte Kanonistische Abteilung
ZRG GA	Zeitschrift der Savigny-Stiftung für Rechtsgeschichte Germanistische Abteilung

Annex

Text des Friedenskonzils von Charroux (989) in deutscher Übersetzung (Übersetzung: T.G.)

Im Namen unseres Herrn und Erretters Jesus Christus, bestärkt durch das Vorbild der Synoden unserer Vorgänger, haben wir uns am 1. Juni versammelt, ich, Gumbald, Erzbischof des zweiten Aquitanien und alle Bischöfe der Provinz, in der Kirche, die seit langem Charroux heißt. Sowohl die Bischöfe als auch die übrigen Geistlichen und die Gläubigen beiderlei Geschlechts, haben den Beistand der göttlichen Güte herabgerufen, damit wir, die wir wissen, wie sehr der lange zeitliche Aufschub dieses Konzils unheilvolle Sitten in unserem Land vermehrt hat, uns mit Hilfe der himmlischen Gnade befleißigen, zu zerreißen, was schädlich, und einzugeben, was nützlich ist. Wir also, eigens im Namen Gottes versammelt, haben wie folgt beschlossen:

(Kanones)

1. Anathem gegen die Einbrecher in die Kirchen.

Wenn jemand einer heiligen Kirche Gewalt angetan hat oder ihr etwas mit Gewalt entrissen hat, so sei Anathem, es sei denn, er hat Ersatz geleistet.

2. Anathem gegen die Plünderer der *pauperes*.

Wenn jemand Bauern oder andere sozial Schwache ihrer Schafe oder Ochsen oder Esel oder Kühe oder Ziegen oder Böcke oder Schweine beraubt, und wenn er sie nicht gänzlich entschädigt hat, so sei Anathem, außer bei Fehlverhalten ihrerseits.

3. Anathem gegen diejenigen, die den Klerus brutal behandeln.

Wenn jemand einen Priester, einen Diakon oder irgendeinen anderen Kleriker attackiert, gefangengehalten oder geschlagen hat, der keine Waffen trug, wie etwa Schild, Schwert, Panzer, Helm, und der sich einfach fortbewegte oder bei sich zu Hause blieb, dann wird gegen ihn das Anathem verhängt, außer wenn eine Untersuchung seines für ihn zuständigen Bischofs ergibt, dass das Opfer selber irgendeine Schuld auf sich geladen hat.

(Unterschriften der Bischöfe)

Gumbald, Erzbischof von Bordeaux (*und Bischof von Agen*)
Giselbert, Bischof von Poitiers,

Hildegar, Bischof von Limoges,
Frotier, Bischof von Périgeux,
Abbon, Bischof von Saintes,
Hugo, Bischof von Angoulême.

Traduction des articles portant sur la paix et trêve dans le Miroir des Saxons (*Sachsenspiegel*)

(Traduction faite par T.G.)

LXVI

De l'ancienne paix du pays. Les personnes que les jours de paix protègent.

1. Ecoutez l'ancienne paix que le pouvoir impérial confirma pour le pays de Saxe en accord avec les chevaliers du pays. Tous les jours et tout le temps les curés et le clergé, les filles et les femmes et les juifs se verront assurer la paix dans leur corps, les églises et les cimetières, les villes dans le sein de leurs fossés et leurs enclos, les charrues et les moulins et les chemins du roi sur terre et sur mer auront la paix éternelle, et tout ce qui y rentre.

2. Des jours saints et des jours marqués sont stipulés jours de paix pour tout le monde ; toutes les semaines quatre jours, le jeudi, le vendredi, le samedi et le dimanche. Le jeudi on bénit l'huile d'onction où l'on nous qualifie de chrétiens par le baptême. Le jeudi, notre Dieu eut la dernière Cène avec ses disciples, d'où le début de la Nouvelle Alliance. Le jeudi il nous mena également aux cieux et nous a ouvert le chemin qui nous était fermé jusque-là. --- Le vendredi Dieu créa l'homme, et c'était aussi un vendredi où l'homme le crucifia. --- Le samedi il se reposa (*sic!*), après avoir fait le Ciel et la Terre et tout ce qui y est. Il se reposa aussi dans le tombeau après son martyre. Le samedi on ordonne aussi les curés qui sont les maîtres de la chrétienté. --- Le dimanche, on nous a réconcilié avec Dieu à cause du péché d'Adam. Le dimanche fut le premier et le dernier jour, quand il y aura une résurrection d'entre les morts et que nous devrons aller pour trouver la grâce corps et âme, ceux qu'ils l'ont mérité. C'est pourquoi ces quatre jours sont jours généraux de la paix pour tout le monde, sauf ceux qui ont été pris en flagrant délit ou ceux qui sont punis par le ban de l'Empire ou par le ban dans une circonscription d'un tribunal ou d'un canton.

LXIX

Quiconque blesse un briseur de paix.

Quiconque tue ou blesse un briseur de paix, restera sans punition s'il est capable de présenter sept co-jureurs qui témoignent qu'il l'a blessé lorsque celui-ci prit la fuite ou quand il brisa la paix.

Résumé en langue française

L'objet de cette thèse est la mise en exergue des aspects juridiques de la paix et de la trêve de Dieu, jusqu'à présent à peine traités par les historiens et les juristes. Nous qualifions la paix de Dieu de continuation et d'intensification de la législation antérieure, surtout carolingienne. Il y a « harmonisation » du droit car les normes en questions sont répétées dans de nombreux évêchés et comtés en Europe occidentale aux XIe-XIIe siècles.

De surcroît, la paix et trêve de Dieu jouent un certain rôle comme source juridique. Songeons tout d'abord à l'immunité des lieux sacrés dans le Midi et en Catalogne (*sacraria*) et à la citation des statuts de paix dans les sources. Mais nous rencontrons également une application contextuelle des règles de la paix (promulguées à Charroux, Poitiers, Limoges) pour des questions de restitutions de biens usurpés par des laïcs à l'abbaye de Charroux.

Résumé en langue anglaise

This thesis aims at analysing the legal aspects of the Peace and the Truce of God which until today have not been treated very often by historians and lawyers. We qualify the Peace of God as a continuation and an intensification of the Carolingian legislation. Because of the repetition in many bishoprics and counties in Western Europe in the eleventh and twelfth century, there has been a « harmonisation » of the Peace rules.

In addition to that, the Peace and the Truce of God have a certain part as legal source. First of all concerning the immunity of protected places in Southern France and in Catalonia (*sacraria*) as well as the quotation of the peace rules in the sources. By analysing the charters of the Abbey of Charroux, the town where the Peace movement had its origin in 989, we can identify several instances of restoration of goods to the abbey, in an attempt to end the conflicts between the abbey and the laity. The facts in the charters correspond with the Peace rules repeated as well in the neighbourhoods near Charroux (Poitiers and Limoges).

RECHTSHISTORISCHE REIHE

Band 1 Studien zu den germanischen Volksrechten. Gedächtnisschrift für Wilhelm Ebel. Vorträge gehalten auf dem Fest-Symposion anläßlich des 70. Geburtstages von Wilhelm Ebel am 16. Juni 1978 in Göttingen. Götz Landwehr (Hrsg.) 1982.

Band 2 Hans Poeschel: Die Statuten der Banken, Sparkassen und Kreditgenossenschaften in Hamburg und Altona von 1710 bis 1889. 1978.

Band 3 Thomas Kolbeck: Juristenschwemmen, Untersuchungen über den juristischen Arbeitsmarkt im 19. und 20. Jahrhundert. 1978.

Band 4 Norbert Hempel: Richterleitbilder in der Weimarer Republik. 1978.

Band 5 Rolf Stratmann: Die Scheinbußen im mittelalterlichen Recht. 1978.

Band 6 Martin C. Lockert: Die niedersächsischen Stadtrechte zwischen Aller und Weser. Vorkommen und Verflechtungen. Eine Bestandsaufnahme. 1979.

Band 7 Joachim Rückert/Wolfgang Friedrich: Betriebliche Arbeiterausschüsse in Deutschland, Großbritannien und Frankreich im späten 19. und frühen 20. Jahrhundert. Eine vergleichende Studie zur Entwicklung des kollektiven Arbeitsrechts. 1979.

Band 8 Peter Bender: Die Rezeption des römischen Rechts im Urteil der deutschen Rechtswissenschaft. 1979.

Band 9 Friedrich Karl Alsdorf: Untersuchungen zur Rechtsgestalt und Teilung deutscher Ganerbenburgen. 1980.

Band 10 Dietmar Willoweit/Winfried Schich (Hrsg.): Studien zur Geschichte des sächsisch-magdeburgischen Rechts in Deutschland und Polen (Sammelband). 1980.

Band 11 Brigitte Hempel: Der Entwurf einer Polizeiordnung für das Herzogtum Sachsen-Lauenburg aus dem Jahre 1591. 1980.

Band 12 Klaus-Detlev Godau-Schüttke: Rechtsverwalter des Reiches. Staatssekretär Dr. Curt Joël. 1981.

Band 13 Rainer Polley: Anton Friedrich Justus Thibaut (AD 1772-1840) in seinen Selbstzeugnissen und Briefen. Teil 1: Abhandlung. Teil 2: Briefwechsel. Teil 3: Register zum Briefwechsel. 1982.

Band 14 Michael Wettengel: Der Streit um die Vogtei Kelkheim 1275-1276. Ein kanonischer Prozeß.1981.

Band 15 Otto Wilhelm Krause: Naturrechtler des sechzehnten Jahrhunderts. Ihre Bedeutung für die Entwicklung eines natürlichen Privatrechts. 1982.

Band 16 Helga Spindler: Von der Genossenschaft zur Betriebsgemeinschaft. Kritische Darstellung der Sozialrechtslehre Otto von Gierkes. 1982.

Band 17 Holger Otte: Gustav Radbruchs Kieler Jahre 1919 - 1926. 1982.

Band 18 Rüdiger Teuner: Die fuldische Ritterschaft 1510 - 1656. 1982.

Band 19 Gerhard Dilcher/Rudolf Hoke/Gian Savino Pene Vidari/Hans Winterberg (Hrsg.): Grundrechte im 19. Jahrhundert. 1982.

Band 20 Karl-Hans Schloßstein: Die westfälischen Fabrikengerichtsdeputationen - Vorbilder, Werdegang und Scheitern. 1982.

Band 21 Birger Schulz: Der Republikanische Richterbund (1921-1933). 1982.

Band 22 Engelbert Krause: Die gegenseitigen Unterhaltsansprüche zwischen Eltern und Kindern in der deutschen Privatrechtsgeschichte. 1982.

Band 23 Meent W. Francksen: Staatsrat und Gesetzgebung im Großherzogtum Berg (1806-1813). 1982.

Band 24 Gerd von Sonnleithner: Bearbeitung des Handelsrechts durch Ignaz von Sonnleithner in seinem "Leitfaden über das österreichische Handels- und Wechselrecht". 1982.

Band 25 Rudolf Palme: Rechts-, Wirtschafts- und Sozialgeschichte der inneralpinen Salzwerke bis zu deren Monopolisierung. 1983.

Band 26 Helen Bosshard: Pestalozzis Staats- und Rechtsverständnis und seine Stellung in der Aufklärung. 1983.

Band 27 Jens Jessen: Die Selbstzeugnisse der deutschen Juristen. Erinnerungen, Tagebücher und Briefe. Eine Bibliographie. 1983.

Band 28 Günter Martin Jensen: Das Domanium Waldeck. Die rechtliche Zuordnung eines Fürstenvermögens. 1984.

Band 29 Johann Heinrich Kumpf: Petitionsrecht und öffentliche Meinung im Entstehungsprozeß der Paulskirchenverfassung 1848/49. 1983.

Band 30 Sabine Frey: Rechtsschutz der Juden gegen Ausweisungen im 16. Jahrhundert. 1983.

Band 31 Dietrich Joswig: Die germanische Grundstücksübertragung. 1984.

Band 32 Andreas Baryli: Konzessionssystem contra Gewerbefreiheit. Zur Diskussion der österreichischen Gewerberechtsreform 1835 bis 1860. 1984.

Band 33 Gerhard Oberkofler: Studien zur Geschichte der österreichischen Rechtswissenschaft. 1984.

Band 34 Rudolf Lauda: Kaufmännische Gewohnheit und Burgrecht bei Notker dem Deutschen. Zum Verhältnis von literarischer Tradition und zeitgenössischer Realität in der frühmittelalterlichen Rhetorik. 1984.

Band 35 Jens Jensen: Die Ehescheidung des Bischofs Hans von Lübeck von Prinzessin Julia Felicitas von Württemberg-Weiltingen AD 1648-1653. Ein Beitrag zum protestantischen Ehescheidungsrecht im Zeitalter des beginnenden Absolutismus. 1984.

Band 36 Horst Schröder: Friedrich Karl von Savigny. Geschichte und Rechtsdenken beim Übergang vom Feudalismus zum Kapitalismus in Deutschland. 1984.

Band 37 Andreas Hatzung: Dogmengeschichtliche Grundlagen und Entstehung des zivilrechtlichen Notstands. 1984.

Band 38 Matthias Klasen: Das Billwerder Landrecht. Landrecht und Landgericht in den Hamburger Elbmarschen. 1985.

Band 39 Rainer Jamin: Aufbau, Tätigkeit und Verfahren der Auseinandersetzungsbehörden bei der Durchführung der preußischen Agrarreformen. 1985.

Band 40 Henry Winter: Teilschuld, Gesamtschuld und unechte Gesamtschuld. Zur Konzeption der §§ 420 ff. BGB - Ein Beitrag zur Entstehungsgeschichte des BGB. 1985.

Band 41 Hermann Eichler: Verfassungsbewegung in Amerika und Europa. 1985.

Band 42 Dagmar Bandemer: Heinrich Albert Zachariae. Rechtsdenken zwischen Restauration und Reformation. 1985.

Band 43 Eva-Christine Frentz: Das Hamburgische Admiralitätsgericht (1623-1811). Prozeß und Rechtsprechung. 1985.

Band 44 Karl Lillig: Rechtsetzung im Herzogtum Pfalz-Zweibrücken während des 18. Jahrhunderts. Ein Beitrag zur Geschichte der territorialen Rechtsbildung. 1985.

Band 45 Walter Weber: Die Entwicklung der Sparkassen zu selbständigen Anstalten des öffentlichen Rechts. Ein Beitrag zur Entwicklung des Anstaltsbegriffs im 19. Jahrhundert. 1985.

Band 46 Bärbel Baum: Der Stabreim im Recht. Vorkommen und Bedeutung des Stabreims in Antike und Mittelalter. 1986.

Band 47 Hans Popp: Die nationalsozialistische Sicht einiger Institute des Zivilprozeß- und Gerichtsverfassungsrechts. 1986.

Band 48 John Karl-Heinz Montag: Die Lehrdarstellung des Handelsrechts von Georg Friedrich von Martens bis Meno Pöhls. Die Wissenschaft des Handelsrechts im ersten Drittel des 19. Jahrhunderts. 1986.

Band 49 Volker D. Anhäusser: Das internationale Obligationenrecht in der höchstrichterlichen Rechtsprechung des 19. Jahrhunderts. 1986.

Band 50 Udo Beer: Die Juden, das Recht und die Republik. Verbandswesen und Rechtsschutz 1919-1933. 1986.

Band 51 Herbert Grziwotz: Der moderne Verfassungsbegriff und die "Römische Verfassung" in der deutschen Forschung des 19. und 20. Jahrhunderts. 1986.

Band 52 Ralf Conradi: Karl Friedrich Eichhorn als Staatsrechtslehrer. Seine Göttinger Vorlesung über "Das Staatsrecht der deutschen Bundesstaaten" nach einer Kollegmitschrift aus dem Wintersemester 1821/22. 1987.

Band 53 Dieter Dannreuther: Der Zivilprozeß als Gegenstand der Rechtspolitik im Deutschen Reich 1871 - 1945. Ein Beitrag zur Geschichte des Zivilprozeßrechts in Deutschland. 1987.

Band 54 Stephan Felix Pauly: Organisation, Geschichte und Praxis der Gesetzesauslegung des (Königlich) Preußischen Oberverwaltungsgerichtes 1875 - 1933. 1987.

Band 55 Rüdiger Schulz: Die Entstehung des Seerechts des Allgemeinen Deutschen Handelsgesetzbuches unter besonderer Berücksichtigung der Bestimmungen über die Reederei, den Schiffer und die Schiffsmannschaft. 1987.

Band 56 Reinhold Reis: Deutsches Privatrecht in den Weistümern der Zenten Schriesheim und Kirchheim. 1987.

Band 57 Jürgen Christoph: Die politischen Reichsamnestien 1918 - 1933. 1987.

Band 58 Gerhard Oberkofler/Eduard Rabofsky: Hans Kelsen im Kriegseinsatz der k.u.k.-Wehrmacht. Eine kritische Würdigung seiner militärtheoretischen Angebote. 1988.

Band 59 Arne Wulff: Staatssekretär Prof. Dr. Dr. h.c. Franz Schlegelberger. 1876-1970. 1991.

Band 60 Gerhard Köbler (Hrsg.): Wege europäischer Rechtsgeschichte. Karl Kroeschell zum 60. Geburtstag. 1987.

Band 61 Rüdiger Hütte: Der Gemeinschaftsgedanke in den Erbrechtsreformen des Dritten Reichs. 1988.

Band 62 Markus Göldner: Politische Symbole der europäischen Integration. Fahne, Hymne, Hauptstadt, Paß, Briefmarke, Auszeichnungen. 1988.

Band 63 Wolfgang Kröner: Freiheitsstrafe und Strafvollzug in den Herzogtümern Schleswig, Holstein und Lauenburg von 1700 bis 1864. 1988.

Band 64 Werner Gaile: Die Norder Theelacht. 1988.

Band 65 Karl v. Kempis: Andreas Gaill (1526 - 1587). Zum Leben und Werk eines Juristen der frühen Neuzeit. 1988.

Band 66 Wolf-Rüdiger Osburg: Die Verwaltung Hamburgs in der Franzosenzeit. 1811-1814. 1988.

Band 67 Christian Schudnagies: Hans Frank. Aufstieg und Fall des NS-Juristen und Generalgouverneurs. 1988.

Band 68 Otmar Jung: Senatspräsident Freymuth. Richter, Sozialdemokrat und Pazifist in der Weimarer Republik. Eine politische Biographie. 1989.

Band 69 Joachim Lohner: Das landeshauptmannschaftliche Gericht in Oberösterreich zu Beginn der Neuzeit. Eine Darstellung des oberösterreichischen Prozeßrechts am obersten Territorialgericht des Landes anhand der oberösterreichischen Landtafel.1989.

Band 70 Bernd Klemann: Rudolf von Jhering und die Historische Rechtsschule. 1989.

Band 71 Adalbert Langer: Männer um die österreichische Zivilprozeßordnung 1895. Zusammenspiel / Soziales Ziel. 1990.

Band 72 Robert-Dieter Klee: Die Landessuperintendentur Lauenburg. Ursprung und Entwicklung sowie Ende der Sonderstellung des Kirchenkreises Herzogtum Lauenburg durch die nordelbische Kirchenvereinigung. 1989.

Band 73 Heinrich Herrmann: Die Gehöferschaften im Bezirk Trier. 1989.

Band 74 Wilhelm Brauneder, Franz Baltzarek (Hrsg.): Modell einer neuen Wirtschaftsordnung. Wirtschaftsverwaltung in Österreich 1914 - 1918. 1991.

Band 75 Thomas Dreyer: Die "Assecuranz- und Haverey-Ordnung" der Freien und Hansestadt Hamburg von 1731. 1990.

Band 76 Bernhard Sendler: Die Rechtssprache in den süddeutschen Stadtrechtsreformationen. 1990.

Band 77 Brigitte Lehmann: Ehevereinbarungen im 19. und 20. Jahrhundert. 1990.

Band 78 Michael Sunnus: Der NS-Rechtswahrerbund (1928-1945). Zur Geschichte der nationalsozialistischen Juristenorganisation. 1990.

Band 79 Stefan Schulz: Die historische Entwicklung des Rechts an Bienen. (§§ 961 - 964 BGB). 1990.

Band 80 Gerhard Lingelbach, Heiner Lück (Hrsg.): Deutsches Recht zwischen Sachsenspiegel und Aufklärung. Rolf Lieberwirth zum 70. Geburtstag dargebracht von Schülern, Freunden und Kollegen, herausgegeben von Gerhard Lingelbach und Heiner Lück. 1991.

Band 81 Manfred Krohn: Die deutsche Justiz im Urteil der Nationalsozialisten 1920 - 1933. 1991.

Band 82 Angelika Kühn: Privilegierung nationaler Minderheiten im Wahlrecht der Bundesrepublik Deutschland und Schleswig-Holsteins. 1991.

Band 83 Georg Brun: Leben und Werk des Rechtshistorikers Heinrich Mitteis unter besonderer Berücksichtigung seines Verhältnisses zum Nationalsozialismus. 1991.

Band 84 Wolfgang Simon: Claudius Freiherr von Schwerin. Rechtshistoriker während dreier Epochen deutscher Geschichte. 1991.

Band 85 Friedrich-Carl Wachs: Das Verordnungswerk des Reichsdemobilmachungsamtes. Stabilisierender Faktor zu Beginn der Weimarer Republik. 1991.

Band 86 Jens-Uwe Petersen: Die Vorgeschichte und die Entstehung des Mieterschutzgesetzes von 1923 nebst der Anordnung für das Verfahren vor dem Mieteinigungsamt und der Beschwerdestelle. 1991.

Band 87 Ulrike Haibach: Familienrecht in der Rechtssprache. Die historische Entwicklung zentraler Ausdrücke des geltenden Familienrechts. 1991.

Band 88 Joern Christian Nissen: Die Beratungen des Seeversicherungsausschusses der Akademie für Deutsches Recht zu einem neuen Seeversicherungsgesetz (1934-1939). Ein Beitrag zur Entwicklung der allgemeinen Lehren des Seeversicherungsrechts unter besonderer Berücksichtigung des Handelsgesetzbuchs und der Allgemeinen Deutschen Seeversicherungs-Bedingungen 1919. 1991.

Band 89 Diethard Bühler: Die Entstehung der allgemeinen Vertragsschluß-Vorschriften im Allgemeinen Deutschen Handelsgesetzbuch (ADHGB) von 1861. Ein Beitrag zur Kodifikationsgeschichte des Privatrechts im 19. Jahrhundert. 1991.

Band 90 Gerhard Oberkofler: Die Vertreter des Römischen Rechts mit deutscher Unterrichtssprache an der Karls-Universität in Prag. Vom Vormärz bis 1945. 1991.

Band 91 Ulrich Andermann: Ritterliche Gewalt und bürgerliche Selbstbehauptung. Untersuchungen zur Kriminalisierung und Bekämpfung des spätmittelalterlichen Raubrittertums am Beispiel norddeutscher Hansestädte. 1991.

Band 92 Heinz Marcus Hanke: Luftkrieg und Zivilbevölkerung. Der kriegsvölkerrechtliche Schutz der Zivilbevölkerung gegen Luftbombardements von den Anfängen bis zum Ausbruch des Zweiten Weltkrieges. 1991.

Band 93 Kirsten Kraglund: Familien- und Erbrecht. Materielles Recht und Methoden der Rechtsanwendung in der Rechtsprechung des Oberappellationsgerichts der vier Freien Städte Deutschlands zu Lübeck. 1991.

Band 94 Reinhard Lorenz: Die politische und rechtliche Stellung des Proletariats in Preußen in der Zeit zwischen den Reformen und der Revolution 1848/49. 1991.

Band 95 Eric Hilgendorf: Die Entwicklungsgeschichte der parlamentarischen Redefreiheit in Deutschland. 1991.

Band 96 Hans J. Reiter: Die Handelsgesellschaft Villeroy & Boch von der Gründung 1836 bis zum Jahr 1878. 1992.

Band 97 Martin Johannes Heller: Reform der deutschen Rechtssprache im 18. Jahrhundert. 1992.

Band 98 Michael Kotulla: Die Tragweite der Grundrechte der revidierten preußischen Verfassung vom 31.01.1850. 1992.

Band 99 Michael Siefener: Hexerei im Spiegel der Rechtstheorie. Das crimen magiae in der Literatur von 1574 bis 1608. 1992.

Band 100 Andreas Ebert-Weidenfeller: Hamburgisches Kaufmannsrecht im 17. und 18. Jahrhundert. Die Rechtsprechung des Rates und des Reichskammergerichtes. 1992.

Band 101 Enno Bommel: Die Entstehung der Verwirkungslehre in der Krise des Positivismus. 1992.

Band 102 Ralph Steppacher: Die Berücksichtigung der bäuerlichen Postulate bei der Entstehung des ZGB und der Revision des OR. Ein Beitrag zur schweizerischen Kodifikationsgeschichte (1893 - 1912). 1992.

Band 103 Martin Fleckenstein: Die Todesstrafe im Werk Carl Joseph Anton Mittermaiers (1787 - 1867). Zur Entwicklungsgeschichte eines Werkbereichs und seiner Bedeutung für Theorie- und Methodenbildung. 1992.

Band 104 Jörn Eckert: Der Kampf um die Familienfideikommisse in Deutschland. Studien zum Absterben eines Rechtsinstitutes. 1992.

Band 105 Jörg Grotkopp: Beamtentum und Staatsformwechsel. Die Auswirkungen der Staatsformwechsel von 1918, 1933 und 1945 auf das Beamtenrecht und die personelle Zusammensetzung der deutschen Beamtenschaft. 1992.

Band 106 Andreas Rohde: Die Garantiehaftung des Vermieters und ihr Verhältnis zum Unmöglichkeitsrecht in dogmengeschichtlicher und modernrechtlicher Sicht. 1992.

Band 107 Tjark Siefke Kunstreich: Gesamtvertretung. Eine historisch-systematische Darstellung. 1992.

Band 108 Jürgen Krüger: Blindheit und Königtum. Die Blindheit des Königs Georg V. von Hannover als verfassungsrechtliches Problem. 1992.

Band 109 Wolfgang Putschek: Ständische Verfassung und autoritäre Verfassungspraxis in Österreich 1933-1938 mit Dokumentenanhang. Verfassung und Verfassungswirklichkeit. Mit einem Anhang: Denkschriften von Rechtsanwalt Dr. Erich Führer 1936/37. 1993.

Band 110 Klaus Hofmann: Die Verdrängung der Juden aus öffentlichem Dienst und selbständigen Berufen in Regensburg 1933-1939. 1993.

Band 111 Franz Kilger: Die Entwicklung des Telegraphenrechts im 19. Jahrhundert mit besonderer Berücksichtigung der technischen Entwicklung. Telegraphenrecht im 19. Jahrhundert. 1993.

Band 112 Wilhelm Brauneder (Hrsg.): Heiliges Römisches Reich und moderne Staatlichkeit. 1993.

Band 113 Thomas Heinrich: Das preußische Nichtehelichenrecht: Von der Aufklärung zur Reaktion. 1993.

Band 114 Gerald Kohl: Jagd und Revolution. Das Jagdrecht in den Jahren 1848 und 1849. 1993.

Band 115 Christian Schudnagies: Der Kriegs- oder Belagerungszustand im Deutschen Reich während des Ersten Weltkrieges. Eine Studie zur Entwicklung und Handhabung des deutschen Ausnahmezustandsrechts bis 1918. 1994.

Band 116 Elisabeth Bellmann: Die Internationale Kriminalistische Vereinigung (1889-1933). 1994.

Band 117 Julia Pfannkuch: Volksrichterausbildung in Sachsen 1945-1950. 1993.

Band 118 Jörg Offen: Von der Verwaltungsgemeinschaft des BGB von 1896 zur Zugewinngemeinschaft des Gleichberechtigungsgesetzes von 1957. 1994.

Band 119 Dorothee Kohlhas-Müller: Untersuchungen zur Rechtsstellung Theoderichs des Großen. 1995.

Band 120 Monika Rose: Das Gerichtswesen des Herzogtums Pfalz-Zweibrücken im 18. Jahrhundert. Ein Beitrag zur territorialen Gerichtsbarkeit im Alten Reich. 1994.

Band 121 Jörn Eckert / Hans Hattenhauer (Hrsg.): Bibel und Recht. Rechtshistorisches Kolloquium 9. - 13. Juni 1992 an der Christian-Albrechts-Universität zu Kiel. 1994.

Band 122 Robert Martin Mizia: Der Rechtsbegriff der Autonomie und die Begründung des Privatfürstenrechts in der deutschen Rechtswissenschaft des 19. Jahrhunderts. 1995.

Band 123 Walther Graf von Plettenberg: Das Fortleben des Liber Iudiciorum in Asturien/León (8. - 13. Jh.). 1994.

Band 124 Wolfgang Schulz: Das deutsche Börsengesetz. Die Entstehungsgeschichte und wirtschaftlichen Auswirkungen des Börsengesetzes von 1896. 1994.

Band 125 Frank Hagemann: Der Untersuchungsausschuß Freiheitlicher Juristen. 1949 – 1969. 1994.

Band 126 Andreas Rethmeier: "Nürnberger Rassegesetze" und Entrechtung der Juden im Zivilrecht. 1995.

Band 127 Edith Grether: Die Poesie der Throne. Die Juristen in der Fruchtbringenden Gesellschaft. 1995.

Band 128 Anna Bartels-Ishikawa: Der Lippische Thronfolgestreit. Eine Studie zu verfassungsrechtlichen Problemen des Deutschen Kaiserreiches im Spiegel der zeitgenössischen Staats. 1995.

Band 129 Jörg Schmidt: Otto Koellreutter 1883-1972. Sein Leben, sein Werk, seine Zeit. 1995.

Band 130 Christian Hattenhauer: Wahl und Krönung Franz II. AD 1792. Das Heilige Reich krönt seinen letzten Kaiser - Das Tagebuch des Reichsquartiermeisters Hieronymus Gottfried von Müller und Anlagen. 1995.

Band 131 Jutta v. der Decken: Das Seearbeitsrecht im Hamburger Stadtrecht von 1301 bis 1603. 1995.

Band 132 Detlev Schmidt: Die Reform des Rechts der Handelsvertreter von 1953. 1995.

Band 133 Gabi Roßdeutscher: Privatautonomie im Scheidungsrecht. Scheidungsbezogene Vereinbarungen in den letzten 200 Jahren. 1995.

Band 134 Harald Kahlenberg: Leben und Werk des Rechtshistorikers Walther Merk. Ein Beispiel für das Verhältnis von Rechtsgeschichte und Nationalsozialismus. 1995.

Band 135 Michael Steitz: Adelbert Düringer am Reichsgericht (1902-1915). Seine aktienrechtlichen Entscheidungen und sein Einfluß auf das Aktienrecht in Deutschland. 1995.

Band 136 Christian Becker: Beata Justorum Translatio. Juristen in schleswig-holsteinischen Leichenpredigten. 1996.

Band 137 Christoph Seiler: Vom Allgemeinen Landrecht zum Bürgerlichen Gesetzbuch. Dargestellt am Beispiel der höchstrichterlichen Judikatur zum kaufrechtlichen Sachmängelgewährleistungsrecht. 1996.

Band 138 Bernd Mayer: Die Vertrauensmännerausschüsse auf den preußischen Steinkohlegruben an der Saar. Entstehung und Wirken. Eine rechtshistorische Untersuchung. 1996.

Band 139 Rochus Scholl: Juden und Judenrecht im Herzogtum Pfalz-Zweibrücken. Ein Beitrag zur Rechtsgeschichte eines deutschen Kleinstaates am Ende des alten Reiches. 1996.

Band 140 Meike Bursch: Judentaufe und frühneuzeitliches Strafrecht. Die Verfahren gegen Christian Treu aus Weener/Ostfriesland 1720-1728. 1996.

Band 141 Markus Hillenbrand: Fürstliche Eheverträge. Gottorfer Hausrecht 1544 - 1773. 1996.

Band 142 Ulf Häder: Das gemeinschaftliche Oberappellationsgericht thüringischer Staaten in Jena. Ein Beitrag zur Geschichte des Gerichtswesens im 19. Jahrhundert. 1996.

Band 143 Andreas Bauer: Das Gnadenbitten in der Strafrechtspflege des 15. und 16. Jahrhunderts. Dargestellt unter besonderer Berücksichtigung von Quellen der Vorarlberger Gerichtsbezirke Feldkirch und des Hinteren Bregenzerwaldes. 1996.

Band 144 Christian Wirth: Der Jurist Johann Andreas Georg Friedrich Rebmann zwischen Revolution und Restauration. 1996.

Band 145 Stefanie Müller: Die Rechtsprechung des Hanseatischen Oberlandesgerichts zum persönlichen Eherecht in Hamburgischen Gerichtsfällen von 1879 -1900. 1996.

Band 146 Jean-Nicolas Morisset: Der Frachtvertrag in der *Ordonnance de la marine* von 1681. 1996.

Band 147 Dirk Lentfer: Die Glogauer Landesprivilegien des Andreas Gryphius von 1653. 1996.

Band 148 Wencke Mull: Die Haftung für Einsturzschäden nach den §§ 836-838 BGB in der Rechtsprechung des Reichsgerichts. 1996.

Band 149 Renate Zelger: Teufelsverträge. Märchen, Sage, Schwank, Legende im Spiegel der Rechtsgeschichte. 1996.

Band 150 Guido Kraß: Das Arrestverfahren in Frankfurt am Main im Spätmittelalter. 1996.

Band 151 F. Benedict Heyn: Die Entwicklung des Eisenbahnfrachtrechts von den Anfängen bis zur Einführung des Allgemeinen Deutschen Handelsgesetzbuches (ADHGB). 1996.

Band 152 Thomas Lang: Die Staats- und Verfassungslehre Carl Salomo Zachariaes. 1996.

Band 153 Michael Hebeis: Karl Anton von Martini (1726-1800). Leben und Werk. 1996.

Band 154 Gerald Hubert: Die Diskussion um die rechtliche Natur der Bizone in den Jahren 1947-1949. 1996.

Band 155 Christof Horn: Die Rechtsprechung des Reichsgerichts in Ehescheidungssachen der Jahre 1900 bis 1905. 1996.

Band 156 Hermann Nehlsen / Georg Brun (Hrsg.): Münchener rechtshistorische Studien zum Nationalsozialismus. 1996.

Band 157 Jan Otto Clemens Kehrberg: Die Entwicklung des Elektrizitätsrechts in Deutschland. Der Weg zum Energiewirtschaftsgesetz von 1935. 1997.

Band 158 Johannes Tradt: Der Religionsprozeß gegen den Zopfschulzen (1791-1799). Ein Beitrag zur protestantischen Lehrpflicht und Lehrzucht in Brandenburg-Preußen gegen Ende des 18. Jahrhunderts. 1997.

Band 159 Dietmar Olsen: Das kaufrechtliche Sachmängelgewährleistungsrecht des Code civil in der Rechtsprechung deutscher Gerichte im 19. Jahrhundert. Ein Beitrag zur Ablösung der Partikularrechte durch das BGB. 1997.

Band 160 Ulrich Bernhardt: Die Deutsche Akademie für Staats- und Rechtswissenschaft „Walter Ulbricht" 1948-1971. 1997.

Band 161 Claudia Susan Hoppe: Die Bürgschaft im Rechtsleben Hamburgs von 1600 bis 1900. 1997.

Band 162 Franz-Rudolf Ecker: Die Entwicklung des Bergrechts im Saarbrücker Steinkohlenrevier bis zum Ende des 18. Jahrhunderts. Ein Vergleich mit dem älteren deutschen Bergrecht. 1997.

Band 163 Anne Katrin Rückert: Politik und Privatrecht in der „konservativen Revolution". 1997.

Band 164 Gisbert Laube: Der Reichskunstwart. Geschichte einer Kulturbehörde 1919-1933. 1997.

Band 165 Nicolas Lührig: Die Diskussion über die Reform der Juristenausbildung von 1945 bis 1995. 1997.

Band 166 Regula Gerber Jenni: Die Emanzipation der mehrjährigen Frauenzimmer. Frauen im bernischen Privatrecht des 19. Jahrhunderts. 1997.

Band 167 Mischa A. Färber: Das gemeinschaftliche Testament in der höchstrichterlichen Rechtsprechung zum Allgemeinen Preußischen Landrecht und zum BGB. Ein Beitrag zur Ablösung der Partikularrechte durch das BGB. 1997.

Band 168 Catherine Antoinette Gasser: Philipp Lotmar 1850-1922. Professor der Universität Bern. Sein Engagement für das Schweizerische Arbeitsrecht. 1997.

Band 169 Lars Immisch: Der sozialistische Richter in der DDR und seine Unabhängigkeit. Der Versuch eines Rechtsvergleiches zum Unabhängigkeitsbegriff in der bundesdeutschen Rechtsordnung. 1997.

Band 170 Jessica Jacobi: Besitzschutz vor dem Reichskammergericht. Die friedenssichernde Funktion der Besitzschutzklagen am Reichskammergericht im 16. Jahrhundert, dargestellt anhand von Kameralisten. 1998.

Band 171 Ewald Hügemann: Die Geschichte des öffentlichen und privaten Mietpreisrechts vom Ersten Weltkrieg bis zum Gesetz zur Regelung der Miethöhe von 1974. 1998.

Band 172 Lutz Rentzow: Die Entstehungs- und Wirkungsgeschichte der Vernewerten Landesordnung für das Königreich Böhmen von 1627. 1998.

Band 173 Sabine Stürmer: Mühlenrecht im Herzogtum Pfalz-Zweibrücken während des 18. Jahrhunderts. Ein Beitrag zum Wirtschaftsrecht eines deutschen Kleinstaates im Alten Reich. 1998.

Band 174 Mario Bogisch: *Nemo testis in re sua*. Das Problem der Zeugnisfähigkeit bei der Anwendung der deutschen Zivilprozeßordnung von 1877. 1998.

Band 175 Rainer Oßwald: Pactane sunt servanda? Freiwilligkeit, Zwang und Unverbindlichkeitserklärungen im islamischen Vertragsrecht malikitischer Schule. 1998.

Band 176 Bettina Kern: Der preußische BGB-Entwurf von 1842. 1998.

Band 177 Inken Fuhrmann: Die Diskussion über die Einführung der fakultativen Zivilehe in Deutschland und Österreich seit Mitte des 19. Jahrhunderts. 1998.

Band 178 Annette Rieck: Der Heilige Ivo von Hélory (1247-1303). Advocatus pauperum und Patron der Juristen. 1998.

Band 179 Frank Bottenberg: Die Hamburgische Strafprozeßordnung von 1869. 1998.

Band 180 Matthias Krauß: Das kursächsische Postrecht von seinen Anfängen bis zum Ende des Alten Reichs. 1998.

Band 181 Torsten Schmidt: Die Entmündigung von den Anfängen des BGB bis zu ihrer Ablösung durch das Institut der Betreuung. 1998.

Band 182 Christian Nunn: Rudolf Müller-Erzbach. 1874-1959. Von der realen Methode über die Interessenjurisprudenz zum kausalen Rechtsdenken (Leben und Werk). 1998.

Band 183 Christian Ortloff: Das staatskirchenrechtliche System Wilhelm Traugott Krugs. Glaubens- und Gewissensfreiheit – eine Forderung der Vernunft. 1998.

Band 184 Christian Hattenhauer: Schuldenregulierung nach dem Westfälischen Frieden. Der sog. § *de indaganda* und seine Umsetzung im Jüngsten Reichsabschied (AD 1648 und 1654). 1998.

Band 185 Werner Schubert: Preußen im Vormärz. Die Verhandlungen der Provinziallandtage von Brandenburg, Pommern, Posen, Sachsen und Schlesien sowie – im Anhang – von Ostpreußen, Westfalen und der Rheinprovinz (1841-1845). 1998.

Band 186 Silvia Schumacher: Das Rechtsverhältnis zwischen Eltern und Kindern in der Privatrechtsgeschichte. 1999.

Band 187 Kai Sommer: Die Strafbarkeit der Homosexualität von der Kaiserzeit bis zum Nationalsozialismus. Eine Analyse der Straftatbestände im Strafgesetzbuch und in den Reformentwürfen (1871-1945). 1998.

Band 188 Jan Erik Backhaus: Volksrichterkarrieren in der DDR. 1999.

Band 189 Ralf Ruhnau: Die Fürstlich Thurn und Taxissche Privatgerichtsbarkeit in Regensburg. Ein Kuriosum der deutschen Rechtsgeschichte. 1999.

Band 190 Antonio Grilli: Die französische Justizorganisation am linken Rheinufer 1797-1803. 1999.

Band 191 Stephanie Kammerloher-Lis: Die Entstehung des Gesetzes über die religiöse Kindererziehung vom 15. Juli 1921. 1999.

Band 192 Jan Telp: Ausmerzung und Verrat. Zur Diskussion um Strafzwecke und Verbrechensbegriffe im Dritten Reich. 1999.

Band 193 Kurt von Pannwitz: Die Entstehung der Allgemeinen Deutschen Wechselordnung. Ein Beitrag zur Geschichte der Vereinheitlichung des deutschen Zivilrechts im 19. Jahrhundert. 1999.

Band 194 Sylvia Busch: Die Entstehung der Allgemeinen Gerichtsordnung für die Preussischen Staaten von 1793/95. Ein Beitrag zur Geschichte der Kodifikationsbewegung und der Reform des Zivilprozesses in Preußen im 18. Jahrhundert. 1999.

Band 195 Dirk Bieresborn: Klage und Klageerwiderung im deutschen und englischen Zivilprozeß. Eine rechtshistorische und rechtsvergleichende Untersuchung unter besonderer Berücksichtigung der Beeinflussung durch das römisch-kanonische Verfahren. 1999.

Band 196 Andreas Thier / Guido Pfeifer / Philipp Grzimek (Hrsg.): Kontinuitäten und Zäsuren in der Europäischen Rechtsgeschichte. Europäisches Forum Junger Rechtshistorikerinnen und Rechtshistoriker München 22.-24. Juli 1998. 1999.

Band 197 Franz Smola: Die Fürstlich Liechtenstein'sche Kunstsammlung. Rechtsfragen zur Verbringung der Sammlung von Wien nach Vaduz in den Jahren 1944/45. 1999.

Band 198 Frank Martin Krauss: Das geteilte Eigentum im 19. und 20. Jahrhundert. Eine Untersuchung zum Fortbestand des Teilungsgedankens. 1999.

Band 199 Matthias Frey: Die spanische Aktiengesellschaft im 18. Jahrhundert und unter dem Código de Comercio von 1829. 1999.

Band 200 Alexandra Gilde: Die Stellung der Frau im Reichsstrafgesetzbuch von 1870/71 und in den Reformentwürfen bis 1919 im Urteil der bürgerlichen Frauenbewegung. Eine Analyse ausgewählter Straftatbestände. 1999.

Band 201 Malte Dießelhorst / Arne Duncker: Hans Kohlhase. Die Geschichte einer Fehde in Sachsen und Brandenburg zur Zeit der Reformation. 1999.

Band 202 Jörg Hillmann: Territorialrechtliche Auseinandersetzungen der Herzöge von Sachsen-Lauenburg vor dem Reichskammergericht im 16. Jahrhundert. 1999.

Band 203 Carsten Engler: Die Kommanditgesellschaft (KG) und die stille Gesellschaft im Allgemeinen Deutschen Handelsgesetzbuch (ADHGB) von 1861. 1999.

Band 204 Vesta Hoffmann-Steudner: Die Rechtsprechung des Reichsgerichts zu dem Scheidungsgrund des § 49 EheG (EheG 1938) in den Jahren 1938-1945. 1999.

Band 205 Michaela Thiele: Die Auflösung von Arbeitsverhältnissen aufgrund Anfechtung und außerordentlicher Kündigung nach der Rechtsprechung des Reichsarbeitsgerichts (1927-1945). 2000.

Band 206 Peter Landau / Hermann Nehlsen / Mathias Schmoeckel (Hrsg.): Karl von Amira zum Gedächtnis. 1999.

Band 207 Marcus Flinder: Die Entstehungsgeschichte des Zivilgesetzbuches der DDR. 1999.

Band 208 Boris Franz Leo Bromm: Die Entstehungsgeschichte des Berufs des Handelsvertreters. Unter besonderer Berücksichtigung der Sozialgesetzgebung in den Jahren von 1871-1933. 2000.

Band 209 Winfried C. J. Eberstein: Das Tierschutzrecht in Deutschland bis zum Erlaß des Reichs-Tierschutzgesetzes vom 24. November 1933. Unter Berücksichtigung der Entwicklung in England. 1999.

Band 210 Patrick Deller: Der „nach dem Vertrage" vorausgesetzte Gebrauch (§ 459 Absatz 1 Satz 1 BGB). Eine kaufrechtliche Untersuchung unter Berücksichtigung rechtshistorischer wie rechtsvergleichender Grundlagen. 2000.

Band 211 Eckard Freiherr von Bodenhausen: Haftung des Geschäftsherrn für Verrichtungsgehilfen im Straßen- und Schienenverkehr. Eine Analyse der Entscheidungen des Reichsgerichts zu § 831 BGB (1900-1945). 2000.

Band 212 Birte Gast: Der Allgemeine Teil und das Schuldrecht des Bürgerlichen Gesetzbuchs im Urteil von Raymond Saleilles (1855-1912). 2000.

Band 213 Hansjörg Michael Huber: Koloniale Selbstverwaltung in Deutsch-Südwestafrika. Entstehung, Kodifizierung und Umsetzung. 2000.

Band 214 Ulf Björner: Die Verfassungsgerichtsbarkeit im Norddeutschen Bund und Deutschen Reich (1867-1918). Eine rechtshistorische Untersuchung über Gerichtsbarkeit im Spannungsfeld von Politik und Recht innerhalb der von Bismarck geschaffenen deutschen Bundesstaaten. 2000.

Band 215 Mathias Freiherr von Rosenberg: Friedrich Carl von Savigny (1779-1861) im Urteil seiner Zeit. 2000.

Band 216 Reinhard Binder-Krieglstein: Österreichisches Adelsrecht 1868-1918/19. Von der Ausgestaltung des Adelsrechts der cisleithanischen Reichshälfte bis zum Adelsaufhebungsgesetz der Republik unter besonderer Berücksichtigung des adeligen Namensrechts. 2000.

Band 217 Claudia-Regine Nerius: Johannes Lehmann-Hohenberg (1851-1925). Eine Studie zur völkischen Rechts- und Justizkritik im Deutschen Kaiserreich. 2000.

Band 218 Ludger Meuten: Die Erbfolgeordnung des Sachsenspiegels und des Magdeburger Rechts. Ein Beitrag zur Geschichte des sächsisch-magdeburgischen Rechts. 2000.

Band 219 Christoph Alexander von Wilcken: Die Reformbestrebungen zum Genossenschaftsgesetz in der Frühzeit der Bundesrepublik. Die Beratungen der Sachverständigenkommission zur Überprüfung des Genossenschaftsrechts 1954 bis 1958 und der Referentenentwurf von 1962. 2000.

Band 220 Verein Junger RechtshistorikerInnen Zürich (Hrsg.): ¿Rechtsgeschichte(n)? ¿Histoire(s) du droit? ¿Storia/storie del diritto? ¿Legal Histori(es)? Europäisches Forum Junger Rechtshistorikerinnen und Rechtshistoriker Zürich 28.-30. Mai 1999. 2000.

Band 221 Hans Christian Schüler: Die Entstehungsgeschichte der Bundesnotarordnung vom 24. Februar 1961. 2000.

Band 222 Nils-Eberhard Schramm: Die Vereinigung demokratischer Juristen (1949-1999). 2000.

Band 223 Silke Anke Torp: Das Rechtsverhältnis zwischen den Eltern und ihren Kindern. Dienstleistungspflicht, Aussteuer und Ausstattung. Eine Analyse der Rechtsprechung des Reichsgerichts und des Reichsarbeitsgerichts zu den Vorschriften der §§ 1616 bis 1625 des Bürgerlichen Gesetzbuches in der Zeit von 1900 bis 1945. 2000.

Band 224 Martin Jürgen Maaß: Die Geschichte des Eigentumsvorbehalts, insbesondere im 18. und 19. Jahrhundert. 2000.

Band 225 Stefanie Langer: Rechtswissenschaftliche Itinerarien. Lebenswege namhafter europäischer Juristen vom 11. bis zum 18. Jahrhundert. 2000.

Band 226 Ulrich Schmitz: Der Unterhaltsanspruch des nichtehelichen Kindes gegen seinen Erzeuger. Die rechtsgeschichtliche und dogmatische Entwicklung im deutschen Recht. 2000.

Band 227 Sebastian Günther: Friedrich Carl von Savigny als Grundherr. 2000.

Band 228 Henning Ibs: Hermann J. Held (1890-1963). Ein Kieler Gelehrtenleben in den Fängen der Zeitläufe. 2000.

Band 229 Matthias Rücker: Wirtschaftswerbung unter dem Nationalsozialismus. Rechtliche Ausgestaltung der Werbung und Tätigkeit des Werberats der deutschen Wirtschaft. 2000.

Band 230 Hendrik Sandmann: Die Entwicklung von Begriff und Inhalt des Wirtschaftsrechts durch die Rechtswissenschaft in der Weimarer Republik. 2000.

Band 231 Sibylle Müller: Gibt es Menschenrechte bei Samuel Pufendorf? 2000.

Band 232 Karin Olechowski-Hrdlicka: Die gemeinsamen Angelegenheiten der Österreichisch-Ungarischen Monarchie. Vorgeschichte – Ausgleich 1867 – Staatsrechtliche Kontroversen. 2001.

Band 233 Johannes Mierau: Die juristischen Abschluß- und Diplomprüfungen in der SBZ/DDR. Ein Einblick in die Juristenausbildung im Sozialismus. 2001.

Band 234 Jörg Wolff (Hrsg.): Stillstand, Erneuerung und Kontinuität. Einsprüche zur Preußenforschung. 2001.

Band 235 Friedo Schröder: Die anwaltliche Tätigkeit während der nationalsozialistischen Herrschaft. Eine Analyse der anwaltlichen Argumentation in Zivilprozessen anhand der vorhandenen Prozeßakten der Landgerichte Frankenthal, Wiesbaden, Limburg und Frankfurt und der Handakten der *jüdischen Konsulenten* des OLG-Bezirks Frankfurt. 2001.

Band 236 Der Code pénal des Königreichs Westphalen von 1813 mit dem Code pénal von 1810 im Original und in deutscher Übersetzung. Herausgegeben und mit einer Einleitung versehen von Werner Schubert. 2001.

Band 237 Klaus Richter: Deutsches Kolonialrecht in Ostafrika 1885-1891. 2001.

Band 238 Kai von Lewinski: Deutschrechtliche Systembildung im 19. Jahrhundert. 2001.

Band 239 Alexander Herzog: Sittenwidrige Rechtsgeschäfte in der höchstrichterlichen Rechtsprechung aus den Jahren 1948-1965. 2001.

Band 240 Claudia Rönnau: Die Beratungen des Wasserrechtsausschusses der Akademie für Deutsches Recht zu einem Reichswassergesetz (1934-1941). Ein Beitrag zur Dogmatik der Begriffe *Gemeingebrauch* und *Sondergebrauch* in der Zeit des Nationalsozialismus. 2001.

Band 241 Momme Rohlack: Kriegsgesellschaften (1914-1918). Arten, Rechtsformen und Funktionen in der Kriegswirtschaft des Ersten Weltkrieges. 2001.

Band 242 Rolf Geyer: Der Gedanke des Verbraucherschutzes im Reichsrecht des Kaiserreichs und der Weimarer Republik (1871-1933). Eine Studie zur Geschichte des Verbraucherrechts in Deutschland. 2001.

Band 243 Felix Lorenz Benjamin Lehmann: Der Rote Adlerorden. Entstehung und rechtliche Grundlagen (1705-1918). 2002.

Band 244 Marc Ludwig: Der Pfändungsschutz für Lohneinkommen. Die Entstehungs- und Entwicklungsgeschichte der Vorschriften zum Schutz vor Lohnpfändung in Deutschland. 2001.

Band 245 Alexander Wachter: Dorfschule zwischen Pastor und Schulmeister. Zur Säkularisierung des niederhessischen Schulwesens im 19. Jahrhundert. 2001.

Band 246 Richard Scholz: Analyse der Entstehungsbedingungen der reichsgerichtlichen Aufwertungsrechtsprechung. Untersuchung unter besonderer Berücksichtigung der konservativen Geldpolitik der Reichsbank und der Inflationspolitik der Reichsregierung. 2001.

Band 247 Judith Laeverenz: Märchen und Recht. Eine Darstellung verschiedener Ansätze zur Erfassung des rechtlichen Gehalts der Märchen. 2001.

Band 248 Christina Schenk: Bestrebungen zur einheitlichen Regelung des Strafvollzugs in Deutschland von 1870 bis 1923. 2001.

Band 249 Nils Werner: Die Prozesse gegen die Landvolkbewegung in Schleswig-Holstein 1929/32. Ein Beitrag zur Justizkritik in der späten Weimarer Republik. 2001.

Band 250 Wolfgang Walter: Das Duell in Bayern. Ein Beitrag zur bayerischen Strafrechtsgeschichte. 2002.

Band 251 Jörn Eckert / Kjell Å. Modéer (Hrsg.): Geschichte und Perspektiven des Rechts im Ostseeraum. Erster Rechtshistorikertag im Ostseeraum 8.–12. März 2000. 2001.

Band 252 Jan Könighaus: Die Inauguration der Christian-Albrechts-Universität zu Kiel 1665. Symbolgehalt und rechtliche Bedeutung des Universitätszeremoniells. 2002.

Band 253 Andreas Görgen: Rechtssprache in der Frühen Neuzeit. Eine vergleichende Untersuchung der Fremdwortverwendung in Gesetzen des 16. und 17. Jahrhunderts. 2002.

Band 254 Ralf Schäfer: Die Rechtsstellung der Haigerlocher Juden im Fürstentum Hohenzollern-Sigmaringen von 1634-1850. Eine rechtsgeschichtliche Untersuchung. 2002.

Band 255 Regine Schmalhorst: Die Tierhalterhaftung im BGB von 1896. Die Entstehung und Änderung des § 833 BGB sowie eine Analyse der Rechtsprechung des Reichsgerichts bis 1908. 2002.

Band 256 Thomas Hense: Konrad Beyerle. Sein Wirken für Wissenschaft und Politik in Kaiserreich und Weimarer Republik. 2002.

Band 257 Christian Mahlmann: Die Strafrechtswissenschaft der DDR. Klassenkampftheorie und Verbrechenslehre. 2002.

Band 258 Henning Kahmann: Die Bankiers von Jacquier & Securius 1933–1945. Eine rechtshistorische Fallstudie zur "Arisierung" eines Berliner Bankhauses. Mit einem Geleitwort von John Kornblum. 2002.

Band 259 Volker Friedrich Drecktrah: Die Gerichtsbarkeit in den Herzogtümern Bremen und Verden und in der preußischen Landdrostei Stade von 1715 bis 1879. 2002.

Band 260 Andreas Klass: Standes- oder Leistungselite? Eine Untersuchung der Karrieren der Wetzlarer Anwälte des Reichskammergerichts (1693-1806). 2002.

Band 261 Wolfgang Eder: Das italienische Tribunale Speciale per la Difesa dello Stato und der deutsche Volksgerichtshof. Ein Vergleich zwischen zwei politischen Gerichtshöfen. 2002.

Band 262 Albrecht Cordes / Bernd Kannowski (Hrsg.): Rechtsbegriffe im Mittelalter. 2002.

Band 263 Thomas Hildebrandt: Die Brandenburgischen Provinziallandtage von 1841, 1843, und 1845 anhand ausgewählter Verhandlungsgegenstände. 2002.

Band 264 Jan Finzel: Georg Adam Struve (1619–1692) als Zivilrechtler. 2003.

Band 265 Björn Carsten Frenzel: Das Selbstverständis der Justiz nach 1945. Analyse der Rolle der Justiz unter Berücksichtigung der Reden zur *Wiedereröffnung* der Bundes- und Oberlandesgerichte. 2003.

Band 266 Nils Reichhelm: Die marxistisch-leninistische Staats- und Rechtstheorie Karl Polaks. 2003.

Band 267 Raik Schneider: Altrechtliche Personenzusammenschlüsse. Ihre Entwicklung unter besonderer Berücksichtigung des Rechts des Großherzogtums Sachsen-Weimar-Eisenach sowie der Herzogtümer Sachsen-Meiningen und Sachsen-Gotha. 2003.

Band 268 Anke Meier: Die Geschichte des deutschen Konkursrechts, insbesondere die Entstehung der Reichskonkursordnung von 1877. 2003.

Band 269 Stefan Jens Jordan: Leben und Werk des Tübinger Rechtsprofessors Wilhelm Gottlieb Tafinger 1760–1813. 2003.

Band 270 Stefanie Hubig: Die historische Entwicklung des § 23 ZPO. Zum Ursprung und Fortleben des Vermögensgerichtsstandes im deutschen Prozeßrecht des 19. Jahrhunderts. 2003.

Band 271 Michael G. Perband: Der Grundsatz der freien Beweiswürdigung im Zivilprozeß (§ 286 ZPO) in der Rechtsprechung des Reichsgerichts. 2003.

Band 272 Mathias Bouveret: Die Stellung des Staatsoberhauptes in der parlamentarischen Diskussion und Staatsrechtslehre von 1848 bis 1918. 2003.

Band 273 Barbara Széchényi: Rechtliche Grundlagen bayerischer Zensur im 19. Jahrhundert. 2003.

Band 274 Sylvia Scharfenberg: Die Entstehungsgeschichte des Beurkundungsgesetzes vom 28. August 1969. 2003.

Band 275 Urte Nesemann: Die schwedische Familiengesetzgebung von 1734 bis zu den Reformgesetzen von 1915 bis 1920 und deren Einfluss auf die Gesetzgebungsprojekte der Weimarer Republik. Unter besonderer Berücksichtigung der Rechtsstellung der Frau und des unehelichen Kindes. 2003.

Band 276 Alexandra Brück: Die Polizeiordnung Herzog Christians von Braunschweig-Lüneburg vom 6. Oktober 1618. 2003.

Band 277 Torsten Landwehr: Das Kommissionsgeschäft in Rechtswissenschaft, Gesetzgebung und Rechtspraxis vom 16. bis zum Ende des 18. Jahrhunderts. 2003.

Band 278 Tassilo Wilhelm Maria Englert: Deutsche und italienische Zivilrechtsgesetzgebung von 1933–1945. Parallelen in der Rechtsetzung und gegenseitige Beeinflussung unter besonderer Berücksichtigung des Familien- und Erbrechts. 2003.

Band 279 Tobias Prang: Der Schutz der Versicherungsnehmer bei der Auslegung von Versicherungsbedingungen durch das Reichsgericht. 2003.

Band 280 Thorsten Lieb: Privileg und Verwaltungsakt. Handlungsformen der öffentlichen Gewalt im 18. und 19. Jahrhundert. 2004.

Band 281 Michael Rühling: Das Ladenschlussgesetz vom 28. November 1956. Vorgeschichte, Entstehung des Gesetzes und weitere Entwicklung. 2004.

Band 282 Kathrin Nawotki: Die schleswigsche Deichstavengerechtigkeit. Vom 17. Jahrundert bis in die Gegenwart. Eine gewohnheitsrechtliche Superfizies an nordfriesischen Deichgrundstücken und ihre Entwicklung. 2004.

Band 283 Erik Nils Voigt: Die Gesetzgebungsgeschichte der militärischen Ehrenstrafen und der Offizierehrengerichtsbarkeit im preußischen und deutschen Heer von 1806 bis 1918. 2004.

Band 284 Dorothea Riedi Hunold: Die Einführung der allgemeinen Wechselfähigkeit in der Schweiz in der zweiten Hälfte des 19. Jahrhunderts. Unter besonderer Berücksichtigung der politischen, wirtschaftlichen und sozialen Verhältnisse. 2004.

Band 285 Thomas Gergen: Pratique juridique de la paix et trêve de Dieu à partir du concile de Charroux (989–1250). Juristische Praxis der Pax und Treuga Dei ausgehend vom Konzil von Charroux (989–1250). 2004.

Péter Erdö

Die Quellen des Kirchenrechts

Eine geschichtliche Einführung

Frankfurt am Main, Berlin, Bern, Bruxelles, New York, Oxford, Wien, 2002.
XXII. 186 S.
Adnotationes in Ius Canonicum.
Herausgegeben von Elmar Güthoff und Karl-Heinz Selge. Bd. 23
ISBN 3-631-35305-7 · br. € 40.00*

Die Geschichte der Quellen des Kirchenrechts wird in den Fakultäten für kanonisches Recht im allgemeinen als selbständige Materie unterrichtet. Diese Darstellung ist als Geschichte der Quellen des kanonischen Rechts konzipiert. Das Werk ist die Übersetzung eines ungarischen Lehrbuchs von Péter Erdö, das im Kanonistischen Institut der Katholischen Péter-Pázmány-Universität zu Budapest im Unterricht dieser Materie verwendet wird und auf Vorlesungen des Verfassers zurückgeht, die an der Pontificia Università Gregoriana in Rom gehalten wurden. Die Rechtsnormen der Kirche können nicht willkürlich abgeschafft und neu gestaltet werden, sondern immer in Harmonie mit der apostolischen Tradition. Die Sorge um diese Harmonie ist also der eigentliche Grund dafür, daß man die Geschichte der Quellen innerhalb der Disziplin des Kirchenrechts als heiliger Wissenschaft, als Wissenschaft mit theologischer Tragweite studieren und erforschen muß. Aber auch Historiker und besonders Rechtshistoriker können die kirchlichen Gesetzestexte der verschiedenen Epochen im Zusammenhang ihrer Verbindung zur christlichen Theologie und Tradition besser verstehen. Die kanonischen Normen kann man nur mit Berücksichtigung des Glaubens und der normativen Tradition richtig interpretieren.

Aus dem Inhalt: Das Werk behandelt die Zeit des alten Rechts (*ius antiquum*) (bis 1140) sowie die Zeitalter des klassischen Kirchenrechts (1140–1563), des tridentinischen Kirchenrechts (1563–1917) und der Kodifikationen (seit 1917).

Frankfurt am Main · Berlin · Bern · Bruxelles · New York · Oxford · Wien
Auslieferung: Verlag Peter Lang AG
Moosstr. 1, CH-2542 Pieterlen
Telefax 00 41 (0) 32 / 376 17 27

*inklusive der in Deutschland gültigen Mehrwertsteuer
Preisänderungen vorbehalten

Homepage http://www.peterlang.de

FSC
www.fsc.org
MIX
Papier | Fördert
gute Waldnutzung
FSC® C083411

Kolibri 360 GmbH
Ferdinand-Jühlke-Straße 7
99095 Erfurt, Deutschland
produktsicherheit@kolibri360.de

Druck:
CPI Druckdienstleistungen GmbH
im Auftrag der
Kolibri 360 GmbH
Ferdinand-Jühlke-Str. 7
99095 Erfurt